普通高等教育“十二五”规划教材

高等院校面向信息化经济管理类实验实训教材系列

经济管理数据分析实验教程
——SPSS 18.0 操作与应用

吴培乐　主编

科学出版社
北　京

内 容 简 介

本书贯彻“实用”的原则，力求以统计数据分析过程为主线，以SPSS18.0为工具，深入浅出地介绍各种统计数据分析方法的SPSS操作和应用。全书由3个模块19章组成，模块一为SPSS软件使用基础；模块二为数据基本分析实验；模块三为专业数据分析实验。各部分内容既层层递进，又自成体系，表现出层次性、模块化的特点。除此之外，本书兼顾过程与说明，配备大量的实验操作数据和图片演示，是一本通俗易懂的SPSS软件应用参考书。

本书可作为经济类、管理类各专业本科生教材，也可作为广大管理工作者自学SPSS软件的参考用书。

图书在版编目（CIP）数据

经济管理数据分析实验教程：SPSS 18.0操作与应用/吴培乐主编. —北京：科学出版社，2012

（普通高等教育“十二五”规划教材·高等院校面向信息化经济管理类实验实训教材系列）

ISBN 978-7-03-033704-7

Ⅰ. ①经… Ⅱ. ①吴… Ⅲ. ①统计分析-软件包，SPSS-高等学校-教材 Ⅳ. ①C819

中国版本图书馆CIP数据核字（2012）第035812号

责任编辑：李 娜 唐寅兴 龚亚妮／责任校对：王万红

责任印制：吕春珉／封面设计：蒋宏工作室

科学出版社出版

北京东黄城根北街16号

邮政编码：100717

http://www.sciencep.com

铭浩彩色印装有限公司印刷

科学出版社发行 各地新华书店经销

*

2012年3月第 一 版 开本：787×1092 1/16

2020年12月第八次印刷 印张：24 3/4

字数：560 000

定价：59.00元

（如有印装质量问题，我社负责调换〈铭浩〉）

销售部电话 010-62134988 编辑部电话 010-62132460（HF02）

前 言

信息化时代的到来,对经济管理人才的信息处理能力提出了更高的要求。近年来,各高等院校相继为管理类专业的学生开设了统计分析软件应用类课程,以培养和提高学生迅速把握数据特征、灵活驾驭大规模数据的能力。本书旨在通过实验的形式使读者系统、快速地掌握使用 SPSS 进行经济管理数据分析的基本方法和操作技巧。

目前,以实验形式介绍 SPSS 应用的书籍虽已出现,但为数不多。我们在汲取相关书籍优点的基础上,总结自身多年的教学实践和经验,编写了此书。本书的特色主要有下面四个方面。

1. 以统计分析过程为主线介绍软件应用

统计数据分析是每个管理类专业的学生都会遇到的工作或任务。对于非统计专业的学生来说,在数据分析过程中主要存在的问题是对统计分析的基本理论和知识掌握不够或十分有限,虽然学生熟悉统计软件操作技巧,但面对统计分析任务时仍是困难重重,不知如何下手。为此,我们在本书的开始,首先对统计分析的作用、内容、程序、方法等进行系统介绍。然后以统计分析过程为主线介绍软件应用,并在每个实验的开始对实验中涉及的相关理论与知识做精练阐述。

2. 实验内容体现了层次性、模块化的特点

本书内容包括三个模块,即 SPSS 软件使用基础、数据基本分析实验和专业数据分析实验。其中 SPSS 软件使用基础是基础知识,主要包括软件安装、启动与退出,窗口调用,数据文件建立与操作等。数据基本分析实验是本书的核心,主要包括数据预处理、数据整理、数据分析、图表应用等实验。专业数据分析实验属于开发性实验,主要介绍如何运用软件工具完成专业学习和各项实践活动中的数据分析问题。各模块内容既层层递进,又自成体系,表现出层次性、模块化的特点。

3. 单独设置图形应用实验项目

数据处理与分析中涉及很多图形,每种图形都有其特殊的用途。对于学生来说,运用图形进行数据分析,最关键的不是图形制作,而是图形的选择应用,即如何根据分析内容选择恰当的图形,并进行运用。所以,我们将图形应用实验单独设列,目的在于使学生对图形的选择、绘制及灵活运用有一个系统的了解,以培养学生运用图形方法分析实际问题的能力。

4. 设置专门的调查数据处理与分析实验项目

调查数据处理与分析是一个复杂的系统工程,它涉及的问题很多,如数据如何录入、如何整理、选择何种分析方法分析数据和运用何种图形表现分析结果等。其中任何一个方面出现错误都可能造成数据分析结果的歪曲。因此,本书专门设置了调查数据处理与分析实验项目,目的是使学生完整掌握调查数据分析的全部理论知识和软件操作技巧。

本书具体编写分工如下:第1、2、12、19章由刘飞编写,第3~11、13、16、18章由吴培乐编写,第14章由刘淑茹编写,第15章由王立平编写,第17章由田巧娣编写。全书由吴培乐统稿,田巧娣审核校对。

在本书编写过程中,西安交通大学经济与金融学院的王文博教授提出了许多指导性的宝贵意见,在此表示衷心的感谢!

数据分析实验教材的编写在国内尚处于探索阶段,加之编者水平有限,书中难免会有错误和纰漏,敬请广大读者批评指正。

编　者

2011年8月

目　录

Contents

模块一　SPSS 软件使用基础

第 1 章　SPSS 18. 0 for Windows 软件概述 ………… 2

1. 1　SPSS 的发展与现状 ………… 2

1. 2　SPSS 18. 0 for Windows 运行环境、功能与特点 ………… 3

1. 2. 1　SPSS 18. 0 for Windows 运行环境 ………… 3

1. 2. 2　SPSS 18. 0 for Windows 功能与特点 ………… 3

1. 3　SPSS 18. 0 for Windows 主要界面及设置 ………… 5

1. 3. 1　SPSS 18. 0 的安装和启动 ………… 5

1. 3. 2　SPSS 18. 0 的基本操作环境 ………… 6

1. 3. 3　SPSS 18. 0 的退出 ………… 8

第 2 章　SPSS 数据文件的建立与管理 ………… 9

2. 1　SPSS 数据文件的建立 ………… 9

2. 1. 1　实验目的 ………… 9

2. 1. 2　相关知识 ………… 9

2. 1. 3　实验内容 ………… 10

2. 1. 4　实验步骤 ………… 11

2. 1. 5　问题思考 ………… 14

2. 2　SPSS 数据文件的编辑与管理 ………… 14

2. 2. 1　实验目的 ………… 14

2. 2. 2　相关知识 ………… 14

2. 2. 3　实验内容 ………… 14

2. 2. 4　实验步骤 ………… 15

2. 2. 5　问题思考 ………… 19

模块二　数据基本分析实验

第 3 章　统计数据分析概述 ………… 22

3. 1　统计数据的概念与种类 ………… 22

3. 1. 1　统计数据的概念及特征 ………… 22

3.1.2 统计数据的种类 …… 22
3.2 数据分析的基本内容 …… 23
3.2.1 数据结构分析 …… 23
3.2.2 数据分布特征分析 …… 23
3.2.3 数据关联性分析 …… 24
3.2.4 数据变动规律分析 …… 25
3.2.5 数据综合评价与分析 …… 25
3.3 数据分析的主要方法 …… 26
3.3.1 指标法 …… 26
3.3.2 模型法 …… 26
3.3.3 图表法 …… 26
3.4 数据分析的基本程序 …… 27
3.4.1 数据分析的一般程序 …… 27
3.4.2 利用SPSS进行数据分析的一般步骤 …… 28
3.5 数据分析的工具和手段 …… 29
3.5.1 Excel …… 29
3.5.2 SPSS …… 29
3.5.3 马克威（Markway）分析系统 …… 30
第4章 数据预处理的SPSS应用 …… 31
4.1 数据文件的处理 …… 31
4.1.1 实验目的 …… 31
4.1.2 相关知识 …… 31
4.1.3 实验内容 …… 34
4.1.4 实验步骤 …… 35
4.1.5 问题思考 …… 48
4.2 变量的处理 …… 49
4.2.1 实验目的 …… 49
4.2.2 相关知识 …… 49
4.2.3 实验内容 …… 56
4.2.4 实验步骤 …… 56
4.2.5 问题思考 …… 61
第5章 数据整理的SPSS应用 …… 62
5.1 品质数据整理 …… 62
5.1.1 实验目的 …… 62
5.1.2 相关知识 …… 62
5.1.3 实验内容 …… 63
5.1.4 实验步骤 …… 64
5.1.5 问题思考 …… 67

5.2 数值型数据整理 …… 68
5.2.1 实验目的 …… 68
5.2.2 相关知识 …… 68
5.2.3 实验内容 …… 69
5.2.4 实验步骤 …… 69
5.2.5 问题思考 …… 78
5.3 问卷数据的整理 …… 78
5.3.1 实验目的 …… 78
5.3.2 相关知识 …… 78
5.3.3 实验内容 …… 80
5.3.4 实验步骤 …… 80
5.3.5 问题思考 …… 89
第6章 数据特征的SPSS测定 …… 90
6.1 计算描述统计量 …… 90
6.1.1 实验目的 …… 90
6.1.2 相关知识 …… 90
6.1.3 实验内容 …… 92
6.1.4 实验步骤 …… 92
6.1.5 问题思考 …… 94
6.2 探索性分析 …… 95
6.2.1 实验目的 …… 95
6.2.2 相关知识 …… 95
6.2.3 实验内容 …… 96
6.2.4 实验步骤 …… 96
6.2.5 问题思考 …… 99
6.3 相对数分析 …… 99
6.3.1 实验目的 …… 99
6.3.2 相关知识 …… 99
6.3.3 实验内容 …… 101
6.3.4 实验步骤 …… 101
6.3.5 问题思考 …… 102
第7章 抽样估计的SPSS实现 …… 103
7.1 抽取样本 …… 103
7.1.1 实验目的 …… 103
7.1.2 相关知识 …… 103
7.1.3 实验内容 …… 105
7.1.4 实验步骤 …… 105
7.1.5 问题思考 …… 106

7.2 点估计 …… 107
7.2.1 实验目的 …… 107
7.2.2 相关知识 …… 107
7.2.3 实验内容 …… 108
7.2.4 实验步骤 …… 108
7.2.5 问题思考 …… 110
7.3 区间估计 …… 110
7.3.1 实验目的 …… 110
7.3.2 相关知识 …… 110
7.3.3 实验内容 …… 111
7.3.4 实验步骤 …… 111
7.3.5 问题思考 …… 116
第8章 假设检验的SPSS应用 …… 117
8.1 单样本 t 检验 …… 117
8.1.1 实验目的 …… 117
8.1.2 相关知识 …… 117
8.1.3 实验内容 …… 118
8.1.4 实验步骤 …… 118
8.1.5 问题思考 …… 119
8.2 两个独立样本 t 检验 …… 120
8.2.1 实验目的 …… 120
8.2.2 相关知识 …… 120
8.2.3 实验内容 …… 121
8.2.4 实验步骤 …… 121
8.2.5 问题思考 …… 123
8.3 配对样本 t 检验 …… 123
8.3.1 实验目的 …… 123
8.3.2 相关知识 …… 124
8.3.3 实验内容 …… 125
8.3.4 实验步骤 …… 125
8.3.5 问题思考 …… 127
第9章 方差分析的SPSS应用 …… 128
9.1 单因素方差分析 …… 128
9.1.1 实验目的 …… 128
9.1.2 相关知识 …… 128
9.1.3 实验内容 …… 130
9.1.4 实验步骤 …… 130
9.1.5 问题思考 …… 134

9.2 多因素方差分析 …… 134
9.2.1 实验目的 …… 134
9.2.2 相关知识 …… 135
9.2.3 实验内容 …… 136
9.2.4 实验步骤 …… 137
9.2.5 问题思考 …… 145
第10章 相关与回归分析的 SPSS 应用 …… 146
10.1 相关分析 …… 146
10.1.1 实验目的 …… 146
10.1.2 相关知识 …… 146
10.1.3 实验内容 …… 148
10.1.4 实验步骤 …… 149
10.1.5 问题思考 …… 154
10.2 一元线性回归分析 …… 154
10.2.1 实验目的 …… 154
10.2.2 相关知识 …… 155
10.2.3 实验内容 …… 157
10.2.4 实验步骤 …… 158
10.2.5 问题思考 …… 163
10.3 多元线性回归分析 …… 163
10.3.1 实验目的 …… 163
10.3.2 相关知识 …… 163
10.3.3 实验内容 …… 164
10.3.4 实验步骤 …… 165
10.3.5 问题思考 …… 168
10.4 非线性回归分析 …… 169
10.4.1 实验目的 …… 169
10.4.2 相关知识 …… 169
10.4.3 实验内容 …… 170
10.4.4 实验步骤 …… 171
10.4.5 问题思考 …… 173
第11章 列联分析的 SPSS 应用 …… 174
11.1 列联表的编制 …… 174
11.1.1 实验目的 …… 174
11.1.2 相关知识 …… 174
11.1.3 实验内容 …… 175
11.1.4 实验步骤 …… 176
11.1.5 问题思考 …… 177

11.2 列联表分析 …… 178
11.2.1 实验目的 …… 178
11.2.2 相关知识 …… 178
11.2.3 实验内容 …… 179
11.2.4 实验步骤 …… 179
11.2.5 问题思考 …… 180
第12章 时间序列分析的SPSS应用 …… 181
12.1 创建时间序列 …… 181
12.1.1 实验目的 …… 181
12.1.2 相关知识 …… 181
12.1.3 实验内容 …… 182
12.1.4 实验步骤 …… 182
12.1.5 问题思考 …… 185
12.2 指数平滑预测 …… 185
12.2.1 实验目的 …… 185
12.2.2 相关知识 …… 185
12.2.3 实验内容 …… 187
12.2.4 实验步骤 …… 187
12.2.5 问题思考 …… 190
12.3 ARIMA模型预测 …… 191
12.3.1 实验目的 …… 191
12.3.2 相关知识 …… 191
12.3.3 实验内容 …… 192
12.3.4 实验步骤 …… 192
12.3.5 问题思考 …… 196
第13章 统计图形的SPSS绘制 …… 197
13.1 条形图及其制作 …… 197
13.1.1 实验目的 …… 197
13.1.2 相关知识 …… 197
13.1.3 实验内容 …… 198
13.1.4 实验步骤 …… 198
13.1.5 问题思考 …… 206
13.2 饼图及其制作 …… 207
13.2.1 实验目的 …… 207
13.2.2 相关知识 …… 207
13.2.3 实验内容 …… 207
13.2.4 实验步骤 …… 207
13.2.5 问题思考 …… 210

13.3 直方图及其制作…… 210
13.3.1 实验目的 …… 210
13.3.2 相关知识 …… 210
13.3.3 实验内容 …… 211
13.3.4 实验步骤 …… 211
13.3.5 问题思考 …… 214
13.4 人口金字塔图…… 214
13.4.1 实验目的 …… 214
13.4.2 相关知识 …… 215
13.4.3 实验内容 …… 216
13.4.4 实验步骤 …… 216
13.4.5 问题思考 …… 218
13.5 散点图及其制作…… 218
13.5.1 实验目的 …… 218
13.5.2 相关知识 …… 219
13.5.3 实验内容 …… 220
13.5.4 实验步骤 …… 220
13.5.5 问题思考 …… 228
13.6 线形图及其制作…… 229
13.6.1 实验目的 …… 229
13.6.2 相关知识 …… 229
13.6.3 实验内容 …… 230
13.6.4 实验步骤 …… 230
13.6.5 问题思考 …… 237
13.7 箱线图及其制作…… 237
13.7.1 实验目的 …… 237
13.7.2 相关知识 …… 237
13.7.3 实验内容 …… 238
13.7.4 实验步骤 …… 238
13.7.5 问题思考 …… 244
第14章 统计表格的SPSS制作 …… 245
14.1 制作复合分析表…… 245
14.1.1 实验目的 …… 245
14.1.2 相关知识 …… 245
14.1.3 实验内容 …… 246
14.1.4 实验步骤 …… 247
14.1.5 问题思考 …… 249
14.2 制作交叉分析表…… 249

14.2.1 实验目的 …… 249
14.2.2 相关知识 …… 249
14.2.3 实验内容 …… 250
14.2.4 实验步骤 …… 250
14.2.5 问题思考 …… 251

模块三 专业数据分析实验

第 15 章 营销数据分析的 SPSS 应用 …… 254
15.1 客户分类 …… 254
15.1.1 实验目的 …… 254
15.1.2 相关知识 …… 254
15.1.3 实验内容 …… 256
15.1.4 实验步骤 …… 256
15.1.5 问题思考 …… 260
15.2 市场需求预测与分析 …… 261
15.2.1 实验目的 …… 261
15.2.2 相关知识 …… 261
15.2.3 实验内容 …… 261
15.2.4 实验步骤 …… 262
15.2.5 问题思考 …… 264
15.3 多维尺度分析 …… 265
15.3.1 实验目的 …… 265
15.3.2 相关知识 …… 265
15.3.3 实验内容 …… 267
15.3.4 实验步骤 …… 267
15.3.5 问题思考 …… 271
15.4 客户流失分析 …… 271
15.4.1 实验目的 …… 271
15.4.2 相关知识 …… 271
15.4.3 实验内容 …… 272
15.4.4 实验步骤 …… 273
15.4.5 问题思考 …… 275
第 16 章 人力资源管理数据分析的 SPSS 应用 …… 276
16.1 员工构成分析 …… 276
16.1.1 实验目的 …… 276
16.1.2 相关知识 …… 276
16.1.3 实验内容 …… 277

16.1.4 实验步骤 …… 277
16.1.5 问题思考 …… 281
16.2 员工招聘资料分析 …… 281
16.2.1 实验目的 …… 281
16.2.2 相关知识 …… 282
16.2.3 实验内容 …… 288
16.2.4 实验步骤 …… 288
16.2.5 问题思考 …… 294
16.3 员工满意度分析 …… 294
16.3.1 实验目的 …… 294
16.3.2 相关知识 …… 295
16.3.3 实验内容 …… 296
16.3.4 实验步骤 …… 296
16.3.5 问题思考 …… 301
第17章 财务数据分析的SPSS应用 …… 302
17.1 财务评价指标筛选 …… 302
17.1.1 实验目的 …… 302
17.1.2 相关知识 …… 302
17.1.3 实验内容 …… 308
17.1.4 实验步骤 …… 309
17.1.5 问题思考 …… 314
17.2 企业财务状况综合评价 …… 314
17.2.1 实验目的 …… 314
17.2.2 相关知识 …… 314
17.2.3 实验内容 …… 315
17.2.4 实验步骤 …… 315
17.2.5 问题思考 …… 326
17.3 财务目标预测与分析 …… 326
17.3.1 实验目的 …… 326
17.3.2 相关知识 …… 326
17.3.3 实验内容 …… 327
17.3.4 实验步骤 …… 327
17.3.5 问题思考 …… 331
17.4 财务预警分析 …… 332
17.4.1 实验目的 …… 332
17.4.2 相关知识 …… 332
17.4.3 实验内容 …… 338
17.4.4 实验步骤 …… 339

17.4.5 问题思考 …… 345
第 18 章 企业生产经营管理数据分析的 SPSS 应用 …… 346
18.1 产品质量管理分析 …… 346
18.1.1 实验目的 …… 346
18.1.2 相关知识 …… 346
18.1.3 实验内容 …… 349
18.1.4 实验步骤 …… 349
18.1.5 问题思考 …… 360
18.2 企业经营诊断 …… 360
18.2.1 实验目的 …… 360
18.2.2 相关知识 …… 360
18.2.3 实验内容 …… 361
18.2.4 实验步骤 …… 362
18.2.5 问题思考 …… 365
第 19 章 经济数据分析的 SPSS 应用 …… 366
19.1 居民消费发展趋势分析 …… 366
19.1.1 实验目的 …… 366
19.1.2 相关知识 …… 366
19.1.3 实验内容 …… 367
19.1.4 实验步骤 …… 367
19.1.5 问题思考 …… 371
19.2 居民消费影响因素分析 …… 371
19.2.1 实验目的 …… 371
19.2.2 相关知识 …… 371
19.2.3 实验内容 …… 372
19.2.4 实验步骤 …… 372
19.2.5 问题思考 …… 375
19.3 居民消费预测 …… 375
19.3.1 实验目的 …… 375
19.3.2 相关知识 …… 375
19.3.3 实验内容 …… 376
19.3.4 实验步骤 …… 376
19.3.5 问题思考 …… 378

参考文献 …… 379

模块一

SPSS软件使用基础

通过本模块的学习和实验，了解SPSS 18.0的运行环境、特点及主要功能；掌握SPSS 18.0的安装、启动、退出、主要界面设置、数据文件的建立与管理等操作，为进一步的实验奠定基础。

第 1 章　SPSS 18.0 for Windows 软件概述

【学习提要与目标】 SPSS 以其“易学、易用、界面友好”等特点倍受广大数据分析人员的青睐，而大量成熟的统计分析方法、完善的数据定义操作管理、开放的数据接口以及灵活的统计表和统计图形，更是 SPSS 长盛不衰的重要原因。本章主要介绍 SPSS 软件的发展过程、运行环境、功能特点以及窗口构成。通过本章的学习，学生对 SPSS 18.0 应有一个基本的认识，并熟悉和掌握 SPSS 软件的基本使用方法，包括安装、启动、退出、基本窗口调用等。

1.1　SPSS 的发展与现状

SPSS 是世界上最早的统计分析软件，由美国斯坦福大学的三位研究生于 20 世纪 60 年代末研制而成，同时成立了 SPSS 公司，并于 1975 年在芝加哥组建了 SPSS 总部。1984 年，SPSS 总部首先推出了世界上第一个统计分析软件微机版本 SPSS/PC +，开创了 SPSS 微机系列产品的开发方向，极大地扩充了它的应用范围，并使其很快地应用于自然科学、技术科学、社会科学的各个领域。世界上许多有影响力的报刊杂志纷纷就 SPSS 的自动统计绘图、数据分析深入、使用方便、功能齐全等方面给予了高度的评价与称赞。迄今，SPSS 软件已拥有 30 余年的成长历史，全球有约 25 万家产品用户，它们分布于通讯、医疗、银行、证券、保险、制造、商业、市场研究、科研教育等多个领域和行业，是世界上应用最广泛的专业统计软件之一。2009 年 7 月 28 日，IBM 以 12 亿美元现金收购 SPSS 公司，后续的 SPSS 软件更名为 PASW Statistics。

SPSS 是世界上最早采用图形菜单驱动界面的统计软件，它最突出的特点就是操作界面极为友好，输出结果美观漂亮。它将几乎所有的功能都以统一、规范的界面展现出来，使用 Windows 的窗口方式展示各种管理和分析数据方法的功能，用对话框展示各种功能选择项。用户只要掌握一定的 Windows 操作技能和基本的统计分析原理，就可以使用该软件为特定的科研工作服务。SPSS 采用类似 Excel 表格的方式输入与管理数据，数据接口较为通用，能方便地从其他数据库中读取数据。另外，SPSS 软件包括了常用的、较为成熟的统计分析过程，完全可以满足非统计专业人士的工作需要。SPSS 软件的输出结果也十分美观，存储时则是专用的 SPO 格式，可以转存为 HTML 格式和文本格式。对于熟悉老版本编程运行方式的用户，SPSS 还特别设计了语法生成窗口，用户只需在菜单中选好各个选项，然后单击“粘贴”按钮就可以自动生成标准的 SPSS 程序，极大地方便了中、高级用户。

"SPSS for Windows"是一个组合式软件包，它集数据整理、分析功能于一身。用户可以根据实际需要选择功能模块，以降低对系统硬盘容量的要求。SPSS 的基本功能包括数据管理、统计分析、图表制作、输出管理等。SPSS 统计分析过程包括描述性统计、均值比较、一般线性模型、相关分析、回归分析、对数线性模型、聚类分析、数据简化、生存分析、时间序列分析、多重响应等若干大类，每类中又包括若干个统计过程，比如回归分析中又分为线性回归分析、曲线估计、Logistic 回归、Probit 回归、加权估计、两阶段最小二乘法、非线性回归等多个统计过程，而且每个过程中又允许用户选择不同的方法及参数。SPSS 有专门的绘图系统，可以根据数据绘制各种图形。

2009 年，SPSS 公司宣布重新包装旗下的 SPSS 产品线，定位为预测统计分析软件（Predictive Analytics Software，PASW），包括四部分：统计分析（PASW Statistics）、数据挖掘（PASW Modeler）、数据收集（Data Collection Family）、企业应用服务（PASW Collaboration and Deployment Services）。SPSS 18.0 在数据管理、统计分析和可编程性方面增加了许多新的特性，如增加了自抽样技术（Bootstrapping），引进了直复式营销（Direct Marketing）等。除此之外，SPSS 18.0 还提供了新的图形选项以及 PDF 格式输出功能，这些都是用户强烈要求的新特性。如果用户使用了 Dimensions 软件用于调查研究，SPSS 同样能够直接导入和导出各种 Dimensions 数据模型。对于企业用户来说，SPSS 服务器不仅性能得到加强，其中用于企业预测服务的 SPSS 适配器能够让企业内部的各个部门更有效地使用一致性的数据。SPSS 广泛应用于各个领域，但是每个行业都存在着自己与众不同的行业特点和需求，因此 SPSS 根据各个行业数据分析和数据挖掘的特点，设计了更具有针对性的解决方案。

1.2 SPSS 18.0 for Windows 运行环境、功能与特点

1.2.1 SPSS 18.0 for Windows 运行环境

目前，IBM SPSS Statistics 能够兼容 Windows、Linux 操作系统，同时也有服务器版本，其中 IBM SPSS Statisticsfor Windows 能够支持微软公司的 Windows XP、Vista、Windows 7 版本的操作系统。考虑到国内使用 Windows 操作系统的用户占绝大多数，本书将以 IBM SPSS Statistics for Windows 为例进行介绍。IBM SPSS Statistics for Windows 对电脑硬件的要求比较低，只要 CPU 的主频率在 1GHz 以上、内存在 1G 以上、硬盘空间在 800M 以上、显示器分辨率在 800 × 600 像素以上就可以。

1.2.2 SPSS 18.0 for Windows 功能与特点

1. 方便的数据管理功能

在 10.0 版以后，SPSS 的每个新增版本都会对数据管理功能做一些改进，方便用户使

用。SPSS Base 18.0 提供了更强大的数据管理功能，帮助用户在 SPSS 中使用其他的应用程序和数据库。用户还可以定制 SPSS 内部信息显示的方式，这样在管理数据的时候能够节省时间，也具备一定的灵活性。

2. 完善的结果报告功能

在 SPSS 以往版本中已经使用的一种高度可视化的构造图表交互界面——图形构建器，在 SPSS 新版中得到了进一步的加强。新式的图表能够让用户将复杂的信息清晰地表现出来。而 PDF 格式的输出功能够能让用户更好地同其他人员进行信息共享。

3. 强大的数据分析功能

SPSS 18.0 还包括了 Ordinal Regression（次序回归）分析算法，该算法在以前的版本中包含在 SPSS Advanced Models 附属模块中。在 18.0 中用户可以直接在 Base 模块中直接使用这种新的算法对两个以上的变量次序进行回归预测。例如，预测客户忠诚度与客户满意度的相关性。

新版软件中，分析功能也做了进一步强化。例如增加了自抽样法（Bootstrapping）。人们在创建模型时对稳定性要求很高，只有稳定的模型才能得出准确、可靠的结果。自抽样法对于检查模型的稳定性非常有用，它可以使这种检验简单易行。PASW Statistics 的新模块提供了一条有效途径来确保用户所创建的模型的稳定性和可靠性。它可以对原始样本进行有放回的重复抽样，进而可以估计某个估计量的抽样分布。通过使用 PASW 的 Bootstrapping 功能，可以对总体参数，例如均值、中位数、比例、比率、相关系数、回归系数等的标准误差和置信区间进行可靠的估计。

另外，SPSS 18.0 版软件中，嵌入了结构方程模型软件 AMOS 7，可以方便地估计结构方程模型。

4. 全新的直复式营销功能

在实际工作中，为了深层次地了解客户，可以进行多种类型的分析。SPSS 18.0 新增了用于营销管理的直复式营销菜单，该菜单包括客户构成分析、客户分类或分群、销售金额（RFM）分析以及创建潜在客户概要文件等功能，同时还可以通过邮政编码分析、倾向评分以及控制包装检验的措施来提高营销活动水平。以前，这些分析需要工作人员掌握专业知识才能进行，并且需要花费很多的时间。现在，PASW 的 Direct Marketing 工具能使分析简单化，并得出可信的结果。以前需要为每种技术输入相关信息和变量，并且经过许多步骤才能完成的分析，现在只要选择“直销”功能就能在瞬间完成，而且输出简单易读的彩色图或表，并且能无误地导出到 Microsoft Excel 中。

SPSS 18.0 的特点主要有以下几个方面：①操作简便。SPSS 界面非常友好，除了数据录入及部分命令程序等少数输入工作需要键盘键入外，大多数操作可通过鼠标拖曳、单击“菜单”、“按钮”和“对话框”来完成。②编程方便。SPSS 具有第四代语言的特点，工作人员只要告诉系统要做什么，无需告诉系统怎样做；只要了解统计分析的原理，无需通晓统计方法的各种算法，即可得到需要的统计分析结果。对于常见的统计方法，

SPSS 的命令语句、子命令及选择项的选择绝大部分由“对话框”方式操作完成。因此，用户无需花大量时间记忆大量的命令、过程和选择项。③功能强大。SPSS 具有完整的数据输入、编辑、统计分析、报表、图形制作等功能，自带 11 种类型计 136 个函数。SPSS 提供了从简单的统计描述到复杂的多因素统计分析方法，比如数据的探索性分析、统计描述、列联表分析、二维相关、秩相关、偏相关、方差分析、非参数检验、多元回归、生存分析、协方差分析、判别分析、因子分析、聚类分析、非线性回归、Logistic 回归等。④兼容性好。SPSS 能够读取和输出多种格式的文件，比如由 dBASE、FoxBASE、FoxPRO 产生的 *. dbf 文件；文本编辑器软件生成的 ASCⅡ数据文件；Excel 的 *. xls 文件等均可转换成可供分析的 SPSS 数据文件。SPSS 图形能够转换为 7 种不同格式的图形文件，可保存为 TXT、Word、PDF 及 Html 等类型的文件。此外，SPSS for Windows 软件分为若干功能模块，各功能模块组合非常灵活，用户可以根据自己的分析需要和计算机的实际配置情况灵活选择使用。

1.3 SPSS 18.0 for Windows 主要界面及设置

1.3.1 SPSS 18.0 的安装和启动

作为 Windows 操作系统下的应用软件产品，SPSS 18.0 for Windows 安装的基本方法和步骤与其他常用软件基本相同。

Step❶启动计算机，将 SPSS 18.0 软件安装光盘放入光盘驱动器；

Step❷运行资源管理器，双击光盘驱动器图标；

Step❸在资源管理器目录窗口中找到 SPSS 的起始安装文件“setup”并执行，弹出 SPSS 安装的初始对话框，系统将自动进行安装前的准备工作；

Step❹按照安装程序的提示，用户根据自己的需要填写和选择必要的参数。

1）接受软件使用协议。

2）指定将 SPSS 软件安装到计算机的哪个目录下。

3）选择安装类型。SPSS 18.0 有典型安装（Typical）、压缩安装（Compact）和用户自定义安装（Custom）三种安装类型，用户可根据需要选择。

4）选择安装组件。SPSS 具有组合式软件的特征，在安装时用户可以根据自己的分析需求，选择部分组件（模块）进行安装。通常可接受安装程序的默认选择。

5）选择将软件安装在网络服务器上或本地计算机上，通常安装在本地计算机上。

6）输入软件的合法序列号。在购买 SPSS 软件时厂商会提供序列号。

安装完毕后，用户应注意查看是否有安装成功的提示信息出现，进而判断是否已经将 SPSS 18.0 成功地安装在计算机上。安装成功后就可以启动运行 SPSS 18.0 for Windows 软件了。

SPSS 18.0 的启动方法同一般常用软件的启动执行方法完全相同，只需按以下顺序操作即可：【开始】→【程序】→【SPSS Inc】→【PASW Statistics18】。在打开 SPSS 18.0 时，首先会弹出如图 1-1 所示的对话框。

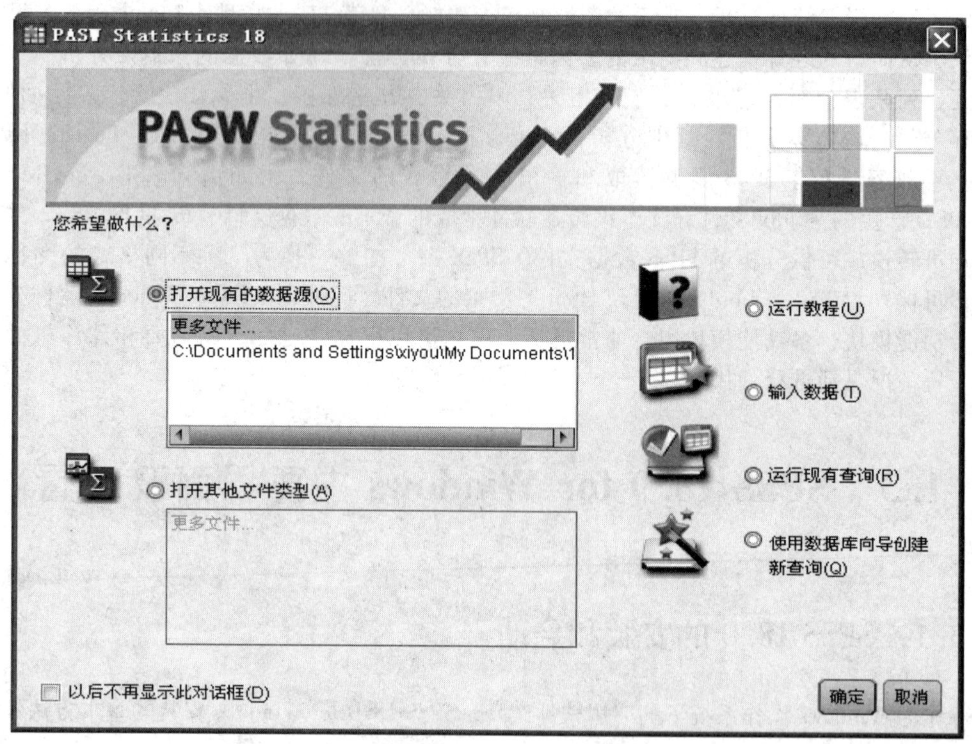

图 1-1　SPSS 18.0 启动对话框

在启动对话框中，用户可以打开现有的 SPSS 数据文件，也可以打开其他类型的数据文件。如果准备直接输入数据，可以单击下面的“取消”按钮，也可以选择对话框右边的“输入数据（T）”选项进入数据编辑窗口。

1.3.2　SPSS 18.0 的基本操作环境

SPSS 18.0 的操作环境是由多个窗口组成的，各个窗口有各自的特点和功能。如果要快速入门，只需要熟悉两个基本窗口，即数据编辑窗口和结果输出窗口。

1. 数据编辑窗口

启动 SPSS 18.0 后，取消如图 1-1 所示的对话框，便可进入如图 1-2 所示的数据编辑窗口。

（1）标题栏

标题栏显示数据编辑的数据文件名。

（2）菜单栏

菜单栏包括 SPSS 18.0 的 11 个命令菜单，每个菜单对应一组相应的功能。“文件（F）”

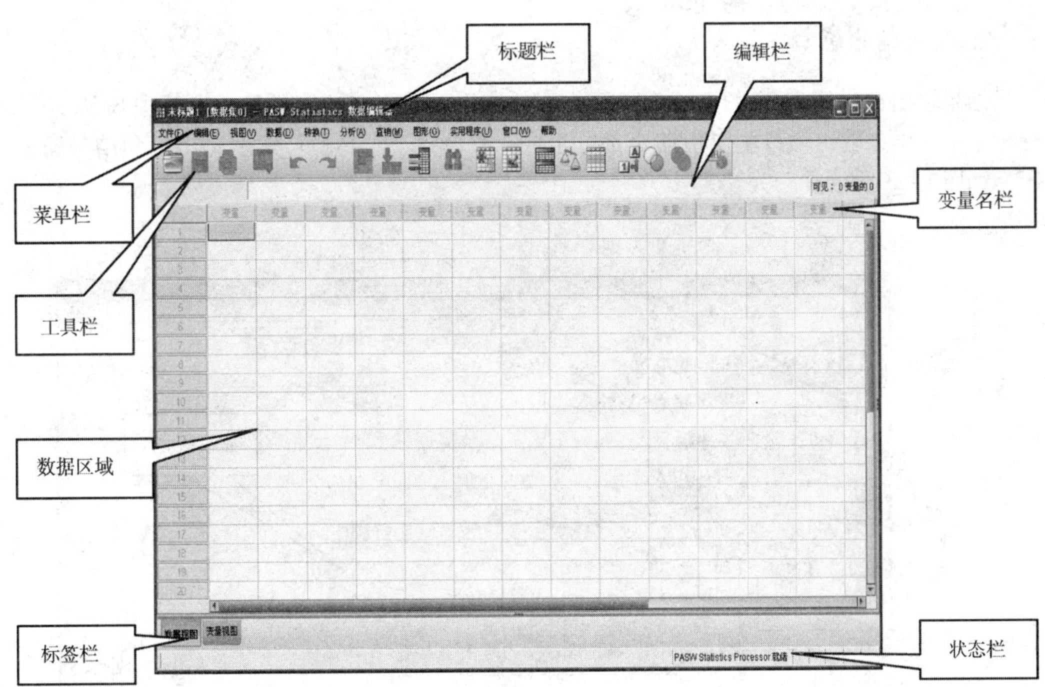

图1－2 SPSS 18.0 数据编辑窗口

是文件的操作菜单；“编辑（E）”是文件的编辑菜单；“视图（V）”是用户界面设置菜单；“数据（D）”是数据的建立与编辑菜单；“转换（T）”是数据基本处理菜单；“分析（A）”是统计分析菜单；“直销（M）”主要用于营销数据处理；“图形（G）”是统计图形菜单，输出各种分析图形；“实用程序（U）”提供了多个统计分析实用程序；“窗口（W）”是窗口控制菜单；“帮助”为用户提供了使用SPSS的帮助。

（3）工具栏

工具栏中列示了一些常用操作工具的快捷图标。用户可以根据需要增减操作工具栏中的快捷图标，以便操作。

（4）编辑栏

编辑栏中可以输入数据，显示在数据区域指定的方格里。

（5）变量名栏

变量名栏列出了数据文件中所包含变量的变量名。

（6）数据区域

数据区域列出了数据文件中的所有观测值。左边的序号可以表明数据文件中的观测量。观测的个数通常与样本容量的大小一致。

（7）标签栏

标签栏处有两个标签：“数据视图”和“变量视图”，即数据浏览和变量浏览。“数据视图”对应的表格用于数据的录入、查看和修改。“变量视图”用于定义变量属性。

（8）状态栏

状态栏用于说明显示SPSS当前的运行状态。SPSS被打开时，将会显示提示信息。

2. 结果输出窗口

结果输出窗口是SPSS的另一个主要界面，该界面的主要功能是显示和管理SPSS统计分析结果。结果输出窗口主要由四个部分组成：菜单栏、工具栏、索引输出区和结果输出区，如图1-3所示。

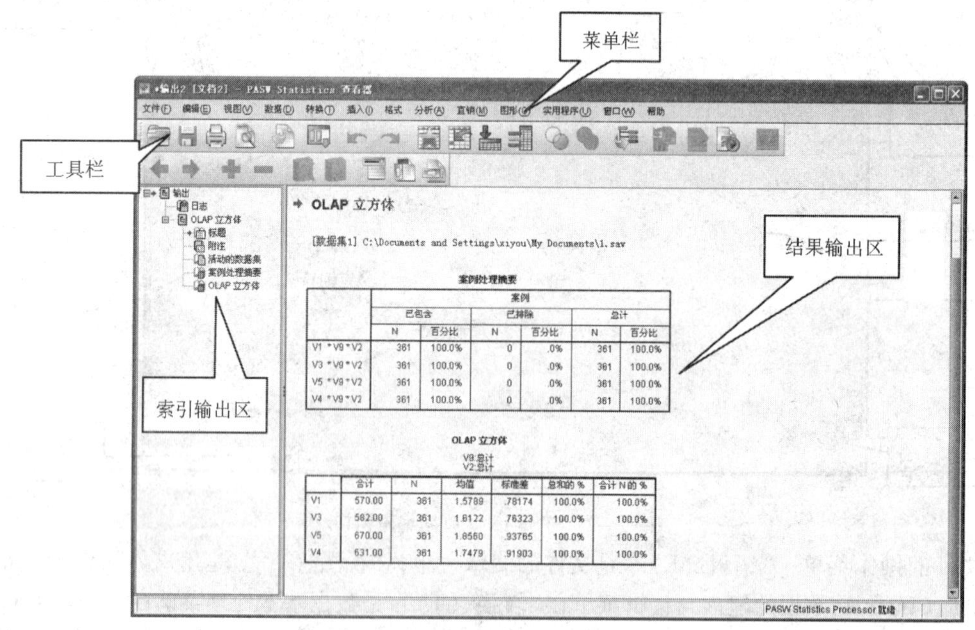

图1-3　SPSS 18.0的结果输出窗口

索引输出区用于显示已有分析结果的标题和内容索引，以简洁的方式反映和提示输出结果区的各项输出内容，便于用户查找和操作。索引输出以一个索引树根结构显示，当需要查找输出结果时，只要单击索引树上相应的图表名称，该图表就会显示在右边的结果输出区。

结果输出区显示的是用户所要得到的具体图表，与索引输出区的结果是一一对应的。结果输出区的图表可以进行编辑操作。如果要选取某一图表进行编辑，可双击该图表，当图表四周出现黑色边框时，即可对图表进行编辑。

1.3.3　SPSS 18.0的退出

退出SPSS 18.0的方法与退出一般常用软件的方法基本相同，只需要在菜单栏依次选择【文件（F）】→【退出（X）】。应特别注意的是：在退出SPSS之前，计算机一般会向用户提出以下两个问题。

1）是否将数据编辑窗口中的数据存到磁盘上，文件扩展名为.sav；

2）是否将结果输出窗口中的分析结果（输出阅读器的内容）存到磁盘上，文件扩展名为.spo（或.rtf）。

这时，用户应根据实际情况，指定将SPSS数据文件或结果文件存放到磁盘上，并输入文件名。

第 2 章　SPSS 数据文件的建立与管理

【学习提要与目标】 使用 SPSS 软件进行数据分析，首先要建立 SPSS 数据文件。SPSS 数据文件的建立主要包括：录入数据、定义变量、读取其他格式的数据文件以及数据文件的拆分、合并和保存等操作。通过本章的学习，学生应熟悉和掌握 SPSS 数据文件的结构与特点，并能建立、编辑和管理 SPSS 数据文件，为进一步的数据分析做好准备。

2.1　SPSS 数据文件的建立

2.1.1　实验目的

建立 SPSS 数据文件，是利用 SPSS 软件进行经济管理数据分析的基本前提。通过本实验，使学生熟悉并掌握 SPSS 数据文件创建的基本内容和操作方法，并能根据收集来的数据建立符合要求的 SPSS 数据文件。

2.1.2　相关知识

1. SPSS 数据文件的特点

SPSS 数据文件包括多于一行的数据，也要包括变量的其他定义信息，如变量名、变量格式、变量标签等。用户所看到的数据文件是 SPSS 数据编辑窗口中的二维表格，横行表示一个观测，纵列表示一个变量。用数据库的术语来说，横行表示数据记录，纵列表示数据字段。例如现有 100 份问卷，要把其中的数据录入到 SPSS 中，每份问卷的数据输入一行，称为一个个案或者观测；问卷中的每个问题为一列，表示一个变量或者属性；每份问卷的每个问题就是一个单元格（Cell），它处于个案和变量的交叉位置。整个数据文件就是一张二维表。

打开数据文件后，为了防止原始数据被删除或者修改，可以将文件设为只读属性。从数据编辑窗口中选择“文件”菜单中的“将文件标记为只读文件”子菜单，文件就会成为只读文件，不能做任何修改，同时原来的菜单项变为“将文件标记为读写”。如果要恢复为可读写文件，则单击“将文件标记为读写”即可。

打开数据文件后，还可以建立缓存数据文件。在两种情况下可以使用缓存数据功能，一是为了防止别人打开不同的数据源更新数据，二是对于数据量非常大的数据文件，缓存数据后滚动数据将变得更快。建立数据缓存的方法是在“文件”菜单中选择“缓存数据(H)…”子菜单项，在出现的窗口中选择“确定”，则在下次读取数据时会产生一个缓存。

2. SPSS 数据的录入与变量定义

在 SPSS 中录入数据，通常要对变量进行定义，如果不定义，SPSS 会根据用户输入的数据特征进行自动定义。在“数据窗口”单击“变量视图”标签，可进入变量视图窗口对变量的名称、类型等进行定义。这里简单介绍变量定义中的一些常用属性。

(1) 变量名

如果用户没有定义变量，而只是输入数据，则 SPSS“变量视图”中给出的默认变量名为 VAR00001、VAR00002 等。可以单击某个变量名称重新输入新变量名，或者双击变量名称，修改现有的变量名。编辑完成后，按回车或者单击所在单元格外的任何地方，使修改生效。在一个 SPSS 文件中，每个变量名必须是唯一的，在变量名中不能有空格，变量名不能超过 64 个字符。注意：用户定义的变量名不能以“$”为第一个字母，避免以“.”、“_”作为变量名结尾。另外，变量名不能与 SPSS 的保留字相同，主要有 ALL、AND、BY、GE、GT、LE、LT、NE、NOT、OR、TO、WITH 等。

(2) 变量类型

SPSS 中可以定义数值型、日期型、字符型、货币型等变量。对于数值型变量，需要定义其宽度和小数位，如果不定义，系统默认宽度为 8，小数位为 2。另外，数值型数据每三位可以加逗号或者圆点，还可以用科学记数法来表示。日期型数据的表示也有多种，默认的格式是“dd-mmm-yyyy”，即两位数据表示日、三位字母表示月、四位数字表示年。除此之外，还有其他一些表示方法。字符型变量只需要设置其长度。

(3) 变量测量水平

根据取值特点，统计变量分为品质变量和数值型变量，其中品质变量又进一步可分为定类变量和定序变量。在 SPSS 中，定类变量称为名义变量，定序变量称为序号变量。名义变量和序号变量的具体表现均为类别，所不同的是名义变量各类别之间是平等的，没有先后顺序。序号变量各类别之间有一定的先后顺序或等级。数值型变量，在 SPSS 中称为尺度变量（Scale）或度量变量。

2.1.3 实验内容

在企业人力资源管理中，职工薪酬管理是一个重要的内容。表 2-1 是 8 名企业职工情况的模拟资料。本实验通过该资料数据文件的建立，来演示如何建立 SPSS 数据文件。

表 2-1 企业职工情况模拟资料

职工序号	性别	婚姻状况	年龄	基本工资
1	男	1	30	2 100
2	女	1	28	2 250

续表

职工序号	性别	婚姻状况	年龄	基本工资
3	女	1	35	2 900
4	女	1	40	3 005
5	男	1	44	3 100
6	女	2	21	1 980
7	男	1	50	3 600
8	女	2	19	1 900

2.1.4 实验步骤

Step❶定义变量。在数据编辑窗口的下方单击【变量视图】按钮，进入如图2-1所示的变量视图窗口。在窗口中分别对每个变量进行定义。

图2-1 SPSS变量视图窗口

首先在变量视图窗口的“名称”区域输入需要定义的变量名，如“年龄”。再在“类型”区域单击右侧的省略号按钮，会出现如图2-2所示的对话框。“年龄”是一个整数，因此选择它的宽度为3，小数位为0。

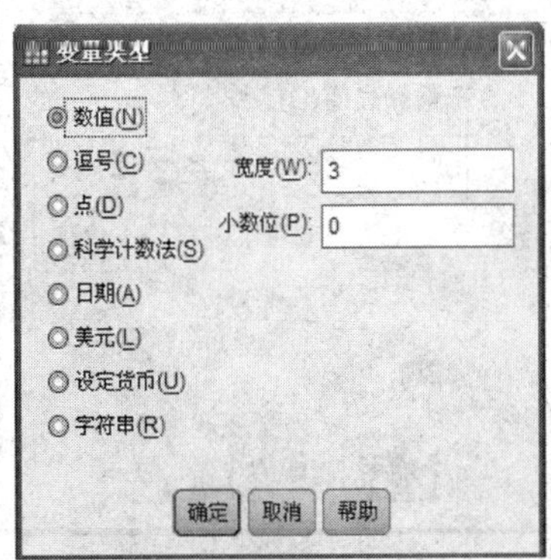

图2-2 变量类型设置对话框

再增加“婚姻状况”变量名，它也是整数型；“性别”是字符型变量；“基本工资”是一个数值型数据，将它的宽度设为8，小位数设为2即可。

SPSS允许给每个变量值加上一个标签。变量标签可以将一个变量的值显示为一个字符串，看起来更直观一些。例如，在“婚姻状况”中，用“1”表示“已婚”，用“2”表示未婚。选择“婚姻状况”中的“值”列，会出现“值标签（V）”对话框。在其中的“值（U）”和“标签（L）”后的活动框中分别输入“1”和“已婚”，并单击【添加（A）】按钮，然后按同样的操作为“2”添加上“未婚”标签，如图2-3所示。设置完毕，单击【确定】按钮退出。

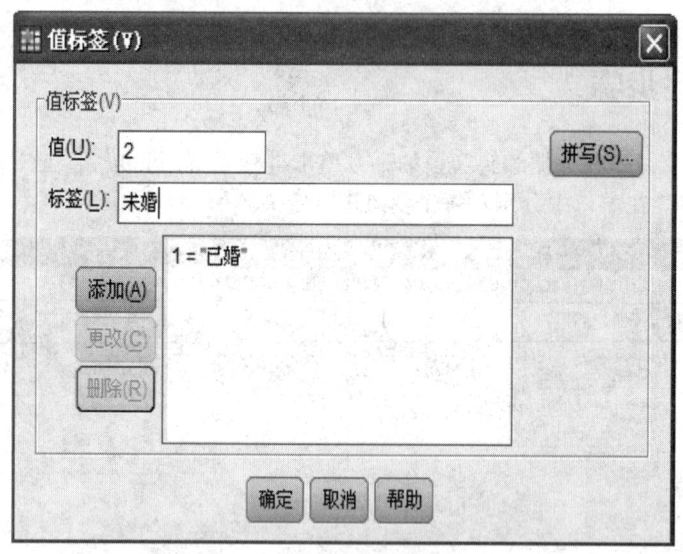

图2-3　值标签对话框

如果想在数据中显示“值标签”，则需要在“数据视图”窗口的工具栏单击【值标签】按钮即可。此时数据中的“1”和“2”就会显示为“已婚”和“未婚”。一般情况下，字符型变量经常需要进行“值标签”定义。

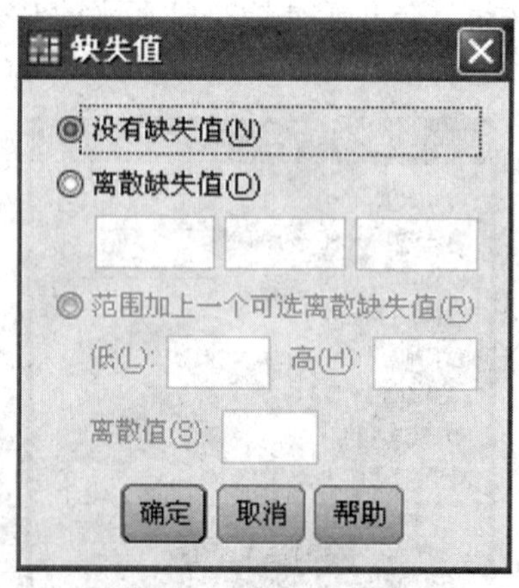

图2-4　缺失值对话框

此外，录入数据的过程中，可能经常会遇到缺失数据或无效数据，如果不对这些数据进行鉴别或过滤，分析结果可能就不准确。选择“变量视图”中“缺失”列的右侧，会出现如图2－4所示的对话框。在此对话框中，可以对离散变量的缺失值指定代替值，或者给连续型数据缺失值指定一个范围。如果数据中没有缺失值，此项可省略。

本实验数据变量定义结果如图2－5所示。

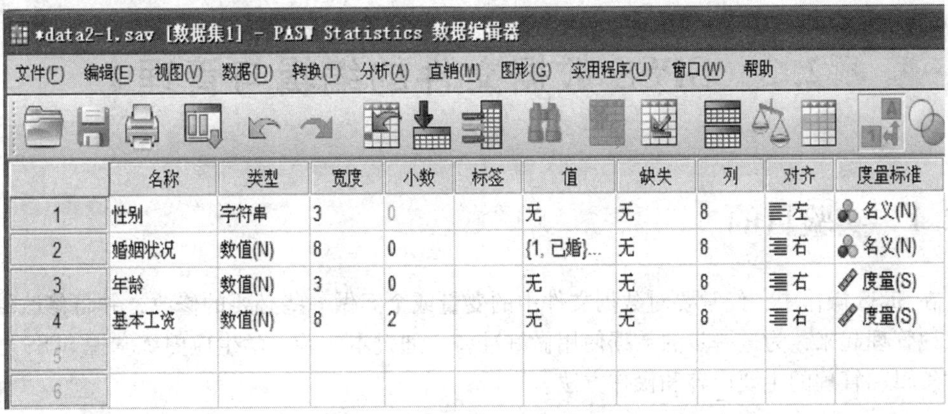

*data2-1.sav [数据集1] - PASW Statistics 数据编辑器

文件(F) 编辑(E) 视图(V) 数据(D) 转换(T) 分析(A) 直销(M) 图形(G) 实用程序(U) 窗口(W) 帮助

	名称	类型	宽度	小数	标签	值	缺失	列	对齐	度量标准
1	性别	字符串	3	0		无	无	8	左	名义(N)
2	婚姻状况	数值(N)	8	0		{1, 已婚}...	无	8	右	名义(N)
3	年龄	数值(N)	3	0		无	无	8	右	度量(S)
4	基本工资	数值(N)	8	2		无	无	8	右	度量(S)
5										
6										

图2－5 实验数据变量定义结果

Step❷录入数据。定义好SPSS数据结构后，单击数据编辑窗口的【数据视图】按钮，进入数据编辑状态，并在此录入每个变量的所有观测值。

Step❸在“文件”菜单中，选择“保存”子菜单，将设置好的数据文件保存为名为data2－1.sav的数据文件，如图2－6所示。其中“婚姻状况”变量显示的是值标签。

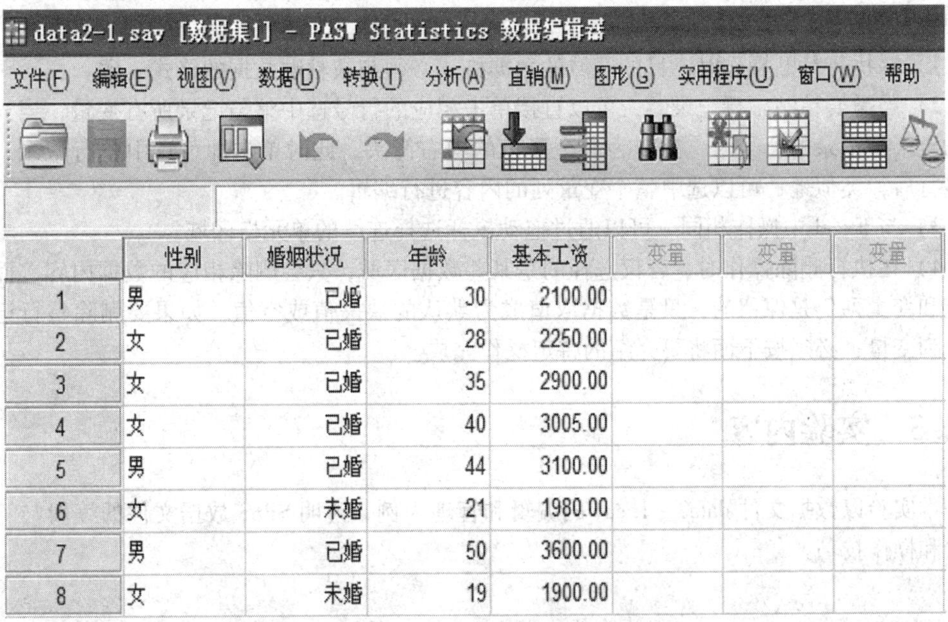

data2-1.sav [数据集1] - PASW Statistics 数据编辑器

文件(F) 编辑(E) 视图(V) 数据(D) 转换(T) 分析(A) 直销(M) 图形(G) 实用程序(U) 窗口(W) 帮助

	性别	婚姻状况	年龄	基本工资	变量	变量	变量
1	男	已婚	30	2100.00			
2	女	已婚	28	2250.00			
3	女	已婚	35	2900.00			
4	女	已婚	40	3005.00			
5	男	已婚	44	3100.00			
6	女	未婚	21	1980.00			
7	男	已婚	50	3600.00			
8	女	未婚	19	1900.00			

图2－6 实验资料建立的SPSS数据文件

2.1.5 问题思考

1. 建立 SPSS 数据文件最关键的步骤是什么？
2. SPSS 中定义数值型变量和字符型变量的方法是否相同？各有什么侧重点？

2.2 SPSS 数据文件的编辑与管理

2.2.1 实验目的

在 SPSS 操作中，经常要对数据文件中的变量或个案做一些必要的修改，并将修改结果有效地管理起来，为进一步的数据使用做好准备。通过本实验，学生应熟练掌握 SPSS 数据文件编辑和管理的主要内容和操作方法。

2.2.2 相关知识

SPSS 对数据的编辑和管理，实际上是针对二维数据表进行的。主要内容包括：数据信息查询、变量和个案的添加和删除、数据的剪切、复制和粘贴、数据文件保存等。其中的每一项任务都可以通过多种方式来完成。进行数据文件编辑操作时，需要注意下面几个事项：

1）在执行粘贴操作时，目的区域的数据格式必须与被粘贴数据的格式一致。

2）当需要粘贴整行记录时，可以直接单击相应的行号选中整条记录所有变量，当光标移动至某行记录的行号时，会变为一个黑色的向右箭头，此时单击即可选中整行记录；选中整行后，类似地，可以选中整个变量列的内容进行编辑。

3）与 Excel 中操作相同，可以通过拖动鼠标选择连续的单元格区域。

4）在执行删除操作时，若仅选择的是某些数据区域，只会删除相应的数据内容，而记录行和变量列仍是保留的，只是数据取值成为默认的缺失值或空值。如果要删除整行记录或整列变量，必须按下面将要介绍的特定操作完成。

2.2.3 实验内容

本实验以数据文件 data2 - 1. sav 的编辑和管理为例，说明 SPSS 数据文件的编辑与管理方法和操作技巧。

2.2.4 实验步骤

1. 查看文件和变量信息

在 SPSS 中查看变量信息有三种方式：在 SPSS 文件菜单中查看、在变量视图中查看和在工具栏中查看。这里只介绍如何通过文件菜单查看数据文件和变量信息。在文件菜单中查看 SPSS 数据文件和变量信息可按以下步骤进行。

在数据编辑窗口，依次单击【文件（F）】→【显示数据文件信息（I）】→【工作文件（W）】，系统自动将当前文件的相关信息输出到 SPSS 结果输出窗口中。按以上操作对数据文件 data2－1. sav 中的变量信息进行查询，其结果如表 2－2 所示。

表 2－2 data2－1. sav 数据文件变量信息

变量	位置	标签	度量水平	角色	列宽	对齐方式	打印格式	书写格式
性别	1	< none >	标称	输入	8	左	A8	A8
婚姻状况	2	< none >	刻度	输入	8	右	F8	F8
年龄	3	< none >	刻度	输入	8	右	F3	F3
基本工资	4	< none >	刻度	输入	8	右	F8. 2	F8. 2

如果要查看外部数据文件，可在数据编辑窗口，依次单击【文件（F）】→【显示数据文件信息（I）】→【外部文件（E）】，系统弹出如图 2－7 所示的“显示外部数据集信息”对话框，在此对话框中选择“Anxiety. sav”（SPSS 安装时自带的样本数据）并打开，SPSS 的输出结果如表 2－3 和表 2－4 所示。

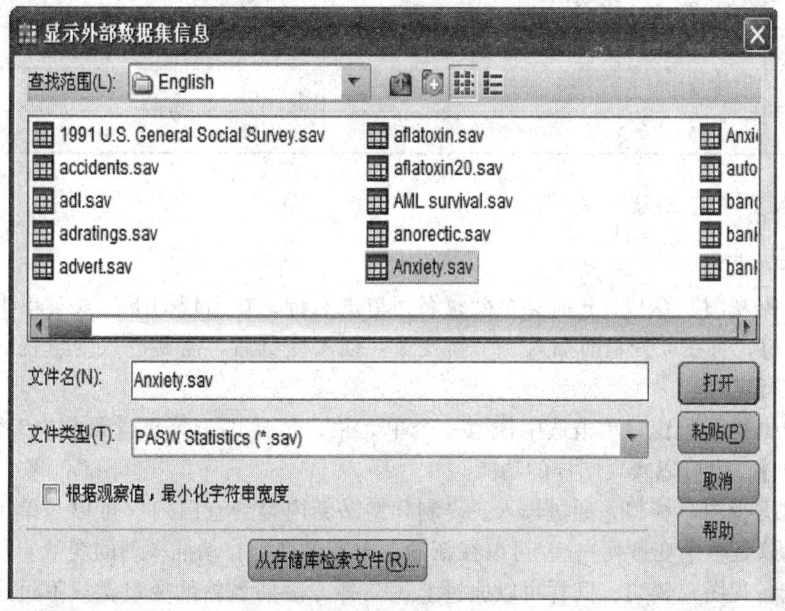

图 2－7 “显示外部数据集信息”对话框

表 2－3　数据文件 Anxiety. Sav 的文件信息

源		D：\ Samples \ English \ Anxiety. sav
类型		PASW Statistics 数据文件
创建日期		02－MAY－2008 12：15：26
标签		无
字符编码		UTF－8
文件内容	数据类型	个案
	文档的行数	无
	变量集	无
	Forecasting 日期信息	无
	多重响应定义	无
	Data Entry for Windows 信息	无
	TextSmart 信息	无
	Modeler 信息	无
数据信息	个案数	48
	已定义的变量元素数	5
	指定变量数	5
	权重变量	无
	已压缩	是

表 2－4　Anxiety. Sav 数据文件中的变量信息

名称	位置	标签	测量尺度	格式	列宽	对齐方式
subject	1	Subject	标度	F2	8	右
anxiety	2	Anxiety	标度	F2	8	右
tension	3	Tension	标度	F2	8	右
score	4	Score	标度	F3	8	右
trial	5	Trial	标度	F1	8	右

2. 插入变量与删除变量

（1）插入变量

在“数据视图”窗口，选择某个变量名，单击右键，在出现的下拉式菜单中选择【插入变量（A）】，可在此变量前插入一个新变量。插入变量后，需要进入变量视图窗口对新加的变量进行定义。

在“数据视图”窗口单击选中任意一个单元格，依次单击菜单【编辑（E）】→【插入变量（A）】，也可以实现同样的功能。

在“数据视图”窗口，通过输入、复制和粘贴新内容到空白列（可以是单个或多个单元格，也可以是整个变量列），就可以在新输入内容的列上自动插入新的变量。

在“变量视图”窗口，同样可以通过上述三种方法插入新的变量，只不过这时操作的对象为变量行。

（2）删除变量

在“数据视图”窗口，选择某个变量名，单击右键，在出现的下拉式菜单中选择【清除（E)】，可以删除此变量。

在“数据视图”窗口，单击选中某个整列变量后，依次单击菜单【编辑（E)】→【清除（R)】，即可删除此变量。

在“变量视图”窗口删除变量，操作与上述类似，只是操作的对象变成变量行。

3. 插入个案与删除个案

（1）插入个案（观测量）

插入个案的操作均在数据编辑窗口的“数据视图”状态下进行，观测量的排列次序可以用排序功能完成，故插入位置可以不必计较。

在“数据视图”窗口，把光标移动至某个观测记录行号上，单击选中整行记录，此时整行记录呈黑白反显，再在选中行上右击，在弹出的快捷菜单中单击【插入个案（I)】项，即可在此记录行的上面插入一个新的个案，所有行号自动重编。

在“数据视图”窗口中单击选中任一个单元格，依次单击菜单【编辑（E)】→【插入个案(I)】，也可以完成插入个案的功能。另外，通过输入、复制粘贴新的内容到空白行（可以是单个或多个单元格，也可以是整行记录的粘贴)，就可以自动在新输入内容的行上插入新的个案。

（2）删除个案（观测量）

在“数据视图”窗口，选择某行个案，单击右键，在出现的下拉式菜单中选择【清除(E)】，可以删除所选个案。

在“数据视图”窗口，单击选中某个案观测量，依次单击菜单【编辑（E)】→【清除（R)】，也可删除此个案。

4. 数据的剪切、复制和粘贴

如图2－8所示，选中需要操作的数据区域，被选中单元格的颜色呈黑白反显，然后在选中区域上右击，弹出的快捷菜单有如下几项：剪切（T)、复制（C)、粘贴（P)、清除

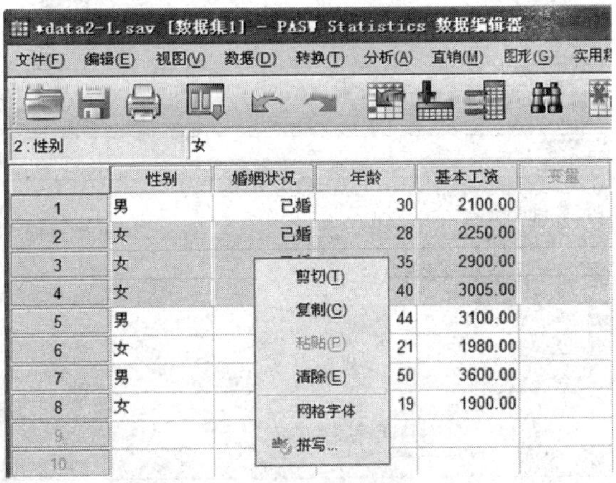

图2－8 数据编辑

(E)、网格字体等。单击它们即可执行相应的操作，也可以通过单击【编辑（E)】菜单的子菜单来执行。

另外，通过快捷键 Ctrl + X、Ctrl + C、Ctrl + V、Ctrl + Z 分别可以执行剪切、复制、粘贴和撤销操作。

5. 撤销和重复操作

编辑数据或变量属性时，撤销和重复操作通过单击菜单【编辑（E)】→【撤销(U)】、【编辑（E)】→【重新】来实现；选择数据编辑窗口工具栏的向前、向后箭头也可实现撤销和重复操作。

6. SPSS 数据文件的保存

数据窗口内的数据必须经过保存才能在以后使用，否则，退出数据窗口后所有的数据都会丢失。依次选择【文件（F)】→【保存】，会出现如图 2－9 所示的数据文件保存对话框。在此对话框中，可以指定数据文件的路径、名称以及保存类型。对于特定的类型还有特定的要求，例如对于 Excel 或文本文件，还可以选择是否“将变量名写入电子表格(W)”，以及“在已定义值标签时保存值标签而不是保存数据值（A)”。对于 SAS 格式的文件，还可以选择是否“将值标签保存到 .sas 文件（E)”。另外，还可以选择部分变量进行保存，方法是单击【变量】按钮，会列出所有变量名称，可以选择所需要保存的变量名进行保存。

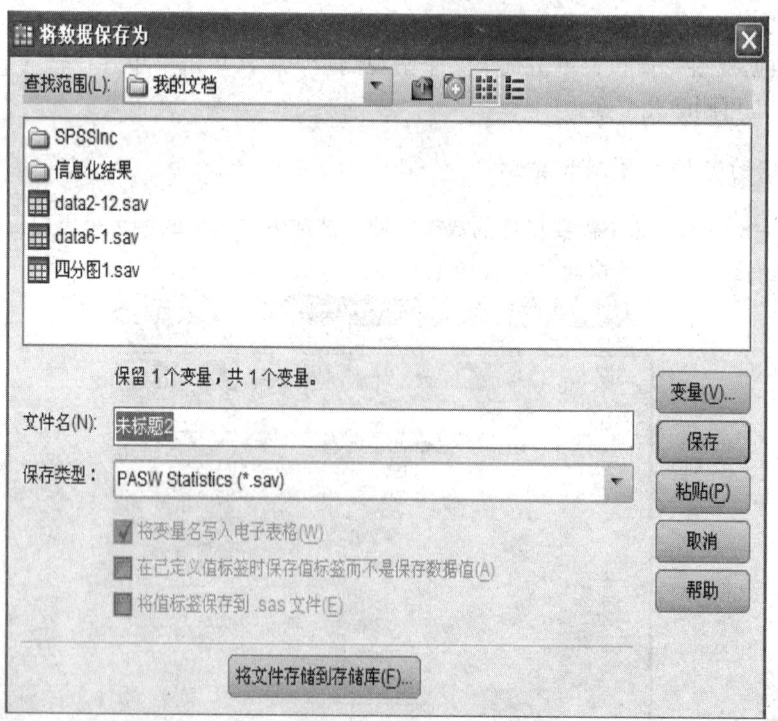

图 2－9　数据文件保存对话框

对已有的文件修改后，如果不想改变原始文件的信息，可以选择【另存为（A）】，保存为其他的文件名或格式，还可以将数据导出到其他的数据库中。

2.2.5 问题思考

1. 查看当前数据文件信息和外部数据文件信息的输出结果有什么不同？为什么会产生差异？

2. 比较数据文件增删中不同操作方式的优缺点，看看哪种方式最好用。

模块二

数据基本分析实验

本模块主要包括数据预处理、数据整理、数据分析、图表应用等实验，是本书的核心，是所有经管类学生都必须掌握的基本实验内容。学生通过本模块的学习和实验，熟悉经济管理数据分析的基本内容、常用方法、一般流程及常用工具与手段，掌握数据分析各环节的SPSS操作技巧，并能合理、准确地解释数据处理结果的经济含义。

第 3 章　统计数据分析概述

【学习提要与目标】随着社会经济的发展，无论是国民经济的管理和公司、企业的经营决策，还是科学研究都越来越依赖于数据分析。在数据分析过程中，研究人员不仅需要熟练掌握计算机和统计分析软件的应用技术，而且需要系统掌握统计数据分析的相关理论知识。本章主要介绍数据分析的内容、方法和程序等，目的是在实验之前对数据分析的基本知识有所了解，避免滥用和误用分析方法。

3.1　统计数据的概念与种类

3.1.1　统计数据的概念及特征

统计数据是对现象特征进行计量的结果，即变量值。统计数据具有以下两个特征：第一，统计数据不是指单个的数字，而是由多个数据构成的数据集；第二，统计数据不仅仅是指数字，它可以是数字，也可以是文字。

3.1.2　统计数据的种类

统计数据是采用某种尺度对事物进行计量的结果，采用不同的计量尺度会得到不同类型的统计数据，而不同类型的统计数据又适用于不同的统计分析方法。根据计量尺度不同，统计数据可分为以下四种类型。

定类数据：只能归于某一类别的非数字型数据，表现为类别，由定类尺度计量形成。

定序数据：只能归于某一有序类别的非数字型数据，由定序尺度计量形成。

定距数据：表现为数值，可进行加、减运算，由定距尺度计量形成。

定比数据：表现为数值，可进行加、减、乘、除运算，由定比尺度计量形成。

根据上述四种数据的特征，我们可以将统计数据归纳为两大类型：定性数据和定量数据。

定性数据也称品质数据，它说明的是事物的品质特征，是不能用数值表示的，其结果通常表现为类别。品质数据一般采用非参数方法进行处理，具体包括计算各组的频数和频率，计算众数和异众比率、进行列联分析、X^2 检验。

定量数据也称数值型数据，它说明的是事物的数量特征，通常用数值表示。不同类型的数据其分析方法也不同。定量数据可采用参数和非参数方法进行处理，具体包括计算中位数、四分位差、相关系数，计算各种统计量，进行参数估计与检验等。

3.2 数据分析的基本内容

基于不同目的获得的统计数据，其分析的内容也不同，但一般来说数据分析主要包括以下五个方面的内容。

3.2.1 数据结构分析

数据结构分析是通过计算具有某种特征的数据在全部数据中所占比例，来反映总体在某方面的构成。如根据企业的员工信息，分析企业员工的性别、年龄、文化程度等构成。该分析通常是先对数据按分析要求进行分类或分组，然后通过计算结构相对数来完成的。在数据结构分析中经常用饼图和环形图表现分析结果，其中饼图主要用于反映一个总体在某方面的构成；环形图则用于比较多个总体在某种构成上的差异。

3.2.2 数据分布特征分析

数据分布的特征可以从三个方面进行测度和描述：一是分布的集中趋势；二是分布的离散程度；三是分布的偏态与峰度。这三个方面分别反映数据分布特征的不同侧面。

1. 集中趋势

集中趋势是指一组数据向某一中心值靠拢的倾向，测度集中趋势也就是寻找数据一般水平的代表值或中心值。测定数据的集中趋势既可以作为评判事物的标准或依据，也可以用于不同地区或单位之间发展水平的比较，还可以对总量指标进行数量上的推算。

集中趋势的测度指标主要有众数、中位数和均值等。众数是一组数据中出现次数最多的变量值，主要用于测定定类数据的集中趋势，也可以用于测定定序数据和数值型数据的集中趋势；中位数是一组数据按大小排序后，处于中间位置的数值，主要用于定序数据集中趋势的测度，也可用于数值型数据，但不能用于定类数据；均值是全部数据的算术平均，也称为算术平均数，只能用于数值型数据集中趋势的测度。

2. 离中趋势

离中趋势反映的是各变量值远离其中心值的程度。其值越大，数据分布越分散；其值越小，数据分布越集中。测定数据分布的离中趋势主要有两个方面的作用：第一，可以了解数据分布的差异程度。在实际工作中很多问题都可以通过数据的差异程度加以反映。如：投资风险的测定；地区之间经济发展的不平衡问题的研究；生产过程的均衡性、节奏性的衡量等。第二，可以衡量集中趋势测度值的代表性大小。数据的离散程度越大，集中趋势对该组数据的代表性就越差；离散程度越小，集中趋势对该组数据的代表性就越强。

描述数据离散程度的测度值，根据所依据的数据类型不同主要有异众比率、四分位差、标准差（此外还有极差、平均差、方差以及测定相对离散程度的离散系数等）。异众比率是指非众数组的频数占总频数的比率，主要用于测度定类数据的离散程度，也可以用于测度定序数据和数值型数据的离散程度；四分位差是上四分位数与下四分位数之差，主要用于测度定序数据的离散程度，也可用于数值型数据，但不能用于定类数据；标准差是各变量值与其算术平均数的离差平方和的平均数的平方根，主要用于数值型数据离散程度的测定。

3. 偏态与峰度

集中趋势和离散程度是数据分布的两个重要特征，但要全面了解数据分布的特点，还需要知道数据分布的形状是否对称、偏斜的程度以及分布的扁平程度等。偏态和峰度就是对这些数据分布特征的进一步描述。

偏态（skewness）是指数据非对称分布的偏斜状态，包括偏斜的方向和程度。对数据分布的偏斜方向可以利用众数、中位数和均值之间的关系加以判断，但要测度偏斜的程度则需要计算偏态系数。偏态系数的计算方法主要有皮尔逊偏态系数、中心矩偏态系数等。

峰度（kurtosis）是指一组数据的分布与标准正态分布相比的陡峭程度，通常用峰度系数来测定。

3.2.3 数据关联性分析

客观现象总是普遍联系和相互依存的，例如广告费支出与商品销售额、保险利润与保险赔款、储蓄额与居民收入、上市公司的经营业绩与其股票价格及市场价值等都存在密切关系。根据数据的特征和表现形式不同，可将数据之间的相互关系分为不同的种类，不同种类数据之间的相互关系需要采用不同的方法去分析和研究，如图 3－1 所示。

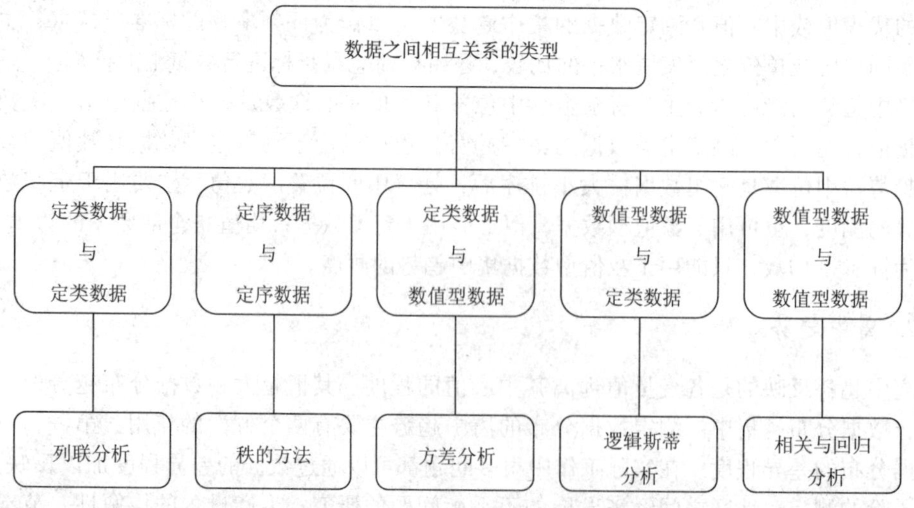

图 3－1 数据之间相互关系的类型与相应的研究方法

3.2.4 数据变动规律分析

按照被描述的现象与时间的关系，可以将统计数据分为截面数据和时间序列数据。截面数据（cross-sectional data）是在相同或近似相同的时间点上收集数据，这类数据通常是在不同的空间上获得的，用于描述现象在某一时刻的变化情况。比如，2009 年我国各地区的国内生产总值数据就是截面数据。时间序列数据（time series data）是在不同时间上收集到的数据，这类数据是按时间顺序收集得到的，用于描述现象随时间变化的情况。比如 2000～2009 年我国的国内生产总值数据就是时间序列数据。对时间序列资料进行分析可以揭示客观事物发展变动的特征和规律性，为预测事物的未来发展提供依据。数据变动规律及特征的分析主要采用以下两种方法。

1. 动态指标分析法

动态指标分析法是通过计算一系列的动态分析指标反映现象随时间变动所表现出来的变动规律及特征。根据指标特征不同，动态分析指标可分为水平分析指标和速度分析指标两类。水平分析指标是最简单、也是最基础的时间数列分析指标，用来反映现象随时间变化的绝对变动量，主要包括发展水平与平均发展水平、增减量与平均增减量。速度分析指标则反映了现象随时间变化的相对变动量，常用的速度分析指标主要有发展速度、增长速度、平均发展速度和平均增长速度四种。

2. 时间序列构成分析法

对现象进行动态分析，除了计算各种发展水平和发展速度等分析指标外，还要研究现象变动的原因及其构成因素。

在诸多影响因素中，有些对事物的发展起着长期的、决定性的作用，致使事物的发展呈现出某种趋势和一定的规律；有些则对事物的发展起着短期的、非决定性的作用，致使事物的发展呈现出某种不规则性。这些因素，按照对事物变化影响的类型，可归纳为四种：长期趋势（T）、季节变动（S）、循环变动（C）和不规则变动（I）。将各影响因素从时间数列中分离出来并加以测定的过程，称为时间序列的构成分析。

时间序列构成分析的基本原理是：根据时间数列各要素之间的相互关系，建立一定的数学分析模型，测定和分析影响时间序列的各种因素及其变动，为认识和预测事物的发展提供依据。

3.2.5 数据综合评价与分析

实际工作中，在研究公司的运营情况时，要综合考虑公司的获利能力、资产运营能力、竞争能力以及偿债能力等指标；在研究国家财政收入时，需要同时考察税收收入、企业收入、债务收入、国家能源交通重点建设基金收入、基本建设贷款归还收入、国家预算调节基金收入和其他收入等指标。因此，在许多场合，仅仅考虑单个指标是不够的，需要多个指标综合考察。将多个指标的多项数据排列在一起就形成了一个数据矩阵，我们称其为多元统计数据。对于多元统计数据来说，一个很重要的研究内容就是对数据进行综合评价与分析。

数据综合评价涉及的内容很多，但评价方法的选择至关重要。目前数据综合评价的方法很多，常用的有综合指数法、模糊评判法、层次分析法、因子分析法、主成分分析法、聚类分析法等。其中因子分析法、主成分分析法、聚类分析法属于多元统计分析方法，在指标权重确定上不受主观因素影响，且有专门的统计分析软件做支撑，实际中被广泛采用。

3.3 数据分析的主要方法

数据分析方法多种多样，可以从不同的角度去分类。根据分析工具的不同，数据分析方法可分为以下三种。

3.3.1 指标法

数据分析的目的在于揭示总体现象的数量特征和规律性。通过对统计数据的整理，我们对总体数据的分布类型及特征有了大致的了解。但这种了解还远远不够，还缺少代表性的数量特征值准确地描述出总体的数量特征。为了进一步掌握数据的分布特征和规律，对统计数据作深入的分析，需要计算一系列反映总体数量特征的指标数值对总体的数量特征作全面系统的描述。

所谓指标法，是指通过计算一系列数据分析指标，来反映所研究现象的各种数量特征的一种数据分析方法。通常可以计算的指标有：总量指标、相对指标、平均指标和变异指标等。

3.3.2 模型法

模型法的主要依据是大量数据，通过建立数学模型，来分析现象或变量之间的依存关系，或对现象进行综合评价。常用的数据分析模型包括：时间序列模型、回归分析模型、综合评价模型等。

3.3.3 图表法

图表法是以统计表格和图形的形式分析和表现数据的规律和特征的一种直观的方法。统计表是把杂乱的数据有条理地组织在一张简明的表格内；统计图是把数据形象显示出来。正确地使用统计表和统计图是做好数据分析的最基本技能。

统计图主要通过点的位置、线段升降、直线的长短或面积大小来表现事物的数量关系，使用统计图代替冗长的文字叙述，往往可以大大提升统计报告的可读性，达到事半功倍的效果。统计图根据用途可以分为以下几类。

1）反映数据分布特征的图形：条形图、直方图、折线图、箱线图、茎叶图等。

2）反映数据依存关系的图形：散点图、比较图。

3）反映数据变动趋势的图形：线图。

4）综合评价图：雷达图。

与图形相比，表格则更能准确地反映数据，同时也能表明数据之间的计算关系。在数据的搜集、整理、描述和分析过程中，经常要使用统计表。许多杂乱的数据，一旦整理在一张统计表内，就会变得一目了然，清晰易懂。充分利用统计表和编制好统计表是做好数据分析的基本保障。根据反映内容的不同，统计表分为时空表和分组表两种，其中分组表又可分为简单分组表和复合分组表。

3.4 数据分析的基本程序

数据分析一般经过收集数据、加工和整理数据、分析数据三个主要阶段。统计学对此有非常完整和严谨的论述。在数据分析实践中，用统计学理论来指导应用是必不可少的，也是极为重要的。

3.4.1 数据分析的一般程序

1. 明确数据分析目标

明确数据分析目标是数据分析的出发点，就是要明确本次数据分析要研究的主要问题和预期的分析目标等。只有这样，才能正确地制定数据收集方案，例如应该收集哪些数据，应采用怎样的方法收集等，进而为数据分析做好准备。

2. 广泛、准确收集数据

在明确了数据分析目标之后，一个重要的问题就是怎样才能准确有效地收集数据，以客观而全面地反映所研究现象的真实状况。收集数据的方法主要有观察法、访谈法、问卷法、测验法、内容分析法等等。在收集数据的过程中，经常会获得一些与分析目标无关或者对分析目标起相反作用的干扰数据，排除这些数据是数据收集的重要环节。数据分析并不仅仅是对数据进行数学建模，收集的数据是否真正迎合数据分析的目标、其中是否包含其他因素的影响及其影响程度、应如何剔除这些影响等都是数据分析过程中必须考虑的重要问题。

3. 科学处理调查数据

在明确数据分析目标的基础上收集到的数据，往往还需进行必要的加工整理后，才能真正用于分析建模。通过数据的加工整理，人们能够大致掌握数据的总体分布特征，这是进一步深入分析和建模的基础。数据的加工整理通常包括数据的缺失值处理、数据的分组、基本描述统计量的计算、基本统计图形的绘制和数据的标准化处理等。

4. 正确选择分析方法

数据加工整理完成后，一般就可以做进一步的数据分析了。分析应切忌滥用和误用统计分析方法。滥用和误用统计分析方法主要是由于对方法能解决哪类问题、方法适用的前提、方法对数据的要求不清楚造成的。另外，统计软件的不断普及和应用中的不求甚解也会加重这种现象。因此，在数据分析中应正确选择分析方法，以免分析结果偏差较大，甚至错误。

5. 合理解释分析结果

数据分析的直接结果是统计指标和统计参数。正确理解这些指标和参数的统计含义是一切分析结论的基础。正确理解统计指标和统计参数的含义不仅能够帮助人们有效避免毫无根据地随意引用统计数字的错误，同时也是证实分析结论正确性和可信性的依据，而这一切都取决于人们对统计分析方法的基本思想和原理是否掌握。

3.4.2 利用 SPSS 进行数据分析的一般步骤

利用 SPSS 进行数据分析也应该按照数据分析的一般步骤进行，但涉及的方面相对较少，其具体步骤如下。

1. SPSS 数据的准备阶段

按照 SPSS 的要求，利用 SPSS 提供的功能准备 SPSS 数据文件，包括在数据编辑窗口中定义 SPSS 数据的结构，录入和修改 SPSS 数据等。

2. SPSS 数据的加工整理阶段

对数据编辑窗口中的数据进行必要的预处理。

3. SPSS 数据的分析阶段

选择正确的统计分析方法，对数据编辑窗口中的数据进行分析建模。由于 SPSS 能够自动完成数据建模中的数学计算并给出计算结果，使分析人员无需记忆数学公式，这无疑给统计分析方法和 SPSS 的广泛应用铺平了道路。

4. SPSS 数据分析结果的解释

读懂 SPSS 输出窗口中的分析结果，明确其统计含义，并结合应用背景和统计知识做出符合实际的合理解释。

3.5 数据分析的工具和手段

实际工作中对于简单的少量数据进行分析或许还可以通过算盘或小型计算器等手工方式来完成，但是对大量而复杂的多元统计数据分析，必须借助于计算机和专用的数据分析软件来完成。

目前，广泛应用的常规数据分析软件主要有：Excel、SAS（Statistical Analysis System）、SPSS（Statistical Package for the Social Sciences）、Markway（马克威分析系统）、Stata、Datax等。事实上，每个软件都有自己的优缺点，人们时常会对自己所使用的统计软件有特别的偏好，这里选择有代表性的软件进行介绍。

3.5.1 Excel

Excel是美国微软公司开发的Windows环境下运行的电子表格系统。Excel集数据的编辑整理、统计分析、图表绘制于一身。微软公司先后推出了Excel 97、Excel 2000、Excel 2002、Excel 2003、Excel 2007、Excel2010等不同版本，随着版本不断升级，数据处理功能和操作的简易性不断加强。

Excel具有四大特征：19个数据分析工具（data analysis tools）、80个统计功能（statistical functions）、智能制表（chart wizard）和趋势线（trend line）。

Excel的优势如下：强大的数据与公式自动填充功能；方便的数据编辑与透视分析功能；灵活的单元格绝对引用与相对引用功能；完美的图形绘制系统与丰富的内置函数功能。

3.5.2 SPSS

SPSS的英文原名为Statistical Package for Social Sciences，译为社会科学统计软件包。2002年将英文全称更改为Statistical Product and Service Solutions，译为统计产品与服务解决方案。目前投放市场的最新版本为SPSS18.0 for Windows，全名为Predictive Analytics Software，简记为PASW。

SPSS的特点包括下面几个方面。

1. 功能强大

囊括了各种成熟的统计方法与模型；提供了多种数据整理技术；自由灵活的表格功能；有各种统计制图功能。

2. 兼容性好

在数据方面，不仅可以录入数据，而且还可以导入Excel格式数据、文本格式数据；在结果方面，其表格、图形可直接导出为Word、文本、网页、Excel格式等，也可以将其作为

对象选择性粘贴到 Word、Power Point 中。

3. 易用性强

人机界面友好，操作简单。SPSS 的统计分析功能是 SPSS 的核心部分，其基本统计功能包括：样本数据的描述和预处理、假设检验（包括参数检验、非参数检验及其他检验）、方差分析（包括一般的方差分析和多元方差分析）、列联表分析、相关分析、回归分析、神经网络、聚类分析、判别分析、因子分析、时间序列预测、质量控制等。

3.5.3 马克威（Markway）分析系统

马克威分析系统是中国第一套具有完全自主知识产权的大型统计分析和数据挖掘系统。马克威分析系统在技术上有以下四大特点：将数据挖掘、统计分析、图形展示和智能报表融为一体，为用户提供完整配套的决策支持工具，这在世界上是独一无二的；提供独创的优化算法体系和完备的数据挖掘模型，这些都处于国际先进水平；将可视化数据分析与数据挖掘有机地融合在一起，并将自主开发的嵌入式数据库管理系统同其他关系型数据库实现了无缝连接；在设计上充分考虑了中国用户的实际情况和使用习惯，将实用性和科学性结合在一起。

马克威软件由六大功能模块组成：数据输入（包括从界面直接输入、直接打开数据文件、使用数据向导将数据库的数据导入等）、数据处理、统计分析、数据挖掘、统计制图、统计报表。

总的来说，以上数据分析软件是能够用于多种统计分析的一组工具。实践中，可以根据所处理问题的需要来选择不同的软件。

第 4 章　数据预处理的 SPSS 应用

【学习提要与目标】数据预处理是指在数据正式整理之前对数据进行选择、排序、转置、重组、合并、拆分、加权处理、分类汇总、变量计算等处理工作，其目的在于为整理和分析做好准备。通过本章的学习，使学生能够利用 SPSS 中的“数据”菜单和“转换”菜单提供的一些专用功能实现数据的预处理。

4.1　数据文件的处理

4.1.1　实验目的

数据预处理包括数据选择、排序、加权处理、转置、拆分，数据结构重组等。通过本实验，使学生能够利用 SPSS 的“数据”菜单命令进行数据的排序与加权、转置与拆分、合并与重组和分类汇总等数据的加工整理操作。

4.1.2　相关知识

1. 数据选择

所谓数据选择就是根据研究需要从已收集到的大量数据中按照一定规则选取参与分析的数据。

（1）数据选取的基本方式

1）按指定条件选取（if condition is satisfied），即选取符合条件的数据。这里，SPSS 要求用户以条件表达式的形式给出数据选取的条件。SPSS 将自动对数据编辑窗口中的所有个案进行条件判断，凡是满足条件的个案，即条件判断为真的个案将被自动选取出来，而那些条件为假的个案则不被选取。

2）随机抽样（random sample of cases），即对数据编辑窗口的所有个案进行随机筛选。详细内容将在第 7 章介绍。

3）选取某一区域内的样本（based on time or case range），即选取数据编辑窗口中样本号在指定范围内的所有个案，要求给出指定范围的上、下界个案号码。这种抽样方法通常适用于时间序列数据。

4）通过过滤变量选取样本（use filter variable），即依据过滤变量的取值进行样本选取。要求指定一个变量作为过滤变量，变量值为非0或非系统缺失值的个案将被选中。这种方法通常用于排除包含系统缺失值的个案。

（2）数据选取的应用场合

1）提高数据分析效率。如果数据量较大，会在一定程度上影响计算和建模的效率，因此，通常可以依据一定的抽样方法从总体中抽取少量样本，后面的分析只针对样本进行，这样会大大提高分析的效率。当然，抽取的样本应具有总体代表性，否则分析的结论可能会有偏差。

2）检验模型的需要。在数据分析中，所建的模型是否能够完整准确地反映数据的特征，是否能够用于以后的数据预测，这些问题都是人们极为关心的。为了验证模型，一般可依据一定的抽样方法只选择部分样本参与数据建模，剩余的数据用于模型检验。

2. 数据排序

数据排序是将SPSS数据编辑窗口中的数据按照某个或多个指定变量的变量值升序或降序重新排列，这里的变量也称为排序变量。排序变量只有一个时，排序称为单值排序；排序变量有多个时，排序称为多重排序。在多重排序中，第一个指定的排序变量称为主排序变量，其他依次指定的变量分别为第二排序变量、第三排序变量等。多重排序时，数据首先按主排序变量值的大小次序排序，然后对那些具有相同主排序变量值的数据，再按照第二排序变量值的次序排序，以此类推。

排序在数据分析过程中有很重要的作用。第一，通过排序便于数据的浏览，有助于了解数据的取值状况以及是否存在缺失值等；第二，排序能够快捷地找到观测量的最大值和最小值，进而可以计算出数据的全距，初步把握和比较数据的离散程度；第三，通过观测量排序能够快捷地发现数据的异常值，为进一步明确它们是否会对分析产生重要影响提供帮助。

3. 加权处理

在计算平均数时，如果数据是分组资料，就必须采用加权平均的计算方法。运用SPSS计算加权平均，在平均之前必须对数据进行加权处理，否则SPSS会把每一组的代表值看作是单个变量值，并直接采用简单平均的方法计算平均值。

4. 数据转置与拆分

SPSS的数据转置就是将数据编辑窗口中的数据进行行列互换，即原来的一条记录转换成为一个变量，而变量则转换为一条记录。

SPSS的数据拆分是按照某种特征将数据划分为不同的部分，便于分别研究和比较。如将某企业职工的信息资料按性别分为两个部分，每一部分均包括统一性别的职工信息。SPSS的数据拆分过程与数据排序很相似，即根据需要对原始数据进行重新排序，使某一变量取值相同的个案集中到一起。两者的区别在于，拆分不是简单的对数据进行排列，而是对数据进行了分组。因此，拆分后的数据文件是按不同的部分或组进行分析并输出结果的。

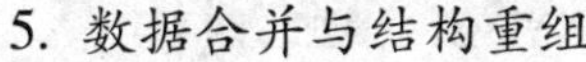

5. 数据合并与结构重组

(1) 数据合并

实践中，经常需要将多个数据文件进行合并。如在录入调查问卷时，每个人录入的数据分别形成了不同的数据文件，分析数据时就必须将每个数据文件合并在一起。SPSS 提供了非常方便的数据文件合并工具。具体合并方式分为对记录的合并和对变量的合并两种，合并记录时要求合并的文件具有相同的变量。

(2) 数据文件结构重组

在运用 SPSS 进行数据分析时，比较常用的是简单格式的数据文件，即每个观测记录占一行，记录行之间由唯一的标识变量进行区分（例如姓名、ID 号），每个属性或变量占一列。例如，某个销售公司的母公司汇总了 5 个子公司在不同地方的销售业绩，并且业绩是按季度统计的，涉及的数据内容包括子公司的编号（no）、季度（quarter）、销售地点（area）、子公司到销售地点的距离（d）和销售额（sale）。对于这些数据，如果按简单格式组织，数据结构如图 4－1 所示。

	no	area	d	quarter_1	quarter_2	quarter_3	quarter_4
1	1	甲	1.70	80.00	90.00	87.00	76.00
2	2	丙	1.70	45.00	67.00	46.00	87.00
3	3	丁	1.90	78.00	76.00	88.00	89.00
4	4	乙	1.80	78.00	87.00	79.00	76.00
5	5	戊	1.70	98.00	99.00	95.00	94.00

图 4－1　横向结构数据格式

由图 4－1 可以看出，这种简单格式存储的变量较多，因此也称为横向结构或变量组结构。但有时这种简单数据格式并不能满足实际需要，这就需要对原始数据文件进行结构重组。数据文件结构重组最常见的做法是将原来数据文件中的两个或两个以上的变量组合成一个复合变量，其他变量保持不变。如上例中如果将各季度的销售量组织成一个复合变量，重组后的数据结构如图 4－2 所示。

由图 4－2 可以看出，这种纵向组织数据的方式会使数据文件的变量减少，观测量增多，所以称这种数据文件格式为纵向格式，也称为观测量组结构。

6. 分类汇总

分类汇总是按照某分类变量进行分类汇总计算，这种数据处理在实际数据分析中是极为重要的。例如，某企业希望了解本单位不同学历的职工其基本工资是否存在较大差异，最简单的做法就是分类汇总，即将职工按学历进行分类，分别计算不同学历职工的平均工资，然后再对平均工资进行比较。

SPSS 实现分类汇总主要涉及两个方面。

1）按照变量（如上例中的学历）进行分类。

2）对变量（如上例中的基本工资）进行汇总，并指定对汇总变量计算的统计量（如对汇总变量基本工资计算平均值、标准差等）。

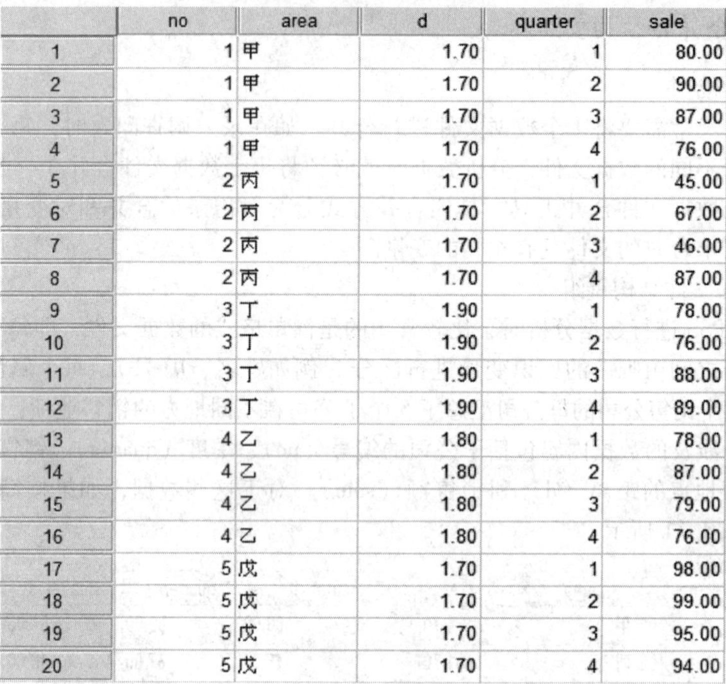

	no	area	d	quarter	sale
1	1	甲	1.70	1	80.00
2	1	甲	1.70	2	90.00
3	1	甲	1.70	3	87.00
4	1	甲	1.70	4	76.00
5	2	丙	1.70	1	45.00
6	2	丙	1.70	2	67.00
7	2	丙	1.70	3	46.00
8	2	丙	1.70	4	87.00
9	3	丁	1.90	1	78.00
10	3	丁	1.90	2	76.00
11	3	丁	1.90	3	88.00
12	3	丁	1.90	4	89.00
13	4	乙	1.80	1	78.00
14	4	乙	1.80	2	87.00
15	4	乙	1.80	3	79.00
16	4	乙	1.80	4	76.00
17	5	戊	1.70	1	98.00
18	5	戊	1.70	2	99.00
19	5	戊	1.70	3	95.00
20	5	戊	1.70	4	94.00

图 4－2　纵向结构数据格式

4.1.3　实验内容

1）数据文件 data4－1. sav、data4－2. sav 是 35 个企业职工的两组模拟调查数据。data4－1. sav 包括起始工资、工龄、年龄和目前工资 4 个变量，data4－2. sav 包括工作态度、工作业绩、公司效益、学历和职务 5 个变量。本实验对该组数据做以下预处理。

①合并 data4－1. sav、data4－2. sav 两个数据文件。

②按年龄将职工进行排序。

③按是否有职务把调查数据拆分成两个部分。

④选择出高学历的职工。

⑤分类计算有职务和没职务职工目前工资的平均数。

2）某企业为测定生产时间定额，对同一天各工人加工某零件所需工时登记整理，形成数据文件 data4－3. sav。本实验将对该资料进行加权处理，为进一步计算平均数做好准备。

3）某销售公司的母公司汇总了 5 个子公司在不同地方的销售业绩，并且业绩是按季度统计的，涉及的数据内容包括子公司的编号（no）、季度（quarter）、销售地点（area）、子公司到销售地点的距离（d）和销售额（sale），这些数据按简单格式组织，见数据文件 data4－4. sav。本实验将该数据文件重组为纵向结构。

4.1.4 实验步骤

实验1操作步骤

1. 数据合并——将 data4 - 1. sav、data4 - 2. sav 合并成一个数据文件

由于数据集“data4 - 1. sav”与数据集“data4 - 2. sav”各自所包含的观测是一致的，而变量有所不同，这种合并称为横向合并，即将两个观测一致、变量不同的数据集合并为一个完整的数据集，具体步骤如下。

Step❶在数据编辑窗口中打开 data4 - 1. sav。选择【数据（D）】→【合并文件（G）】→【添加变量（V）】，系统会弹出一个如图 4 - 3 所示的“将变量添加到 data4 - 1. sav［数据集 1］”对话框。在此对话框中单击【浏览（B）】按钮，选择数据文件第二部分中需要进行横向合并的 SPSS 数据集 data4 - 2. sav。

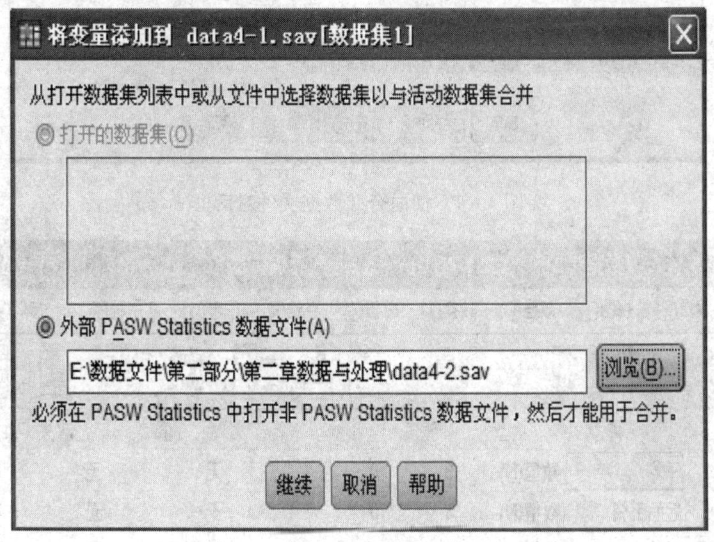

图 4 - 3 数据合并选择文件对话框

Step❷单击【打开】→【继续】按钮，弹出如图 4 - 4 所示的对话框。

SPSS 默认这些变量均以原有变量名进入合并后的新数据文件中。图 4 - 4 中“新的活动数据集（N）”框中阴影部分所示的各个变量是数据集 data4 - 2. sav 中的原有变量，其余变量为数据集 data4 - 1. sav 中的原有变量。变量“序号”是两个数据集的共有变量，所以它显示在“已排除的变量（E）”栏中。实际中，用户可以根据需要在对话框中任意删除或加入变量。

Step❸单击【确定】按钮，数据编辑窗口会自动显示合并后的数据集。用户可根据实际需要加以保存，比如命名为 data4 - 5. sav 加以保存，数据集 data4 - 5. sav 中包含了合并后的 10 个变量，如图 4 - 5 所示。

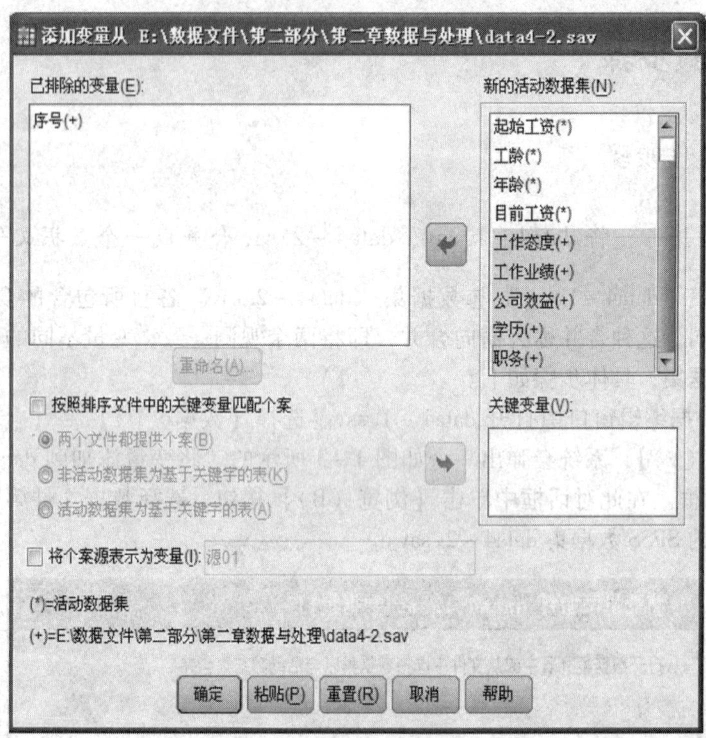

图 4－4　横向合并数据文件对话框

data4-5.sav [数据集2] - PASW Statistics 数据编辑器

文件(F)　编辑(E)　视图(V)　数据(D)　转换(T)　分析(A)　直销(M)　图形(G)　实用程序(U)　窗口(W)　帮助

	名称	类型	宽度	小数	标签	值	缺失	列
1	序号	数值(N)	8	0		无	无	8
2	起始工资	数值(N)	8	0		无	无	8
3	工龄	数值(N)	8	0		无	无	8
4	年龄	数值(N)	8	0		无	无	8
5	目前工资	数值(N)	8	0		无	无	8
6	工作态度	数值(N)	8	0		无	无	8
7	工作业绩	数值(N)	8	0		无	无	8
8	公司效益	数值(N)	8	0		无	无	8
9	学历	数值(N)	8	0		{1, 低学历}...	无	8
10	职务	数值(N)	8	0		{0, 没职务}...	无	8

图 4－5　数据文件 data4－5. sav 中的变量

2. 按年龄将所有职工进行排序

Step❶打开数据文件 data4－5. sav，依次选择【数据（D）】→【排序个案】，弹出如图4－6所示的对话框。

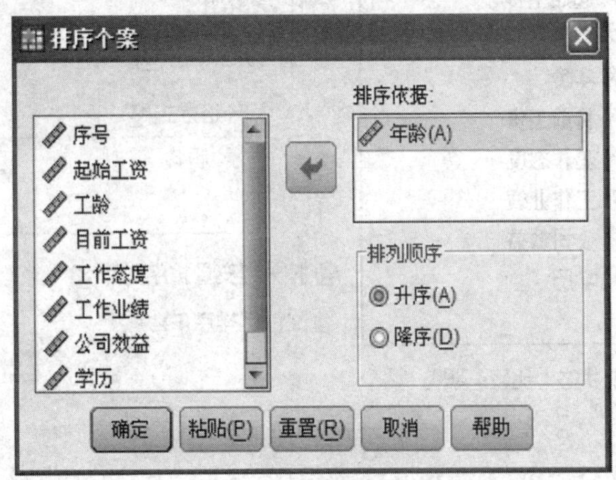

图4－6　观测量排序对话框

Step❷将排序变量“年龄”从左面的列表框移入“排序依据”栏中，并在“排列顺序”框中选择按该变量的“升序（A）”排列。

Step❸如果是多重排序，还要依次指定第二、第三排序变量即相应的排序规则，否则本步可略去。

Step❹单击【确定】按钮，完成操作。数据浏览窗口中的数据自动按要求进行排列并显示出来，结果参见数据文件 data4－6. sav。

有关说明：

1）观测量排序是整行数据排序，而不是只对某列变量排序。

2）多重排序中指定排序变量的次序是很关键的，排序时先指定的变量优于后指定的变量。多重排序可以在按某个变量值升序（或降序）排序的同时再按其他变量值降序（或升序）排序。

3）数据排序以后，原有数据的排列次序必将被打乱。因此在时间序列的数据中，如果数据没有表示时间（如年份、月份、季度等），则应按照变量数据的原始顺序进行排列，以免发生混乱。

3. 数据拆分——按是否有职务把数据分成两个部分

Step❶打开数据文件 data4－5. sav，依次选择【数据（D）】→【拆分文件（F）】，出现如图4－7所示的对话框。

Step❷选择拆分后统计结果的输出格式。其中，“比较组（C）”表示将分组统计结果输出在同一张表格中，以便于不同组之间的比较；“按组组织输出（O）”表示将分组统计结果输出在不同的表格中。这里选择第二种输出方式。

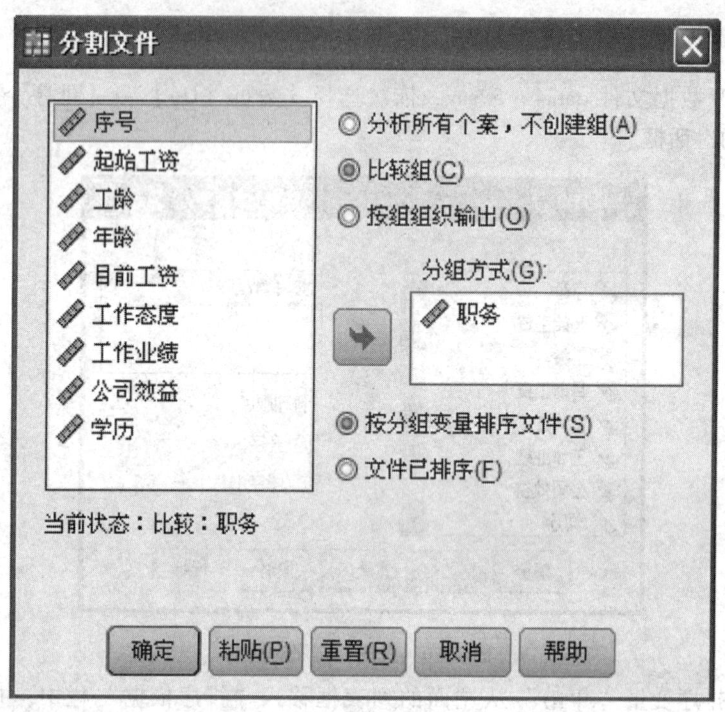

图4-7　分割文件对话框

Step❸将拆分变量“职务”选择到“分组方式（G）”框中。

Step❹如果数据编辑窗口中的数据事先按所指定的拆分变量进行了排序，则可以选择“文件已排序（F）”选项，可以提高拆分执行的速度；否则，选择“按分组变量排序文件（S）”选项。本实验选择“按分组变量排序文件（S）”选项。

Step❺单击【确定】按钮，完成操作。

相关说明：

1）数据拆分将对后面的分析一直起作用，即无论进行哪种统计分析，都将按拆分变量的不同组分别进行分析计算。如果希望对所有数据进行整体分析，则需要重新执行数据拆分，并在如图4-7所示的窗口中选择“分析所有个案，不创建组（A）”选项。

2）对数据可以进行多重拆分，类似于数据的多重排序。多重拆分的次序决定于选择拆分变量的前后次序。

4. 数据选取——选择出高学历的职工

本实验属于按指定条件选取数据，具体操作步骤如下。

Step❶打开数据文件data4-5. sav，选择菜单【数据（D）】→【选择个案（S）】，出现如图4-8所示的对话框。

Step❷根据分析需要选择数据选取方法。数据选取方式有五种，具体见图4-8中的“选择”栏。本实验选择“如果条件满足（C）”选项，并单击“【如果（I）】”按钮，弹出如图4-9所示的对话框。

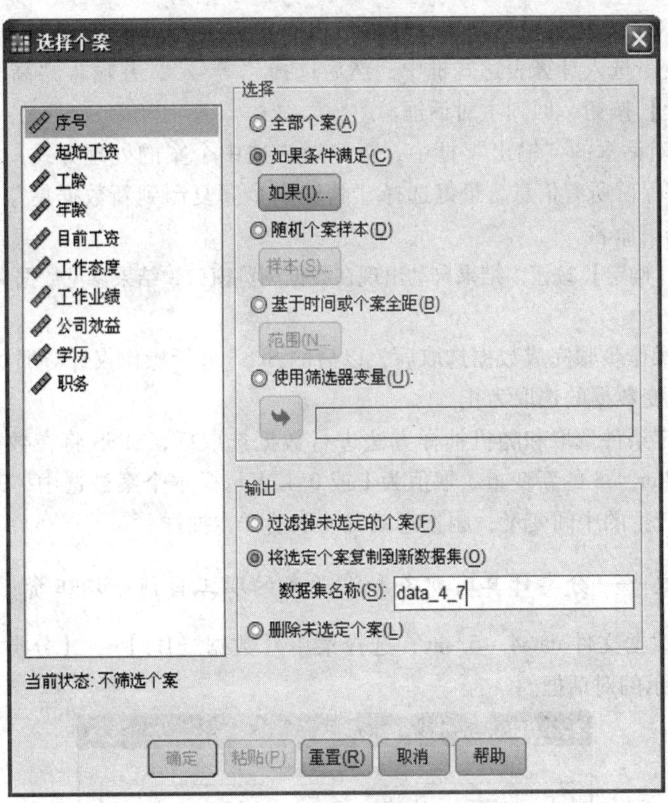

图 4－8　选择个案对话框

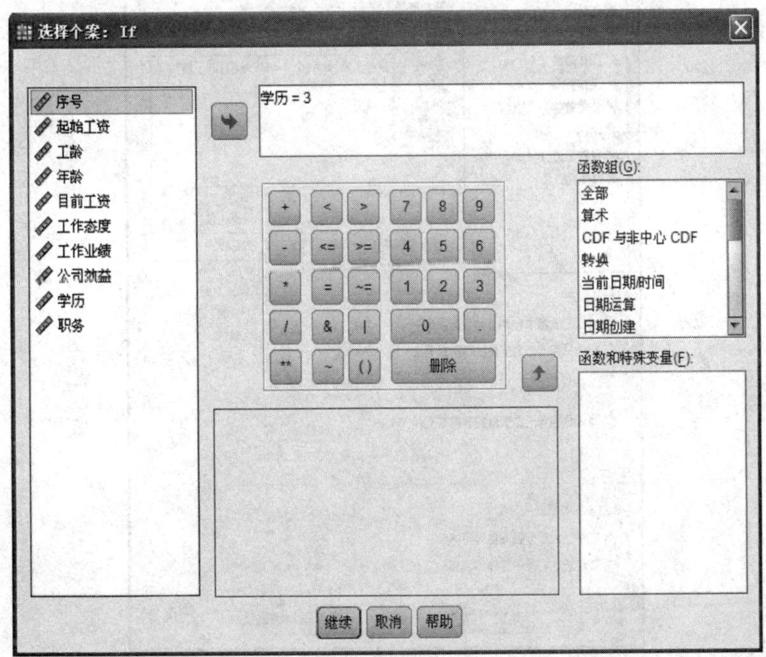

图 4－9　设定选择条件对话框

Step❸利用对话框中提供的简单计算器给出算术表达式：学历 =3。其操作过程为：首先将“学历”变量选入计算表达式框中；然后选择“等号”，并输入“高学历”的代码3。最后单击【继续】按钮，回到主对话框。

Step❹在主对话框的“输出”框中，指定对未选中个案的处理方式。实际操作中为了分析方便且能够保留所有信息，最好选择“将选定个案复制到新数据集”选项，并在选择此项后为新数据集命名。

Step❺单击【确定】按钮，结果自动出现在数据浏览窗口，结果参见数据文件 data4 -7. sav。

相关说明：

1）按上述操作步骤完成数据选取后，以后的 SPSS 分析操作仅针对那些被选中的个案，直到用户再次改变数据的选取为止。

2）采用指定条件选取和随机抽样方法进行数据选取后，SPSS 将在数据编辑窗口自动生成一个名为 filter_ $ 的新变量，取值为 1 或 0. 1 表示样本个案被选中，0 表示未被选中。该变量是 SPSS 产生的中间变量，删除它就自动取消样本抽样。

5. 分类汇总——分类计算有职务和没职务的职工目前平均工资

Step❶打开数据文件 data4 -5. sav，选择菜单【数据（D）】→【分类汇总（A）】，出现如图 4 -10 所示的对话框。

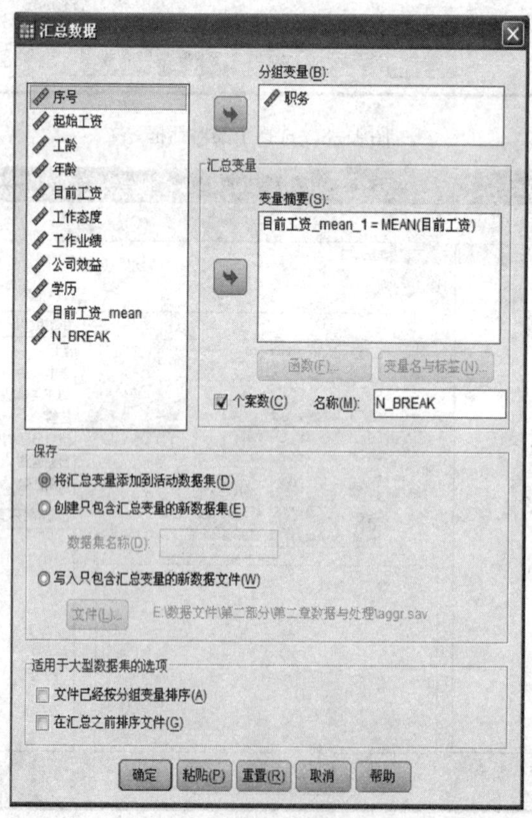

图 4 -10　分类汇总主对话框

Step❷将分类变量“职务”选到“分组变量（B）”栏内。

Step❸将待汇总变量“目前工资”移入“变量摘要（S）”栏中。

Step❹单击【函数（F）】按钮后，出现一个“汇总函数”对话框，如图4－11所示。其中的均值函数为SPSS的默认汇总函数。由于本实验是计算目前工资的平均值，因此该步骤可以省略。

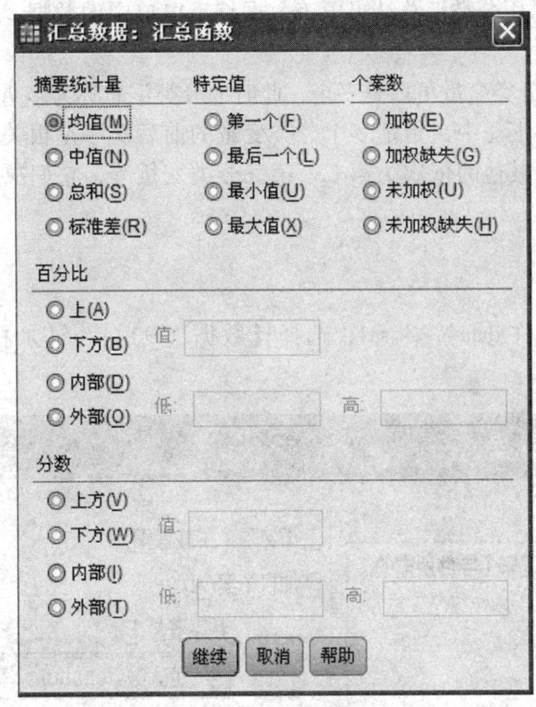

图4－11 汇总函数选择对话框

Step❺单击【确定】按钮，SPSS自动进行分类汇总，并将分类汇总结果在数据浏览界面上以一个新的变量显示出来。如果需要将汇总结果另存为一个SPSS数据文件，可在此之前，选择“保存”栏中的“创建只包含汇总变量的新数据集（E）”选项，并在下面的“数据集名称（D）”后的活动框中输入变量集名，本实验选择系统默认选项，结果参见数据集data4－8. sav。

相关说明：

1）“变量名与标签（N）…”按钮，用于为每个汇总变量重新指定结果文件中的变量名或添加变量名标签。SPSS默认的变量名为原变量名后加“_ 函数名”，如“目前工资_mean”。

2）个案数（C）”选项，用于在结果文件中保存各分类组的个案数。选择此项SPSS会在结果文件中自动生成一个默认名为N_ BREAK的变量，可以修改该变量名，参见数据集“data4－8. sav”。

3）如果是大型数据并且事先按所指定的分类变量进行了排序，则可以选择“文件已经按分组变量排序（A）”项，可以提高分类汇总执行的速度，否则，需要选择“在汇总之前排序文件（G）”选项。

4）分类汇总结果保存框。有三种选择：第一，将汇总变量添加到“活动数据集（D）”，表示将被汇总的变量加入到原始数据文件中；第二，“创建只包含汇总变量的新数据集（E）”，表示将建立一个新的数据文件，里面只包含被汇总的变量，系统默认名为 aggr. sav，用户可以在数据集活动区域，重新指定文件名；第三，“写入只包含汇总变量的新数据文件（W）”，表示用分类汇总结果覆盖数据编辑窗口中的数据，里面只包含被汇总的变量。

5）分类汇总中的分类变量可以是多个，此时的分类汇总称为多重分类汇总。类似于数据的排序，在多重分类汇总中，指定多个分类变量的前后次序是很关键的。一个指定的分类变量为主分类变量，其他的依次为第二、第三分类变量等，它们决定了分类汇总的先后次序。

实验 2 操作步骤

Step❶打开数据文件 data4－3. sav，选择【数据（D）】→【加权个案（W）】，出现图 4－12所示的对话框。

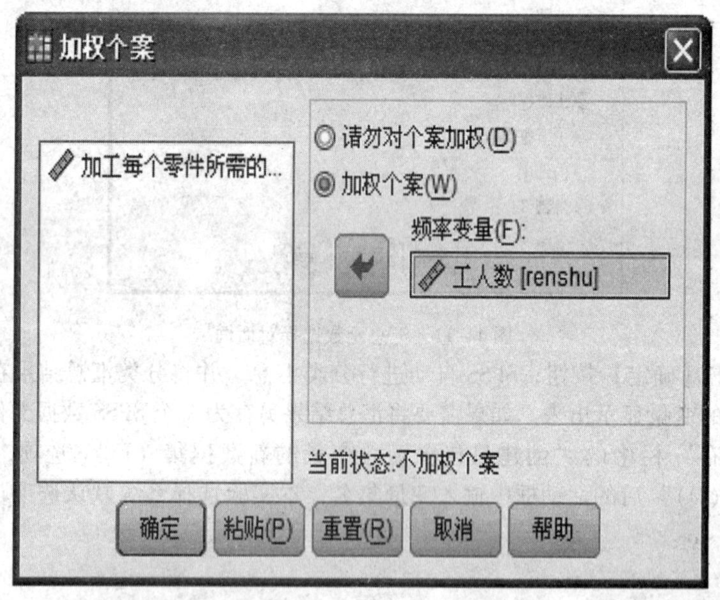

图 4－12　指定加权变量对话框

Step❷选择“加权个案（W）”选项，并将工人数“renshu”变量选到“频率变量（F）”框中。

Step❸单击【确定】按钮，完成加权变量的指定。

应注意的是，一旦指定了加权变量，那么以后的分析处理中加权一直是有效的，直到取消加权为止。取消加权应在如图 4－12 所示的对话框中选择“请勿对个案加权（D）”选项。

实验3 操作步骤

Step❶打开数据文件 data4－4. sav，依次选择【数据（D）】→【重组（R）】，出现如图 4－13 所示的对话框。

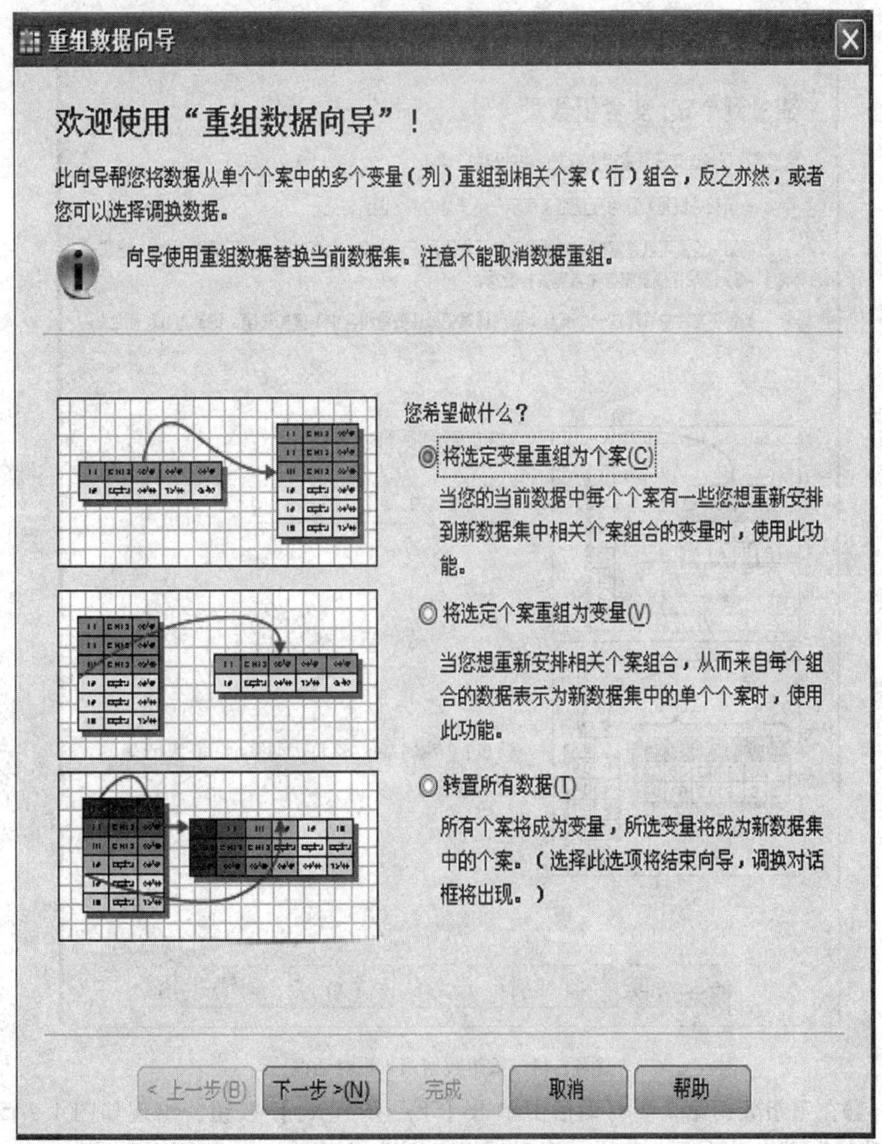

图 4－13 重组数据向导主对话框

Step❷选择数据重排格式。在重组数据向导主对话框中有三种选择：第一，将“选定变量重组为个案（C）”，表示将多个变量重组为一个复合变量，即横向结构转换到纵向结构；第二，“将选定个案重组为变量（V）”，表示将相关的观测值转换为多个变量，即纵向结构转换到横向结构；第三，“转置所有数据（T）”表示将所有变量行列转置，即前面介绍过的转置功能。根据题意本实验选择第一个选项。

Step❸单击【下一步（N)】按钮，出现如图 4－14 所示的重组数据第 2 步对话框。在该对话框中选择第一个选项，表示仅建立一个新变量。在需要建立多个复合变量时，选择第二个选项。

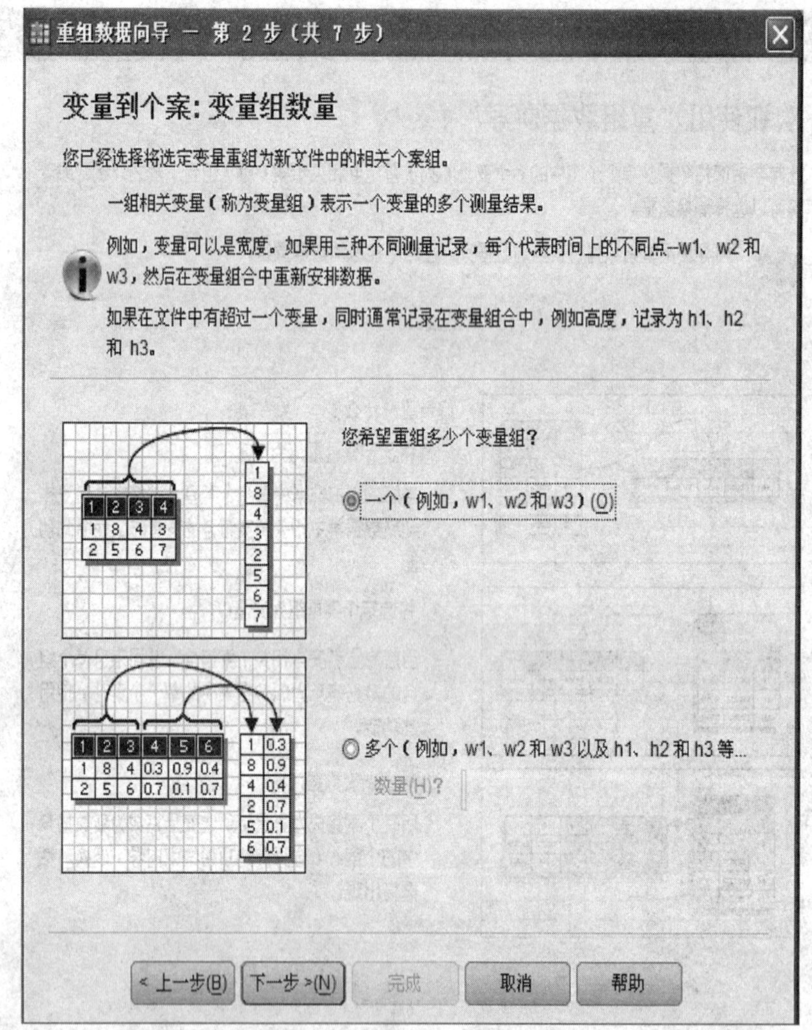

图 4－14　重组数据第 2 步对话框

Step❹在重组数据第 2 步对话框中单击【下一步（N)】按钮，出现如图 4－15 所示的重组数据第 3 步对话框。在“个案组标识（G)”框中选中“使用个案号”，再在下面的标识变量“名称（A)”框中选中变量 id，接着将第一季度销售额［quarter_ 1］、第二季度销售额［quarter_ 2］、第三季度销售额［quarter_ 3］、第四季度销售额［quarter_ 4］四个变量移入要转置的变量框中，并在“目标变量（T)”框中输入“sale”作为重组后的复合变量名，同时把销售地区［area］和子公司到销售点的距离［d］选入“固定变量（F)”框。

应注意的是，在重组数据第3步对话框中，左侧为原变量列表框，右侧上面的“个案组标识（G）”框内选择新文件的标识变量，以它作为新文件的分组标识，一般选择观测值不同的变量，类似变量id这种，如果原文件不存在这样的变量，可以用系统默认的id变量；“要转置的变量”框内放置将被转置的变量，其中的“目标变量（T）”框用于为新文件中的重组变量定义变量名，系统默值为Transl；“固定变量（F）”框内放置未重组并进入新文件的变量。

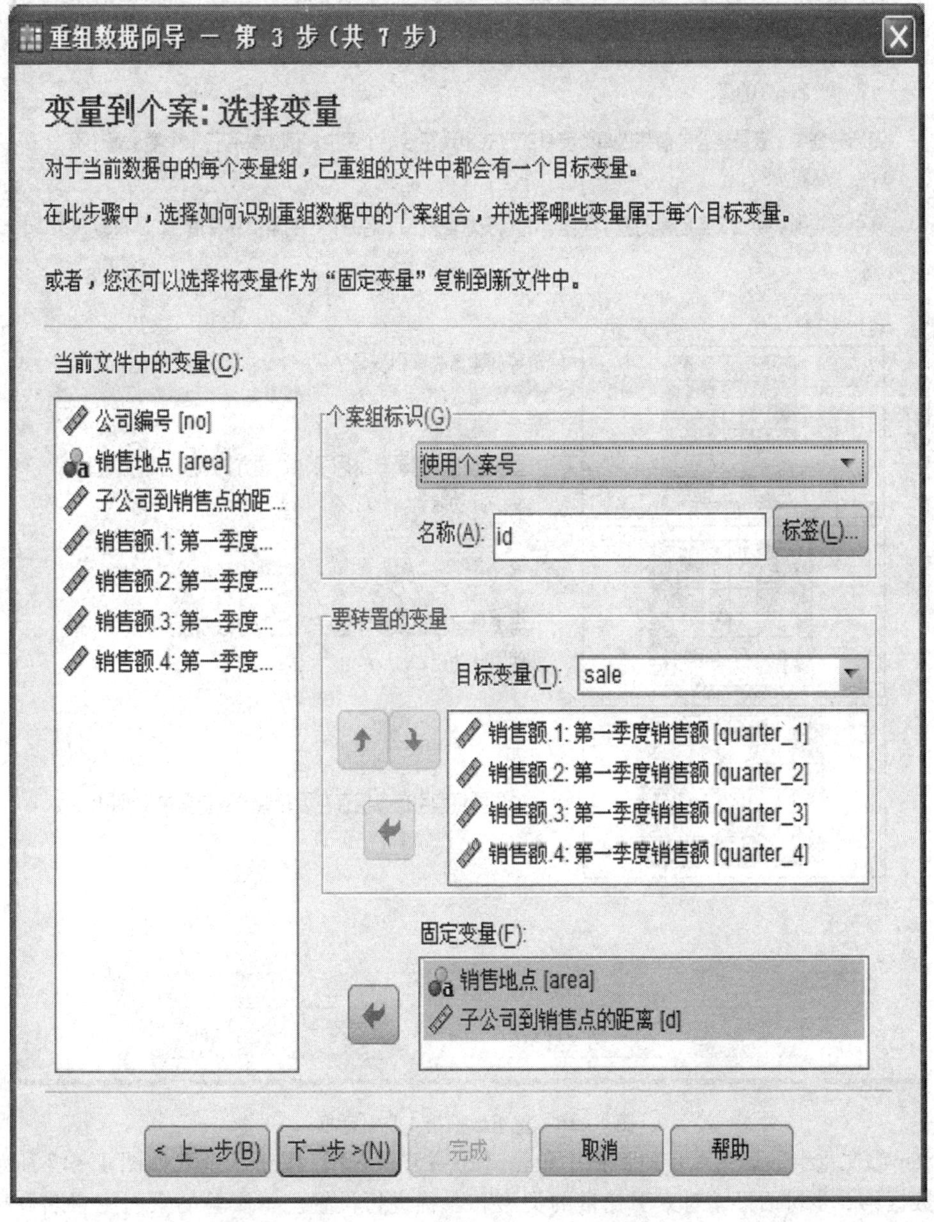

图4－15 重组数据第3步对话框

Step❺在重组数据第 3 步对话框中单击【下一步（N)】按钮，出现如图 4-16 所示的重组数据第 4 步对话框。该对话框是询问使用者需要多少个索引变量，索引变量就是用来区分初始变量组里的各个变量的输出变量。本实验选择“一个（O)”选项。

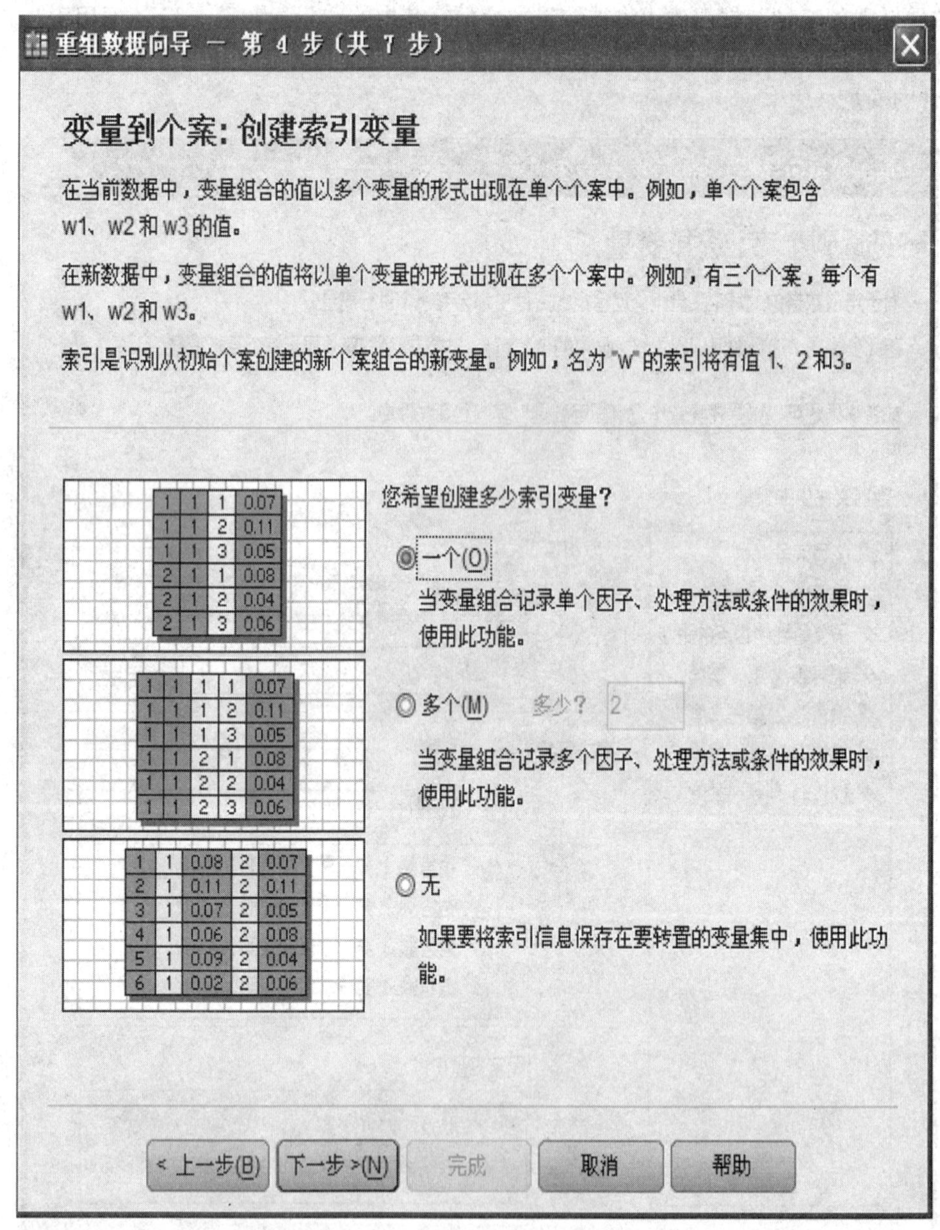

图 4-16　重组数据第 4 步对话框

Step❻在重组数据第 4 步对话框中单击【下一步（N)】按钮，进入如图 4-17 所示的重组数据第 5 步对话框，对索引变量的类型和名称进行设置。本实验的索引变量名和标签分别为：“quarter” 和 “季度”。

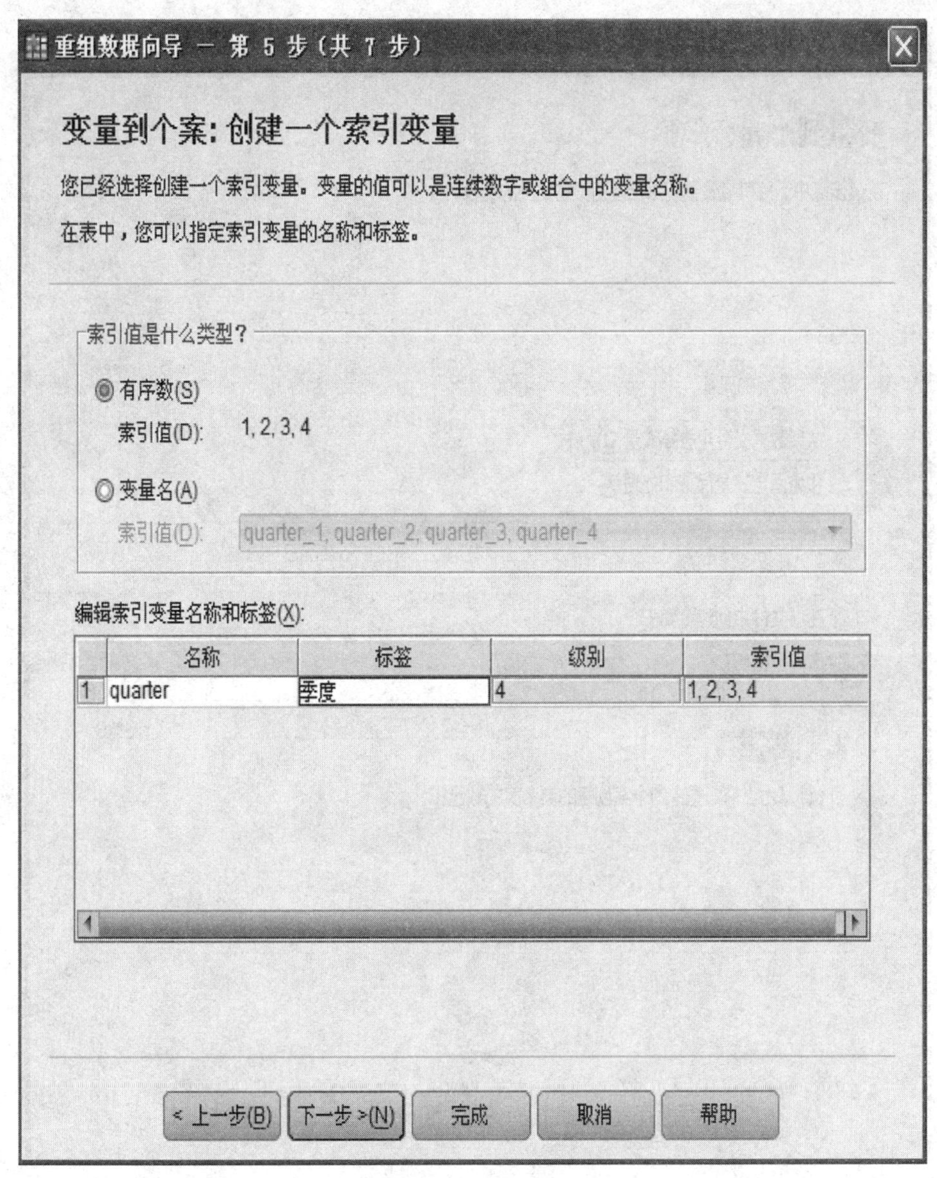

图 4－17 重组数据第 5 步对话框

Step❼在重组数据第 5 步对话框中单击【下一步（N）】按钮，进入重组数据第 6 步对话框，如图 4－18 所示。上面第一个单选框是询问如何处理未被选择的变量，第一个选项是丢弃，第二个选项是保留；中间的单选框询问是否覆盖原文件，第一个选项是重建一个新文件，第二个选项是丢弃原文件；最下面的“个案计数变量”框是询问是否建立一个给新观测量计数的变量，若勾选此项，则需在下面填上新变量的名字和标签。

Step❽在重组数据第 6 步对话框中选择保留未被选择的变量，以及在新窗口中建立新文件两个选项，单击【下一步（N）】按钮，然后在随后出现的对话框中单击【完成】按钮，重排后的文件就出现在新的数据编辑窗口中，参见数据文件 data4－9. sav。

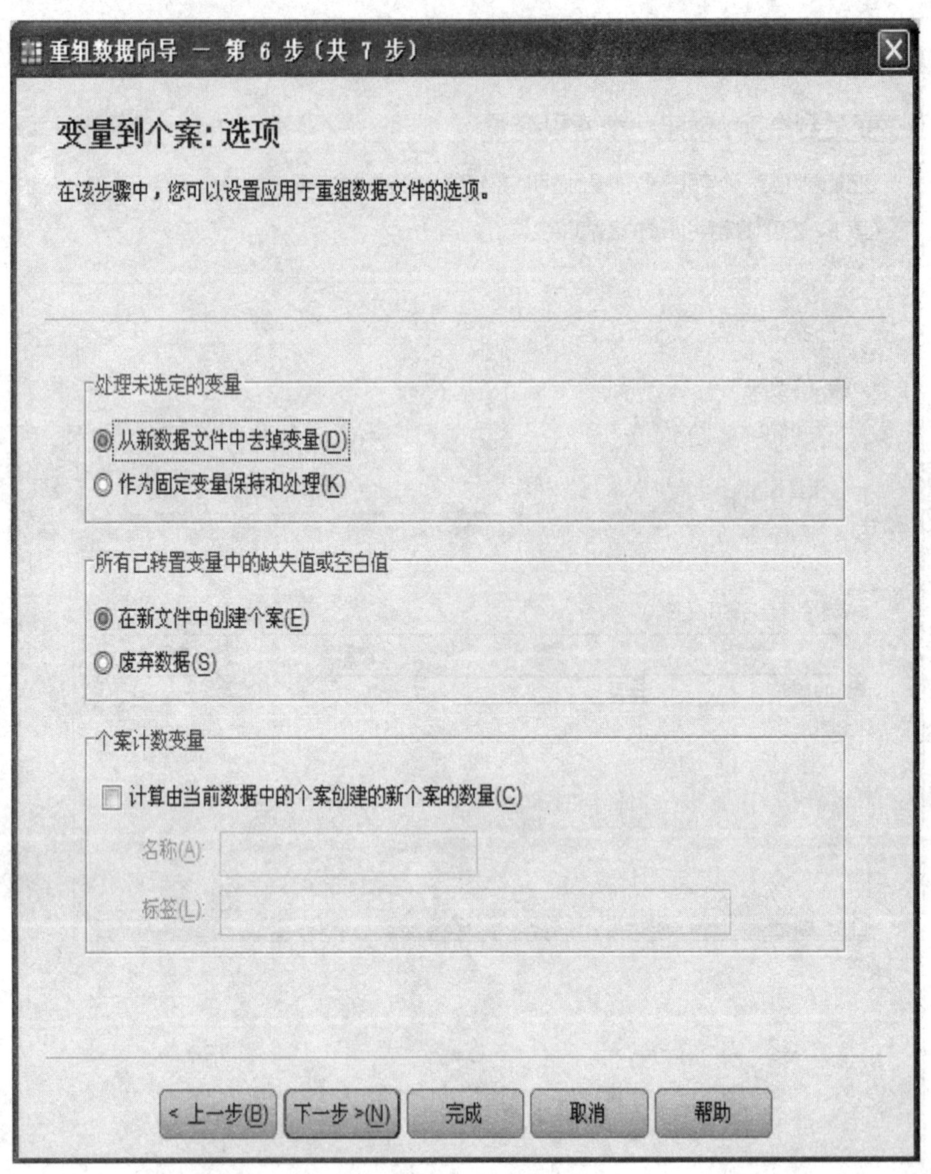

图 4－18　重组数据第 6 步对话框

4.1.5　问题思考

1. 重组后的数据能否返回到原来的结构？如果能，如何操作？
2. 将数据从横式结构重组为纵式结构时，能否一次生成多个索引变量？

4.2 变量的处理

4.2.1 实验目的

变量处理主要包括变量计算、变量值重新编码以及建立变量集合等。通过本实验，使学生熟练掌握SPSS的“转换（T）”、“实用程序（U）”菜单中的变量计算、变量值重新编码、建立变量集合等变量处理功能。

4.2.2 相关知识

1. 变量计算

变量计算是数据分析过程中应用最为广泛也是最为重要的一环。例如分析变量X、Y的相关性时，发现它们并非线性相关，要研究它们之间的非线性关系，需要对变量X或Y进行对数变换或多项式变换后再进行研究。

SPSS变量计算是在原有数据之上，根据用户给出的SPSS算术表达式以及函数，对所有个案或满足条件的部分个案，计算产生一系列新变量。因此，掌握各种SPSS表达式的编写规则和函数的使用方法对于正确进行变量计算十分重要。

（1）SPSS表达式的编写规则

1）SPSS算术表达式。在变量计算过程中，应根据实际需要指出按照什么方法计算变量，这里的方法一般以SPSS算术表达式的形式给出。SPSS算术表达式是由常量、变量、算术运算符、圆括号、函数等组成的式子。

①字符型常量应当用引号括起来。

②变量是指那些已存在于数据编辑窗口中的原有变量。

③算术运算符主要包括+（加）、-（减）、*（乘）、/（除）、**（乘方）。操作对象的数据类型为数值型。运算的先后顺序是：先计算乘方，再计算乘除，最后计算加减。在同级运算中，按从左往右的顺序进行计算，可以通过圆括号改变原有的计算顺序。

④在同一算术表达式中的常量及变量，数据类型应该一致，否则无法计算。

例如，根据表4-1中的职工基本情况资料计算职工实际收入的算术表达式为：基本工资（jbgz）-失业保险（bx）。

表 4－1　某企业 16 名职工的基本情况资料

职工号 (zgh)	性别 (xb)	年龄 (nl)	基本工资 (jbgz)	职称 (zc)	学历 (xl)	失业保险 (bx)
001	1	48	1 014.00	1	1	12.00
002	1	49	984.00	2	2	9.00
003	1	54	1 044.00	1	3	13.00
004	1	41	866.00	3	3	8.00
005	1	38	848.00	3	1	8.00
006	2	41	824.00	4	3	7.00
007	2	42	824.00	4	3	7.00
008	2	41	824.00	4	3	7.00
009	2	42	859.00	2	2	8.00
010	1	35	827.00	3	1	7.00
011	1	56	1 014.00	1	2	12.00
012	1	59	989.00	2	2	9.00
013	1	59	938.00	3	4	8.00
014	1	41	889.00	2	1	8.00
015	1	55	887.00	3	4	8.00
016	1	45	887.00	3	4	8.00

2）SPSS 条件表达式。在变量计算中通常要求对不同 SPSS 组（类）的个案分别按不同的方法进行计算，于是就需要通过一定的方式来指定个案。SPSS 条件表达式能够帮助实现这一目标。

SPSS 条件表达式是一个对条件进行判断的式子，其结果有两种取值：如果判断条件成立，则结果为真；如果判断条件不成立，则结果为假。条件表达式包括简单条件表达式和复合条件表达式。

①简单条件表达式。简单条件表达式是由关系运算符、常量、变量以及算术表达式等组成的式子。

关系运算符包括 > （大于）、 < （小于）、 = （等于）、 ~ = （不等于）、 > = （大于等于）、 < = （小于等于）。

例如，根据表 4－1 中的职工年龄变量写成的简单条件表达式“nl > 35”，表示年龄大于 35 岁。在数据编辑窗口中，对于年龄大于 35 岁的个案，该条件判断的结果为真；而对于年龄小于或等于 35 岁的个案，该条件判断的结果为假。

②复合条件表达式。复合条件表达式又称逻辑表达式，是由逻辑运算符号、圆括号和简单条件表达式等组成的式子。其中，逻辑运算符包括：& 或 AND（并且）、| 或 OR（或者）、~ 或 NOT（非）。NOT 的运算优先级最高，其次是 AND，最低是 OR，可以通过圆括号改变运算的优先级。

例如，根据表 4 - 1 中的职工年龄和职称变量写成的复合条件表达式“（nl < =35）and not（zc <3）”，表示年龄小于等于 35 岁并且职称类别不低于 3。对于年龄小于等于 35 岁并且职称类别不低于 3 的个案，该条件判断的结果为真；其余个案的条件判断结果为假。

在变量计算时，如果根据实际需要给出了条件表达式，SPSS 将只对数据编辑窗口中条件判断结果为真的那些个案进行计算。因此构造条件表达式是很关键的。

（2）SPSS 函数的种类与使用方法

SPSS 函数是事先编好并存储在 SPSS 软件中，能够实现某些特定计算任务的一段计算机程序。这些程序段都有各自的名字称为函数名。执行这些程序段得到的计算结果称为函数值。用户在使用这些函数时，只需通过书写相应的函数名，并给出必要的计算参数，SPSS 便会自动计算函数值。函数书写的具体形式：函数名（参数）。其中，函数名是 SPSS 已经规定好的。圆括号中的参数可以是常量（字符型常量应用引号括起来），也可以是变量或算术表达式。参数可能一个，也可能是多个，各参数之间用逗号分隔。根据函数功能和处理的变量类型，SPSS 函数大致可以分成以下八大类：

1）算术函数。算术函数主要完成一些特定的算术计算功能，函数值和参数通常为数值型。常用的算术函数如表 4 - 2 所示。

表 4 -2　算术函数

函数名	功能	应用举例
Abs（算术表达式）	绝对值	Abs（sr - 85）：分别计算每个个案变量 sr 与 85 差的绝对值
Sqrt（正数）	平方根	Sqrt（4）：函数值 =2
Sin（弧度单位的角度数）	正弦值	Sin（30 * 3. 14/180）：函数值 =0. 50
Cos（弧度单位的角度数）	余弦值	Cos（60MYM3. 14/180）：函数值 =0. 50
Exp（算术表达式）	e 的若干次幂	Exp（5）：函数值 = e^5 =148. 41
Ln（算术表达式）	以 e 为底的自然对数	Ln（sr）：分别计算每个个案变量 sr 的自然对数值
Lg10（算术表达式）	以 10 为底的对数值	Lg10（5）：函数值 =0. 70
Rnd（算术表达式）	四舍五入后的整数	Rnd（2. 66）：函数值 =3. 0
Trunc（算术表达式）	截去小数部分后的整数	Trunc（4. 7）：函数值 =4
Mod（算术表达式，常数）	除以常数后的余数	Mod（20，3）：函数值 =2

2）统计函数。统计函数一般用来计算基本描述统计量，函数值和参数通常为数值型。常用的统计函数如表 4 - 3 所示。

表 4 -3　统计函数

函数名	功能	应用举例
Mean（变量名，变量名，…）	多个变量的平均值	Mean（Math，English，Chinese）：分别计算每个个案三门成绩的平均值
Sd（变量名，变量名，…）	多个变量的标准差	Sd（Math，English，Chinese）：分别计算每个个案三门成绩的标准差

续表

函数名	功能	应用举例
Variance（变量名，变量名，…）	多个变量值的方差	Variance（Math，English，Chinese）：分别计算每个个案三门成绩的方差
Sum（变量名，变量名，…）	多个变量值的总和	Sum（Math，English，Chinese）：分别计算每个个案三门成绩的总和
Cfvar（变量名，变量名，…）	多个变量值的变异系数（变异系数＝标准差/均值）	Cfvar（Math，English，Chinese）：分别计算每个个案三门成绩的变异系数
Max（变量名，变量名，…）	多个变量值中的最大值	Max（Math，English，Chinese）：分别计算每个个案三门成绩中的最高分
Min（变量名，变量名，…）	多个变量值中的最小值	Min（Math，English，Chinese）：分别计算每个个案三门成绩中的最低分

3）逻辑函数。逻辑函数用来进行逻辑判断。逻辑函数的函数值有两个取值：如果判断结果为真，则函数值为1；如果判断结果为假，则函数值为0。常用的逻辑函数如表4－4所示。

表4－4　逻辑函数

函数名	功能	应用举例
Range（变量名，x1，x2）其中：x1＜＝x2	判断某变量值是否在x1至x2之间	Range（Math，80，90）：分别对每条个案判断其数学成绩是否在80～90分之间
Any（变量名，x1，x2，…）	判断某变量值是否是x1，x2，…中的一个	Any（Math，80，90，70）：分别对每条个案判断其数学成绩是否为80或90或70分

4）分布函数。分布函数用来产生一个服从某种统计分布的随机序列，函数值为数值型。常用的分布函数如表4－5所示。

表4－5　分布函数

函数名	功能	应用举例
Normal（X）X＝标准差	产生服从均值＝0，标准差＝X的正态分布随机序列	Normal（1）：产生服从标准正态分布的随机数序列
Uniform（x）	产生服从［0～X］或［X～0]）间均匀分布的随机序列	Uniform（1）：产生服从［0～1］间均匀分布的随机序列
RV. 分布名（参数，…）分布名参考SPSS函数选项	产生服从指定统计分布的随机序列	RV. Normal（10，5）：产生服从均值为10，标准差为5的正态分布随机序列；RV. T（10，5）：产生自由度为10的学生t分布随机序列
Cdfnorm（x）	求标准正态分布中小于等于X累计概率值，对应于Probit函数	Cdfnorm（1.96）：计算标准正态分布中小于等于1.96的累计概率值，函数值＝0.975

续表

函数名	功能	应用举例
Probit（P） 说明：0≤P≤1	计算标准正态分布中累计概率为P的临界值	Probit（0.95）：计算标准正态分布中累计概率为0.95的临界值，函数值＝1.64
CDF. 分布名（X，参数，…） 分布名参考SPSS函数选项	产生服从指定分布的随机序列后，计算小于等于X的累计概率值。对应于IDF函数	CDF. normal（1.96，0，1）：计算标准正态分布中小于等于1.96的累计概率值，函数值＝0.975
IDF分布名（P，参数，…） 说明：0≤p≤1	产生服从指定分布的随机序列后，计算累计概率值为P的临界值。对应于CDF函数	IDF. normal（0.975，0，1）：计算标准正态分布中累计概率为0.975的临界值，函数值＝1.96

5）字符函数。字符函数用来对字符数据进行处理。字符函数的参数和函数值有时为字符型，有时为数值型。常用的字符函数如表4－6所示。

表4－6 字符函数

函数名	功能	应用举例
Concat（s1，s2，…）	将s1和s2等首尾相接	Concat（“AB”，“CD”）：函数值＝“ABCD”
Index（s1，s2）	求s2在s1中第一次出现的字符位置，如果没有出现则结果为0	Index（“ABCDEF”，“CDE”）：找到字符串CDE在字符串ABCDEF中第一次出现的位置，函数值＝3
Length（s）	得到s的字符个数	Length（“ABCDEF”）：函数值＝6
Lower（s）	将s中的所有字符都换成小写字符	Lower（“ABCD”）：函数值＝abcd
Upcase（s）	将s中的所有字符都换成大写字符	Upcase（“abcd”）：函数值＝ABCD
Lpad（s，X，c） 说明：1＜＝X＜＝255	将s左补若干个字符c后，使其字符长度等于X	Lpad（“AB”，5，c）：函数值＝cccAB
Rpad（s，X，c） 说明：1＜＝X＜＝255	将s右补若干个字符c后，使其字符长度等于X	Rpad（“AB”，5，c）：函数值＝ABccc
Ltrim（s）	将s前的空格删掉	Ltrim（“ABC”）：函数值＝ABC
Rtrim（s）	将s尾部的空格删掉	Rtrim（“ABC”）：函数值－ABC
Substr（s，x1，x2）	从s的第x1位置开始取x2个字符	Substr（“ABCDE”，2，3）：函数值＝BCD

6）日期函数。日期函数主要对日期进行处理。日期函数的函数值为日期型或数值型。常用的日期函数如表4－7所示。

表4－7 日期函数

函数名	功能	应用举例
Date. dmy（d，m，y） d、m、y分别表示日月年	将日期型变量赋值为y年m月d日	Date. dmy（31，12，2008）：函数值等于31.12.2008或其他日期格式
Date. qyr（q，y） q、y分别表示季度和年	将q转化为相应月份后，赋值给日期型变量	Date. qyr（4，2008）：函数值＝01.10.2008或其他日期格式

续表

函数名	功能	应用举例
Date. yrday（y，x） y、x 分别表示年和天数	将 y 和 x 转化成相应的日期后，赋值给日期型变量	Date. yrday（2008，32）：函数值等于 01. 02. 2008 或其他日期格式
Xdate. moday（日期型变量）	求出日期型变量值所对应的日期是该月中的第几天	Xdate. mday（Date. dmy（31，12，2008））：函数值 = 31
Xdate. jday（日期型变量）	求出日期型变量值所对应的日期是该年中的第几天	Xdate. jday（Date. dmy（3，2，2008））：函数值 = 34
Xdate. week（日期型变量）	求出日期型变量值所对应的日期是该年中的第几周	Xdate. week（Date. dmy（3，2，2008））：函数值 = 5

7）缺失值函数。缺失值函数用于判断缺失值。常用的缺失值函数如表 4－8 所示。

表 4－8　缺失值函数

函数名	功能	应用举例
Missing（变量名） 该变量必须是数值型变量	判断指定变量是否为系统缺失值或用户缺失值	Missing（Math）：分别对每个个案判断 Math 这个变量是否为系统缺失值或用户缺失值。1 表示是，0 为不是
Sysmis（变量名）该变量必须是数值型变量	判断指定变量是否为系统缺失值	Sysmis（Math）：分别对每个个案判断 Math 这个变量是否为系统缺失值。1 表示是，0 为不是
Nmiss（变量名 1，变量名 2，…）	计算在指定变量中有几个变量含有系统缺失值或用户缺失值	Nmiss（Math，English，Chinese）：分别对每条个案计算三科成绩中有几科取值为系统缺失值或用户缺失值
Value（变量名）	忽略用户缺失值，即将用户缺失值看成是普通的数据	Value（Math）：忽略 Math 这个变量中定义的用户缺失值

8）其他函数。除上述函数之外，SPSS 还有一些辅助函数，常用的如表 4－9 所示。

表 4－9　其他函数

函数名	功能	应用举例
Lag（变量名，n）	产生新变量，该变量的前 n－1 个数据为系统缺失值，第 n 个以后的数据依次为指定的变量值。即将指定变量后移 n 后的结果存入新变量，方便时间序列中数据的差分计算	Lag（cz，1）：对历年的产值数据后移 1
Number（s，格式）s 应为数字字符串，格式以字符 f 开头	将 s 按照格式要求转化为数值。如果字符串不能转换，则结果为系统缺失值	Number（“12345”，f 6.2）：将字符串 12345 转换成总长度为 6、小数为 2 的数值型数据，函数值 = 123. 45
String（x，格式）格式以字符 f 开头	将 x 转换成字符型数据	String（123. 45，f 5. 1）：将 123. 45 取 1 位小数后转换成总长度为 5 的字符串，函数值 = 123. 5

上面列举了常用的SPSS函数，这些函数能够与算术表达式混合使用。了解并掌握SPSS函数，能够帮助用户方便地完成许多较为复杂的计算工作。

2. 变量值的重新编码

数据分析中常常需要对变量的已有取值进行重新编码（或称为赋值）。例如在问卷调查中，为了数据录入方便，通常都是直接输入每个问题被选项目的代码。但这些代码只能做简单的频数统计，是不能进行运算的。因此，在数据分析过中，特别是数值型数据分析经常需要将数据代码转换成实际数据，即对数据重新编码。再比如，对数值型数据进行组距式分组时，也需要对原变量值进行重新编码，以满足分组的需要。关于这一点在后面的数据整理中将专门介绍。

SPSS变量取值重新编码的过程有三个：一是“重新编码为相同变量（S）”，即用新编码直接取代原变量的取值；二是“重新编码为不同变量（R）”，即将新编码存入一个新变量；三是“自动重新编码（A）”。实际应用中为了保留原有信息，并能很好地满足用户需要，经常使用第二个过程。

3. 建立变量集合

定义用户变量集就是将某些变量定义为一个用户变量集合。实际统计分析中收集并定义到SPSS数据编辑窗口中的变量会有几十甚至上百个，在进行各种数据预处理和统计分析时，这些变量均会显示在窗口上供用户选择。在如此多的变量中反复选择某几个变量进行某种处理或分析无疑是很麻烦的，此时，简化变量选择的操作就显得非常必要。建立SPSS变量集就是一种通过减少变量显示个数而简化变量选择操作的方式。

SPSS变量集是存放许多SPSS变量的集合。SPSS变量集包括系统变量集和用户变量集两大类。

（1）系统变量集

系统变量集是SPSS系统事先定义好的变量集，它包括两个集合，分别为ALLVARIABLES和NEWVARIABLES。其中，ALLVARIABLES变量集中存放数据编辑窗口中的所有变量名，NEWVARIABLES变量集中存放数据编辑窗口中所有尚未存盘的新定义的变量名。这两个系统变量集有时所包含的变量名是完全相同的。系统变量集为用户提供一个完整的变量全集，是SPSS变量管理的依据。

（2）用户变量集

用户变量集是用户根据实际需要自己定义的变量集，可以有若干个，设置的目的是为了简化数据处理或分析中的变量选择操作。如果用户仅希望对SPSS众多变量中的某几个变量进行相同的处理及分析，则可以先将这几个变量定义到一个用户变量集中，然后，再指定使用这个变量集。于是，在数据处理或分析时，SPSS仅显示指定变量集中的变量名，进而大大减少了显示变量的个数，加快了变量选择的操作速度。

用户变量集简化变量选择操作应完成两步工作。第一步，定义用户变量集；第二步，指定使用该变量集。

4.2.3 实验内容

数据文件 data4－5. sav 是根据 data4－1. sav 和 data4－2. sav 合并而成的数据文件，数据格式如图 4－5 所示。本实验根据该数据集中的资料完成以下操作。

1）计算没有职务员工的目前工资与起始工资的比值。

2）使用 SPSS 函数计算起始工资、目前工资的变异系数。

3）使用“重新编码为不同变量（R）”过程，将变量工作业绩进行重新编码，新变量命名为“工作业绩等级”。工作业绩分值在 10 及其以下的表示为 3 等；工作业绩分值在 11～14之间的表示为 2 等；工作业绩分值在 15 及其以上的表示为 1 等。

4）将起始工资、工龄、年龄和目前工资四个变量设定为一个变量集，并使其生效。

4.2.4 实验步骤

1. 计算没有职务员工的目前工资与起始工资的比值

Step❶打开数据文件 data4－5. sav，依次选择【转换（T）】→【计算变量（C）】，出现如图 4－19 所示的对话框。

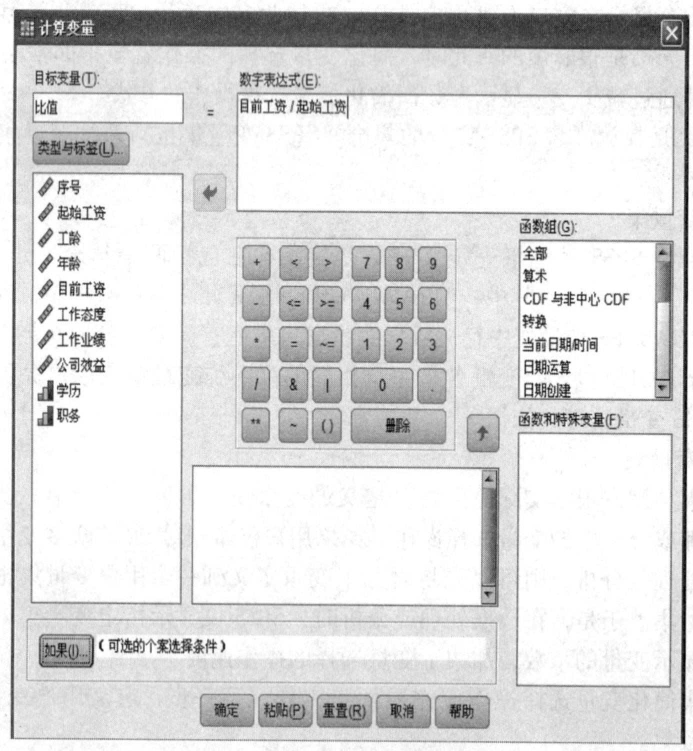

图 4－19　变量计算主对话框

Step❷在“数字表达式（E）”框中给出 SPSS 算术表达式：“目前工资/起始工资”。可以手工输入，也可以按对话框按钮，完成算术表达式的输入。

Step❸在“目标变量（T）”框中输入存放计算结果的变量名：“比值”。该变量可以是一个新变量，也可以是已经存在的变量。新变量的变量类型默认为数值型，用户可以单击【类型与标签（L）】按钮，修改变量类型和对新变量加变量名标签。

Step❹单击【如果（I）】按钮，出现如图 4－20 所示的对话框。选择“如果个案满足条件则包括（F）”选项，然后输入条件表达式：“职务 =0”。单击【继续】按钮，回到主对话框，然后单击【确定】按钮，计算结果自动出现在数据编辑窗口，参见数据文件 data4－10. sav。

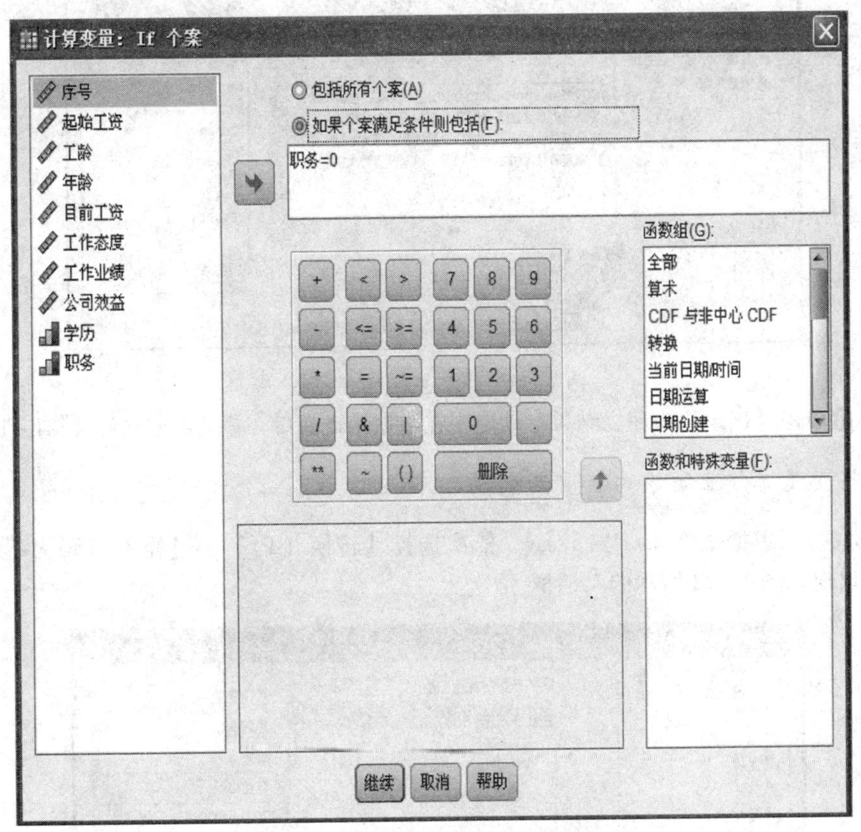

图 4－20　条件表达式输入对话框

2. 使用 SPSS 函数计算起始工资、目前工资的变异系数

Step❶打开数据文件 data4－5. sav，依次选择【转换（T）】→【计算变量（C）】，出现如图 4－21 所示的对话框。

Step❷在“目标变量（T）”框中输入存放计算结果的变量名：“变异系数”。

Step❸在“函数组（G）”框中选择“统计量”，并在随后出现的“函数和特殊变量（F）”框中选择“Cfvar”进入“数字表达式（E）”框，设置结果如图 4－21 所示。

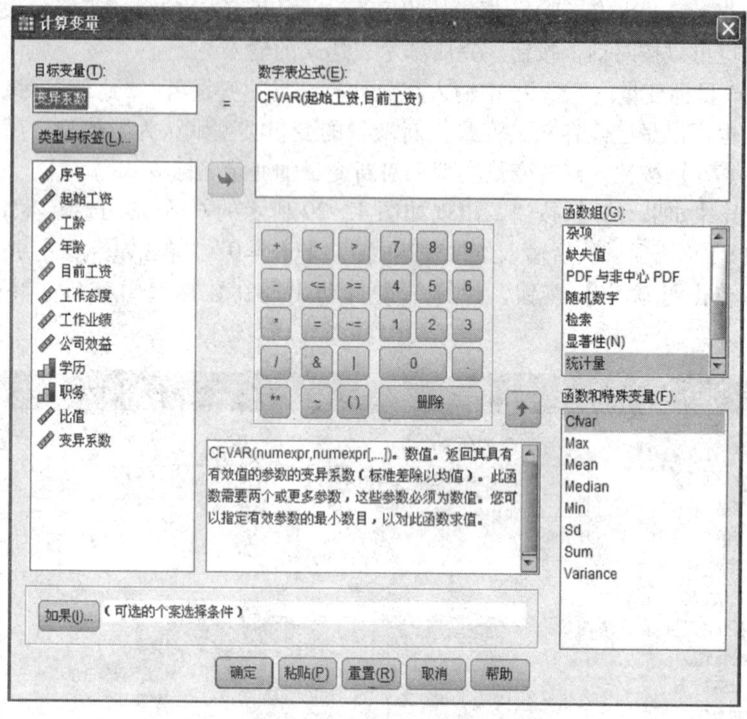

图 4－21　计算变异系数对话框

Step❹单击【确定】按钮，结果自动出现在数据编辑窗口，参见数据文件 data4－10. sav。

3. 将变量工作业绩中的值重新编码

Step❶打开数据文件 data4－5. sav，依次选择【转换（T）】→【重新编码为不同变量（R）】，出现如图 4－22 所示的对话框。

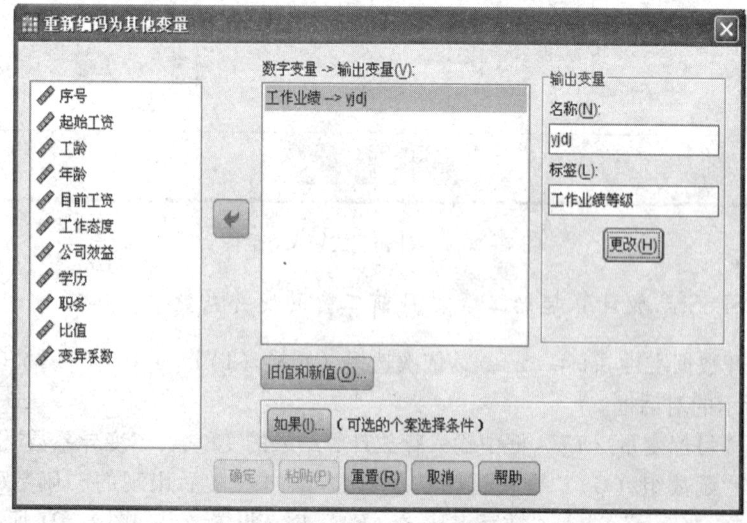

图 4－22　重新编码为其他变量主对话框

Step❷选中“工作业绩”变量进入“输入变量→输出变量（V）”框。

Step❸在“输出变量”框的“名称（N）”后输入“yjdj”，“标签（L）”后输入“工作业绩等级”，并单击【更改（H）】按钮。

Step❹单击【旧值和新值（O）】按钮，打开如图4-23所示的对话框。

Step❺在图4-23所示的对话框中，按要求转化“旧值→新值”。例如要将工作业绩10及其以下的所有业绩得分全部转化为工作业绩3等，需要在重新编码“旧值和新值”对话框中依次完成以下操作：

第一步，在“旧值”框中选择“范围，从最低值到（G）”选项，并在其下方的活动框中填入“10”，表示从最小值到10。

第二步，在“新值”框中的“值（L）”选项后填入“3”；单击“添加（A）”按钮，在“旧→新（D）”框中会出现“Lowest thru10→3”，表示凡工作业绩得分小于等于10的统一记为3等。其他以此类推，转化结果如图4-23所示。

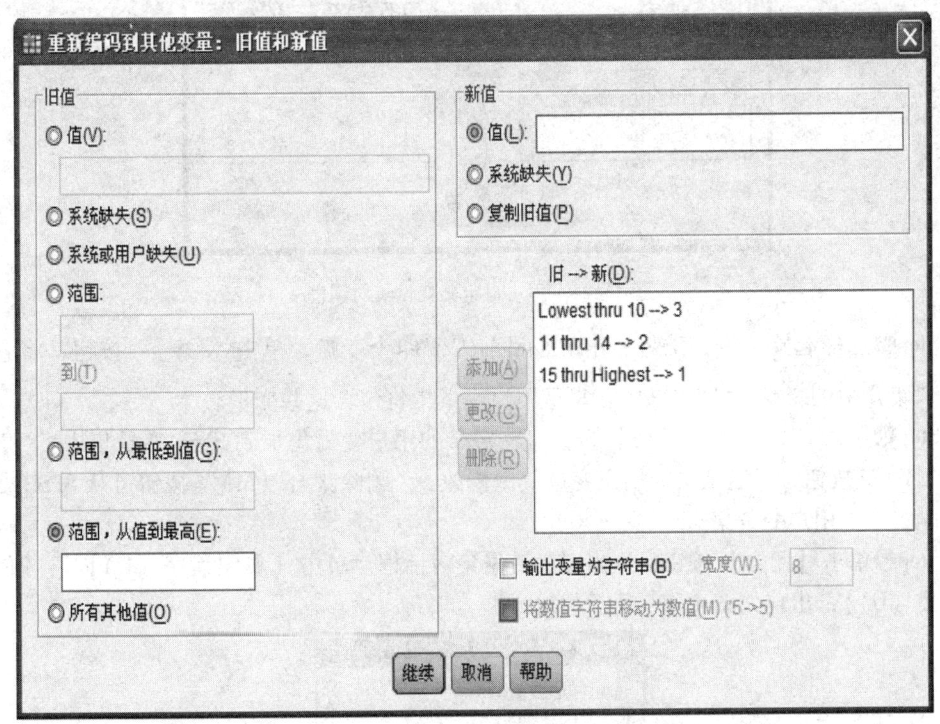

图4-23 重新编码“旧值和新值”对话框

Step❻单击【继续】→【确定】按钮，新变量出现在数据文件的最后一列。参见数据文件 data4-10. sav。

4. 按要求建立变量集合

Step❶选择菜单【实用程序（U）】→【定义变量集（E）】，出现如图4-24所示的对话框。

Step❷在“设置名称（N）”框中输入变量集的名称：set1。

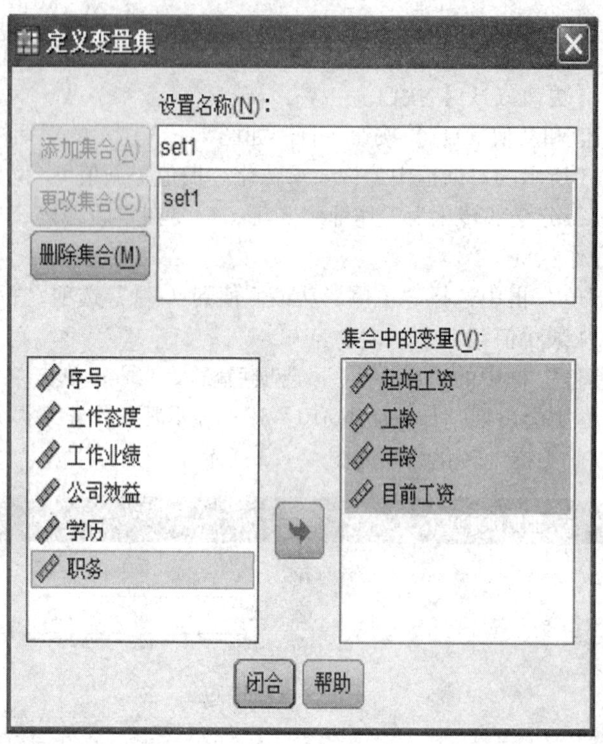

图 4－24　用户自定义变量集对话框

Step❸选择起始工资、工龄、年龄、目前工资四个变量，单击“ ”按钮，将它们送到“集合中的变量（V）”框中，表示用户变量集将包含这些变量。

Step❹单击【添加集合（A）】按钮，将定义的用户变量集加到 SPSS 变量集中。“更改集合（C）”按钮可对已定义的用户变量集做修改，“删除集合（M）”按钮可从 SPSS 变量集中删去某个用户变量集。

Step❺单击【闭合】按钮，退出定义变量集对话框。单击【实用程序（U）】→【使用变量集（U）】，出现如图 4－25 所示的对话框。

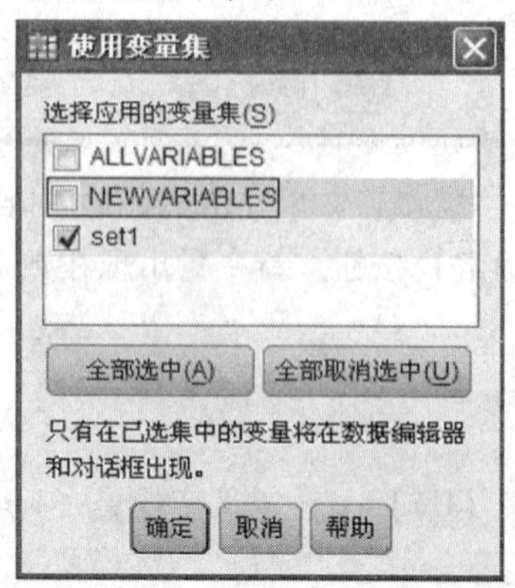

图 4－25　使用变量集对话框

Step❻在“选择应用的变量集（S）”框中的 set1 前打钩，单击【确定】按钮，即可打开新建立的变量集合，并进行相应的分析。

如果要将新变量集保存成永久性文件，需要执行文件菜中的“另存为”命令。

4.2.5 问题思考

1. SPSS“变量计算（C）”过程的主要功能有哪些？

2. 为什么要对变量进行重新编码？采用“重新编码为相同变量（S）”过程对数据文件进行重新编码如何操作？比较它与“重新编码为不同变量（R）”过程在操作上的异同点。

3. 建立变量集合的实际意义是什么？如何建立永久性变量集合？

第 5 章　数据整理的 SPSS 应用

【学习提要与目标】 数据整理是根据研究的目的，将统计调查所取得的数据进行科学加工，使之系统化、条理化，以符合分析需要的工作过程。不同类型的数据，整理所采用的方法也不同。对定类数据和定序数据主要是做分类整理；对定距数据和定比数据则主要做分组整理。通过整理，可以大大简化数据，使数据更容易理解和分析。通过本章的学习，学生应能够利用 SPSS 中的“转换（T）”和“分析（A）”菜单完成数据的加工整理。

5.1　品质数据整理

5.1.1　实验目的

定类数据和定序数据统称为品质数据。品质数据整理主要是对数据做分类处理，数据分类结果通常表现为频数分布表和频数分布图。通过本实验，使学生熟练掌握利用 SPSS“分析（A）”菜单中的“频率（F）”分析过程，对定类数据和定序数据进行整理的基本方法和操作技巧。

5.1.2　相关知识

1. 频数分布表

整理定类或定序数据时，首先要列出所分的类别，然后计算出每一类别的频数或频率。将各个类别的相应频数和频率全部列出，并用表格形式表现出来，就形成了频数分布表。定类数据不讲究类别间排列的顺序，而定序数据则应按变量的取值顺序排列频数分布。

2. 频数分布图

频数分布表中所反映的频数分布状态，通过频数分布图可以更为直观、生动地显示出来。适用于定类或定序数据的频数分布图主要有条形图和饼形图。

(1) 条形图

条形图（bar chart）是利用相等宽度的条形长短来表示数据频数多少或频率高低的图

形。条形图可以横排也可以竖排，竖排时将类别放在横轴上，横排时将类别放在纵轴上。条形图可分为简单条形图、对比条形图等形式。

（2）饼形图

饼形图（pie chart）是以圆的整个面积表示所有观测值整体，以圆内各扇形面积表示各类别比重的频数分布图。

3. SPSS 的“频率（F）”分析过程

“频率（F）”分析过程专门用于编制频数表。它不仅可以产生详细的频数表，还可以按要求计算百分位数和基本描述性统计量，并绘制频率分析结果的条形图、饼图和直方图等。该过程主要适合于对定类数据、定序数据以及离散型数值数据的频数分布特征进行描述。

4. SPSS 频数分布表输出格式的定义

（1）频数分布表中数据的输出顺序

频数分布表中内容的输出顺序有四种：按变量值的升序输出、按变量值的降序输出、按频数的升序输出、按频数的降序输出。

（2）压缩频数分布表

如果变量取值的个数或取值区间的个数太多，频数分布表将很庞大，此时可以压缩它。具体方法为：在“频率：格式”对话框的“排除具有多个类别的表”选项前打勾，并在其后的“最大类别数（M）”活动框内填入限制频率分布表输出的数据。SPSS 默认值为 10，如果变量取值的个数或取值区间的个数大于 10，则不输出相应的频数分布表。应用中可以修改默认值。

5.1.3 实验内容

通过调查得知 20 家公司的基本情况资料，资料内容如表 5－1 所示。该资料所建立的 SPSS 数据文件命名为 data5－1. sav（见配套实验资料）。

表 5－1　20 家公司的基本情况资料

公司代号	公司规模	产业类别	获利能力	资本来源
1	小型	饮料	亏	中资
2	中型	化学	盈	中资
3	大型	电子	盈	美资
4	大型	电子	盈	美资
5	中型	食品	亏	美资
6	中型	食品	亏	港资
7	大型	化学	盈	美资
8	中型	食品	亏	日资

续表

公司代号	公司规模	产业类别	获利能力	资本来源
9	中型	电子	亏	美资
10	小型	食品	亏	中资
11	大型	航空	盈	港资
12	大型	化学	亏	日资
13	小型	食品	亏	中资
14	中型	饮料	盈	中资
15	大型	电子	盈	美资
16	中型	食品	亏	中资
17	大型	航空	盈	日资
18	中型	食品	亏	中资
19	大型	电子	盈	美资
20	中型	食品	亏	中资

本实验对20家公司的基本情况资料进行整理，包括数据分类、编制频数分布表和绘制频数分布图。

5.1.4 实验步骤

1. 定类数据整理

Step❶打开数据文件 data5 - 1. sav，在数据编辑窗口依次选择【分析（A）】→【描述统计（D）】→【频率（F）】，出现如图5 - 1所示的“频率（F）”对话框。

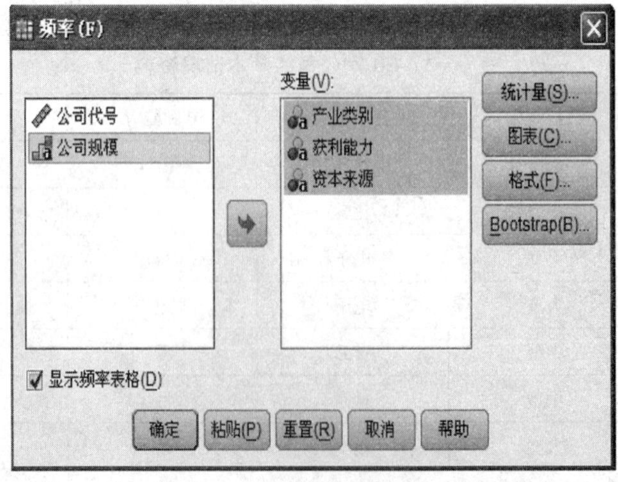

图5 - 1 “频率（F）”对话框

Step❷选择变量“产业类别”、“获利能力”和“资本来源”三个定类变量进入“频率(F)”对话框的“变量(V)”框内，并选中下方的“显示频率表格(D)”选项。

Step❸在“频率(F)”对话框中，单击【图表(C)】按钮，弹出如图5-2所示的“频率：图表”对话框。在此对话框中选择“图表类型”框中的“条形图(B)”选项；选择“图表值”框下的“频率(F)”选项。

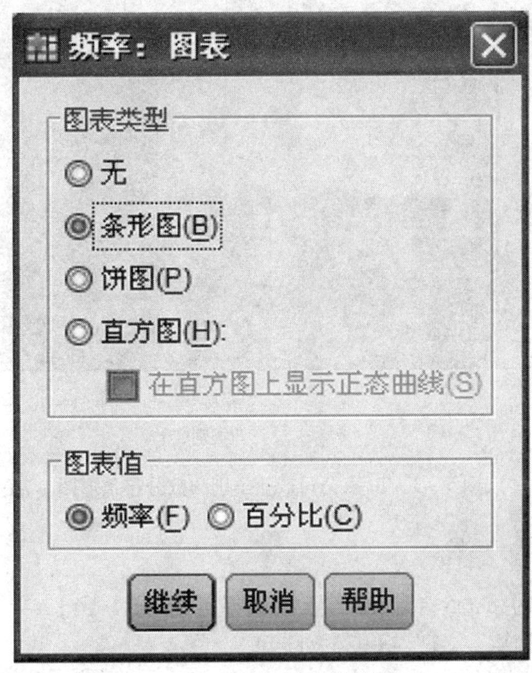

图5-2 “频率：图表”对话框

Step❹单击【继续】→【确定】按钮，系统分别输出三个所选变量的初始整理结果。

Step❺对图表进行修饰。选择“产业类别”的输出结果进行修饰。双击频数分布表，进入表格编辑状态，删除频数分布表中的累计频数一列（定类数据计算累计频数没有意义）。双击频数分布图，进入图形编辑状态，单击数据条，按右键在出现的下拉式菜单中选择“添加数据标签”，给条形图加上数据标签，最终结果如表5-2和图5-3所示。有关条形图修饰的详细操作将在第13章“条形图及其制作”中介绍。

表5-2 20家公司的产业类别频数分布表

		频率	百分比	有效百分比
有效	电子	5	25.0	25.0
	航空	2	10.0	10.0
	化学	3	15.0	15.0
	食品	8	40.0	40.0
	饮料	2	10.0	10.0
	合计	20	100.0	100.0

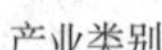

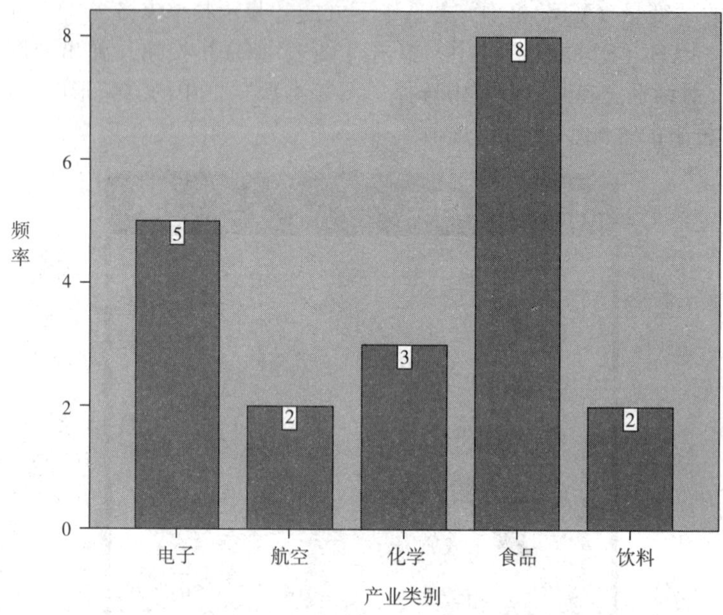

图5－3　20家公司产业类别频数分布条形图

2. 定序数据整理

Step❶打开数据文件 data5－1. sav，依次选择【分析（A）】→【描述统计（D）】→【频率（F）】，进入“频率（F）”分析主对话框。

Step❷选择定序变量“企业规模”进入“变量（V）”框内，选中“显示频率表格（D）”选项。

Step❸单击【图表（C）】按钮，进入“频率：图表”对话框。在此对话框中选择“图表类型”框下的“饼图（P）”选项。选择“图表值”框下的“百分比（C）”选项。

Step❹单击【继续】→【确定】按钮，系统输出初始整理结果。

Step❺对图表进行修饰。

（1）表格修饰

双击初始频数分布表，使其处于编辑状态。首先将其中的标题改为“20家公司按规模分组频数分布表”，然后选定第一列企业规模中的“小型”并向下拖动，在随后出现的活动菜单中选择“交换”（见图5－4），使其处于“中型”之下，并相应修改累计百分比的数值。编辑完成后，在表外单击便可退出编辑状态，最终结果如表5－3所示。

表5－3　20家公司按规模分组频数分布表

		频率	百分比	有效百分比	累积百分比
有效	大型	8	40.0	40.0	40.0
	中型	9	45.0	45.0	85.0
	小型	3	15.0	15.0	100.0
	合计	20	100.0	100.0	

20家公司按规模分组频数分布表

		频率	百分比	有效百分比	累积百分比
有效	大型	8	40.0	40.0	40.0
	小型	3	15.0	15.0	55.0
	中型		45.0	45.0	100.0
	合计		100.0	100.0	

图 5－4　调整频数分布表的输出顺序

（2）图形修饰

双击初始饼图，进入图形编辑状态，给饼图加上数据标签，并使其最小饼块分离，结果如图 5－5 所示。有关饼图修饰的详细操作将在第 13 章“饼图及其制作”中介绍。

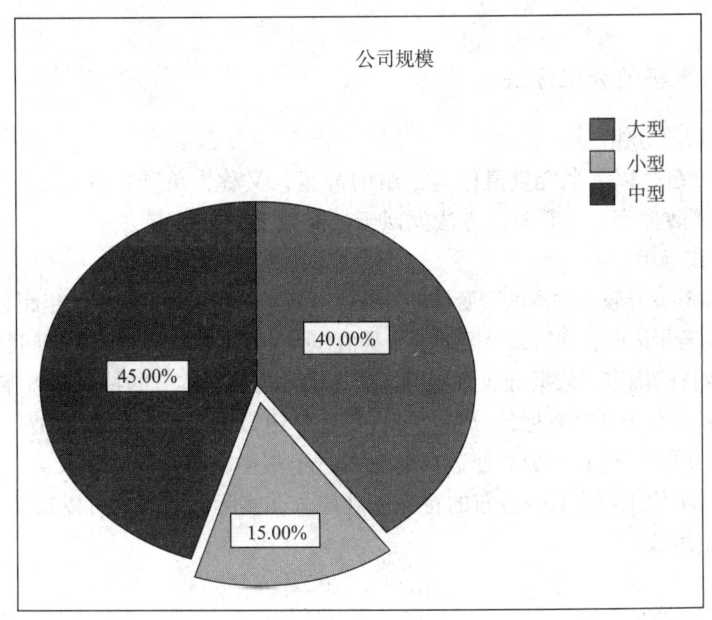

图 5－5　20 家公司按规模的构成

5.1.5　问题思考

1. 定类数据与定序数据的频数分布表有何不同？
2. 饼形图中各个扇形的面积宜代表频数还是频率？
3. 数据中如果类别过多，宜做条形图还是饼形图？

5.2 数值型数据整理

5.2.1 实验目的

数值型数据整理就是对数值型数据进行分组处理的过程。所谓数据分组，就是根据统计研究的需要，将数据按照某种特征或标准分成不同的组别。数据的类型不同，分组方法也不同。通过本实验，使学生熟练掌握利用SPSS的“转换（T）”和“分析（A）”菜单对数值型数据进行整理的基本方法和操作技巧。

5.2.2 相关知识

1. 数值型数据的分组方法

（1）单变量值分组

单变量值分组是以一个变量值作为一组的分组，又称为单项式分组。这种分组只适合于变异较小的离散型变量，其分组方法类似于品质数据的分类方法。

（2）组距式分组

对连续变量和变异较大的离散型变量进行分组，通常采用组距式分组。组距分组是将全部变量值依次划分为若干区间，并将每一区间的变量值作为一组。组距分组的关键问题有两个：

1）分组数目的确定。数据分成多少组合适，通常与数据本身的特点和数据个数有关。由于分组的主要目的在于观察数据的分布特征，因此，组数的确定应以能够清楚地显示数据分布特征和规律为原则。组数太少会使数据的分布过于集中，而组数太多又会使数据的分布过于分散，两者都不便于观察数据分布的特征和规律。在实际分组时，可以按照Sturges提出的经验公式来确定组数：

$$K = 1 + 3.322\lg N \tag{5-1}$$

式中：K——分组组数；

N——数据的个数。

对K值的结果四舍五入取整后为理论分组数目，实际应用中可根据需要对其做适当的调整，但调整后的组数不能与理论分组数目相差太远。

2）组距的确定。组距是一个组上限（组中的最大值）与下限（组中的最小值）之差。组距可根据全部数据的最大值和最小值及组数来确定，即组距＝（最大值－最小值）/组数。

2. 数值型数据频数分布表与频数分布图

（1）数值型数据频数分布表

数值型数据频数分布表与品质数据频数分布表的制作原理相同，所不同的是数值型数据频数分布表的每一组的组别表现为单个变量值或变量值的变动区间，而不是类别。

（2）数值型数据频数分布图

适用于数值型数据的频数分布图主要有直方图、折线图和茎叶图。

1）直方图（histogram）。直方图是用矩形的宽度和高度来表示频数分布的图形，实际上是用矩形的面积来表示各组的频数分布图。

直方图与条形图的区别：

条形图是用条形的长度或高度表示各类频数的多少，其宽度是固定的；直方图是用面积表示各组频数的多少，图形的高度表示每一组的频数或百分比，宽度则表示各组的组距，其宽度和高度均有意义。

直方图的各矩形通常是连续的；条形图则是分开排列。

2）折线图。折线图也称频数多边形图（frequency polygon），在直方图的基础上，把直方图各顶部的中点（组中值）用直线连接起来，且两个终点要与横轴相交，即第一个矩形顶部中点通过竖边中点连接到横轴，最后一个矩形顶部中点与其竖边中点连接到横轴，再把原来的直方图抹掉。折线图下所围成的面积与直方图面积相等，两者所表示的频数分布是一致的。

3）茎叶图。茎叶图（stem-and-leaf plot）类似于横置的直方图，但又有区别。直方图可大体上看出一组数据的分布状况，但没有给出具体的数据。茎叶图既能给出数据的分布状况，又能给出每个原始数值，保留了原始数据的信息。茎叶图由“树茎”和“树叶”两部分构成，其“树茎”和“树叶”由数字组成，用于显示未分组的原始数据的频数分布状况。

3. SPSS 的“数据离散化”过程

在数值型数据整理过程中，当数据为连续型，或者虽为离散型，但数据差异较大，均需要对数据做组距式分组。用 SPSS 做组距式分组，首先需要对数据做离散化处理，即将原始数据按要求划分成不同的区段，然后根据离散化后的数据再做频数统计。

SPSS 对数据离散化处理有两种方式：一是使用“重新编码”过程完成；二是使用“可视离散化”过程完成。下面将对两种方式的组距式分组过程分别介绍。

5.2.3 实验内容

某高校统计学院做了一项关于某市居民住房情况的调查，调查获得了 2993 个住户的 14 项住房情况资料（见数据文件 data5 - 2. sav）。14 个变量中，X7 和 X9 是两个数值型变量，分别代表家庭常住人口和家庭年收入。本实验利用 SPSS 的相关数据整理功能对家庭常住人口和家庭年收入数据进行整理。

5.2.4 实验步骤

1. SPSS 单变量值分组

SPSS 单变量值分组与品质数据分类所采用的方法相同，都是采用描述统计中的“频率

(F)”工具。对家庭常住人口数据进行单变量值分组的操作步骤如下。

Step❶ 打开数据文件 data5 - 2. sav，依次选择【分析（A）】→【描述统计（D）】→【频率（F）】，进入“频率（F）”对话框。

Step❷选择变量“家庭常住人口［X7］”进入“变量（V）”框内，选中“显示频率表格（D）”选项。

Step❸单击【图表（C）】按钮，进入“频率：图表”对话框。在此对话框中选择“图表类型”框下的“条形图（B）”或饼图“（P）”选项。选择“图表值”框下的“频率（F）或“百分比（P）”选项。

Step❹单击【继续】→【确定】按钮，系统输出初始整理结果。

Step❺对图表进行修饰。最终结果如表 5 -4 和图 5 -6 所示。

表 5 -4　家庭常住人口分组表

		频率	百分比	有效百分比	累积百分比
有效	1	128	4.3	4.3	4.3
	2	455	15.2	15.2	19.5
	3	1 571	52.5	52.5	72.0
	4	505	16.9	16.9	88.8
	5	303	10.1	10.1	99.0
	6	26	.9	.9	99.8
	7	3	.1	.1	99.9
	8	2	.1	.1	100.0
	合计	2 993	100.0	100.0	

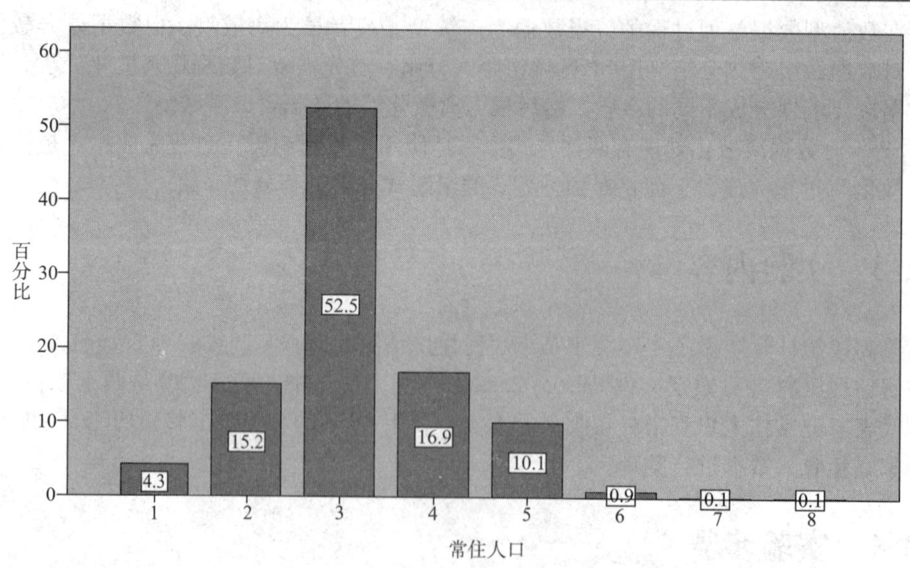

图 5 -6　家庭常住人口分布条形图

2. SPSS 组距式分组

（1）使用“重新编码”过程进行组距式分组

在 SPSS 重新编码过程中，对分组结果有两种存放策略，一种是分组变量值覆盖原变量，即重新编码为相同变量；另一种是将分组结果存到一个新变量中，即重新编码为不同变量。两种方式的操作虽略有差异，但第二种方式因其不丢失原有数据而更受青睐。因此，这里选择“重新编码为不同变量”的方式对家庭收入进行组距式分组，其操作步骤如下。

Step❶打开数据集 data5－2. sav，依次选择【转换（T）】→【重新编码为不同变量（R）】，进入“重新编码为其他变量”对话框。

Step❷将分组变量“家庭收入［X9］”选择到“输入变量→输出变量（V）”框中。在“输出变量”框的“名称（N）”后输入存放分组结果的变量名“家庭收入分组”，并单击【更改（H）】按钮确认。设置结果如图 5－7 所示。

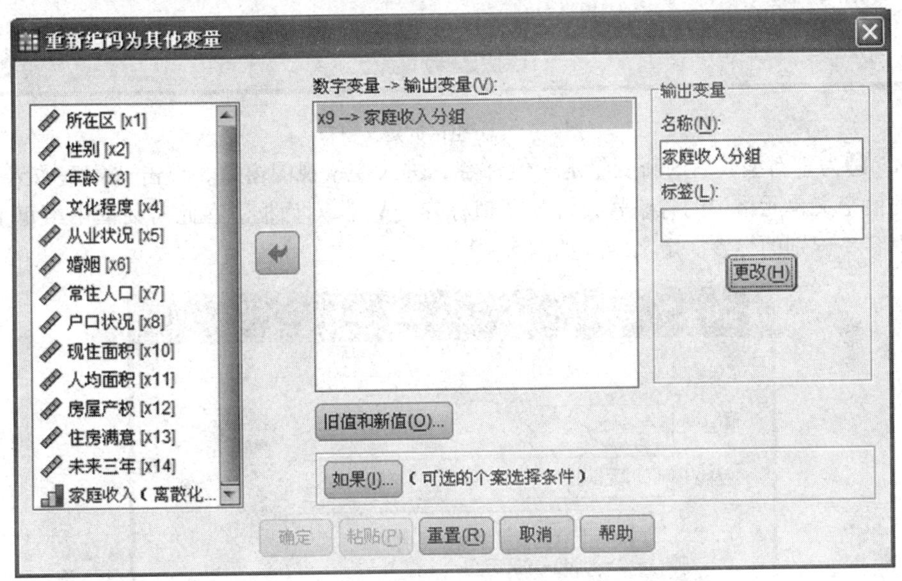

图 5－7 “重新编码为其他变量”对话框

Step❸单击【旧值和新值（O）】按钮，进入“旧值和新值”转化对话框。在此对话框的“旧值”区域指定分组区间的下限和上限，并在“新值”框中给出该区间对应的分组值（也可以指定该区间的数据在分组后为系统缺失值）。最后单击【添加（A）】按钮，转化结果显示到“旧→新（D）”框中。单击【更改（C）】和【删除（R）】按钮用来修改和删除分组区间。本实验设置结果如图 5－8 所示。

Step❹如果仅对符合一定条件的个案分组，则单击”重新编码为其他变量“对话框中的【如果（I）】按钮，进入 SPSS 条件表达式设置对话框。否则，本步骤可略去。

至此，SPSS 将自动进行组距式分组，并在数据编辑窗口中创建一个存放分组结果的新变量。如果想得到组距式频数分布表，需要继续完成以下操作。

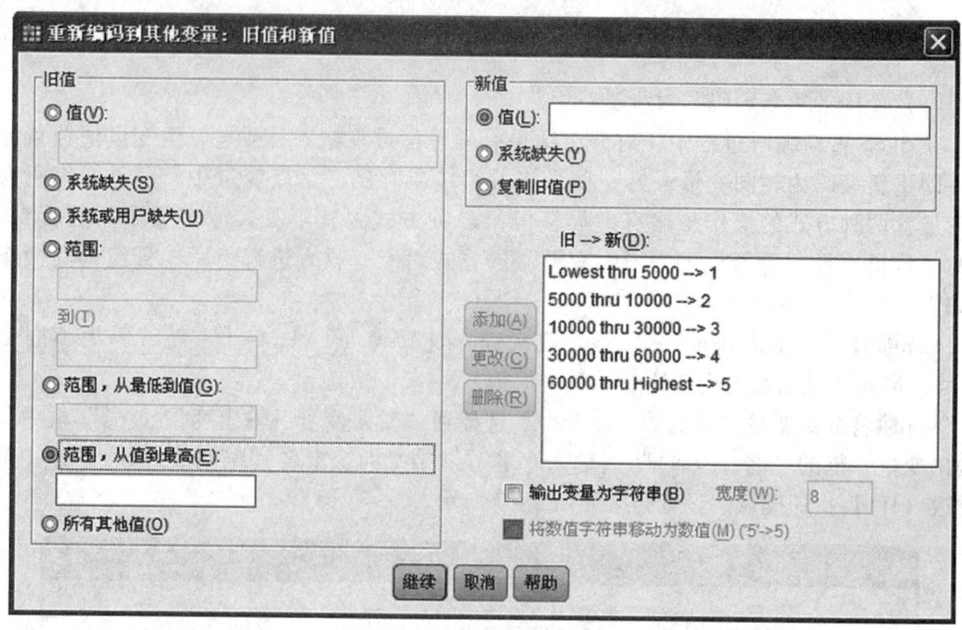

图5-8　分组区间定义窗口

Step❺为重新编码后的新变量定义值标签。进入变量视图窗口，单击“家庭收入分组”变量的值定义单元格中的省略号，打开“值标签（V）”对话框。在此对话框中给每个变量值加上容易识别的标签。定义结果如图5-9所示。

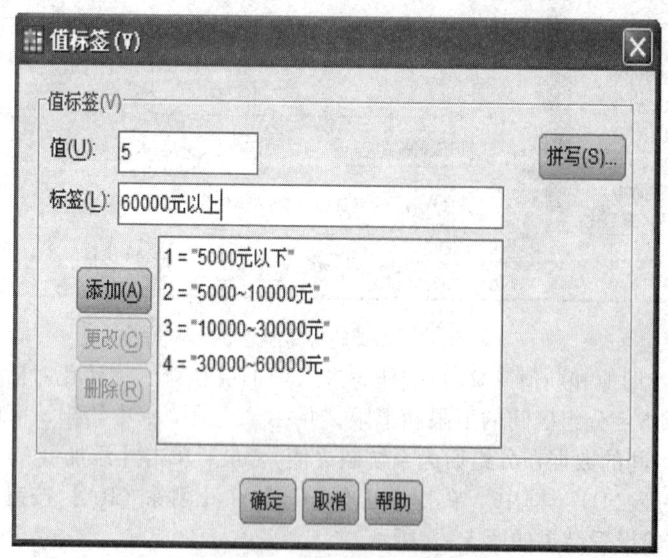

图5-9　变量值标签定义窗口

Step❻编制家庭收入组距式分组频数分布表。回到数据视图窗口，对“家庭收入分组”变量执行【分析（A）】→【描述统计（D）】→【频率（F）】等操作，即可得到家庭收入的组距式分组频数分布表（见表5-5）。

表 5-5 家庭收入组距式分组

		频率	百分比	有效百分比	累积百分比
有效	5 000 元以下	230	7.7	7.7	7.7
	5 000 ~ 100 000 元	873	29.2	29.2	36.9
	10 000 ~ 30 000 元	1635	54.6	54.6	91.5
	30 000 ~ 60 000 元	223	7.5	7.5	98.9
	60 000 元以上	32	1.1	1.1	100.0
	合计	2 993	100.0	100.0	—

（2）使用“可视离散化”过程进行组距式分组

在 SPSS 可视离散化过程中，对数据分割点的确定有两种方法：一是直接输入分割点，这种方法比较灵活，既适用于等距式分组，也适用于异组距分组，但是操作相对麻烦；二是自动生成分割点，这种方法操作简便，但结果往往不能满足需要，主要用于等组距分组，当数据变动比较均匀时可选用该方法。这里选择直接输入分割点的数据离散化过程，对实验资料进行组距式分组，操作步骤如下。

Step❶打开数据文件 data5-2. sav，选择菜单【转换（T）】→【可视离散化（B）】，进入如图 5-10 所示的“可视化封装”变量选择对话框。

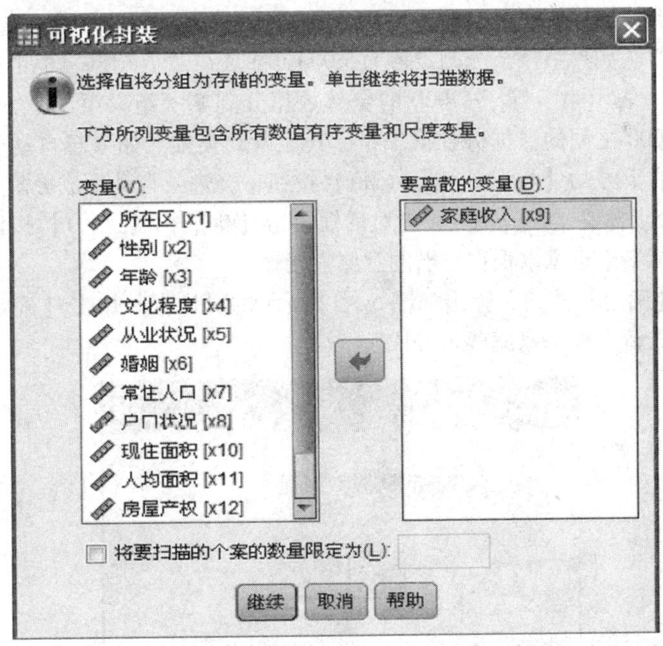

图 5-10 “可视化封装”变量选择对话框

Step❷选择“家庭收入［X9］”变量进入“要离散的变量（B）”框。单击【继续】按钮，进入如图 5-11 所示的“可视化封装”分割点设置对话框。

Step❸给分组后的变量命名。在分割点设置对话框的“离散的变量（B）：”框后，分别输入“家庭收入分段”和“家庭收入（离散化）”作为离散化变量的名称和标签。

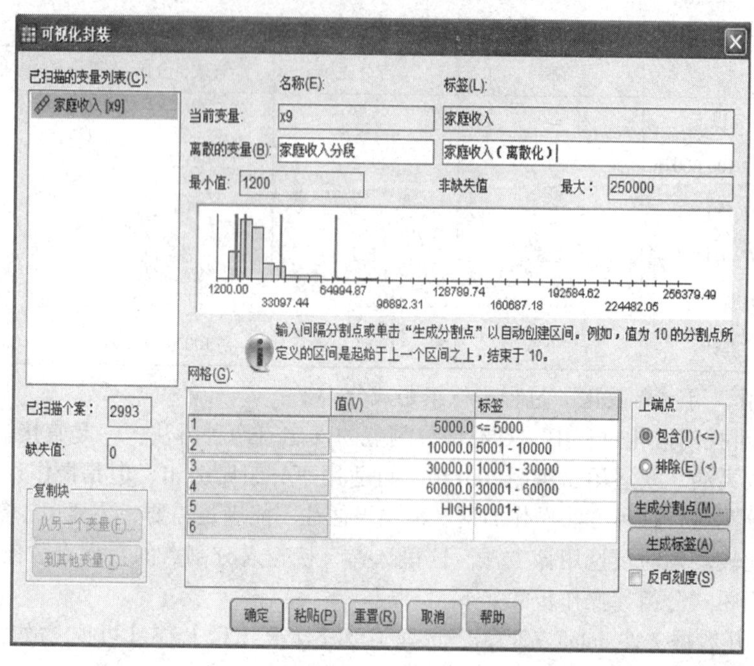

图 5－11　“可视化封装”分割点设置对话框

Step❹设置分割点。在分割点设置对话框的“网络（G）”区域的“值（V）”列输入所有分割点的数值。如：第一个分割点值为 5 000，并且在“上端点”框中选择“包含（I）（＜＝）”单选项，表示小于等于 5 000 的全部数据分到第一组；第二个分割点为 10 000，表示 5 001 至 10 000 之间的数据分到第二组，其他以此类推。如果想自动生产分割点，则直接单击对话框右下方的【生成分割点（M）】按钮，会进入自动生成分割点对话框。

Step❺生成分组标签。在分割点设置对话框单击【生成标签（A）】按钮，系统自动生成各组标签值。标签值也可以根据自己的意愿直接输入。

Step❻单击【确定】按钮，弹出如图 5－12 所示的对话框。单击【确定】按钮，即可在数据文件中生成新变量“家庭收入分段”。

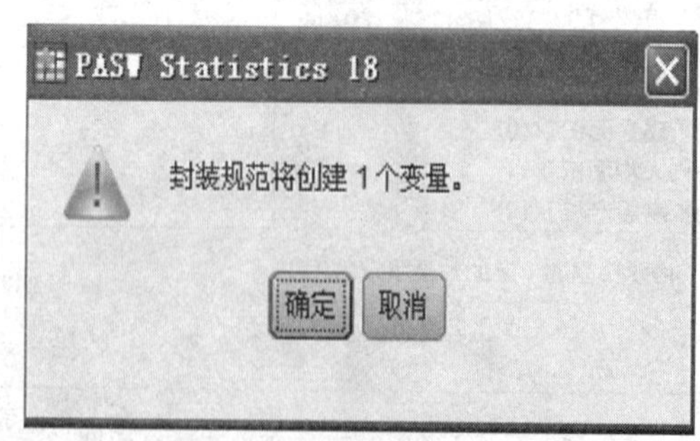

图 5－12　封装规范提示对话框

Step❼回到数据编辑窗口，对家庭收入分段变量执行【分析（A）】→【描述统计（D）】→【频率（F）】等操作，即可得到家庭收入“X9”的组距式分组频数分布表，如表 5－6所示。

表5-6 家庭收入（离散化）分组表

		频率	百分比	有效百分比	累积百分比
有效	<=5 000	230	7.7	7.7	7.7
	5 001 - 10 000	873	29.2	29.2	36.9
	10 001 - 30 000	1 635	54.6	54.6	91.5
	30 001 - 60 000	223	7.5	7.5	98.9
	>=60 001	32	1.1	1.1	100.0
	合计	2 993	100.0	100.0	

3. 绘制频数分布图

（1）直方图的绘制

Step❶打开数据文件 data5-2.sav，依次选择【图形（G）】→【旧对话框】→【直方图（H）】，弹出如图5-13所示的"直方图（H）"对话框。在此对话框中选择变量"家庭收入［X9］"进入"变量（V）"框中。

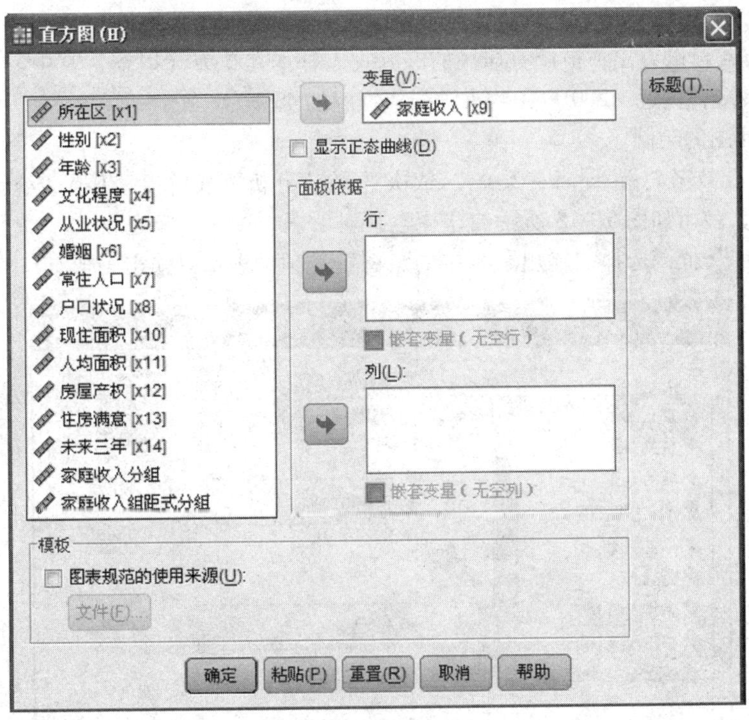

图5-13 直方图对话框

Step❷单击【确定】按钮，系统输出初始结果。

Step❸根据需要对图形进行修饰。双击图形区域使其处于编辑状态，单击直方图，在随后打开的"属性"对话框中对图形大小、矩形的宽度等进行调整，最终结果如图5-14所示。有关直方图修饰的详细操作将在第13章的第三个实验中介绍。

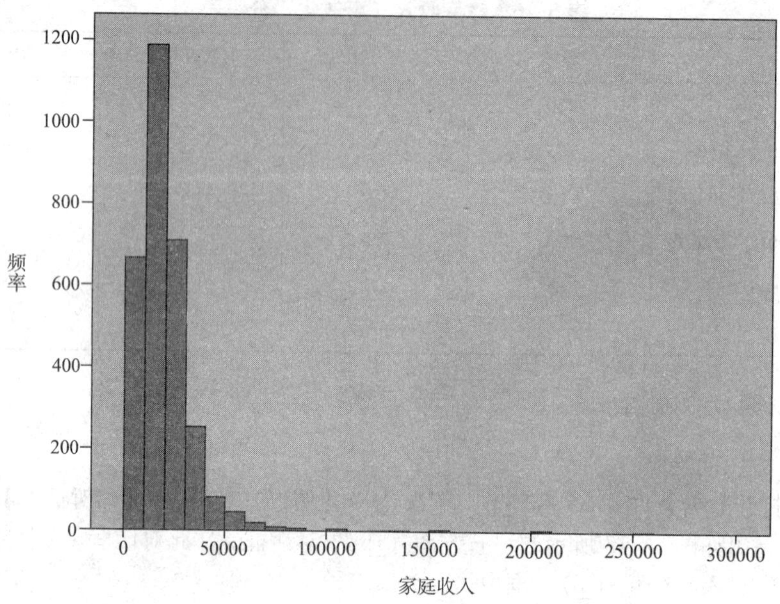

图 5-14　家庭收入直方图

由图 5-14 可以看出，被调查居民的家庭收入基本在 5 万元以下，其中家庭收入 1~2 万元的家庭最多，接近 1 200 户，约占被调查家庭的 40%。

（2）茎叶图的绘制

Step❶打开数据文件 data5-2. sav，依次选择【分析（A)】→【描述统计（D)】→【探索（E)】，弹出如图 5-15 所示的“探索”对话框。选择“家庭收入［X9］”进入“因变量列表（D)”框；选择“输出”栏中的“图”选项，表示只输出图形。

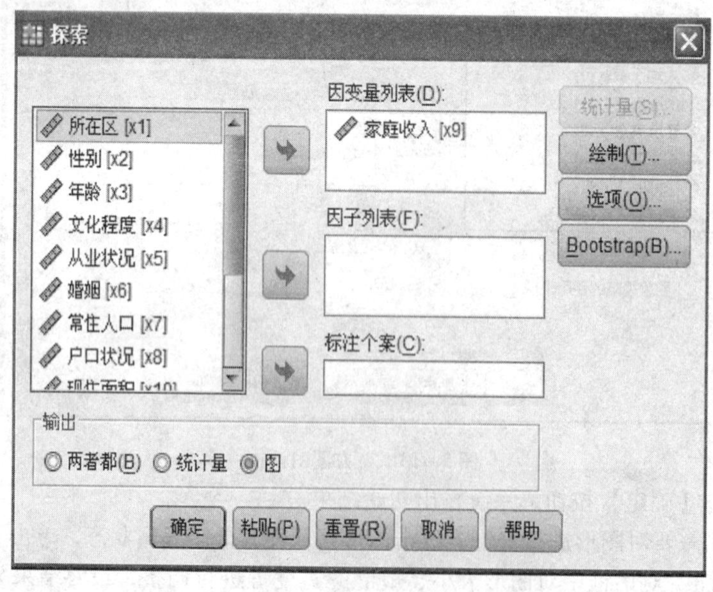

图 5-15　“探索（E)”分析主对话框

Step❷单击【绘制（T）】按钮，弹出如图 5－16 所示的“探索：图”对话框，在此对话框中选择“描述性（D）”框下的“茎叶图（S）”选项。单击【继续】按钮，回到主对话框。

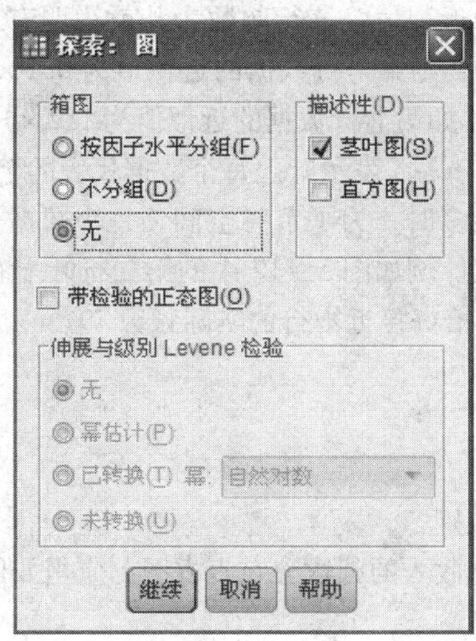

图 5－16　探索分析“图”对话框

Step❸单击【确定】按钮，系统输出如图 5－17 所示的结果。

```
家庭收入 Stem - and - Leaf Plot

   Frequency        Stem & Leaf

     4.00           0. 1
    79.00           0. 2222222333333333
   154.00           0. 4444444444455555555555555555555
   208.00           0. 666666666666666666666666667777777777777777
   221.00           0. 88888888888888888888888888888999999999999999
   463.00           1. 000000000000000000000000000000000000000000000000000000000000000000000000000000000000000011111
   305.00           1. 2222222222222222222222222222222222222222222222222222223333333
   280.00           1. 44444444445555555555555555555555555555555555555555555555
    58.00           1. 666666666777
    82.00           1. 88888888888888889
   446.00           2. 00000000000000000000000000000000000000000000000000000000000000000000000000000000000000111
    32.00           2. 222233
   195.00           2. 444444444444444444444455555555555555555
    23.00           2. 6667
    13.00           2. 888
   177.00           3. 00000000000000000000000000000000000&
    12.00           3. 223
    25.00           3. 45555
   216.00 Extremes       (>=36000)

 Stem width:        10000
 Each leaf:         5 case(s)
```

图 5－17　家庭收入“X9”的频数分布茎叶图

图 5 - 17 中的茎叶图由 3 部分构成，即频数（Frequency）、茎（Stem）、叶（Leaf）。茎表示各行数据的整数部分，叶是小数部分。Stem width 表示茎宽，每行的茎和叶组成的数字乘以茎宽，即得到实际数据的近似值，该行频数为几就说明有几个数据靠近该近似值。例如图 5 - 17 中的茎宽为 10 000，则第一行数据的近似值为 0.1 × 10 000 = 1000，所有数据中靠近 1000 的数据有 4 个；再比如第七行数据的近似值为 1.2 × 10 000 = 12 000，数据中靠近 12 000 的数据约有 305 个。Each leaf 表示叶上每个数据代表的个案数，多数情况下，一个数据只代表一个个案，当数据很多时，为了节省空间，一个数据会代表几个个案，本例中叶上每个数据近似代表 5 个个案。例如图 5 - 17 中的第二行叶上有 16 个数据，一个数据代表 5 个个案，两者相乘等于 80，恰好接近本行的实际频数 79。

5.2.5 问题思考

1. 直方图与条形图有何区别？
2. 欲绘制不同地区的家庭收入的频数分布直方图，应当如何操作？

5.3 问卷数据的整理

5.3.1 实验目的

在所有数据分析软件中，SPSS 的调查数据分析功能具有明显的优势，该软件所设置的多选题处理模块，为调查问卷中多选题的分析提供了方便而快捷的工具。通过本实验，应能掌握问卷调查数据的整理内容、基本方法和相应的 SPSS 操作技巧。

5.3.2 相关知识

1. 问卷数据的整理内容

对于问卷调查数据的整理，实际中主要包括两方面的内容：一是频数统计；二是交叉分析。频数统计主要在于了解被调查者的各种分布，交叉分析则用于研究相关调查项目之间的依存关系，特别是用于分析调查单位的个体特征对调查问题的影响。

2. 问卷数据的录入技巧

在问卷调查中，问题的设置类型主要有两种，即单选题和多选题，其中单选题占到了绝大部分。

1）单选题的录入简单容易，每个问题占据数据表的 1 列，直接根据被调查者的选择，录入选项序号或每个选项的内容即可。例如性别调查中有两个选项：1. 男；2. 女。数据录入时可输入1、2，分别代表男、女；也可以直接输入男、女。一般情况下，当调查项目的答案选项很多，或者每个答案的字数很多时，通常采用“先录入选项序号，录入结束后，再给每个序号加上标签”的办法录入数据。关于值标签的添加方法前面已有介绍，这里不再赘述。

2）多选题是根据实际需要，要求被调查者从问卷给出的若干个答案中选择两个或两个以上的答案，因此，每个问题占据数据表的一列显然是不够的，这就需要对问题进行分解。多选题的分解方法通常有两种：

第一，多选项二分法（Multiple Dichotomies Method）。该方法是将多选题中的每个答案设为1个变量，占据数据表的1列。每个变量只有0或1两个取值，1表示选择了该答案；0表示未选该答案。这种方法的优点是简单明确，缺点是分解的变量数太多，设置的变量个数等于选项的个数，即每个多选题有几个选项就设置几个变量。在选项较少的情况下，一般采用这种方法。

第二，多选项分类法（Multiple Category Method）。多选项分类法中，首先要估计多选项问题最多可能出现的答案个数；然后，每个答案设置为一个变量，有几个可能答案就设置几个变量。变量取值为多选项问题中的可选答案。例如，在关于居民储蓄目的调查中，共设置了11个答案，但是调查发现没有一个人的答案超过三项，也就是说人们最多选择了3个答案。因此，该问题只需要设置3个变量，可分别命名为目的一、目的二、目的三。录入时直接根据每个人的回答录入所选答案的编号即可。当选项较多，且能准确估计最多可能出现的答案个数时，通常采用此法。

3. 问卷数据处理需要使用的SPSS过程

在问卷数据处理中，需要用到的SPSS分析过程主要有：“频率（F）”、“交叉表（C）”和“多重响应（U）”。频率（F）过程前面已有介绍，这里主要介绍“交叉表（C）”和“多重响应（U）”过程。

（1）交叉表（C）

该过程根据两个相关变量生成交叉分组频数分布表，同时可以输出相应的频数分布图和检验统计量，在问卷数据处理中应用十分广泛，主要用于测定调查项目之间的相关性。

（2）多重响应（U）

“多重响应（U）”过程是SPSS专门为多选题数据分析而设计的，用于生成多选题频率分布表和交叉分析表。该过程由以下三个子项组成。

1）定义变量集（D）：用于将分解后的若干个多选项变量定义为变量集，在这定义之后，其他两个过程才可以正常使用。

2）频率（F）：用于为多选题变量集生成频数统计表和图形。在多选题频数统计表中有两个汇总指标：一是响应百分比，表示选择该项人数占总人次的比例；二是个案百分比，表示选择该项的人数占被调查人数（个案）的比例。两个比值均能说明被调查者的选择趋向。

3）交叉表（C）：该过程与普通交叉表的区别就在于它加入了对多选题变量集的支持，不仅可以对普通变量和多选题变量集进行交叉分析，还可以对两个变量集合做交叉分析。

5.3.3 实验内容

数据文件 data5－3. sav 是 282 名城乡居民银行储蓄情况的抽样调查资料，涉及个人职业、年龄、户口、存款目的、收入状况等 15 个变量。本实验对该调查数据进行整理和分析。

5.3.4 实验步骤

1. 单选题频数统计

Step❶打开数据文件 data5－3. sav，依次选择【分析（A）】→【描述统计（D）】→【频率（F）】，进入"频率（F）"主对话框。

Step❷在打开的对话框中，将需要分析的单选题全部选入"变量（V）"框中，并勾选"显示频率表格（D）"选项，如 5－18 所示。

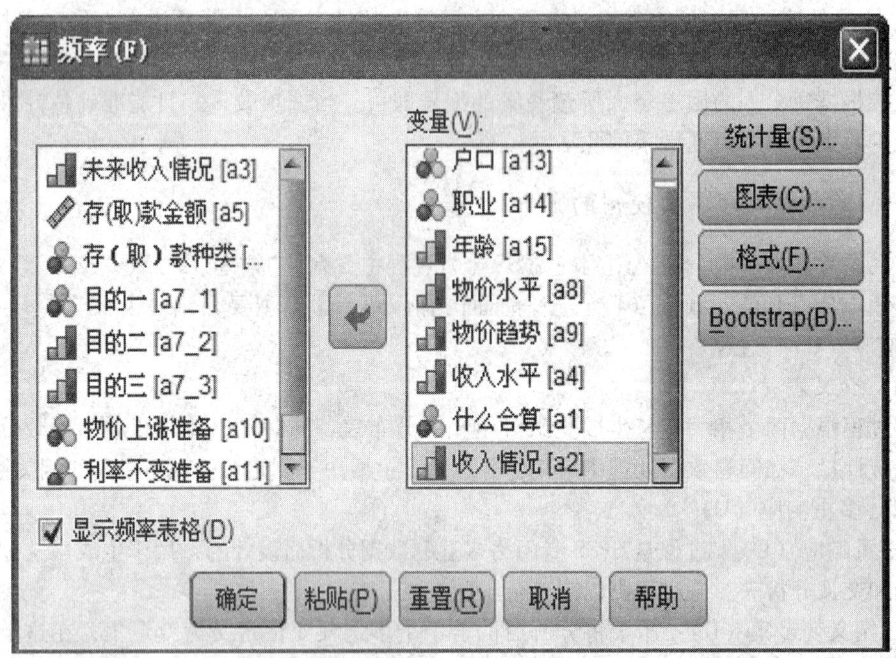

图 5－18 "频率（F）"主对话框

Step❸在"频率（F）"主对话框中，单击【图表（C）】按钮，进入"频率：图表"对话框。在"图表类型"框中选择需要输出的图形。如果不需要绘制图形，选择"无"；当数据点较多，且主要在于比较各组的频数多少时选择"条形图（B）"；当数据点较少，且主要在于表现某种构成时，选择"饼图（P）"。直方图一般用于数值型调查项目的分析，如果想在绘制直方图的同时添加正态分布曲线，则勾选"在直方图上显示正态曲线（S）"

选项。其次，在“图表值”框中选择条形图中纵坐标（或饼图中扇型面积）的表示内容。选择完毕，单击【继续】按钮，回到主对话框。

Step❹单击【确定】按钮，所选变量的频数统计表和图形全部出现在结果输出窗口。表5－7、表5－8和图5－19、图5－20是其中的部分结果。

表5－7　被调查者按户口的频数分布

		频率	百分比	有效百分比	累积百分比
有效	城镇户口	200	70.9	70.9	70.9
	农村户口	82	29.1	29.1	100.0
	合计	282	100.0	100.0	

表5－8　被调查者按收入的频数分布

		频率	百分比	有效百分比	累积百分比
有效	300元以下	50	17.7	17.7	17.7
	300～800元	164	58.2	58.2	75.9
	800～1 500元	50	17.7	17.7	93.6
	1 500元以上	18	6.4	6.4	100.0
	合计	282	100.0	100.0	

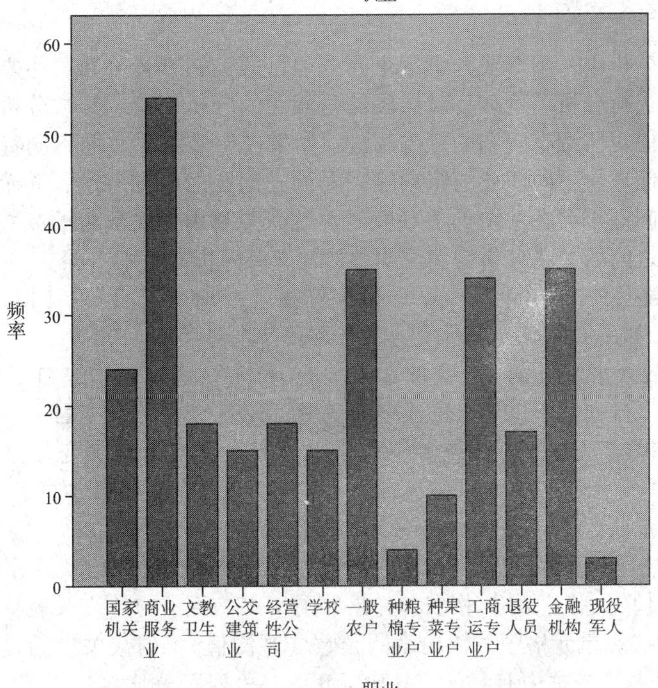

图5－19　被调查者职业分布

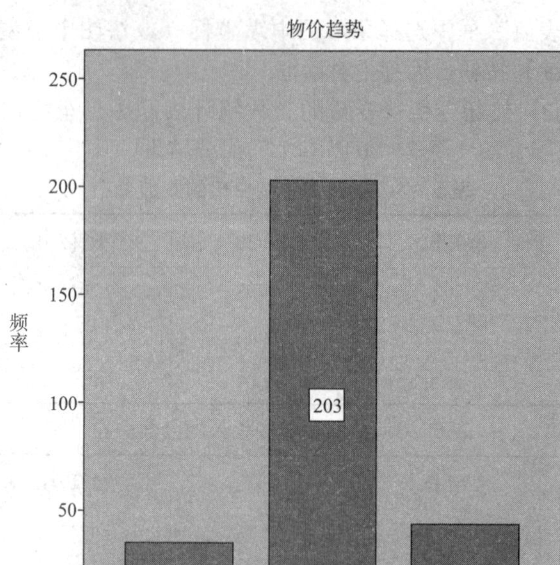

图 5－20 被调查者对物价趋势的判断

2. 单选题交叉分析

在调查数据分析中，不仅要分析每个调查项目的被调查者分布，还要对调查项目之间的相互影响关系进行分析。例如，对居民储蓄问题的分析，通过频数分析能够了解储户的基本情况以及他们对所调查问题的总体看法。如果进一步需要掌握不同特征的储户群（如城镇储户和农村储户、不同职业的储户等）对调查问题的不同态度，并希望分析储户特征和被调查问题之间是否存在一定的关联性时，就需要利用交叉分组的频数分析来完成。这里以户口和收入之间的关系分析为例说明单选题交叉分析的基本步骤。

Step❶打开数据文件 data5－3. sav，依次选择【分析（A）】→【描述统计（D）】→【交叉表（C）】，弹出如图 5－21 所示的“交叉表”主对话框。

Step❷将“收入水平［a4］”变量选入“行（S）”框中，“户口［a13］”变量选入“列（C）框中。”行列框中也可以选择多个变量，SPSS 会将行列变量一一配对后产生多张二维列联表。如果需要进行三维或多维列联表分析，则将第三个变量作为控制变量选到“层 1 的 1”框中。控制变量可以是同层次的，也可以是逐层叠加的，可通过“上一张（V）”和“下一张（N）”按钮控制变量间的层次关系。

Step❸选择“显示复式条形图（B）”选项，指定绘制交叉分组频数分布条形图。

Step❹单击【单元格（E）】按钮，弹出如图 5－22 所示的“交叉表：单元显示”对话框。SPSS 默认列联表单元格中只输出观测频数（观测值）。但最关键的是要指定输出百分比。在“百分比（C）”框中有“行百分比（R）”、“列百分比（C）”和“总计百分比”。实际中通常选择列百分比，因为相关变量中的原因变量通常放在列上，按原因变量计算百分比有利于问题的比较分析。最后，单击【继续】按钮，回到主对话框。

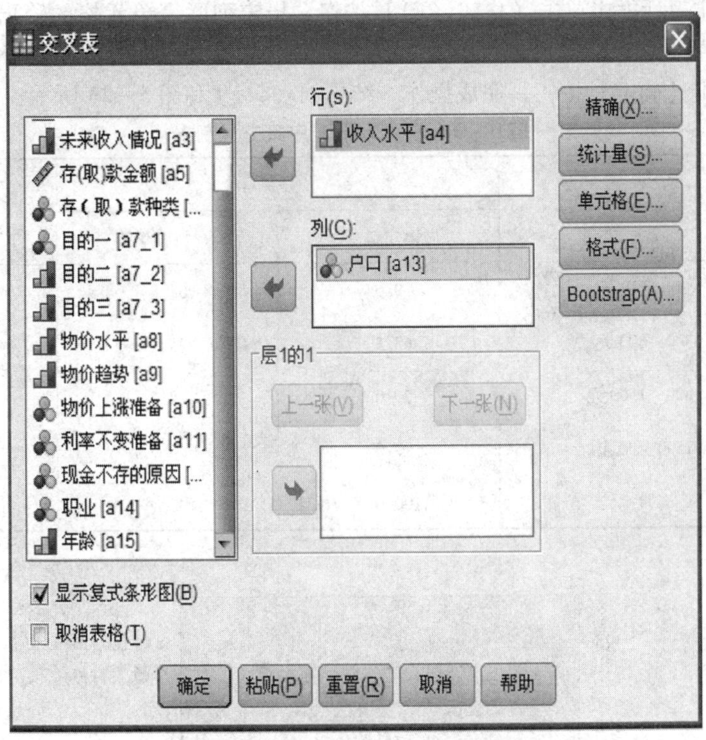

图5－21 “交叉表（C）”主对话框

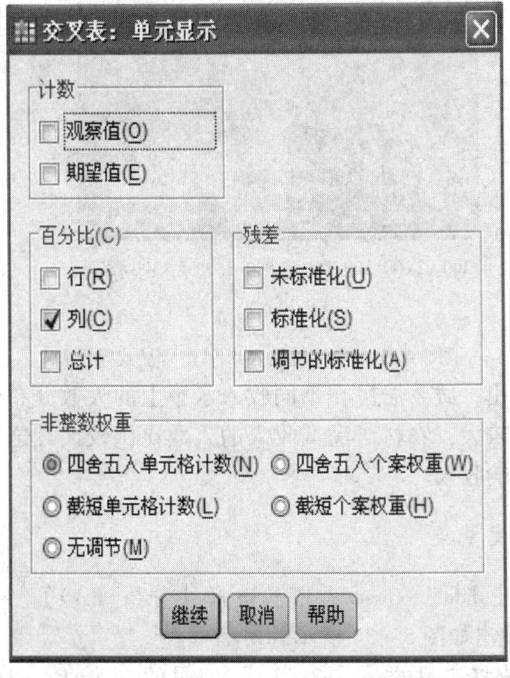

图5－22 “交叉表：单元显示”对话框

Step❺在主对话框中单击【格式（F）】按钮，指定列联表单元格的输出排列顺序，通常采用默认设置。

Step❻单击【确定】按钮，完成操作。结果如表5－9和图5－23所示。

表5－9　收入水平＊户口交叉制表

		户口		合计
		城镇户口/%	农村户口/%	
收入水平	300元以下	9.5	37.8	17.7
	300～800元	63.5	45.1	58.2
	800～1500元	20.0	12.2	17.7
	1500元以上	7.0	4.9	6.4
合计		100.0	100.0	100.0

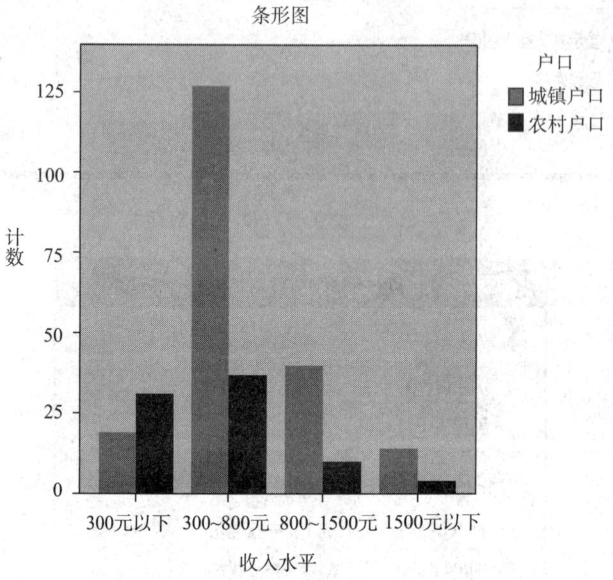

图5－23　户口与收入水平交叉复式条形图

由以上图表可以看出，城乡居民在不同收入水平上的人数分布存在明显差异。即城镇居民高收入的人数比例较大，农村居民低收入的人数比例较大，这主要是因为户口影响职业，而职业又进一步影响收入。

3. 定义多项选择变量集

Step❶打开数据文件data5－3.sav，依次选择【分析（A）】→【多重响应（U）】→【定义变量集（D）】，弹出如图5－24所示的对话框。

Step❷从变量列表中将“目的一［a7_1］”、“目的二［a7_2］”、“目的三［a7_3］”3个变量选入“集合中的变量（V）”框中。

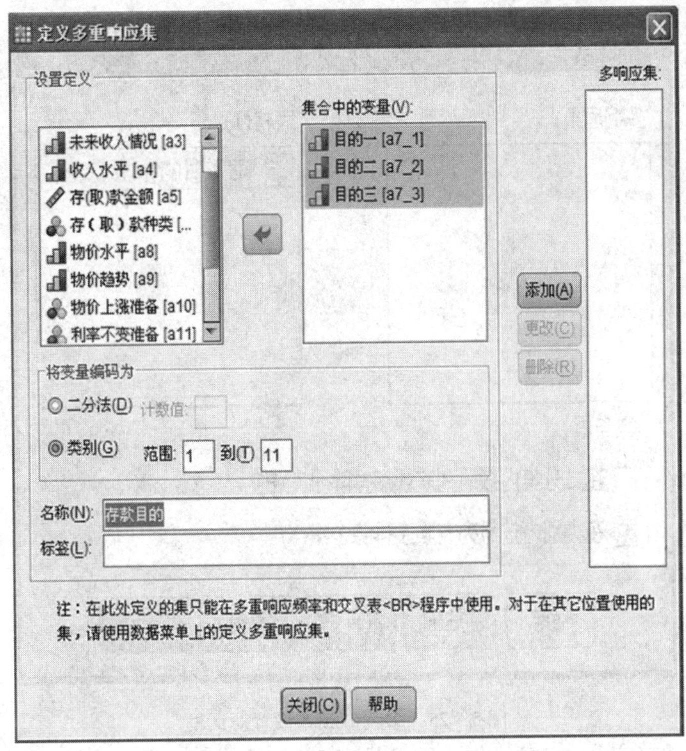

图 5－24　定义多重响应集对话框

Step❸在“将变量编码为”区域，指定多选项变量集中的变量是按照哪种方法分解的。如果变量集是按照二分法分解的，则点选“二分法（D）”，并在“计数值”框中输入 1；如果变量集是按照类别法分解的，则点选“类别（G）”，并在“范围”和“到（T）”框中输入 1 到最后一个类别的序号。例如，本题中虽然只设了三个变量，但调查中的存款目的有 11 种。所以两个框中分别输入 1 和 11。

Step❹为多选项变量集命名和加标签。

Step❺单击【添加（A）】按钮，将定义好的多选项变量集加到“多响应集”框中。SPSS 可以定义多个多选项变量集。

Step❻单击【关闭（C）】按钮，完成变量集定义。

4. 多选题频数统计

Step❶打开数据文件 data5－3. sav，依次选择【分析（A）】→【多重响应（U）】→【频率（F）】，弹出如图 5－25 所示的对话框。

Step❷从“多响应集”框中，把待分析的“存款目的”多选项变量集选到“表格（T）”框中。

Step❸指定是否处理缺失值。SPSS 规定，只要样本在多选项变量集中的某一个变量上取缺失值，分析时就将该样本剔除。第一个选项适用于“多选项二分法”；第二个选项适用于“多选项分类法”。没有缺失值时，不需要选择此项。

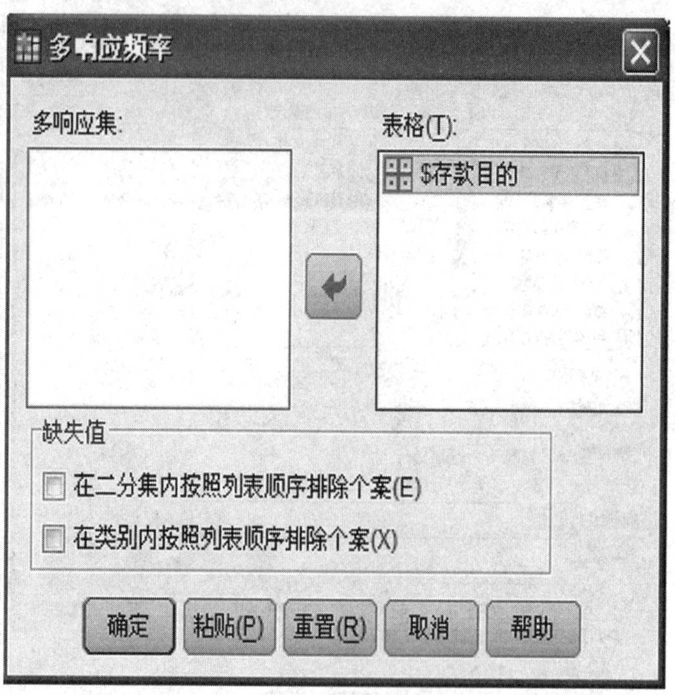

图5-25　多响应频率设置对话框

Step❹单击【确定】，完成操作。结果见表5-10。

表5-10　存款目的频率分布表

		响应		个案百分比
		N	百分比	
存款目的	买高档消费品	65	7.7	23.0
	结婚用	51	6.0	18.1
	正常生活零用	179	21.2	63.5
	做生意	52	6.2	18.4
	购买农业生产资料	16	1.9	5.7
	买证券及单位集资	34	4.0	12.1
	买房或建房	88	10.4	31.2
	支付孩子教育费	76	9.0	27.0
	养老金	55	6.5	19.5
	防意外事故	107	12.7	37.9
	得利息	120	14.2	42.6
	总计	843	100.0	298.9

由表5-10中的数据可以看出，被调查者的存款目的主要是正常生活零用、买房建房和防意外事故，这说明该人群的收入主要用于保障基本生活所需，生活水平处于较低层次。

5. 多选项交叉分析

Step❶打开数据文件 data5－3. sav，依次选择【分析（A）】→【多重响应（U）】→【交叉表（C）】，弹出如图 5－26 所示的对话框。

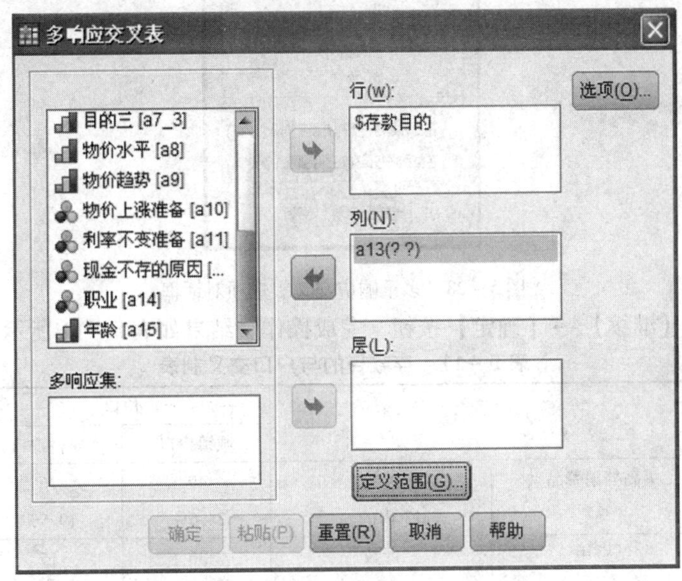

图 5－26　多响应交叉表主对话框

Step❷从“多响应集”框中，将“存款目的”变量集选入“行（W）”框中，从变量列表中，将户口变量“a13”选入“列（N）”框中。

Step❸选定列变量“a13”，单击【定义范围（G）】按钮，在弹出的对话框中输入列变量的取值范围，如图 5－27 所示。单击【继续】按钮，回到主对话框。

图 5－27　多重响应值定义对话框

Step❹单击【选项（O）】按钮，进入如图 5－28 所示的对话框。此对话框的“单元格百分比”框用于指定输出的百分比，这里选择“列”百分比。“跨响应集匹配变量（M）”选项表示如果列联表的行变量均为多选项变量集时，第一个变量集的第一个变量与第二个变量集的第一个变量做交叉分组，第一个变量集的第二个变量与第二个变量集的第二个变量做交叉分组，以此类推。“百分比基于”框用于指定如何计算百分比，这里选择“个案”百分比。

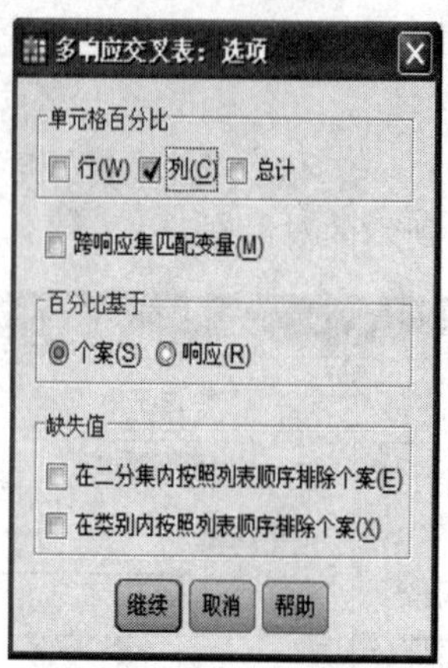

图 5－28　多重响应交叉表选项对话框

Step❺单击【继续】→【确定】按钮，完成操作。结果如表 5－11 所示。

表 5－11　存款目的与户口交叉制表

			户口		合计
			城镇户口	农村户口	
存款目的	买高档消费品	计数	49	16	65
		a13 内的 %	24.5%	19.5%	
	结婚用	计数	36	15	51
		a13 内的%	18.0%	18.3%	
	正常生活零用	计数	125	54	179
		a13 内的 %	62.5%	65.9%	
	做生意	计数	30	22	52
		a13 内的 %	15.0%	26.8%	
	购买农业生产资料	计数	2	14	16
		a13 内的 %	1.0%	17.1%	
	买证券及单位集资	计数	33	1	34
		a13 内的 %	16.5%	1.2%	
	买房或建房	计数	54	34	88
		a13 内的 %	27.0%	41.5%	
	支付孩子教育费	计数	55	21	76
		a13 内的 %	27.5%	25.6%	
	养老金	计数	41	14	55
		a13 内的 %	20.5%	17.1%	
	防意外事故	计数	84	23	107
		a13 内的 %	42.0%	28.0%	
	得利息	计数	89	31	120
		a13 内的 %	44.5%	37.8%	
总计		计数	200	82	282

注：百分比和总计以响应者为基础。

由表 5 – 11 中的数据可以看出，被调查城乡居民的存款目的基本一致，都是以基本生活保障为主要目的，但也有细微的差异。城镇居民存款用来购买高档消费品的比例稍高，农村居民存款用来买房和建房的比例较高，这说明城镇居民的生活水平和消费层次略高于农村居民。

5.3.5 问题思考

1. 交叉频数分布表在调查数据分析中的主要作用是什么？
2. 调查数据处理中需要使用的 SPSS 分析过程有哪些？
3. SPSS 处理多选题的基本步骤和主要方法是什么？

第 6 章　数据特征的 SPSS 测定

【学习提要与目标】对整理好的数据，通过描述性分析挖掘数据所表现的特征是统计分析中最基本的工作。SPSS 软件的描述性统计分析功能集中在“描述统计”菜单中，主要包括“描述（D）”、“探索（E）”和“比率（R）”等过程。通过本章学习，学生应熟练掌握使用 SPSS 软件进行描述性统计分析的基本方法和操作技巧，并能对 SPSS 输出的描述性统计量给出合理的解释。

6.1　计算描述统计量

6.1.1　实验目的

SPSS 软件的“频率（F）”、“描述（D）”、“探索（E）”、“均值（M）”过程，以及报告菜单均可以完成描述统计量的计算，其中“描述（D）”过程使用最为方便。通过本实验，使学生熟练掌握使用 SPSS 的“描述（D）”过程计算描述性统计量的基本方法和操作技巧。

6.1.2　相关知识

描述统计量包括三类：反映数据集中趋势的统计量、反映数据离散程度的统计量和反映数据分布状态的统计量。通常，综合这三类统计量就能够准确和清晰地把握数据的分布特征。

1. 反映集中趋势的统计量

（1）众数

众数是一组数据中出现次数最多的观测值，用 M_0 表示。

（2）中位数

中位数是观测值按大小排序后，处于中间位置上的观测值，用 M_e 表示。计算公式为

$$M_e=\begin{cases}X_{[\frac{N+1}{2}]}\ （N 为奇数）\\ \frac{1}{2}[X_{\frac{N}{2}}+X_{\frac{N}{2}+1}]\ （N 为偶数）\end{cases} \tag{6-1}$$

（3）均值

均值即算术平均数，用 $\overline{X}$ 表示。其计算公式为

$$\overline{X}=\frac{X_1+X_2+\cdots+X_N}{N}=\frac{\sum_{i=1}^{N}X_i}{N} \tag{6-2}$$

（4）四分位数

四分位数也称为四分点，它是将全部数据等分成为四个部分，其中每部分包括25%的数据，处在分位点上的数值就是四分位数，用 Q_L 和 Q_U 表示。其计算公式为

$$Q_L=X_{\frac{(N+1)}{4}} \tag{6-3}$$

$$Q_U=X_{\frac{3(N+1)}{4}} \tag{6-4}$$

2. 反映离散趋势的统计量

（1）极差

极差也称全距，它是一组数据中最大观测值与最小观测值之差，用 R 表示。其计算公式为：$R=X_{max}-X_{min}$。

（2）标准差

标准差是所有观测值与其均值离差平方均值的平方根，也称均方差，用 σ 表示。其计算公式为

$$\sigma=\sqrt{\frac{\sum_{i=1}^{N}(X_i-\overline{X})^2}{N}} \tag{6-5}$$

（3）方差

方差是所有观测值与其均值离差平方的均值，用 σ^2 表示。其计算公式为

$$\sigma^2=\sqrt{\frac{\sum_{i=1}^{N}(X_i-\overline{X})^2}{N}} \tag{6-6}$$

（4）四分位差

四分位差是上四分位数与下四分位数之差，也称为内距或四分间距，用 Q_D 表示。其计算公式为

$$Q_D=Q_U-Q_L \tag{6-7}$$

3. 描述分布形态的统计量

（1）偏度

数据分布的不对称性称为偏度，它是反映数据分布偏斜程度的统计量，用 α_3 表示。其计算公式为

$$\alpha_3=\frac{\sum_{i=1}^{K}(X-\overline{X})^3F_i}{N\sigma^3} \tag{6-8}$$

（2）峰度

峰度是指数据分布的平峰或尖峰程度，用 α_4 表示。其计算公式为

$$\alpha_4 = \frac{\sum_{i=1}^{K} (X - \overline{X})^4 F_i}{N\sigma^4} \tag{6-9}$$

6.1.3 实验内容

数据文件 data6 - 1. sav 是通过抽样调查得到的某市 50 户居民家庭月收入和家庭金融资产（各种储蓄、有价证券、手存现金）的资料，其数据格式如图 6 - 1 所示。本实验使用 SPSS“描述（D）”过程计算数据文件 data6 - 1. sav 中各变量的描述统计量。

	名称	类型	宽度	小数	标签	值	缺失	列
1	户编号	数值(N)	11	0	户编号	无	无	11
2	月收入	数值(N)	11	0	月收入（元）	无	无	11
3	金融资产	数值(N)	11	0	金融资产（万...	无	无	11
4	月收入分组	数值(N)	5	0	月收入分组	{1, 3000...	无	12

图 6 - 1　数据文件“data6 - 1. sav”各变量的含义

6.1.4 实验步骤

1. 整体计算描述性统计量

Step❶打开数据集 data6 - 1. sav，依次选择【分析（A）】→【描述统计】→【描述（D）】，弹出如图 6 - 2 所示的“描述性”对话框。在此对话框中选择“月收入”和“金融资产”变量进入“变量（V）”框中。

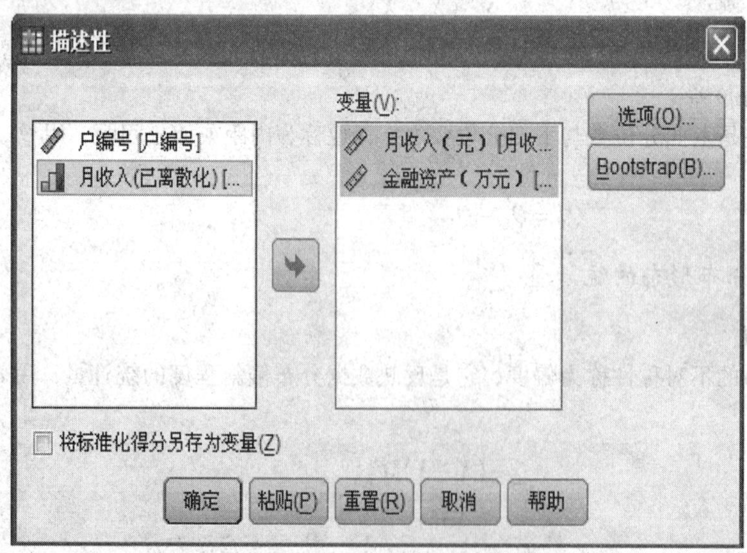

图 6 - 2　“描述性”分析主对话框

Step❷在主对话框单击【选项（O）】”按钮，弹出如图6－3所示的“描述：选项”对话框。在此对话框中选择“均值（M）”、“标准差（T）”、“峰度”、“偏度”等统计量。

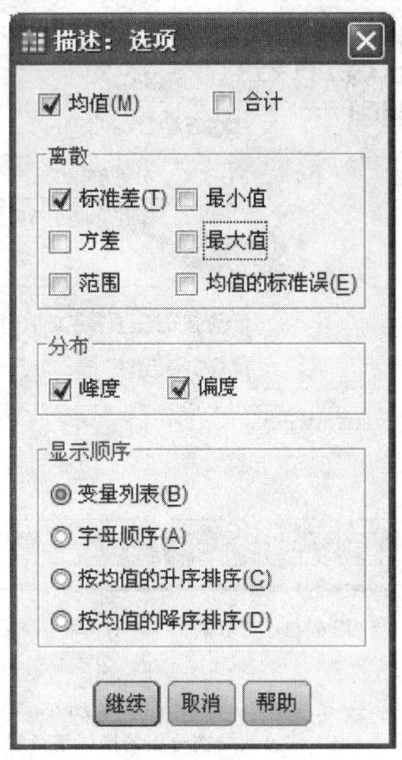

图6－3　“描述：选项”对话框

Step❸单击【继续】→【确定】按钮，系统输出结果如表6－1所示。

表6－1　描述统计量

	N	均值	标准差	偏度		峰度	
	统计量	统计量	统计量	统计量	标准误	统计量	标准误
月收入/元	50	5454.48	2709.341	.496	.337	-.356	.662
金融资产/万元	50	11.027200	8.7218139	1.174	.337	.448	.662
有效的N（列表状态）	50						

2. 分组计算描述统计量

Step❶拆分数据文件。在数据编辑窗口依次选择【数据（D）】→【拆分文件（F）】，弹出如图6－4所示的“分割文件”对话框。在此对话框中选择“比较组（C）”选项，并选择“月收入分组”变量进入“分组方式（G）”框中。单击【确定】按钮，系统自动按收入层次把数据集拆分为三组。

Step❷对拆分后的数据文件计算描述统计量。依次选择【分析（A）】→【描述统计】→【描述（D）】，并在“描述性”对话框中将“月收入”和“金融资产”变量选入“变量（V）”框中。单击【选项（O）】按钮，选定需要输出的描述性统计量。最后，单击【继

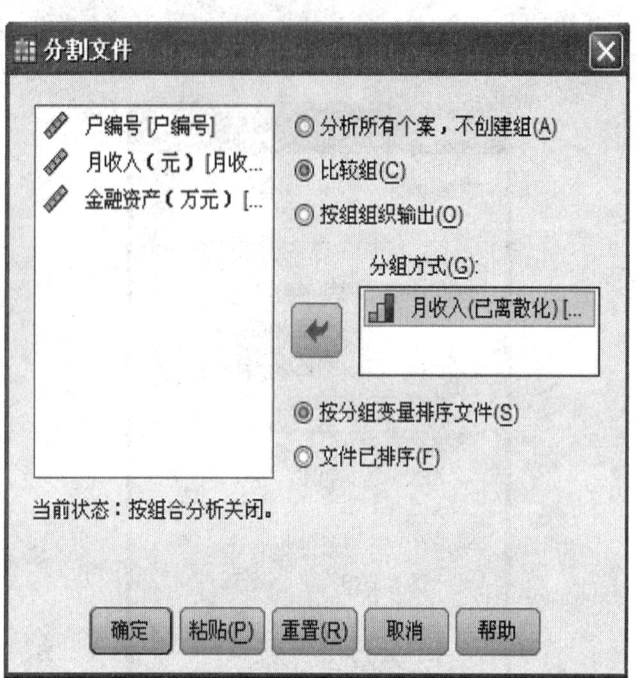

图 6-4 “分割文件”对话框

续】按钮，返回主对话。

Step❸单击【确定】按钮，系统输出结果如表 6-2 所示。

表 6-2 按收入层次分组的描述统计量

月收入分组		N	均值	标准差	偏度		峰度	
		统计量	统计量	统计量	统计量	标准误	统计量	标准误
3000 元及以下	月收入/元	9	1863.67	453.26	.898	.717	-.348	1.400
	金融资产/万元	9	2.6400	.5625	-.887	.717	-.454	1.400
	有效的 N（列表状态）	9						
3000-6000 元	月收入/元	23	4547.61	849.63	.148	.481	-1.022	.935
	金融资产/万元	23	6.7922	2.0375	.373	.481	-1.087	.935
	有效的 N（列表状态）	23						
6000 元以上	月收入/元	18	8408.67	1716.87	.627	.536	-.333	1.038
	金融资产/万元	18	20.6322	7.3857	.360	.536	-.791	1.038
	有效的 N（列表状态）	18						

6.1.5 问题思考

1. SPSS 中还可以通过哪些途径计算描述性统计量？
2. 试对表 6-2 中的输出结果进行分析，并概括被调查居民户月收入的分布特征。

6.2 探索性分析

6.2.1 实验目的

SPSS 的“探索（E）”分析过程是对变量进行深入和详尽统计分析的重要工具，它在一般描述性统计指标的基础上，增加了关于数据其他特征的文字与图形描述，如茎叶图、箱图等，分析结果更加细致全面，有助于用户深入理解和分析数据的分布特征。通过本实验，掌握“探索（E）”分析过程的基本功能，并能使用该过程对数据特征进行深层次的全面分析。

6.2.2 相关知识

1. “探索（E）”分析过程的描述性统计分析功能

“探索（E）”分析过程，能够生成关于所有个案或不同分组个案的描述性统计量及图形；可以进行数据筛选工作，例如检测异常值、极端值、数据缺口等；还可以进行参数的区间估计和假设检验。通过探索性分析，能够帮助用户决定选择何种统计方法进行数据建模，判断是否需要把数据转换成正态分布，以及是否需要做非参数统计。

“探索（E）”分析过程在描述性统计分析方面的功能主要有三项：计算不同分组个案的描述性统计量；通过箱形图描述数据分布；通过茎叶图描述频数分布。其中描述统计量和茎叶图前面已有介绍。

2. 关于箱线图

箱线图又称盒图，是由一组数据的 5 个特征值绘制而成的像箱子一样的图形，由一个箱子和两条线段组成，用于反映数据的分布特征。

箱线图的绘制方法：首先找出一组数据的 5 个特征值，即最大值、最小值、中位数和两个四分位数，然后连接两个四分位数画出箱子，再将两个极值与箱子相连即可画出简单的箱线图。

根据箱线图判断数据分布特征，主要通过与标准正态分布比较来完成。对于标准正态分布，只有 0.7% 的值是异常值，中位数位于上下四分位数的中央，箱线图的方盒关于中位线对称，且两端须线长度相等。因此，如果数据异常值出现于一侧的概率越大，中位数也越偏离上下四分位数的中心位置，两端须线长度也会相差越大，数据分布呈偏态性越强。异常值集中在较小值一侧，则分布呈现左偏态；异常值集中在较大值一侧，则分布呈现右偏态。

箱线图美中不足之处在于它不能提供关于数据分布的精确度量；对于批量较大的数据，箱线图反映的形状信息更加模糊。所以，实际中描述数据的分布特征最好把箱线图和其他描述性统计工具，如均值、标准差、偏度、分布函数等结合起来。

6.2.3 实验内容

某市场调查公司是一家独立的机构，主要面向各类厂商提供市场信息咨询服务。在一项研究中，某厂商为了预测消费者使用信用卡进行支付的数额，要求其对消费者的特点进行调查研究。为此这家市场调查公司专门就一个由50名消费者组成的随机样本，采集了有关年收入、家庭成员数和年信用卡支付数额的数据，所建立的数据文件为data6－2. sav。本实验使用“探索（E）”分析过程对被调查者的信用卡支付额和家庭收入计算描述性统计量，并绘制箱线图。

6.2.4 实验步骤

1. 对信用卡支付数额计算描述统计量，绘制箱线图

Step❶打开数据文件 data6－2. sav，依次选择【分析（A)】→【描述统计】→【探索（E)】，弹出如图6－5所示的“探索”分析主对话框。将“信用卡支付额［X1］”选入“因变量列表（D)”框；选择“输出”框内的“两者都（B)”选项。

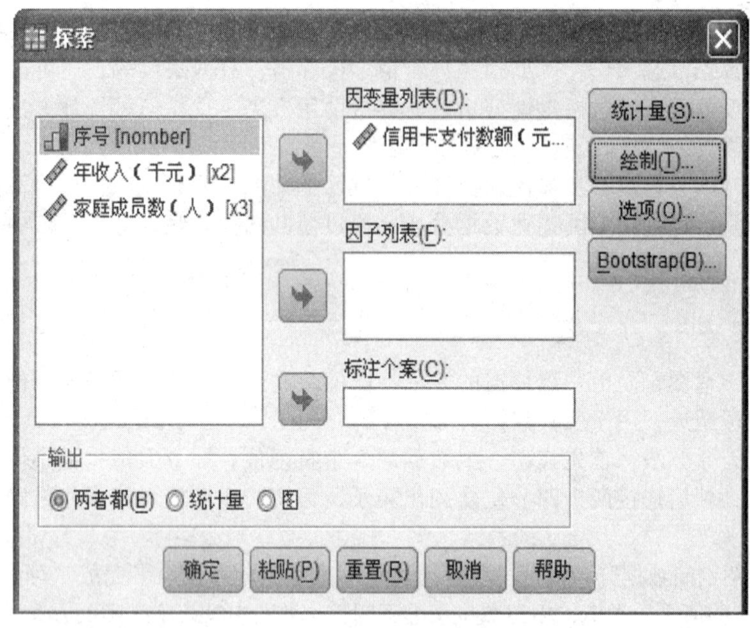

图6－5 “探索”分析主对话框

Step❷进一步单击【统计量（S)】按钮，选中“统计量”子对话框中的“描述性”选项。单击【继续】按钮，返回主对话框。

Step❸单击【绘制（T)】按钮，在“箱图（B)”框中选择“不分组”选项。单击【继续】按钮，返回主对话框。

Step❹单击【确定】按钮，系统输出结果如表6－3和图6－6所示。

表 6-3 基本描述性统计量

			统计量	标准误
信用卡支付数额/元	均值		3963.56	132.124
	均值的 95% 置信区间	下限	3698.05	
		上限	4229.07	
	5% 修整均值		3970.92	
	中值		4090.00	
	方差		872832.945	
	标准差		934.255	
	极小值		1864	
	极大值		5678	
	范围		3814	
	四分位距		1638	
	偏度		-.131	.337
	峰度		-.742	.662

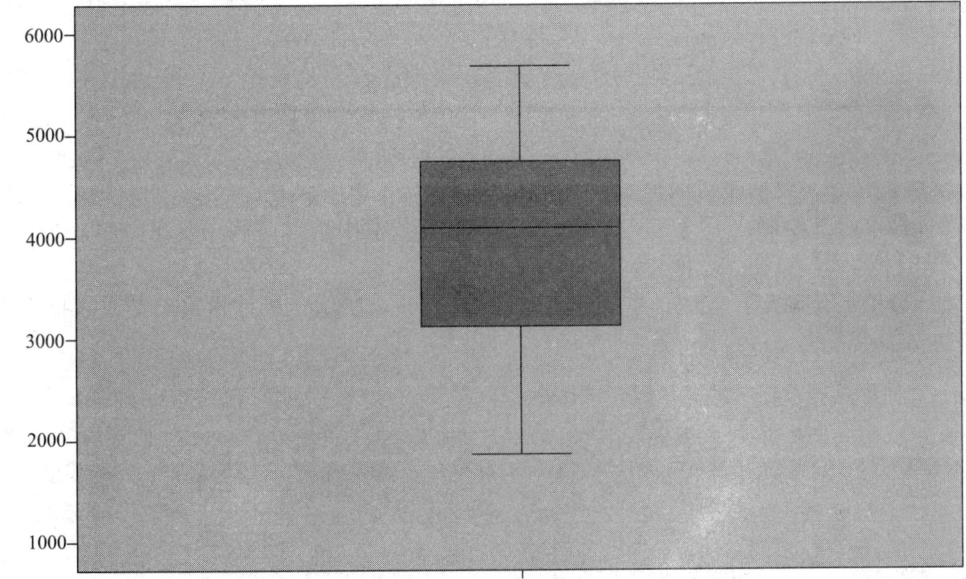

图 6-6 信用卡支付额箱线图

图 6-6 是根据所有被调查者的信用卡支付额绘制的箱线图，属于单批箱线图。从图形可以看出，被调查者的信用卡支付额接近对称分布，下端须线稍长，但未出现异常值。

2. 按家庭人口数分组计算家庭收入描述性统计量，并绘制多批箱线图

Step❶打开数据文件 data6-2.sav，依次选择【分析（A）】→【描述统计】→【探索（E）】，进入“探索”分析主对话框。将“信用卡支付数额［X1］”选入“因变量列表（D）”框，“家庭成员数［X3］”选入“因子列表（F）框，设置结果如图 6-7 所示。

Step❷单击【统计量（S）】按钮，选中“统计量”子对话框中的“描述性”选项。单

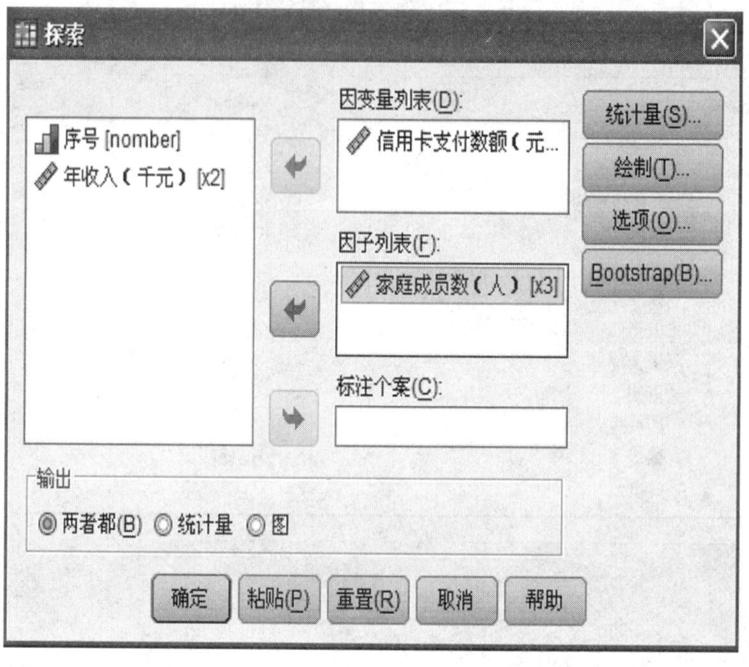

图 6－7 “探索”分析对话框

击【继续】按钮，返回主对话框。

Step❸单击【绘制（T）】按钮，在“箱图（B）”框中选择“因子水平分组（F）”选项。单击【继续】按钮，返回主对话框。

Step❹单击【确定】按钮，系统输出结果如图 6－8 所示，统计量输出结果表格太大，故略去。

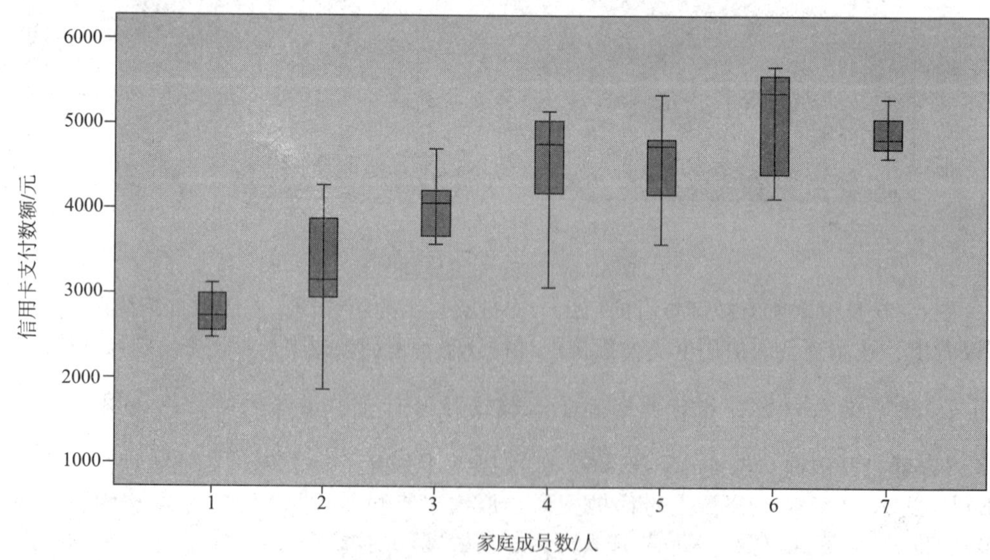

图 6－8 按家庭人口数分组的家庭收入箱线图

图 6 - 8 是按家庭人口数分组的家庭收入数据绘制的箱线图，属于多批箱线图，主要用于比较不同人口家庭的收入分布状况。从图形可以看出，家庭人口为 6 人的家庭收入分布最合理，整体水平高，且没有极端值。

6.2.5 问题思考

1. 欲同时输出若干个变量的频数分布盒形图，以便于比较，应当如何操作？
2. 单批箱线图和多批箱线图在绘制和应用上有什么差异？

6.3 相对数分析

6.3.1 实验目的

相对数分析也称为相对指标分析，是通过计算两个相互联系的总量指标之比值，反映现象发展过程的程度、结构、速度、密度和普遍程度等。利用 SPSS 进行相对数分析，是通过“比率（R）”分析工具完成的。通过本实验，应能掌握“比率（R）”分析过程的基本功能，并能利用该过程完成实际工作中的相对数分析。

6.3.2 相关知识

“比率（R）”过程是 SPSS11.0 版新增的方法，用于对两个连续型变量计算相对比值指标，当用户关心 A、B 两个指标比值的变动情况时，该过程非常有用。该过程的主要功能有：

1）对两个变量计算比值，并输出比值变量的基本统计特征值，如均值、中位数、标准差、全距等。

2）对相对数进行区间估计。

3）输出关于相对数的一些特殊描述指标，如图 6 - 9 所示。

该对话框中提供了许多比较专业的相对数描述指标。

①“集中趋势”复选框组：选择用于描述相对数集中趋势的指标，有中位数、均值和权重均值三种，其中权重均值的算法为分子的均值除以分母的均值（意思等同于以分母大小为权重）。最下方的“置信区间（F）”选项用于输出相应指标设定概率的置信区间。

②“离散”复选框：选择用于描述相对数离散趋势的指标，除了大家都熟悉的标准差、全距、最小值、最大值以外，还有几个专用指标如下：

●平均绝对离差（Average Absolute Dispersion，AAD）。AAD 用于描述比率变量的离散程度，其计算公式为

$$\mathrm{ADD} = \frac{\sum_{i=1}^{n} |R_i - M|}{N} \quad (6-10)$$

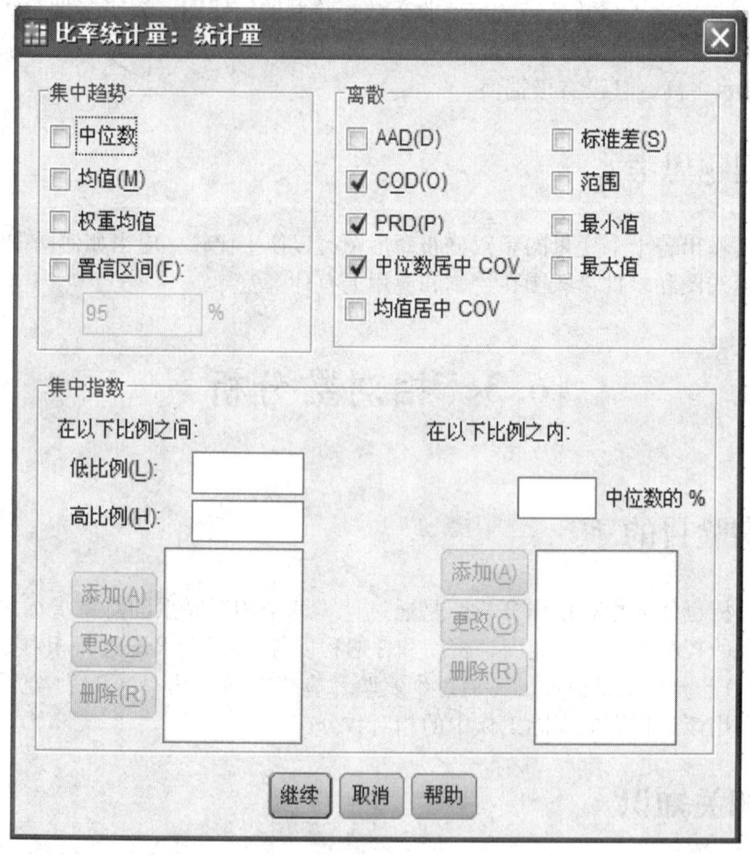

图 6-9　比值统计量对话框

式中：R_i——比率变量；

M——比率变量的中位数；

N——数据个数。

●离散系数（Coefficient of Dispersion，COD）。“COD”也用于描述比率变量的离散程度，其计算公式为

$$\mathrm{COD}=\frac{\dfrac{\sum_{i=1}^{n}|R_i-M|}{N}}{M} \tag{6-11}$$

●相关价格微分（Price - related Differential，PRD）。“PRD”是比率均值与加权比率均值的比，是另一种描述比率变量离散程度的指标。

●变异系数（Coefficient of Variation，COV）。COV 用于对比率变量离散程度的描述，分为基于均值的变异系数（Mean Centered COV）和基于中位数的变异系数（Median Centered COV）。基于均值的变异系数是通常意义上的变异系数，是标准差除以均值；基于中位数的变异系数计算公式为

$$COV = \frac{\sqrt{\frac{\sum_{i=1}^{n} |R_i - M|}{N}}}{M} \tag{6-12}$$

6.3.3 实验内容

数据文件 data6 - 3. sav 是 2008 年我国各地区保险业务收入数据，共包括保险费总收入、财产保险收入、寿险收入、意外险收入和健康险收入 5 个变量。本实验采用“比率（R）”过程计算财产保险收入占保险总收入比率变量的基本描述统计量，并对结果进行简要分析。

6.3.4 实验步骤

Step❶打开数据文件 data6 - 3. sav，依次选择【分析（A）】→【描述统计】→【比率（R）】，进入如图 6 - 10 所示的“比值统计量”对话框。

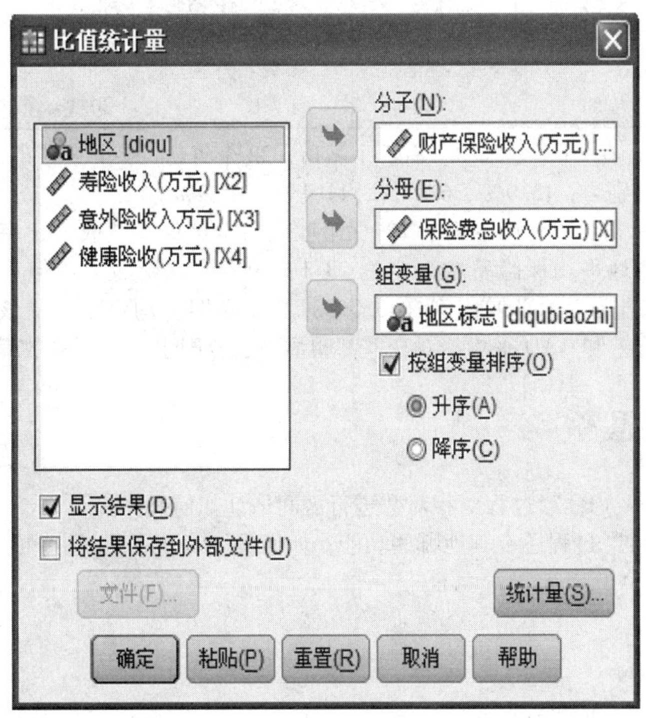

图 6 - 10 “比值统计量”对话框

Step❷将“财产保险收入［X1］”选入“分子（N）”框，“保险费总收入［X］”选入“分母（E）”框，“地区标志［diqubiaozhi］”选入“组变量（G）”框。

Step❸在如图 6 - 10 所示的对话框中，单击【统计量（S）】按钮，选中“均值（M）”、“AAD（D）”和“均值居中 COV”选项。单击【继续】按钮，返回主对话框。

Step❹单击【确定】按钮，系统输出结果如表 6 - 4 和表 6 - 5 所示。

表 6－4　案例处理摘要

		计数	百分比
地区标志	城市	5	13.9
	省份	22	61.1
	直辖市	4	11.1
	自治区	5	13.9
总数		36	100.0
排除的		0	
总计		36	

表 6－5　财产保险收入/ 保险费总收入的比率统计量

组	均值	标准差	范围	平均数绝对值偏差	方差系数
					均值居中
城市	.336	.082	.209	.057	24.4%
省份	.246	.072	.295	.048	29.1%
直辖市	.219	.022	.050	.015	9.9%
自治区	.430	.255	.591	.134	59.3%
总数	.281	.127	.731	.073	45.1%

表 6－4 表明，在 36 个地区中，有 5 个城市，22 个省份，4 个直辖市，5 个自治区。各类主体所占比例分别为：13.9%，61.1%，11.1%，13.9%。

表 6－5 表明，全国 36 个地区的财产保险收入占全部保险费收入比率的均值为 0.281，也就是说，全国各地平均保险费收入中的 28.1% 为财产保险收入，但直辖市的平均比例（21.9%）较低，自治区的平均比例（43.0%）高于全国平均水平。从该比率的离散程度看，自治区的标准差和 AAD 平均绝对离差都明显高于全国水平，即离散程度较大。

6.3.5　问题思考

1. 运用“比率（R）”过程对相对数进行区间估计如何操作？
2. “比率（R）”过程还有其他哪些功能？如何操作？

第 7 章　抽样估计的 SPSS 实现

【学习提要与目标】 统计研究的目的是分析说明某一现象总体的数量特征。但许多场合只能从总体中抽取一个样本作为总体的代表，对样本进行调查，再根据抽样分布的原理，利用样本资料对总体的数量特征进行科学的估计与推断。SPSS 中没有专门的参数估计过程，而是将参数估计的功能融入到不同的分析过程中。通过本章学习，学生应能够利用 SPSS 提供的相关功能完成数据的抽样和参数估计。

7.1　抽取样本

7.1.1　实验目的

抽样推断就是根据样本统计量对总体的有关数量特征做出估计。所以在对总体指标（参数）进行推断之前，首先要抽取样本。通过本实验，学生应能熟练掌握利用 SPSS 软件抽取随机样本的基本方法和操作技巧。

7.1.2　相关知识

1. 抽样方法

抽样方法按取样方式不同分为重复抽样和不重复抽样。重复抽样是指从总体 N 个单位中抽取容量为 n 的样本时，每次抽出一个单位后，再将其放回总体中参加下一次抽取，这样连续抽 n 次即得到一个样本。不重复抽样是指从总体中抽取样本时，每次被抽中的单位不再放回原来的总体中，下一个样本单位仅从剩余的总体单位中抽取。SPSS 中所采用的抽样方法为不重复抽样。

2. 抽样技术

按抽取样本单位时是否遵循随机原则，抽样技术可分为概率抽样和非概率抽样，其中概率抽样又称为随机抽样，是按照随机原则抽取样本。随机抽样的具体形式有以下四种。

（1）简单随机抽样

简单随机抽样，又称为纯随机抽样，它是指事先对总体不做任何的加工与处理，而是直接按照随机原则从总体 N 个单位中抽取 n 个单位作样本的一种抽样组织形式。

（2）等距抽样

等距抽样又称为机械抽样或系统抽样，它是事先将总体各单位按某一标志排列，然后依固定顺序和间隔抽选样本单位的一种抽样组织形式。

（3）类型抽样

类型抽样也称分层抽样，就是先将总体各单位按某种标志分成几个类型组，然后在各类型组中，按随机原则采用简单随机抽样或机械抽样方式，确定所要抽取的单位。

（4）整群抽样

整群抽样是先将全及总体划分成若干群（组），然后按随机原则从其中抽取一些群（组），并对中选群（组）的所有单位进行全面调查的抽样组织形式。

SPSS 提供了简单随机抽样和类型抽样两种抽样技术。

3. SPSS 随机抽样的设置

SPSS 的随机抽样包括以下两种方式。

（1）近似抽样

近似抽样要求用户给出一个百分比数值，SPSS 将按照这个比例自动从数据编辑窗口中随机抽取相应百分比数目的个案。由于 SPSS 在样本抽取方面的技术特点，抽取出的个案总数不一定恰好精确地等于用户指定的百分比数目，会有小的偏差，因而称为近似抽样。这种样本量上的偏差通常不会对数据分析产生重要影响。

随机抽样结果与 SPSS 随机数种子设计有关。随机数种子设置的菜单操作是：【转换（T）】→【随机数字生成器（G）】，出现如图 7－1 所示的对话框。

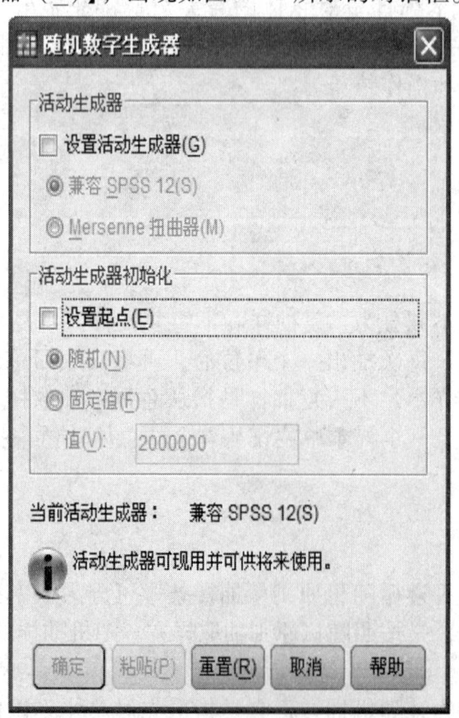

图 7－1　随机数字生成器对话框

图7－1分为“活动生成器”和“活动生成器初始化”两个部分。活动生成器框用于指定随机数生成方式。活动生成器初始化框用于指定随机数种子，其中的“随机（N）”选项表示随机数种子每次自动取一个新的值，是SPSS默认的选项，这样随机化结果将不会重复出现。“固定值（F）”选项表示随机数种子为一个具体的正整数（该整数应小于等于2 000 000），一般用于随机化结果需要重复出现的情况。

（2）精确抽样

精确抽样要求用户给出两个参数。第一个参数是希望选取的个案数，第二个参数是指定在前几个个案中选取。于是，SPSS自动在数据编辑窗口的前若干个个案中随机精确地抽出相应个数的个案来。

7.1.3 实验内容

数据文件data7－1.sav是某企业139名员工的个人信息资料，包括性别、年龄、职务、基本工资等12个变量。本实验运用SPSS软件从其中随机抽取10%的员工作为样本，为进一步分析做好准备。

7.1.4 实验步骤

Step❶打开数据文件data7－1.sav，依次选择【数据（D）】→【选择个案】，出现如图7－2所示的对话框。

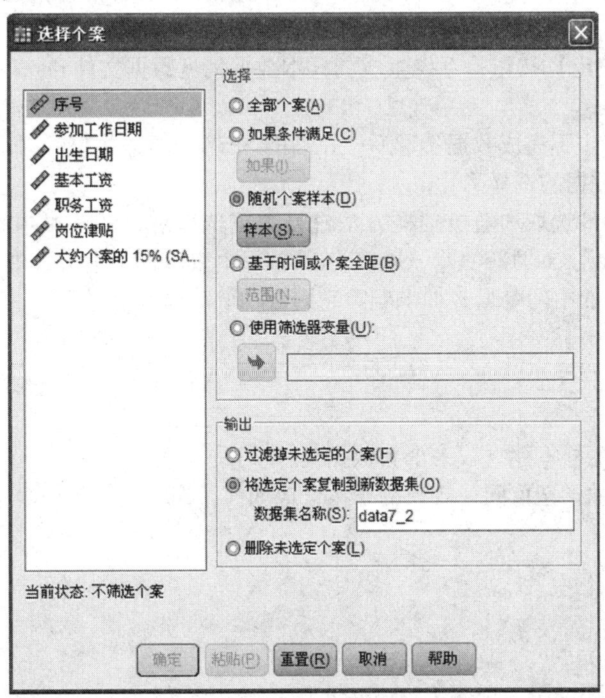

图7－2 选择个案主对话框

Step❷在图 7 - 2 对话框中的“选择”栏中，选择“随机个案样本（D）”选项，并单击【样本（S）】按钮，进入如图 7 - 3 所示的对话框。

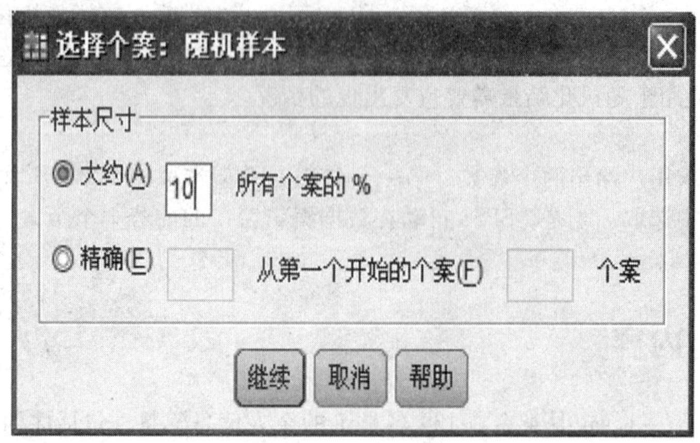

图 7 - 3　样本容量设置对话框

Step❸在样本尺寸框中，选择【大约（A）】选项，并在其后的活动框内输入数字 10，单击【继续】按钮，返回主对话框。

Step❹在主对话的“输出”栏中指定对未选中个案的处理方式。其中“过滤掉未选定的个案（F）”表示在未被选中的个案号码上加 一个“/”标记；“将选定个案复制到新数据集（O）”表示将选定的个案新建一个样本数据集，并在其后的活动框内输入样本数据集的名称；“删除未选定个案（L）”表示将未被选中的个案从数据编辑窗口中删除，通常选择第二种方式。

Step❺单击【确定】按钮，系统生成的样本数据集见数据文件 data7 - 2. sav。

两点说明：

1）按上述操作步骤完成数据选取后，以后的 SPSS 分析操作仅针对那些被选中的个案，直到用户再次改变数据的选择为止。

2）采用指定条件选取和随机抽样方法进行数据选取后，SPSS 将在数据编辑窗口中自动生成一个名为 filter_ $ 的新变量，取值为 1 或 0。1 表示本个案被选中，0 表示未被选中。该变量是 SPSS 产生的中间变量，如果删除它则自动取消样本抽样。

7.1.5　问题思考

1. 如何将抽取的样本建立成一个新数据集？
2. 如果按精确抽样选取同样规模的样本，应如何操作？

7.2 点估计

7.2.1 实验目的

点估计，也叫定值估计，就是直接以样本统计量 $\hat{\theta}$ 来估计总体参数 θ，当已知一个样本的观察值时便可得到总体参数的一个估计值。点估计既是抽样估计的方法之一，也是区间估计的重要基础。通过本实验，使学生熟悉和掌握运用 SPSS 软件对总体参数进行点估计的基本方法和操作技巧。

7.2.2 相关知识

1. 点估计的方法

点估计的方法主要有矩估计法和极大似然估计法两种。

（1）矩估计法（由英国统计学家 K. Pearson 提出）

矩估计法就是用样本矩作为相应总体矩的估计量，用样本矩的函数作为总体矩的函数的估计量，从而获得有关参数的估计量。矩估计法的基本公式为

$$\hat{\mu} = \bar{x} = \frac{\sum_{i=1}^{n} X_i}{n} \tag{7-1}$$

$$\hat{\sigma}^2 = s^2 = \frac{\sum (x - \bar{x})^2}{n} \tag{7-2}$$

$$\hat{P} = p = \frac{m}{n} \tag{7-3}$$

式中：$\hat{P}$——总体比例估计值；

p——样本比例；

m——样本中具有某种特征的单位数。

（2）极大似然估计法（由 Fisher 提出）

设总体分布的函数形式已知，但有未知参数 θ，θ 可以取很多值，在 θ 的一切可能取值中选一个使样本观察值出现的概率为最大的值作为 θ 的估计值，记为 $\hat{\theta}$，并称为 θ 的极大似然估计值，这种求估计量的方法称为极大似然估计法。SPSS 中用得较多的点估计方法就是极大似然法，该方法在探索分析、回归分析以及因子分析等过程中均有应用。

2. SPSS 的点估计功能

一般来说，通过抽样并计算样本均值和样本比例等统计量就可以得到总体参数的相应估计值。但当数据存在异常值时，以上估计就会出现较大的偏差，这时就需要运用

SPSS 中的“探索（E）”分析过程对总体参数做出特殊的估计。在探索分析中，“探索：统计量”对话框内的“M－估计量（M）”选项，可计算并生成总体中心趋势的 M 稳健估计量。

“M－估计量”是比均值和中位数更稳健的数据中心估计值，该统计量是采用极大似然估计法通过迭代方式计算出来的，一般来说受异常值的影响要小得多。如果该估计量与均值较远，则说明数据可能存在异常值，此时宜用该估计值替代均值以反映集中趋势。“M－估计量”会输出：Huber、Andrew、Hampel 和 Tukey 四种不同权重的估计结果，其中 Huber 法在数据接近正态分布时应用，另外三种方法则适用于数据中有许多异常值的情况。

7.2.3 实验内容

数据文件 data7－2. sav 是从数据文件 data7－1. sav 中随机抽取 10% 的员工形成的一个随机样本。本实验利用上述样本资料运用 SPSS 中的“探索（E）”分析过程对全部员工基本工资进行点估计。

7.2.4 实验步骤

Step❶打开数据文件 data7－2. sav，依次选择【分析（A）】→【描述统计】→【探索（E）】，弹出“探索”分析主对话框。将“基本工资”选入“因变量列表（D）”框，并选择“输出”框内的“两者都（B）”选项。

Step❷单击【统计量（S）】按钮，选中“统计量”子对话框中的“描述性”和“M－估计量”选项；单击【继续】按钮，返回主对话框。

Step❸单击【绘制（T）】按钮，在“箱图”框中选择“无”，并在“带检验的正态分布图（O）”选项前打钩；单击【继续】按钮，返回主对话框。

Step❹单击【确定】按钮，系统输出结果如表 7－1、表 7－2 和图 7－4、图 7－5 所示。

表 7－1　描述统计量

			统计量	标准误
基本工资	均值		747. 22	15. 378
	均值的 95% 置信区间	下限	714. 78	
		上限	779. 67	
	5% 修整均值		744. 14	
	中值		700. 00	
	方差		4 256. 536	
	标准差		65. 242	
	极小值		650	
	极大值		900	
	范围		250	
	四分位距		100	
	偏度		. 650	. 536
	峰度		－. 220	1. 038

表 7-2 M-估计值

	Huber 的 M-估计器	Tukey 的双权重	Hampel 的 M-估计器	Andrews 波
基本工资	725.47	701.77	728.38	700.31

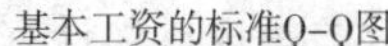

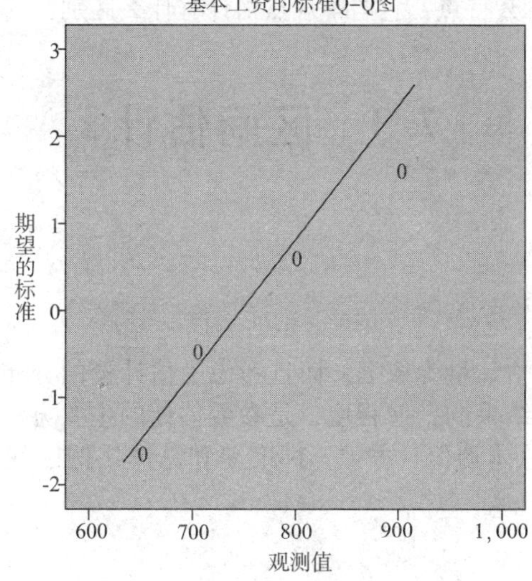

图 7-4 基本工资 Q-Q 正态概率图

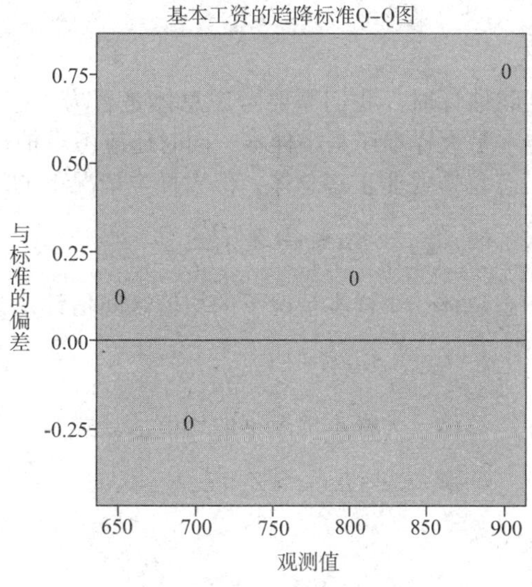

图 7-5 基本工资趋势 Q-Q 正态概率图

由以上结果可以看出，均值和“M-估计值”相差较远，说明存在异常值，同时由图 7-4和图 7-5 可以看出，实际数据点与理论直线有一定的偏离，且分布不对称，说明该样本数据呈非正态分布，应从 Andrew、Hampel 和 Tukey 中选择合适的估计量。通常情况下，当数据呈非正态分布时，中位数（中值）对整个数据的代表性要强于均值。因此，选择以上三个估计量中最接近中位数的 Tukey 估计量作为总体数据集中趋势的估计值较好。

7.2.5 问题思考

1. 点估计的常用方法有哪两种？它们的基本思想是什么？
2. M稳健估计量有什么特点？它与常规点估计有什么区别？

7.3 区间估计

7.3.1 实验目的

区间估计不仅以样本估计量为依据，而且考虑了估计量的分布，所以它能给出所作估计的精度，也能说明估计结果的把握程度，是参数估计的主要方法。通过本实验，使学生熟练掌握运用SPSS进行总体均值、方差、标准差和总体比例区间估计的基本方法和操作技巧。

7.3.2 相关知识

1. 均值的区间估计

在对总体均值进行区间估计时，我们需要考虑总体是否为正态分布，总体方差是否已知，用于构造估计量的样本是大样本还是小样本，同时还应考虑抽样时所采用的方法。

1）方差 σ^2 已知、正态总体或非正态总体，但大样本情况下的均值区间估计式为

$$\bar{x}-Z_{\alpha/2}\frac{\sigma}{\sqrt{n}}\leqslant\mu\leqslant\bar{x}+Z_{\alpha/2}\frac{\sigma}{\sqrt{n}} \tag{7-4}$$

2）方差 σ^2 未知、正态总体、小样本情况下的均值区间估计式为

$$\bar{x}-t_{\alpha/2}\frac{s}{\sqrt{n}}\leqslant\mu\leqslant\bar{x}+t_{\alpha/2}\frac{s}{\sqrt{n}} \tag{7-5}$$

3）方差 σ^2 未知、正态总体、大样本情况下的均值估计式为

$$\bar{x}-Z_{\alpha/2}\frac{s}{\sqrt{n}}\leqslant\mu\leqslant\bar{x}+Z_{\alpha/2}\frac{s}{\sqrt{n}} \tag{7-6}$$

2. 比例的区间估计

根据样本比例的抽样分布原理，在大样本下，样本比例的分布趋于均值为总体比例 P，方差为$\frac{P(1-P)}{n}$的正态分布。而样本比例经过标准化后的随机变量服从标准正态分布。

因此，总体比例的区间估计式为

$$P-Z_{\alpha/2}\sqrt{\frac{P(1-P)}{n}}\leqslant P\leqslant P+Z_{\alpha/2}\sqrt{\frac{P(1-P)}{n}} \tag{7-7}$$

注意，以上区间估计式主要适用于重复抽样，在不重复抽样情况下，只需要用1－（n/N）调整各估计区间的抽样平均误差即可。

3. 方差和标准差的区间估计

（1）大样本情况下总体标准差的区间估计

大样本情况下，样本标准差S的分布近似服从正态分布$N(\sigma, \sigma^2/2n)$，所以，总体标准差σ置信度为$1-\alpha$的置信区间近似为

$$(S - Z_{\alpha/2}S/\sqrt{2n},\ S + Z_{\alpha/2}S/\sqrt{2n}) \tag{7-8}$$

（2）小样本情况下，若总体呈正态分布而其均值和方差未知时的方差区间估计

小样本情况下，若总体呈正态分布而其均值和方差未知，则总体方差σ^2的置信区间为

$$\left(\frac{(n-1)\ S^2}{x_{\alpha/2}^2\ (n-1)} \leqslant \sigma^2 \leqslant \frac{(n-1)\ S^2}{x_{1-\sigma/2}^2\ (n-1)}\right) \tag{7-9}$$

根据标准差与方差的关系，可得标准差置信度为$1-\alpha$的置信区间为

$$\left(\sqrt{\frac{(n-1)\ S^2}{x_{\alpha/2}{}^2\ (n-1)}} \leqslant \sigma \leqslant \sqrt{\frac{(n-1)\ S^2}{x_{(1-\alpha/2)}{}^2\ (n-1)}}\right) \tag{7-10}$$

4. SPSS的区间估计功能

SPSS18.0中的“频率（F）”、“描述（D）”、“探索（E）”、“均值（M）”等过程均提供了总体参数区间估计的选项，在这些过程的主对话框中都设置了“Bootstrap（B）”按钮，单击此按钮，就可以打开设置样本数、置信水平、抽样方式的对话框，而且各过程的设置内容完全一样。也就是说选择以上任何一个过程，都可以得到需要的参数区间估计结果。但是对总体比例的估计则需要通过比率（Ratio）过程来完成。相关操作将在下面的实验中介绍。

7.3.3 实验内容

根据数据文件data7－1.sav中的基本工资样本资料，以95.45%的概率估计：

1. 该企业全部职工基本工资的均值、标准差和方差所在的区间范围。
2. 该企业全部职工职务工资占基本工资比例的区间范围。

7.3.4 实验步骤

1. 企业全部职工基本工资均值、标准差和方差的区间估计

由于“频率（F）”、“描述（D）”、“探索（E）”、“均值（M）”等过程参数区间估计的设置基本一致，这里主要介绍使用“描述（D）”和“均值（M）”过程对以上统计量进行区间估计的基本步骤。

（1）“描述（D）”过程的区间估计

Step❶打开数据文件data7－1.sav，依次选择【分析（A）】→【描述统计】→【描述（D）】，弹出如图7－6所示的对话框。

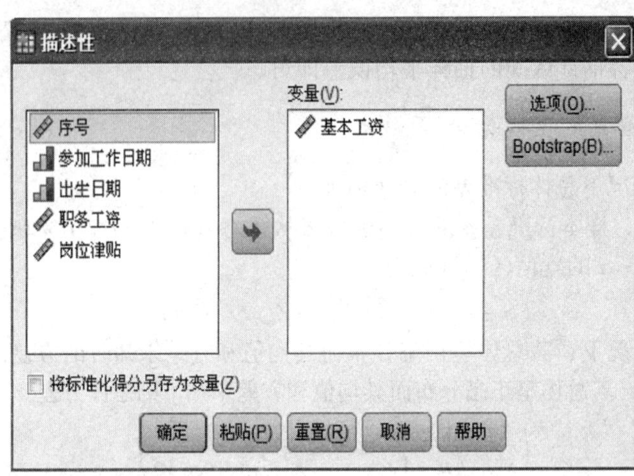

图 7－6　“描述（D）”过程主对话框

Step❷将“基本工资”选入“变量（V）”框，单击【选项（O）】按钮，打开“描述：选项”子对话框，在此对话框中勾选“均值”、“标准差”和“方差”复选项；单击【继续】按钮，返回主对话框。

Step❸单击【Bootstrap（B）】按钮，弹出如图 7－7 所示的“Bootstrap”对话框。选择“执行 bootstrap”，并将 50 和 95.45 分别输入到“样本数（N）”和置信区间“水平（%）（D）”选项后的活动框；在“抽样”框内选定“简单（M）”随机抽样选项；单击【继续】按钮，返回主对话框。

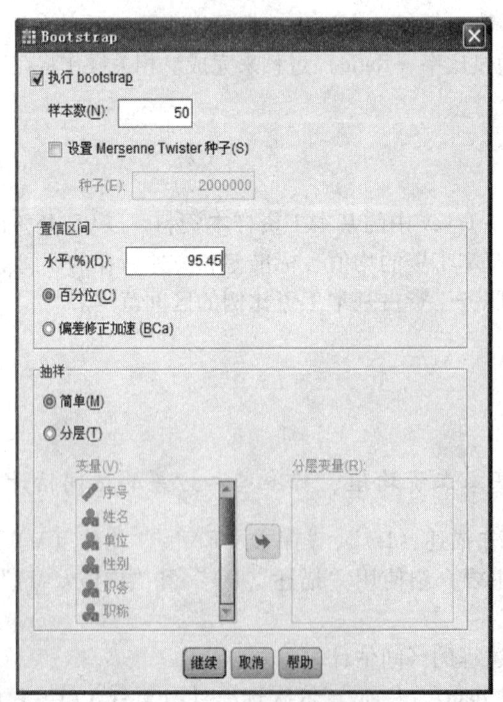

图 7－7　“Bootstrap”对话框

Step❹单击【确定】按钮，系统输出的结果见表7-3。

表7-3 “描述”过程区间估计报告

		统计量	Bootstrap[a]			
			偏差	标准误	95.5% 置信区间	
					下限	上限
基本工资	N	139	0	0	139	139
	均值	751.08	.83	5.59	739.50	765.95
	标准差	64.960	-.312	3.202	57.972	71.407
	方差	4219.842	-30.424	414.194	3360.722	5099.144
有效的 N(列表状态)	N	139	0	0	139	139

a. Unless otherwise noted, bootstrap results are based on 50 bootstrap samples.

（2）“均值（M）”过程的区间估计

Step❶打开数据文件 data7-1.sav，依次选择【分析（A）】→【比较均值（M）】→【均值（M）】，弹出如图7-8所示的对话框。将“基本工资”选入“因变量列表（D）”框，“性别”选入“自变量列表（I）框”。

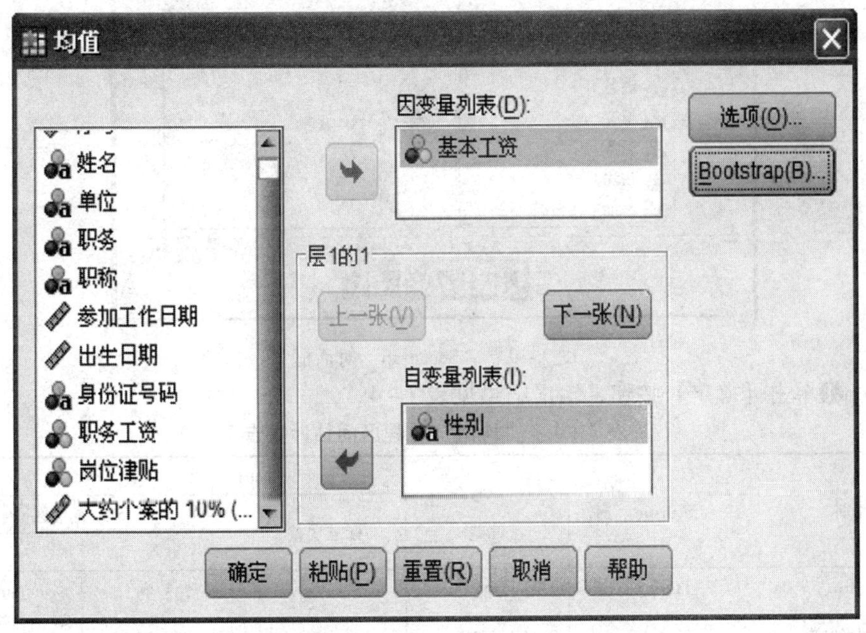

图7-8 “均值（M）”主对话框

Step❷单击【选项（O）】按钮，打开“均值：选项”子对话框。从“统计量（S）”框中将“均值、方差和标准差”选入“单元格统计量（C）”框；单击【继续】按钮，返回主对话框。

Step❸单击【Bootstrap（B）】按钮，进入“Bootstrap”对话框，选择“执行 bootstrap”，并将50和95.45分别输入到“样本数（N）”和“置信水平”活动框；在“抽样”框内选定

"分层（T）"随机抽样选项，并将"性别"变量移入右边的"分层变量（R）"框，如图7－9所示。单击【继续】按钮，返回主对话框。

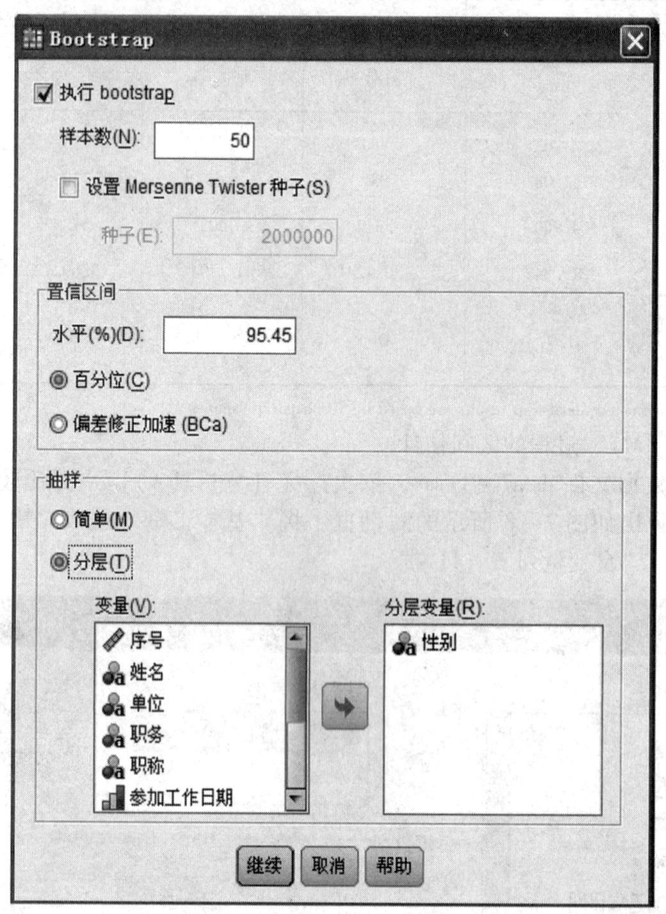

图7－9 "Bootstrap"对话框

Step❹单击【确定】按钮，输出结果见表7－4。

表7－4 "均值"过程区间估计报告

性别		Statistic	Bootstrap[a]			
			偏差	标准误差	95.5% 置信区间	
					下限	上限
男	均值	747.32	.22	5.73	735.36	759.81
	标准差	63.615	.115	3.536	56.627	72.627
	方差	4046.815	26.838	454.900	3207.542	5275.180
女	均值	766.67	1.81	13.54	738.93	798.48
	标准差	69.338	−1.919	6.271	54.292	79.733
	方差	4807.692	−223.932	842.276	2948.676	6357.699

续表

性别		Statistic	Bootstrap[a]			
			偏差	标准误差	95.5% 置信区间	
					下限	上限
总计	均值	751.08	.53	5.68	739.36	763.80
	标准差	64.960	.078	2.976	58.817	72.602
	方差	4219.842	18.830	388.531	3459.601	5271.507

a. Unless otherwise noted, bootstrap results are based on 50 stratified bootstrap samples.

由表7－4可以看出，“均值（M）”过程不仅给出了总体的参数估计结果，同时还给出了按某一变量分组的各组参数估计值，这为组与组之间的比较提供了方便，这正是“均值（M）”过程的优势所在。

2. 企业职工职务工资占基本工资比例的区间估计

Step❶打开数据文件data7－1.sav，依次选择【分析（A）】→【描述统计】→【比率（R）】，进入比值统计量对话框。

Step❷将“职务工资”选入“分子（N）”框，“基本工资”选入“分母（E）”框，如图7－10所示。

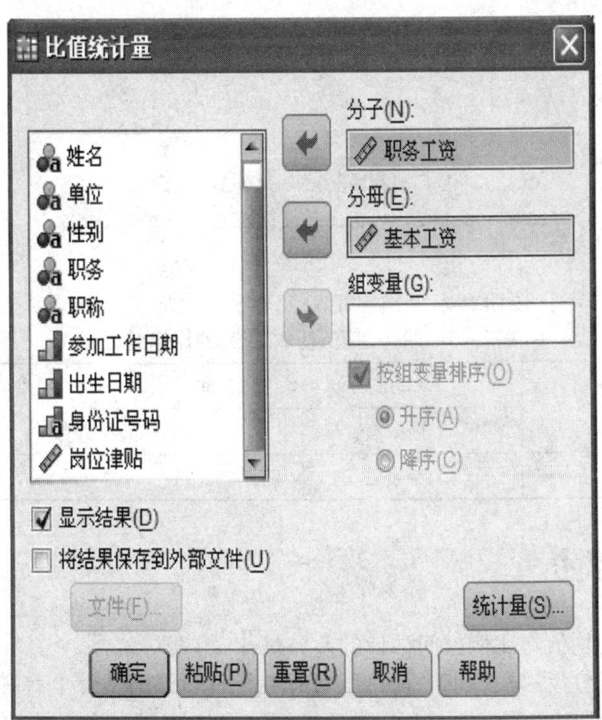

图7－10 “比率（R）”过程主对话框

Step❸单击【统计量（S）】按钮，打开如图7－11所示的对话框，在此对话框中勾选“均值（M）”、“标准差（S）”和“置信区间（F）”，并在置信区间下方的活动框内输入

“95.45”；单击【继续】按钮，返回主对话框。

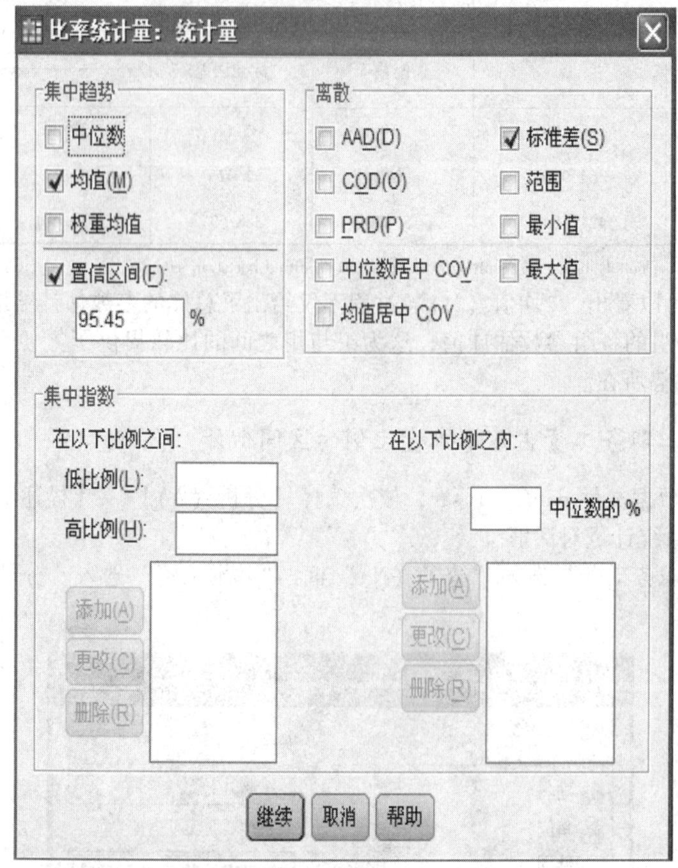

图 7-11 “比率统计量”对话框

Step❹单击【确定】按钮，系统输出结果如表 7-5 所示。

表 7-5 职务工资/基本工资 的比率统计量

统计量	均值的 95.45% 置信区间		标准差
	上限	下限	
.558	.541	.575	.099

7.3.5 问题思考

1. SPSS 软件的均值与比例区间估计的差异是什么？
2. “描述（D）”过程与“均值（M）”过程在统计量区间估计上有哪些不同？
3. 采用其他过程对均值、方差和标准差进行区间估计，总结它们之间有什么差异？

第 8 章　假设检验的 SPSS 应用

【学习提要与目标】假设检验是在小概率原理的基础上，以样本统计量的值来推断总体参数的一种统计推断方法。假设检验有两种情况：一是当总体分布已知时，根据样本数据对总体分布的统计参数进行推断，这叫做参数假设检验，简称参数检验；二是当总体分布未知时，根据样本数据对总体分布形式或特征进行推断，这叫做非参数假设检验。本章主要介绍参数假设检验的 SPSS 应用。通过本章的学习，使学生掌握使用 SPSS 软件进行单样本 t 检验、两独立样本 t 检验和两配对样本 t 检验的基本方法和操作技巧。

8.1　单样本 t 检验

8.1.1　实验目的

单样本 t 检验是利用来自某一个正态总体的样本数据，来推断该总体的均值是否与指定的检验值之间存在显著差异。通过本实验，使学生熟悉和掌握使用 SPSS 进行单样本 t 检验的基本方法和操作技巧，并能利用单样本 t 检验方法解决身边的实际问题。

8.1.2　相关知识

1. 单样本 t 检验对资料的要求

单样本 t 检验要求样本来自的总体应服从正态分布或近似服从正态分布。

2. 单样本 t 检验的基本步骤

第一步，提出假设。H_0: $\mu=\mu_0$；H_1: $\mu\neq\mu_0$。式中，μ 为总体均值；μ_0 为检验值。

第二步，计算检验统计量。单样本 t 检验统计量的数学表达式如下：

$$t=\frac{\bar{x}-\mu_0}{s/\sqrt{n}} \tag{8-1}$$

式中：s——样本标准差；

$\bar{x}$——样本均值；

n——样本容量。

第三步，给定显著性水平 α。

第四步，作出判断。对于给定的显著性水平 α，双侧检验时，若 $|t| > t_{\alpha/2}$，则拒绝 H_0；反之，接受 H_0。左侧检验时，若 $t < -t_{\alpha/2}$，则拒绝 H_0；反之，接受 H_0。右侧检验时，若 $t > t_{\alpha/2}$，则拒绝 H_0；反之，接受 H_0。与理论教学不同，SPSS 中单样本 t 检验的决策规则是将 α 与假设检验 P 值比较。如果 $\alpha > P$ 值，则在显著性水平 α 下拒绝原假设；如果 $\alpha \leqslant P$ 值，则在显著性水平 α 下接受原假设。在实践中，当 $\alpha = P$ 值时，为慎重起见，可增加样本容量，重新进行抽样检验。

8.1.3 实验内容

在正常生产情况下，某厂生产的一种无缝钢管的内径服从均值为 54mm、标准差为 0.9mm 的正态分布。从某日生产的钢管中随机抽取 10 根，测得其内径分别为：53.8，54.0，55.1，54.2，52.1，54.2，55.0，55.8，55.4，55.5（单位：mm）。本实验通过单样本 t 检验确定在 0.05 的显著性水平下，该厂当日的钢管直径是否符合要求。

8.1.4 实验步骤

Step❶打开 SPSS 数据编辑窗口，输入数据，本实验数据录入格式如图 8-1 所示。

data8-1.sav [数据集1] - PASW Statistics 数据编辑器

文件(F) 编辑(E) 视图(V) 数据(D) 转换(T) 分析(A) 直销(M) 图形(G) 实

	样本序号	钢管直径	变量	变量	变量
1	1	53.80			
2	2	54.00			
3	3	55.10			
4	4	54.20			
5	5	52.10			
6	6	54.20			
7	7	55.00			
8	8	55.80			
9	9	55.40			
10	10	55.50			

图 8-1　实验 1 数据录入格式

Step❷依次选择【分析（A）】→【比较均值（M）】→【单样本 T 检验（S）】，弹出如图 8-2 所示的对话框。

Step❸将“钢管直径”变量移入“检验变量（T）”框中，并在“检验值（V）”后的活动框内输入 54。

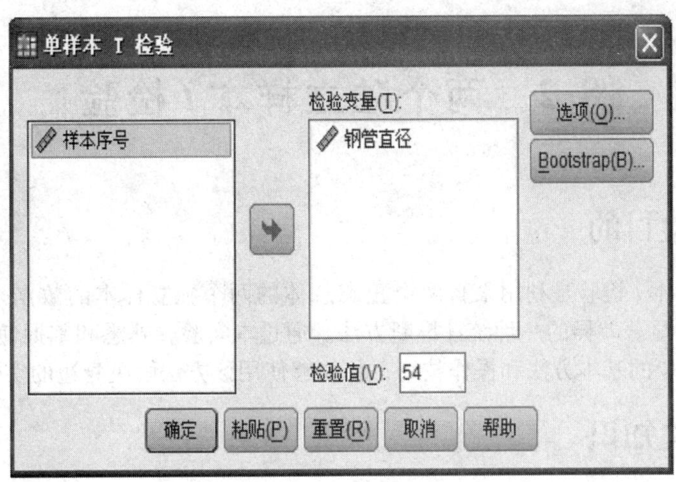

图 8－2 单样本 t 检验主对话框

Step❹单击【确定】按钮，系统输出结果如表 8－1 和表 8－2 所示。

表 8－1 单个样本统计量

	N	均值	标准差	均值的标准误
钢管直径	10	54.5100	1.09489	.34623

表 8－2 单个样本 t 检验

	检验值 = 54					
	t	df	Sig.（双侧）	均值差值	差分的 95% 置信区间	
					上限	下限
钢管直径	1.473	9	.175	.51000	－.2732	1.2932

由表 8－1 可知，样本钢管直径的平均值为 54.51mm，标准差为 1.094 89mm，均值标准误差为 0.346 32。表 8－2 中第 2 列是 t 统计量值；第 3 列是 t 统计量自由度；第 4 列是 t 统计量的双侧检验概率 P 值；第 5 列是样本均值与检验值之差，即 t 统计量的分子部分，它除以表 8－1 中的均值标准误差（0.346 32）后得到 t 统计量值（1.473）；第 6 和第 7 列是总体均值与原假设值之差的 95% 置信区间（－0.273 2，1.293 2），由此计算出的总体均值 95% 置信区间为（53.726 8，55.293 2）。

根据检验规则，概率 $P=0.175>0.05$。因此，接受原假设，认为抽样当日的钢管直径均值与总体均值 54 没有显著差异，生产处于正常状态。95% 的置信区间说明有 95% 的把握认为抽样当日钢管直径在 53.726 8～55.293 2mm 之间，54mm 包含在置信区间内，也证实了上述推断。

8.1.5 问题思考

1. 对于单样本 t 检验，其双侧检验与单侧检验有什么不同？

2. 在统计学的理论教学中，单样本 t 检验的检验规则是什么？怎样理解 SPSS 软件所提供的 P 值检验原理？

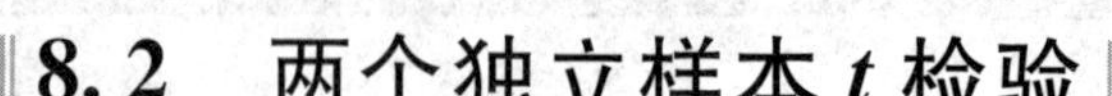

8.2 两个独立样本 t 检验

8.2.1 实验目的

两个独立样本 t 检验是利用来自两个正态总体的两个独立样本的数据来推断两个总体的均值是否存在显著差异的一种统计推断方法。通过本实验，熟悉和掌握使用 SPSS 进行两个独立样本 t 检验的基本方法和操作技巧，并能够使用该方法解决身边的实际问题。

8.2.2 相关知识

1. 两个独立样本 t 检验对资料的要求

两个独立样本 t 检验要求样本来自的总体应服从正态分布或近似服从正态分布，并且两个样本相互独立。

2. 两个独立样本 t 检验的基本步骤

第一步，提出假设。H_0: $\mu_1-\mu_2=0$；H_1: $\mu_1-\mu_2\neq0$。式中：μ_1，μ_2 分别为第一个总体和第二个总体的均值。

第二步，计算检验统计量。

当两个总体方差未知且相等，即 $\sigma_1^2=\sigma_2^2$ 时，两个独立样本 t 检验的检验统计量为

$$t=\frac{(\bar{x}_1-\bar{x}_2)-(\mu_1-\mu_2)}{s_c\sqrt{\dfrac{1}{n_1}+\dfrac{1}{n_2}}} \tag{8-2}$$

式中：s_c——两个总体合并标准差的估计值；

$\bar{x}_1$，$\bar{x}_2$——第一个样本和第二个样本的样本均值；

n_1，n_2——第一个样本和第二个样本的样本容量。

当两个总体方差未知且不等，即 $\sigma_1^2\neq\sigma_2^2$ 时，两个独立样本 t 检验的检验统计量为

$$t=\frac{(\bar{x}_1-\bar{x}_2)-(\mu_1-\mu_2)}{\sqrt{\dfrac{s_1^2}{n_1}+\dfrac{s_2^2}{n^2}}} \tag{8-3}$$

式中：s_1^2，s_2^2——第一样本和第二个样本的样本方差。

其他字母所代表的内容同上。

由以上可以看出，两个总体的方差是否相等，会影响到两个总体均值之差的抽样分布，从而使两种情况下的检验统计量不同。因此，在做两个独立样本 t 检验时，必须根据不同的前提条件选择不同的检验统计量。SPSS 直接给出了两种情况下的检验结果，但必须事先利用 F 检验进行方差齐性检验，即根据样本信息检验两个总体的方差是否相等。判断的原则是：当显著性水平 α 大于 F 检验统计量的概率 P 值时，认为两总体均值之间存在显著性差异；当显

著性水平 α 小于等于 F 检验统计量的概率 P 值时，认为两个总体的方差没有显著性差异。

第三步，给定显著性水平 α。

第四步，作出判断。根据方差齐性检验结果，如果两个总体的方差没有显著差异，则可以根据方差相等条件下的 t 检验结果对两个总体的均值是否相等做出判断；如果两个总体的方差有显著差异，则需要根据方差不相等条件下的 t 检验结果对两个总体的均值是否相等做出判断。

8.2.3 实验内容

为估计两种方法组装产品所需时间的差异，分别对两种不同的组装方法各随机安排 12 名工人，每名工人组装一件产品所需的时间如表 8－3 所示。假设两种方法组装产品所需时间均服从正态分布，且相互独立。通过两个独立样本 t 检验，判断在显著性水平为 0.05 的情况下，两种组装方法所需生产时间的均值是否相等。

表 8－3 两种方法组装产品所需的时间 单位：分钟

方法一	方法二	方法一	方法二
28.3	27.6	36.0	31.7
30.1	22.2	37.2	26.0
29.0	31.0	38.5	32.0
37.6	33.8	34.4	31.2
32.1	20.0	28.0	33.4
28.8	30.2	30.0	26.5

8.2.4 实验步骤

Step❶打开 SPSS 数据编辑窗口，输入数据，本实验资料录入格式如图 8－3 所示。

data8-2.sav [数据集1] - PASW Statistics 数据编辑器

文件(F) 编辑(E) 视图(V) 数据(D) 转换(T) 分析(A) 直销(M) 图形(G) 实用程序(U)

	方法	时间	变量	变量	变量	变量
1	方法一	28.3				
2	方法一	30.1				
3	方法	29.0				
4	方法一	37.6				
5	方法一	32.1				
6	方法一	28.8				
7	方法一	36.0				
8	方法一	37.2				
9	方法一	38.5				
10	方法一	34.4				
11	方法一	28.0				
12	方法一	30.0				
13	方法二	31.7				
14	方法二	26.0				
15	方法二	32.0				

图 8－3 实验 2 数据录入格式

Step❷依次选择【分析（A）】→【比较均值（M）】→【独立样本 T 检验（T）】，弹出如图 8－4 所示的对话框。

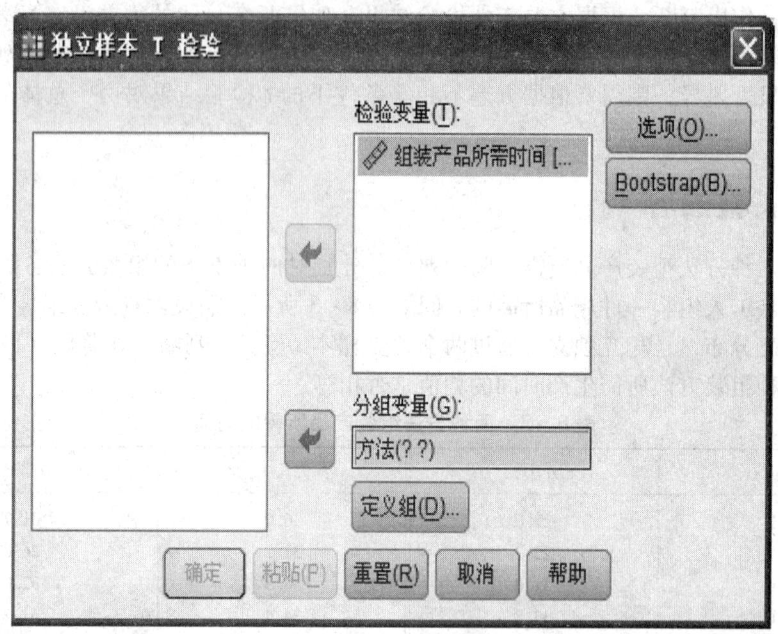

图 8－4　独立样本 T 检验主对话框

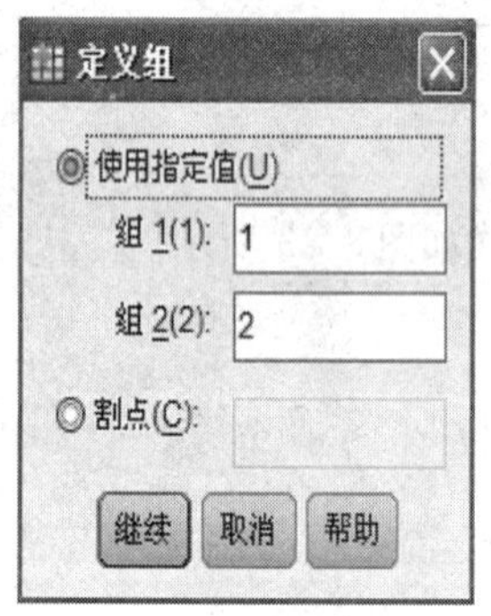

图 8－5　独立样本 T 检验定义组对话框

Step❸将“时间”变量移入“检验变量（T）”框，“方法”变量移入“分组变量（G）”框。单击【定义组（D）】按钮，弹出如图 8－5 所示的对话框。在此对话框中定义对比组，其方法有以下两种：

1）使用指定值（U）：输入对应于不同组的变量值，例如本实验中，1 代表方法一；2 代表方法二。

2）割点（C）：输入一个数字，表示大于等于该值的作为一组，小于该值的对应于另一组。

以上两个选项定义方式不同，但作用相同，任选其一进行设置。设置完毕，单击【继续】按钮返回主对话框。

Step❹单击【确定】按钮，系统输出结果如表 8－4 和表 8－5 所示。

表 8－4　组统计量

组装方法		N	均值	标准差	均值的标准误
组装产品所需时间	方法一	12	32. 500	3. 9995	1. 1546
	方法二	12	28. 800	4. 3998	1. 2701

表 8－4 是产品组装方法一和方法二的基本描述统计量。由此可以看出，方法一和方法二的样本平均值有一定差距。

表 8－5 两个独立样本 t 检验

统计量		组装产品所需时间	
		假设方差相等	假设方差不相等
方差方程的 Levene 检验	F	.011	
	Sig.	.917	
均值方程的 t 检验	t	2.156	2.156
	df	22	21.803
	Sig.（双侧）	.042	.042
	均值差值	3.7000	3.7000
	标准误差值	1.7165	1.7165
	差分的 95% 置信区间 下限	.1403	.1384
	上限	7.2597	7.2616

由表 8－5 中方差 Levene 检验部分可知，该检验的 F 统计量值为 0.011，对应的概率 P 值为 0.917，大于 0.05，两个总体的方差无显著差异。因此应分析“假定方差相等”情况下的 t 检验结果。方差相等情况下的 t 统计量值为 2.156，对应的双侧概率 P 值为 0.042。由于概率 P 值小于 0.05，因此，应拒绝原假设，认为两个总体的均值有显著差异，即方法一和方法二组装产品所花费的时间平均值有显著差异。表 8－5 中的第 7 行和第 8 行分别为 t 统计量的分子和分母；第 9 和第 10 行为两总体均值之差的 95% 置信区间下限和上限。由于该置信区间跨度很大，因此也从另一个角度证实了上述推断。

8.2.5 问题思考

1. 两个独立样本 t 检验对数据的基本要求是什么？
2. 用 SPSS 进行两个独立样本 t 检验在数据录入上应注意什么？

8.3 配对样本 t 检验

8.3.1 实验目的

独立样本提供的数据值可能因为样本个体在其他因素方面的“不同质”对它们所提供的有关总体均值的信息产生干扰，为有效的排除样本个体之外“额外”差异带来的误差，可以考虑选用匹配样本。配对样本 t 检验是利用来自两个正态总体的配对样本数据来推断两个总体均值是否存在显著性差异。它与独立样本 t 检验的主要区别是样本必须匹配，即两组样本的样本容量相同，两组样本的观测值先后顺序一一对应。通过本实验，熟悉和掌握运用 SPSS 完成配对样本 t 检验的基本操作，并能利用此方法解决身边的实际问题。

8.3.2 相关知识

1. 配对样本 t 检验对资料的要求

当比较个案在“前”、“后”两种条件下的两种状态，或者某事物的两个侧面或方面是否有显著差异时，通常适合进行配对样本 t 检验。配对样本 t 检验也要求样本来自的总体应服从正态分布或近似服从正态分布，且两个样本数据的获取不是相互独立的，而是互相关联的。

2. 配对样本数据的差值及其统计量

配对样本 t 检验是间接通过单样本 t 检验实现的，其思路是：首先对两组样本分别计算出每对观察值的差值得到差值样本，然后利用差值样本资料检验两总体均值的差是否显著为0。如果差值变量的均值与零无显著性差异，则说明两总体均值之间无显著性差异。为便于说明问题，我们假设：

1）d_i 为配对样本第 i 个数据的差值，$i=1, 2, \cdots, n$。

2）$\bar{d}$ 为配对样本数据差值的平均值，即

$$\bar{d}=\frac{\sum_{i=1}^{n} d_i}{n} \tag{8-4}$$

3）s_d^2 为配对样本数据差值的方差，即

$$s_d^2=\frac{\sum_{i=1}^{n}(d_i-\bar{d})^2}{n-1} \tag{8-5}$$

3. 配对样本 t 检验的基本步骤

第一步，提出假设。H_0: $\mu_1-\mu_2=0$；H_1: $\mu_1-\mu_2\neq 0$。式中 μ_1，μ_2 分别为第一个总体和第二个总体的均值。

第二步，计算检验统计量。配对样本 t 检验是通过转化成单样本 t 检验来实现的，即对两组样本差值序列总体均值是否显著为0做检验。当两个总体配对差值构成的总体服从正态分布，且配对差是由差值总体中随机抽取的，对于小样本情形，样本配对差值的均值将服从自由度为 $n-1$ 的 t 分布，即

$$t=\frac{\bar{d}-(\mu_1-\mu_2)}{s_d/\sqrt{n}} \tag{8-6}$$

第三步，给定显著性水平 α。

第四步，作出判断。SPSS 能够自动计算两组样本的差值，然后再计算差值序列与零相比的 t 值及对应的概率 P 值。如果 P 值小于给定的显著性水平 α，则拒绝原假设，认为两总体均值之间存在显著性差异。相反，如果 P 值大于等于给定的显著性水平 α，则接受原假设，认为两总体均值之间不存在显著性差异。

8.3.3 实验内容

某饮料公司开发研制出一新产品，为比较消费者对新老产品口感的满意程度，该公司随机抽选一组消费者（8人），每个消费者先品尝一种饮料，然后再品尝另一种饮料，而后每个消费者要对两种饮料分别进行评分（0~10分），评分结果如表8-6所示。本实验通过配对样本 t 检验，分析在显著性水平为0.05时，消费者对两种饮料的评分是否具有显著性差异。

表8-6 两种饮料平均等级的样本数据

消费者编号		1	2	3	4	5	6	7	8
评价等级（分）	旧饮料	5	4	7	3	5	8	5	6
	新饮料	6	6	7	4	3	9	7	6

8.3.4 实验步骤

Step❶打开SPSS数据编辑窗口，输入数据，本实验数据录入格式如图8-6所示。

data8-3.sav [数据集1] - PASW Statistics 数据编辑器

文件(F) 编辑(E) 视图(V) 数据(D) 转换(T) 分析(A) 直销(M) 图形(G) 实用

	消费者编号	旧饮料	新饮料	变量	变量
1	1	5	6		
2	2	4	6		
3	3	7	7		
4	4	3	4		
5	5	5	3		
6	6	8	9		
7	7	5	7		
8	8	6	6		
9					

图8-6 实验3数据录入格式

Step❷依次选择【分析（A）】→【比较均值（M）】→【配对样本T检验（P）】，弹出如图8-7所示的对话框。

Step❸在图8-7中，左边框中显示数据文件中的所有变量，右边框中显示配对的变量。在左边框中同时选中变量“旧饮料”和“新饮料”，然后单击指向右边的箭头，在右边的“成对变量（V）”框中将显示该对变量。该过程可以同时检验多对变量是否存在显著性差异。

Step❹单击【确定】按钮，系统输出如表8-7~表8-9所示的结果。

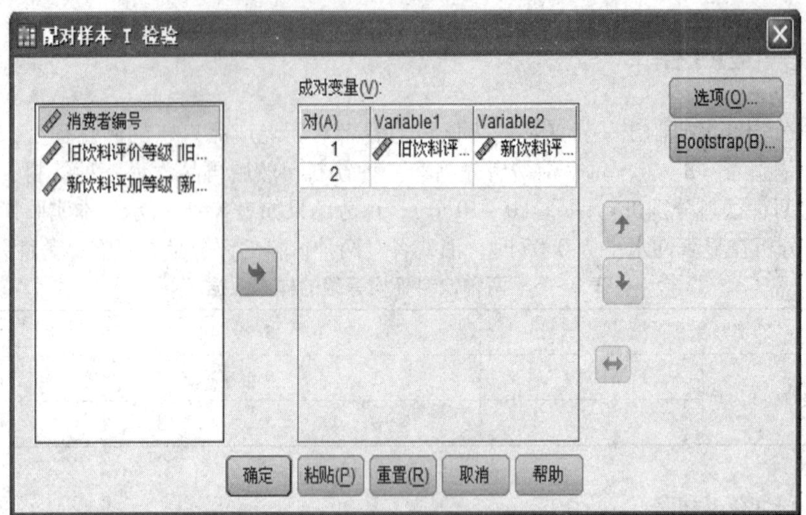

图 8-7　配对样本 T 检验设置对话框

表 8-7　成对样本统计量

		均值	N	标准差	均值的标准误
对 1	旧饮料评价等级	5.38	8	1.598	.565
	新饮料评价等级	6.00	8	1.852	.655

表 8-7 表明，消费者对新旧饮料评价等级的样本平均值差异不大。新饮料评价等级稍高于旧饮料。

表 8-8　成对样本相关系数

	N	相关系数	Sig.
对 1　旧饮料评价等级 & 新饮料评价等级	8	.724	.042

在表 8-8 中，第 3 列是新旧饮料评价等级的相关系数，两者相关程度为 0.724，有较强的相关性。第 4 列是相关系数检验的概率 P 值。该值小于 0.05，它表明，在显著性水平 α 为 0.05 时，消费者对两种饮料的评价等级显著线性相关。

表 8-9　成对样本 t 检验

			对 1
			旧饮料评价等级 - 新饮料评价等级
成对差分	均值		-.625
	标准差		1.302
	均值的标准误		.460
	差分的 95% 置信区间	下限	-1.714
		上限	.464
t			-1.357
df			7
Sig.（双侧）			.217

在表 8-9 中，第 1 行是旧饮料与新饮料评价等级之差的平均差，即 $\bar{d}=-0.625$；第 2 行是样本差值的标准差；第 3 行是样本差值均值抽样分布的标准差；第 4、第 5 行是差值 95% 的置信区间下限和上限；第 6 行是 t 检验统计量值；第 8 行是与 t 检验统计量对应的双侧检验概率 P 值，大于显著性水平 0.05，所以接受原假设，也就是说没有足够的证据证明消费者对新旧饮料的评价有显著性差异，即可以认为对新旧饮料的评价基本一致。

8.3.5 问题思考

1. 配对样本 t 检验对数据的基本要求是什么？
2. 用 SPSS 进行配对样本 t 检验，在数据录入上与两个独立样本 t 检验有什么不同？

第9章　方差分析的SPSS应用

【学习提要与目标】方差分析（Analysis of Variance，ANOVA）是研究分类型自变量对数值型因变量影响的一种统计方法。它是通过检验各总体的均值是否相等来判断分类型自变量对数值型因变量是否有显著影响。根据分析中分类自变量的多少，方差分析可分为单因素方差分析和多因素方差分析。通过本章学习，使学生加深对方差分析原理的理解，并在此基础上熟练掌握使用SPSS进行方差分析的方法和步骤。

9.1　单因素方差分析

9.1.1　实验目的

当方差分析中只涉及一个分类自变量时称为单因素方差分析。单因素方差分析研究的是一个分类型自变量对一个数值型因变量的影响。例如，要检验不同行业的被投诉次数是否有显著差异，这里只涉及“行业”一个影响因素，因而属于单因素方差分析。通过本实验，使学生熟悉和掌握使用SPSS软件进行单因素方差分析的方法和步骤，并能够利用单因素方差分析方法解决身边的实际问题。

9.1.2　相关知识

1. 方差分析中几个常用术语

（1）因素或因子（factor）

所要检验的对象称为因素或因子，也就是分析中的分类自变量。

（2）水平或处理（treatment）

因素的不同表现称为水平或处理。

（3）观测值

方差分析中的数值型因变量称为观测变量，观测变量在每个因子水平下的样本数据称为观测值。

例如，在上面所提到的不同行业被投诉次数问题检验中，行业即为因素或因子；行业中的每一个具体行业，如旅游业即为一个水平或处理；被投诉次数是观测变量，各行业的被投诉次数值即为观测值。

2. *方差分析的基本假定*

（1）每个总体都服从正态分布

每个总体都服从正态分布即对于因素的每一个水平，其观测值是来自正态分布总体的简单随机样本。

（2）各个总体的方差必须相同

各个总体的方差必须相同即对于各组观察数据，是从具有相同方差的正态总体中抽取的。

（3）观测值是独立的

观测值是独立的即对于因素的每一个水平，其观察值相互独立。

例如上面的例子中，要求不同行业的被投诉次数必须服从正态分布，且方差相同、相互独立。

3. *单因素方差分析中的方差分解*

单因素方差分析将因变量观测值的总变差分解为自变量作用的影响和随机因素的影响两个组成部分，即 $SST=SSA+SSE$。式中，SST 为因变量（观测变量）的总变差；SSA 为自变量作用引起的因变量变差；SSE 为随机因素引起的变差。根据误差来源的不同，通常称 SSA 为组间误差，SSE 为组内误差。组间误差是由自变量不同水平的差异造成的误差，而组内误差则是由样本的随机性而产生的误差。各变差的数学表达式如下：

$$SST=\sum_{i=1}^{k}\sum_{j=1}^{n_i}(x_{ij}-\bar{\bar{x}})^2 \tag{9-1}$$

$$SSE=\sum_{i=1}^{k}\sum_{j=1}^{n_i}(x_{ij}-\bar{x}_i)^2 \tag{9-2}$$

$$SSA=\sum_{i=1}^{k}n_i(\bar{x}_i-\bar{\bar{x}})^2 \tag{9-3}$$

式中，k 为因子水平数；n 为样本容量；n_i 为第 i 个因子水平下的观测值个数；x_{ij} 为第 i 个因子水平的第 j 个观测值；$\bar{x}_i$ 为第 i 个因子水平下的观测值平均数（$i=1,2\cdots k$）；$\bar{\bar{x}}$ 为所有样本观测值的平均数。

4. *单因素方差分析的原理和步骤*

方差分析是从观测变量的方差分解入手，通过分析组内方差、组间方差占总方差的比例来推断分类自变量各水平下的观测值均值是否存在显著差异，进而判断分类自变量是否给观测变量带来了显著影响。单因素方差分析的基本步骤如下。

第一步，提出假设。在方差分析中，假设所描述的是自变量不同水平下的因变量均值是否相等。因此，需要提出如下形式的假设。

H_0：$\mu_1=\mu_2=\cdots=\mu_i=\cdots=\mu_k$ （表示自变量对因变量没有显著影响）

H_1：μ_i（$i=1,2,\cdots,k$）不完全相同 （表示自变量对因变量有显著影响）

第二步，计算检验统计量。方差检验中的检验统计量为 F 统计量，公式为

$$F=\frac{MSA}{MSE}\sim F(k-1,\ n-k) \tag{9-4}$$

式中，$MSA=\frac{SSA}{k-1}$，称为组间方差，反映分类自变量对观测变量总方差的影响；$MSE=\frac{SSE}{n-k}$，称为组内方差，反映自变量以外的其他因素对观测变量总方差的影响。

第三步，给出显著性水平 α。

第四步，作出判断。比较显著性水平 α 和 SPSS 输出的方差分析 F 统计量的概率 P 值，如果显著性水平 α 大于概率 P 值，拒绝零（原）假设，接受备择假设，认为分类自变量对观测变量有显著影响；若 α 小于或等于 P 值，接受零（原）假设，认为分类自变量对观测变量没有显著影响。

9.1.3 实验内容

为了对几个行业的服务质量进行评价，消费者协会在零售业、旅游业、航空公司、家电制造业分别抽取了不同的企业作为样本，其中零售业抽取 7 家，旅游业抽取 6 家，航空公司抽取 5 家，家电制造业抽取 5 家。各企业最近一年中消费者的投诉次数统计结果如表 9－1所示。假定每个行业被抽取的企业，它们在服务对象、服务内容、企业规模等方面基本相同。

表 9－1　消费者对四个行业的投诉次数

序号	行　业			
	零售业	旅游业	航空公司	家电制造业
1	57	68	31	44
2	66	39	49	51
3	49	29	21	65
4	40	45	34	77
5	34	56	40	58
6	53	51		
7	44			

本实验使用 SPSS 单因素方差分析工具，在显著性水平为 0.05 的情况下，检验以上资料中的行业与被投诉次数是否有关，分析各行业之间投诉次数的差异。

9.1.4 实验步骤

1. 检验行业与被投诉次数是否有关——分析行业与被投诉次数之间的相关性

Step❶打开 SPSS 数据编辑窗口，输入数据。在利用 SPSS 进行单因素方差分析时，要求定义两个变量存放观测变量和分类自变量。本实验数据录入格式如图 9－1 所示。

图 9－1 单因素方差分析数据录入格式

Step❷在数据编辑窗口，依次选择【分析（A）】→【比较均值（M）】→【单因素 ANOVA】，进入如图 9－2 所示的对话框。

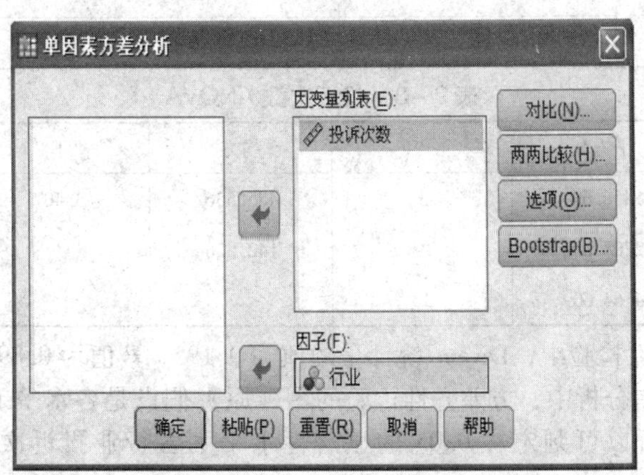

图 9－2 单因素方差分析主对话框

Step❸将观测变量“投诉次数”移入“因变量列表（E）”框，将分类变量“行业”移入“因子（F）”框。

Step❹单击【选项（O）】按钮，弹出如图 9－3 所示的单因素分析“选项”对话框。

此对话框用来对方差分析的前提条件进行检验，其中最重要的检验内容就是方差同质性检验，即方差齐性检验。因此，在此对话框中选择“方差同质性检验（H）”复选项，然后单击【继续】按钮，返回主对话框。

图 9－3　单因素方差分析“选项”对话框

Step❺单击【确定】按钮，完成单因素方差分析的基本操作。输出结果如表 9－2 和表 9－3 所示。

表 9－2　投诉次数方差齐性检验

Levene 统计量	df1	df2	显著性
.195	3	19	.898

表 9－3　投诉次数 ANOVA

	平方和	df	均方	F	显著性
组间	1456.609	3	485.536	3.407	.039
组内	2708.000	19	142.526		
总数	4164.609	22			

表 9－2 方差齐性检验中，Levene 统计量的值为 0.195，P 值为 0.898 >0.05，接受原假设。SPSS 单因素方差分析中，方差齐性检验的零（原）假设是各水平下的观测变量总体方差无显著性差异。所以可判定在 0.05 的显著性水平下各行业投诉次数满足方差齐性的要求。

表 9－3 单因素方差分析表中，F 值为 3.407，对应的 P 值为 0.039 <0.05，应拒绝零假设。因此，可以认为在 0.05 显著性水平下，不同行业的消费者投诉次数有显著差异，即行业对投诉次数有显著影响。

2. 分析各行业之间投诉次数的差异——多重比较检验

单因素方差分析的结果只能说明行业对投诉次数是否有影响，但不能给出各行业投诉次数两两之间的差异情况。因此，要进一步确定到底哪些行业之间存在差异，就需要进行多重比较检验，具体步骤如下。

Step❶在“单因素方差分析”主对话框中单击【两两比较（H）】按钮，弹出如图9－4所示的对话框。

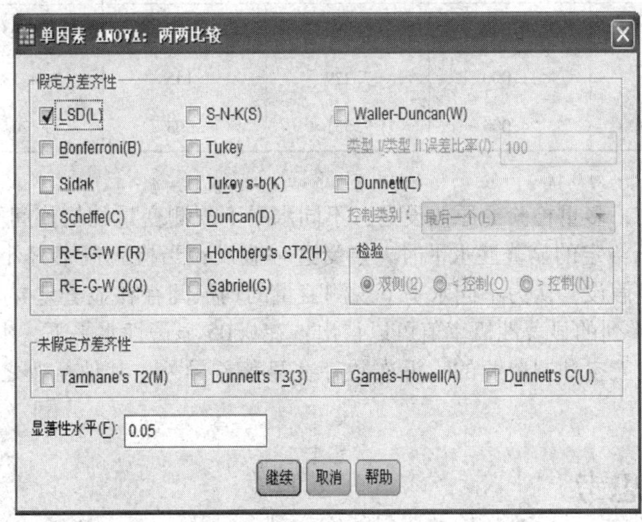

图9－4 单因素方差分析“两两比较”对话框

Step❷选择多重检验统计量。在图9－4对话框中，有“假定方差齐性”和“未假定方差齐性”两个框，当方差齐性检验为接受零假设时，在“假定方差齐性”框中选择多重比较检验统计量；否则，在“未假定方差齐性”框中选择多重比较检验统计量。本实验中各行业投诉次数方差同质性检验结果是方差具有齐性。因此，在“假定方差齐性”框中选择检验敏感度最高的“LSD（L）”统计量选项，并在下面的“显著性水平（F）”活动框中输入0.05。单击【继续】，返回主对话框。

Step❸单击【确定】按钮，系统输出如表9－4所示的结果。

表9－4 投诉次数LSD多重比较

(I) 行业	(J) 行业	均值差 (I－J)	标准误	显著性	95%置信区间	
					下限	上限
零售业	旅游业	1.000	6.642	.882	－12.90	14.90
	航空公司	14.000	6.990	.060	－.63	28.63
	家电制造业	－10.000	6.990	.169	－24.63	4.63
旅游业	零售业	－1.000	6.642	.882	－14.90	12.90
	航空公司	13.000	7.229	.088	－2.13	28.13
	家电制造业	－11.000	7.229	.145	－26.13	4.13

续表

(I) 行业	(J) 行业	均值差 (I-J)	标准误	显著性	95% 置信区间	
					下限	上限
航空公司	零售业	-14.000	6.990	.060	-28.63	.63
	旅游业	-13.000	7.229	.088	-28.13	2.13
	家电制造业	-24.000*	7.551	.005	-39.80	-8.20
家电制造业	零售业	10.000	6.990	.169	-4.63	24.63
	旅游业	11.000	7.229	.145	-4.13	26.13
	航空公司	24.000*	7.551	.005	8.20	39.80

*均值差的显著性水平为 0.05。

在方差分析中，多重检验的原假设是：不同水平下观测变量的均值间不存在显著差异。当检验概率 P 大于给定的显著性水平时，接受这一假设；当检验概率 P 小于给定的显著性水平时，则拒绝该假设，认为不同水平下观测变量的均值间存在显著差异。根据这一准则，结合表9-4 中第4 列的显著性概率值可以得出：在0.05 显著性水平下，本实验资料所涉及的所有行业中，除航空和制造业的投诉次数存在显著差异外，其他行业之间的投诉次数均不存在显著差异。

9.1.5 问题思考

1. 单因素方差分析的特点是什么？对分析数据有哪些要求？
2. 单因素方差分析中方差齐性检验的主要作用是什么？
3. 试采用 Bonferroni 和 Sidak 方法进行多重比较检验，并对输出结果进行分析。

9.2 多因素方差分析

9.2.1 实验目的

多因素方差分析用来研究两个及两个以上分类变量是否对观测变量产生显著影响。多因素方差分析不仅能够分析多个因素对观测变量的独立影响，而且能够分析多个因素的交互作用对观测变量产生的显著影响。在多因素方差分析中，两因素方差分析最为常见。通过本实验，熟练掌握使用 SPSS 软件进行两因素方差分析的方法和步骤，并能够利用两因素方差分析方法解决身边的实际问题。

9.2.2 相关知识

1. 两因素方差分析的种类

两因素方差分析有两种类型：一是无交互作用的两因素方差分析，它假定因素 A 和因素 B 的效应之间是相互独立的，不存在相互关系；二是有交互作用的两因素方差分析，它假定因素 A 和因素 B 的结合会产生出一种新的效应。两者的基本思想、检验假设构成和分析步骤基本一致，只是有交互作用的两因素方差分析中增加了两个因素的交互作用对因变量影响的检验部分。下面以有交互作用的两因素方差分析为例介绍两因素方差分析的核心内容。

2. 两因素方差分析的变差分解

两因素方差分析将因变量观测值的总变差分解为自变量独立作用的影响、自变量交互作用的影响和随机因素的影响三个组成部分，即 $SST = SSA + SSB + SSAB + SSE$。

式中，SST 为因变量（观测变量）的总变差；SSA 和 SSB 分别为自变量 A 和 B 独立作用引起的因变量变差；$SSAB$ 为自变量 A 和 B 交互作用引起的变差；SSE 为随机因素引起的变差。通常称 $SSA + SSB$ 为主效应，$SSAB$ 为交互效应，SSE 为剩余变差。

设：$\bar{x}_{ijl}$为对应于行因素的第 i 个水平和列因素的第 j 个水平的第 l 行的观测值；

$\bar{x}_i$为行因素的第 i 个水平的样本均值；

$\bar{x}_j$为列因素的第 j 个水平的样本均值；

$\bar{x}_{ij}$为行因素的第 i 个水平和列因素的第 j 个水平组合的样本均值；

$\bar{\bar{x}}$ 为全部 n 个观测值的总样本均值。

各平方和的计算公式如下。

总平方和：

$$SST = \sum_{i=1}^{k}\sum_{j=1}^{r}\sum_{l=1}^{m} (x_{ijl} - \bar{\bar{x}})^2 \tag{9-5}$$

行变量平方和：

$$SSA = rm\sum_{i=1}^{k} (\bar{x}_{i.} - \bar{\bar{x}})^2 \tag{9-6}$$

列变量平方和：

$$SSB = km\sum_{j=1}^{r} k\ (\bar{x}_{.j} - \bar{\bar{x}})^2 \tag{9-7}$$

交互作用平方和：

$$SSAB = m\sum_{i=1}^{k}\sum_{j=1}^{r_i} (\bar{x}_{ij} - \bar{x}_{i.} - \bar{x}_{.j} - \bar{\bar{x}}) \tag{9-8}$$

误差平方和：

$$SSE = SST - SSA - SSB - SSAB \tag{9-9}$$

式中：k——行因素的水平个数；

r——列变量的水平个数；

m——行变量每个水平的行数。

3. 两因素方差分析的基本步骤

第一步，提出假设。为了检验两个因素的影响，需要对两个因素分别提出如下假设。

对行因素提出的假设如下。

H_0: $\mu_1=\mu_2=\cdots=\mu_i=\cdots\mu_k$　　行因素（自变量）对因变量没有显著影响

H_1: μ_i（$i=1, 2, \cdots, k$）不全相等　　行因素（自变量）对因变量有显著影响

式中：μ_i—行变量的第 i 个水平的均值。

对列因素提出的假设如下。

H_0: $\mu_1=\mu_2=\cdots=\mu_j=\cdots\mu_r$　　列因素（自变量）对因变量没有显著影响

H_1: μ_j（$j=1, 2, \cdots, r$）不全相等　　列因素（自变量）对因变量有显著影响

式中，μ_j 为行变量的第 j 个水平的均值。

第二步，计算检验统计量。在有交互作用的双因素方差分析中，需要计算 F_A、F_B、F_{AB} 三个检验统计量；在无交互作用的双因素方差分析中，只需要计算 F_A 和 F_B 两个检验统计量。各统计量的数学表达式如下：

$$F_A=\frac{MSA}{MSE}=\frac{SSA/(k-1)}{SSE/kr(m-1)} \tag{9-10}$$

$$F_B=\frac{MSB}{MSE}=\frac{SSB/(r-1)}{SSE/kr(m-1)} \tag{9-11}$$

$$F_{AB}=\frac{MSAB}{MSE}=\frac{SSAB/(r-1)(k-1)}{SSE/kr(m-1)} \tag{9-12}$$

第三步，给定显著性水平 α。

第四步，做出判断。比较显著性水平 α 和 *SPSS* 输出的检验统计量 F_A、F_B 和 F_{AB} 的对应检验概率 P 值，若 α 大于 P 值，拒绝零假设，接受备择假设，认为该因素对观测变量有显著影响；若 α 小于等于 P 值，接受零假设，认为该因素对观测变量没有显著影响。

9.2.3 实验内容

1）某商品有五种包装方式，在五个不同地区销售，先从每个地区随机抽取一个规模相同的超级市场，得到该商品不同包装的销售量资料如表 9－5 所示。本实验采用 SPSS 提供的多因素方差分析工具，检验包装方式及销售地区对该商品的销售量是否有显著影响（α＝0.05）。

表 9－5　某种商品不同地区不同包装方式的销售量资料　　单位：件

列变量 / 行变量		包装方式				
		方式 1	方式 2	方式 3	方式 4	方式 5
销售地区	甲地区	20	12	20	10	14
	乙地区	22	10	20	12	6
	丙地区	24	14	18	18	10
	丁地区	16	4	8	6	18
	戊地区	26	22	20	20	10

2）城市道路交通管理部门为研究不同的路段和不同的时间段对行车时间的影响，让一

名交通警察分别在两个路段的高峰期与非高峰期亲自驾车进行试验，通过试验共获得 20 个行车时间的数据，如表 9－6 所示。本实验使用 SPSS 软件的有交互作用多因素方差分析工具，分析路段、时段以及路段和时段的交互作用对行车时间的影响（α＝0.05）。

表 9－6 不同时段和不同路段的行车时间 单位：秒

列变量 / 行变量		路段	
		路段 1	路段 2
时段	高峰期	26	19
		24	20
		27	23
		25	22
		25	21
	非高峰期	20	18
		17	17
		22	13
		21	16
		17	12

9.2.4 实验步骤

实验 1 操作步骤

Step❶打开 SPSS 数据编辑窗口，输入数据。在利用 SPSS 进行双因素分析时，要求定义三个变量存放观测变量和分类自变量，同时在数据录入时，还应注意各变量数值之间的对应关系。本实验数据录入格式如图 9－5 所示。

data9-2.sav [数据集1] - PASW Statistics 数据编辑器

文件(F) 编辑(E) 视图(V) 数据(D) 转换(T) 分析(A) 直销(M) 图形(G) 实用程序(U) 窗口

	地区	包装方式	销售量	变量	变量	变量
1	甲地区	方法1	20.00			
2	乙地区	方法1	22.00			
3	丙地区	方法1	24.00			
4	丁地区	方法1	16.00			
5	戊地区	方法1	26.00			
6	甲地区	方法2	12.00			
7	乙地区	方法2	10.00			
8	丙地区	方法2	14.00			
9	丁地区	方法2	4.00			
10	戊地区	方法2	22.00			
11	甲地区	方法3	20.00			
12	乙地区	方法3	20.00			
13	丙地区	方法3	18.00			
14	丁地区	方法3	8.00			
15	戊地区	方法3	16.00			
16	甲地区	方法4	10.00			
17	乙地区	方法4	12.00			
18	丙地区	方法4	18.00			
19	丁地区	方法4	6.00			
20	戊地区	方法5	20.00			

图 9－5 多因素方差分析实验 1 数据录入格式

Step❷依次选择【分析（A）】→【一般线性模型（G）】→【单变量（U）】，进入多因素方差分析主对话框，如图9－6所示。选择观测变量“销售量”进入“因变量（D）”框，选择分类变量“地区”、“包装方式”进入“固定因子（F）”框。

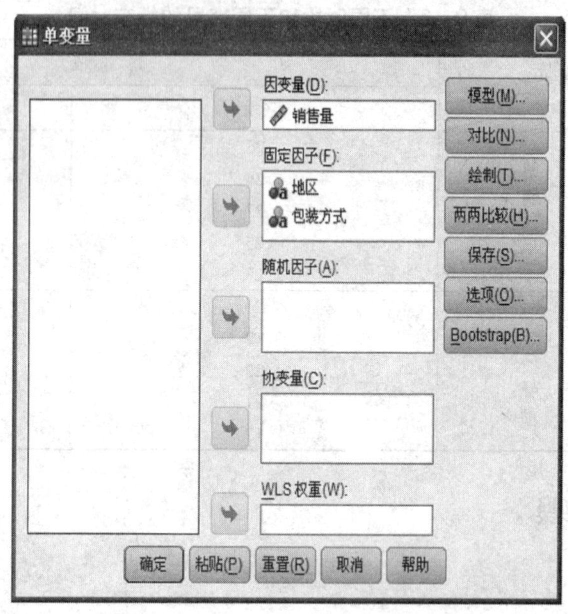

图9－6　多因素方差分析主对话框

Step❸在主对话框中，单击【模型（M）】按钮，弹出图9－7所示的对话框。在此对话框的“指定模型”区域选择“设定（C）”选项，并在“因子与协变量（F）框中选择“地区”和“包装方式”变量进入“模型（M）”框。其他采用系统默认项，单击【继续】按钮，返回主对话框。

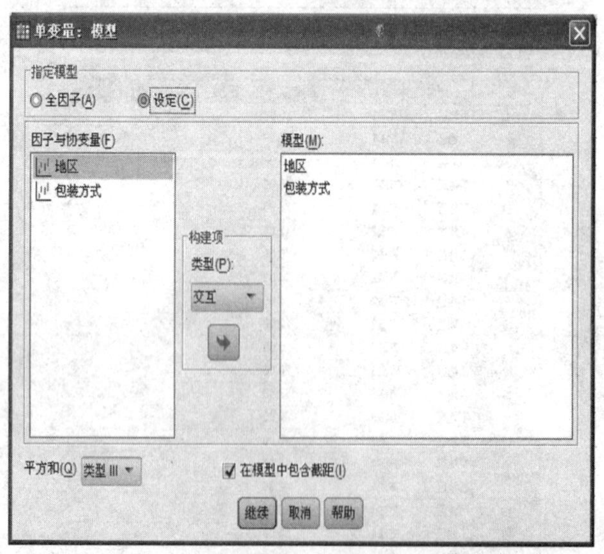

图9－7　多变量方差分析“单变量：模型”对话框

Step❹在主对话框中，单击【选项O】按钮，弹出如图9－8所示的多因素分析“单变量：选项”对话框。在此对话框中的“输出”区域选择“方差齐性检验（H）”复选项，并在“显著性水平（V）”后的活动框内输入0.05。单击【继续】，返回主对话框。

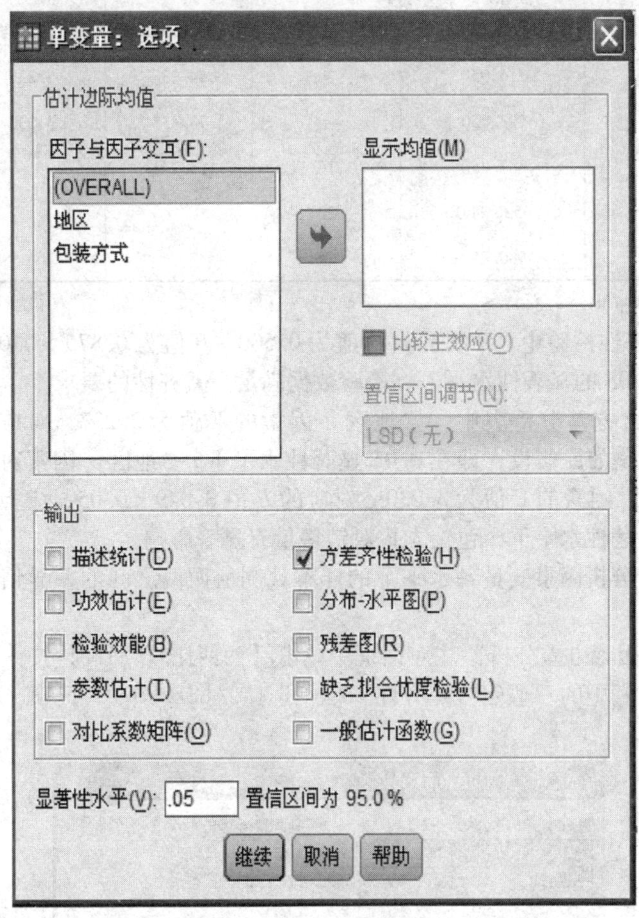

图9－8 多因素方差分析“单变量：选项”对话框

Step❺单击【确定】按钮，完成无交互作用双因素方差分析的基本操作。输出结果如表9－7和表9－8所示。

表9－7 误差方差等同性的 Levene 检验[a]

因变量：销售量

F	df1	df2	Sig.
.500	19	5	.875

检验零假设，即在所有组中因变量的误差方差均相等。

a. 设计：截距＋地区＋包装方式

表9-8 主体间效应的检验

因变量：销售量

源	III 型平方和	df	均方	F	Sig.
校正模型	493.110[a]	8	61.639	2.543	.053
截距	3921.508	1	3921.508	161.774	.000
地区	216.950	4	54.238	2.237	.111
包装方式	293.750	4	73.438	3.030	.049
误差	387.850	16	24.241		
总计	6536.000	25			
校正的总计	880.960	24			

a. R 方 = .560（调整 R 方 = .340）

表9-7方差齐性检验中，F统计量的值为0.500，P值为0.875>0.05，接受原假设。所以，可判定在0.05的显著性水平下，检验数据满足方差齐性的要求。

表9-8多因素方差分析表中，"地区"因素的F值为2.237，对应的P值0.111>0.05，应接受行因素的原假设，即在0.05显著性水平下，"地区"因素对销售量没有显著影响。"包装方式"因素的F值为3.030，对应的P值0.049<0.05，应拒绝列因素的原假设，即在给定的显著性水平下，包装方式对销售量有显著影响。

如果想进一步分析因素变量各水平下的样本观测值两两之间的差异情况，还需要进行以下步骤。

Step❻在"多因素方差分析"主对话框中单击【两两比较（H）】按钮，进入如图9-9所示的对话框。在其中的"假定方差齐性"框中选择"LSD（L）"选项，单击【继续】按钮，返回主对话框。

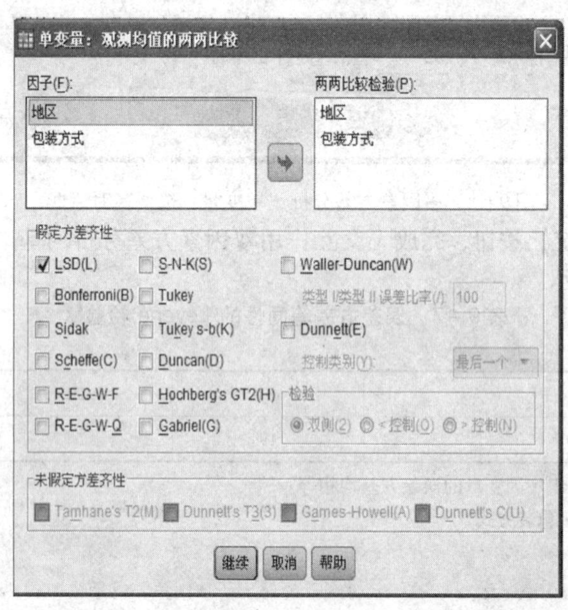

图9-9 多因素方差分析"两两比较"对话框

Step❼单击【确定】按钮，系统输出结果如表9－9和表9－10所示。

表9－9 不同地区销售量比较

销售量 LSD

(I) 地区	(J) 地区	均值差（I－J）	标准误	Sig.	95%置信区间	
					下限	上限
甲地区	乙地区	1.2000	3.11388	.705	－5.4011	7.8011
	丙地区	－1.6000	3.11388	.614	－8.2011	5.0011
	丁地区	4.8000	3.11388	.143	－1.8011	11.4011
	戊地区	－3.6000	3.11388	.265	－10.2011	3.0011
乙地区	甲地区	－1.2000	3.11388	.705	－7.8011	5.4011
	丙地区	－2.8000	3.11388	.382	－9.4011	3.8011
	丁地区	3.6000	3.11388	.265	－3.0011	10.2011
	戊地区	－4.8000	3.11388	.143	－11.4011	1.8011
丙地区	甲地区	1.6000	3.11388	.614	－5.0011	8.2011
	乙地区	2.8000	3.11388	.382	－3.8011	9.4011
	丁地区	6.4000	3.11388	.057	－.2011	13.0011
	戊地区	－2.0000	3.11388	.530	－8.6011	4.6011
丁地区	甲地区	－4.8000	3.11388	.143	－11.4011	1.8011
	乙地区	－3.6000	3.11388	.265	－10.2011	3.0011
	丙地区	－6.4000	3.11388	.057	－13.0011	.2011
	戊地区	－8.4000 *	3.11388	.016	－15.0011	－1.7989
戊地区	甲地区	3.6000	3.11388	.265	－3.0011	10.2011
	乙地区	4.8000	3.11388	.143	－1.8011	11.4011
	丙地区	2.0000	3.11388	.530	－4.6011	8.6011
	丁地区	8.4000 *	3.11388	.016	1.7989	15.0011

表9－9中第4列是不同地区销售量均值是否有显著差异的假设检验概率P值，该值大于指定的显著性水平（0.05），接受比较均值之间无差异的假设；否则，拒绝以上假设，认为两个比较均值之间有显著差异。因此，在0.05显著性水平下，除丁地区和戊地区的销售量有显著差异外，其他地区的销售量差异不明显，这也进一步证明了“地区”因素对销售量总体上没有显著影响。

表 9－10　不同包装方式销售量比较

销售量 LSD

(I) 包装方式	(J) 包装方式	均值差（I－J）	标准误	Sig.	95% 置信区间	
					下限	上限
方式 1	方式 2	9.0000 *	2.84257	.006	2.9740	15.0260
	方式 3	5.0000	2.84257	.098	－1.0260	11.0260
	方式 4	7.5333 *	2.98131	.022	1.2132	13.8534
	方式 5	5.3333	4.02000	.203	－3.1887	13.8554
方式 2	方式 1	－9.0000 *	2.84257	.006	－15.0260	－2.9740
	方式 3	－4.0000	2.84257	.179	－10.0260	2.0260
	方式 4	－1.4667	2.98131	.629	－7.7868	4.8534
	方式 5	－3.6667	4.02000	.375	－12.1887	4.8554
方式 3	方式 1	－5.0000	2.84257	.098	－11.0260	1.0260
	方式 2	4.0000	2.84257	.179	－2.0260	10.0260
	方式 4	2.5333	2.98131	.408	－3.7868	8.8534
	方式 5	.3333	4.02000	.935	－8.1887	8.8554
方式 4	方式 1	－7.5333 *	2.98131	.022	－13.8534	－1.2132
	方式 2	1.4667	2.98131	.629	－4.8534	7.7868
	方式 3	－2.5333	2.98131	.408	－8.8534	3.7868
	方式 5	－2.2000	4.11928	.601	－10.9325	6.5325
方式 5	方式 1	－5.3333	4.02000	.203	－13.8554	3.1887
	方式 2	3.6667	4.02000	.375	－4.8554	12.1887
	方式 3	－.3333	4.02000	.935	－8.8554	8.1887
	方式 4	2.2000	4.11928	.601	－6.5325	10.9325

由表 9－10 中第 4 列的显著性概率值可以看出：在 0.05 显著性水平下，包装方式 1 与包装方式 2 和包装方式 4 之间的销售量有显著差异，其他包装方式之间的销售量则无显著差异。

实验 2 操作步骤

Step❶打开 SPSS 数据编辑窗口，输入数据。本实验资料 2 数据录入结果如图 9－10 所示。

data9-3.sav [数据集1] - PASW Statistics 数据编辑器

文件(F) 编辑(E) 视图(V) 数据(D) 转换(T) 分析(A) 直销(M) 图形(G) 实用程序(U) 窗口

	时段	路段	行车时间	变量	变量	变量
1	高峰期	路段1	26.00			
2	高峰期	路段1	24.00			
3	高峰期	路段1	27.00			
4	高峰期	路段1	25.00			
5	高峰期	路段1	25.00			
6	高峰期	路段2	19.00			
7	高峰期	路段2	20.00			
8	高峰期	路段2	23.00			
9	高峰期	路段2	22.00			
10	高峰期	路段2	21.00			
11	非高峰期	路段1	20.00			
12	非高峰期	路段1	17.00			
13	非高峰期	路段1	22.00			
14	非高峰期	路段1	21.00			
15	非高峰期	路段1	17.00			
16	非高峰期	路段2	18.00			
17	非高峰期	路段2	17.00			
18	非高峰期	路段2	13.00			
19	非高峰期	路段2	16.00			
20	非高峰期	路段2	12.00			

图9-10 多因素方差分析资料2数据录入格式

Step❷依次选择【分析（A）】→【一般线性模型（G）】→【单变量（U）】，进入多因素方差分析主对话框。将观测变量“行车时间”移入“因变量（D）”框，将分类变量“时段”和“路段”移入“固定因子（F）”框，如图9-11所示。

图9-11 多因素方差分析主对话框

Step❸在主对话框中，单击【模型（M）】按钮，进入多因素方差分析“单变量：模型”对话框，如图9-12所示。在该对话框的“指定模型”区域选择“全因子（A）”选项。此项为系统默认选项，适用于有交互作用的多因素方差分析。单击【继续】按钮，返回主对话框。

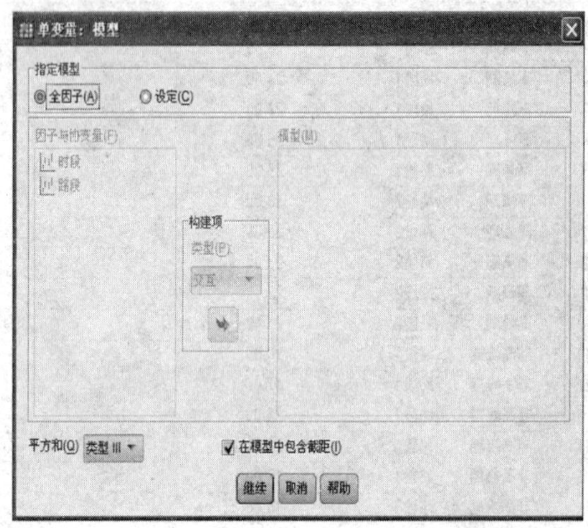

图9-12　多因素方差分析“单变量：模型”对话框

Step❹单击【选项（O）】按钮，进入多因素方差分析“单变量：选项”对话框，如图9-13所示。在该对话框的“输出”区域，选择“方差齐性检验（H）”复选项，并在“显著性水平（V）”后的活动框内输入0.05。单击【继续】按钮，返回主对话框。

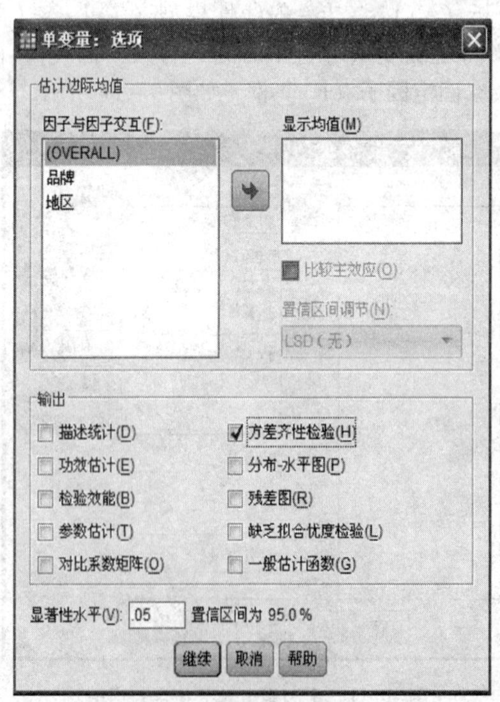

图9-13　多因素方差分析“单变量：选项”对话框

Step❺单击【确定】按钮，完成有交互作用的多因素方差分析的基本操作。输出结果如表 9 - 11 和表 9 - 12 所示。

表 9 - 11 误差方差等同性的 Levene 检验[a]

因变量：行车时间

F	df1	df2	Sig.
2.778	3	16	.075

检验零假设，即在所有组中因变量的误差方差均相等。

a. 设计：截距 + 时段 + 路段 + 时段 * 路段

表 9 - 12 主体间效应的检验

因变量：行车时间

源	Ⅲ 型平方和	df	均方	F	Sig.
校正模型	266.550[a]	3	88.850	22.494	.000
截距	8201.250	1	8201.250	2076.266	.000
时段	174.050	1	174.050	44.063	.000
路段	92.450	1	92.450	23.405	.000
时段 * 路段	.050	1	.050	0.013	.912
误差	63.200	16	3.950		
总计	8531.000	20			
校正的总计	329.750	19			

a. R 方 = .808（调整 R 方 = .772）

表 9 - 11 方差齐性检验中，*F* 统计量值为 2.778，相应的概率 *P* 值为 0.075 > 0.05，接受原假设。所以，可判定在 0.05 的显著性水平下，各因素变量不同水平观测量数据满足方差齐性的要求。

表 9 - 12 多因素方差分析表中，“时段”因素的 *F* 值为 44.063，对应的概率 *P* 值 0.000 < 0.05，应拒绝原假设，即“时段”因素在 0.05 显著性水平下对行车时间有显著影响。“路段”因素的 *F* 值为 23.405，对应的 *P* 值 0.000 < 0.05，也应拒绝原假设，即在 0.05 显著性水平下，“路段”因素对行车时间也有显著影响。

需要指出的是，有交互作用的多因素方差分析也可以作进一步的多重检验分析，但要求各因素的水平个数至少在 3 个以上，同时要有足够的样本容量，否则，SPSS 不会输出检验结果。有交互作用的多因素方差分析多重检验的操作步骤与无交互作用的多重检验完全相同，所以这里从略。

9.2.5 问题思考

1. 多因素方差分析与单因素方差分析的 SPSS 操作过程有什么差异？

2. 无交互作用的多因素方差分析与有交互作用的多因素方差分析的 SPSS 操作过程有什么差异？

第 10 章　相关与回归分析的 SPSS 应用

【学习提要与目标】相关与回归分析是研究现象之间相关关系的重要方法。相关分析用于研究具有相关关系的变量之间相互关系的密切程度，回归分析则是在相关分析的基础上，通过建立回归方程分析相关变量之间的一般数量变动关系，即当自变量发生一个单位的变化时，因变量平均会发生多大的变化。通过本章的学习，使学生加深对相关与回归分析方法的理解，并在此基础上熟练掌握使用 SPSS 软件进行相关与回归分析基本方法和操作步骤。

10.1　相关分析

10.1.1　实验目的

相关分析是对具有相关关系的变量之间相互关系的描述和度量，方法主要有图表法和指标法两种。图表法是通过绘制相关图表的方式，直观地反映变量之间相关关系的方向和程度；而指标法则是通过计算相关系数和相关指数，精确地描述变量之间相互关系的密切程度。通过本实验，使学生熟悉和掌握运用 SPSS 软件绘制相关图、计算相关系数的基本方法和操作技巧。

10.1.2　相关知识

1. 相关图

相关图又称散点图，是研究相关关系的直观工具。一般在进行详细的定量分析之前，可以利用相关图对现象之间相关关系的方向、形式和密切程度做大致的判断。

2. 相关系数及其种类

在相关分析中，根据研究目的和数据类型的不同，可以计算多种不同形式的相关系数，其中常用的有以下四种。

（1）Pearson 简单相关系数

Pearson 简单相关系数是用来度量两个数值型变量之间线性相关程度的指标。通常以 ρ 表示总体相关系数，以 r 表示样本相关系数。样本相关系数的定义公式为

$$r=\frac{n\sum X_iY_i-\sum X_i\sum Y_i}{\sqrt{(n\sum X_i^2)-(\sum X_i)^2,(n\sum Y_i^2-(\sum Y_i)^2)}} \tag{10-1}$$

式中：X_i——自变量观测值；

Y_i——因变量观测值；

n——样本容量。

样本相关系数是根据样本观测值计算的，其所反映的相关关系是否存在于总体中还需要进一步的检验。相关系数检验是根据样本相关系数及其分布检验总体相关系数是否显著为零。简单相关系数的检验步骤如下。

第一步，提出假设。H_0：$\rho=0$；H_1：$\rho\neq0$。

第二步，计算检验统计量。简单相关系数检验统计量的数学表达式为

$$t=\frac{r\sqrt{n-2}}{\sqrt{1-r^2}} \tag{10-2}$$

第三步，给定显著性水平 α，并根据 SPSS 输出结果做出判断。若 $\alpha>P$，拒绝原假设，认为检验变量之间存在显著线性相关；若 $\alpha\leqslant P$，接受原假设，认为检验变量之间不存在显著线性相关。

（2）Spearman 等级相关系数

Spearman 相关系数又称秩相关系数，是利用两变量的秩次大小作线性相关分析，属于非参数统计方法，适用范围要广一些。对于服从 Pearson 相关系数的数据亦可计算 Spearman 相关系数，但统计效能要低一些，并且公式中的 x 和 y 用相应的秩次来代替。

等级相关系数的公式是由统计学家斯皮尔曼（Spearman）引伸相关系数的概念，推导出来的，一般就命名为斯皮尔曼相关系数，用 r_s 表示，其计算公式为

$$r_s=1-\frac{6\sum D^2}{n(n^2-1)} \tag{10-3}$$

式中：n——样本容量；

D——序列等级之差。

Spearman 相关系数的检验步骤与简单相关系数相同。在小样本的情况下，Spearman 等级相关系数服从 Spearman 分布；在大样本的情况下，Spearman 等级相关系数服从标准正态分布，即 Z 分布，其统计量的公式为

$$Z=V_s\sqrt{(n-1)} \tag{10-4}$$

（3）Kendall's tau - b 相关系数

Kendall's tau - b 相关系数是用于反映分类变量相关性的指标，适用于两个分类变量均为有序分类的情况，也属于一种非参数相关检验，取值范围在 -1 ~1 之间，用 τ 来表示。其计算公式为

$$\tau=(U-V)\frac{2}{n(n-1)} \tag{10-5}$$

式中：U——两个相关变量秩的一致对数目；

V——两个相关变量秩非一致对数目。

Kendall's tau - b 相关系数的检验统计量：在小样本的情况下，Kendall 等级相关系数服从 Kendall 分布；在大样本的情况下，Kendall 等级相关系数服从标准正态分布，即 Z 分布，

其检验统计量的数学表达式为

$$Z=\tau\sqrt{\frac{9n\ (n-1)}{2\ (2n+5)}} \tag{10-6}$$

式中：τ——Kendall's tau - b 相关系数。

（4）偏相关系数

在对其他变量的影响严格控制的条件下，衡量多个变量中某两个变量之间的线性相关程度的指标称为偏相关系数。偏相关系数不同于单相关系数，计算单相关系数，只需要掌握两个变量的观测数据，并不考虑其他变量对这两个变量的影响，而在计算偏相关系数时，需要掌握多个变量的数据，一方面考虑多个变量之间的相互影响；另一方面又采用一定的方法控制其他变量，专门考察两个特定变量的净相关关系。在两个自变量的情况下，当控制了 x_2 时，x_1 和 y 之间的一阶偏相关系数公式为

$$r_{y1,2}=\frac{r_{y1}-r_{y2}r_{12}}{\sqrt{(1-r_{y2}{}^2)\ (1-r_{12}{}^2)}} \tag{10-7}$$

式中：r_{y1}——y 和 x_1 的相关系数；

r_{y2}——y 和 x_2 的相关系数；

r_{12}——x_1 和 x_2 的相关系数。

偏相关系数的取值范围及大小含义与相关系数相同。

偏相关系数同样需要检验，其检验的零假设为：总体中两个变量间的偏相关系数为0。偏相关系数检验也使用 t 检验的方法，其检验统计量的数学表达式为

$$t=r\sqrt{\frac{n-k-2}{1-r^2}} \tag{10-8}$$

式中：r——偏相关系数；

n——样本容量；

k——可控制变量的数目；

$n-k-2$——自由度。

10.1.3 实验内容

1）某商品 1998 ~ 2008 年的销售量及其相关因素的统计数据如表 10 - 1 所示，所建立的 SPSS 数据文件命名为 data10 - 1. sav。本实验根据以上资料使用 SPSS 绘制散点图、计算单相关系数和偏相关系数。

表 10 - 1　某商品 1998 ~ 2008 年的销售量及相关因素资料

年次	销售量 y/百件	居民人均收入 x_1/百元	单价 x_2/元
1	1000	500	20
2	1000	700	30
3	1500	800	20
4	1300	900	50
5	1400	900	40

续表

年次	销售量 y/百件	居民人均收入 x_1/百元	单价 x_2/元
6	2000	1000	30
7	1800	1000	40
8	2400	1200	30
9	1900	1300	50
10	2300	1500	40

2）企业职工的工作业绩和工作态度密切相关。某研究人员从某企业随机抽取 10 名职工组成随机样本，10 名职工的工作态度和工作业绩得分及相应的等级资料见表 10 - 2，所建立的 SPSS 数据文件命名为 data10 - 2. sav。本实验利用 SPSS 的相关分析功能计算该 10 名职工的工作态度和工作业绩等级之间的 Spearman 和 Kendall's tau - b 相关系数，并以此为依据对该企业职工的工作态度和工作业绩是否显著相关进行检验。

表 10 - 2　某企业 10 名职工工作态度和工作业绩得分等级资料

工作态度		工作业绩	
态度分	态度等级	业绩分	业绩等级
100	1	95	1
95	2	88	3
94	4	86	4.5
94	4	86	4.5
94	4	90	2
90	6	84	7
85	7	75	8
80	8	85	6
74	9	60	9
60	10	54	10

10.1.4 实验步骤

1. 绘制散点图

Step❶打开数据文件 data10 - 1. sav，依次选择【图形（G）】→【旧对话框（L）】→【散点/点状（S）】，进入如图 10 - 1 所示的图形选择对话框。该对话框中共列出了 5 种散点图类型，实际中可根据数据的特征和需要灵活选取，各种图形的应用条件见第 13 章的散点图实验。

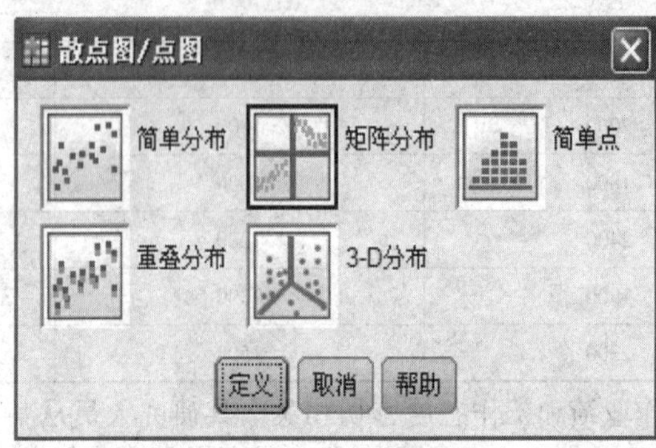

图 10－1　散点图“图形选择”对话框

Step❷在以上对话框中选择“矩阵分布”图表类型，单击【定义】按钮，进入如图 10－2所示的矩阵散点图设置对话框，从左边的变量框中，将变量“Y”、“X1”、“X2”全部移入“矩阵变量（M）”框中。注意“矩阵散点图”通常在变量个数大于等于 3 个时选用。

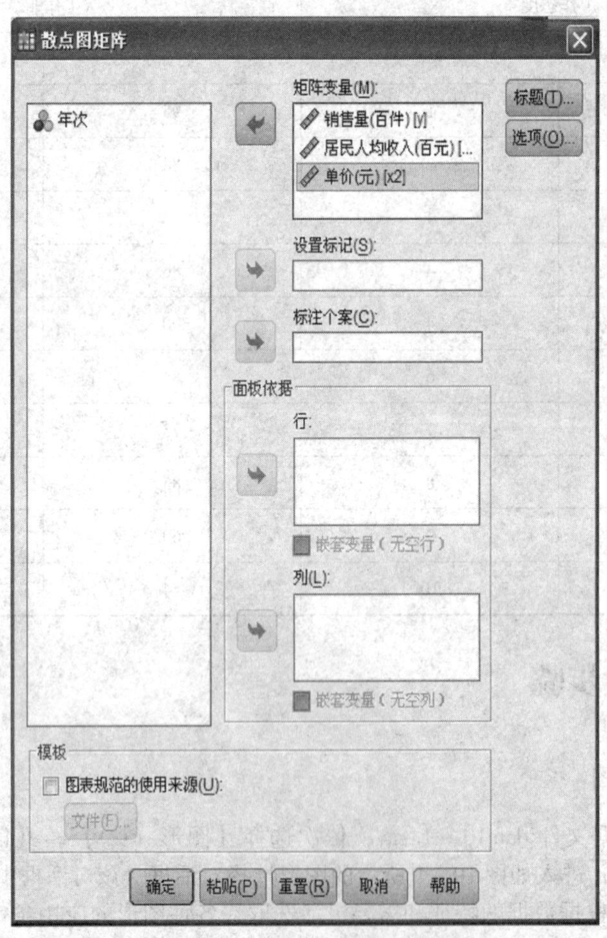

图 10－2　矩阵散点图设置对话框

Step❸单击【确定】按钮，完成操作。系统输出结果如图 10－3 所示。

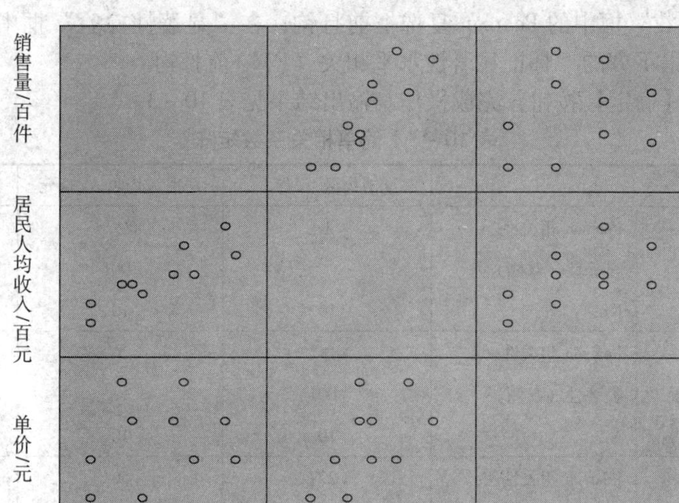

图 10－3　资料 1 散点图矩阵

由图 10－3 可以看出，居民人均收入与商品销售量关系密切，随着人均收入的增加，该商品的销售量呈明显的直线上升趋势，单价对销售量影响不大。此外，居民人均收入与商品单价也有一定的相关关系。

2. 计算简单相关系数

Step❶打开数据文件 data10－1. sav，依次选择【分析（A）】→【相关（C）】→【双变量（B）】，进入如图 10－4 所示的双变量相关系数计算对话框。

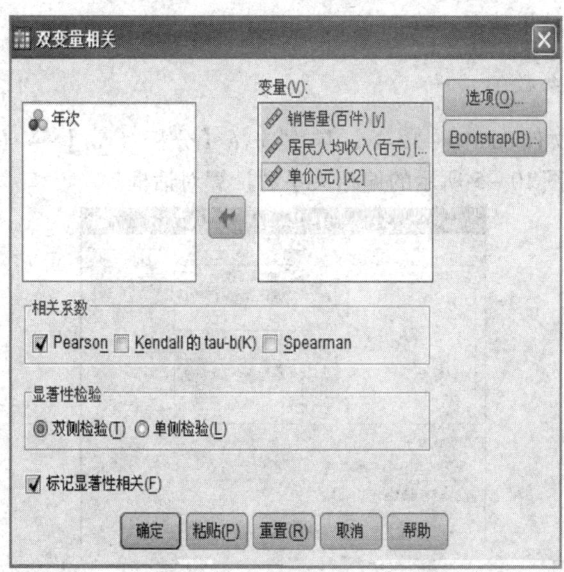

图 10－4　双变量相关系数计算对话框

Step❷从左上方的变量框中，将变量“Y”、“X1”、“X2”全部移入“变量（V）”框中。在“相关系数”框中的Pearson复选框前打钩；在“显著性检验”框中选择“双侧检验（T）”，并在最下方的“标记显著性水平相关（F）”前打钩。

Step❸单击【确定】按钮，完成操作。输出结果见表10-3。

表10-3　简单相关系数矩阵

		销售量/百件	居民人均收入/百元	单价/元
销售量/百件	Pearson 相关性	1	.881**	.227
	显著性（双侧）		.001	.529
	N	10	10	10
居民人均收入/百元	Pearson 相关性	.881**	1	.561
	显著性（双侧）	.001		.092
	N	10	10	10
单价/元	Pearson 相关性	.227	.561	1
	显著性（双侧）	.529	.092	
	N	10	10	10

**. 在.01水平（双侧）上显著相关。

表10-3的每个单元中的第1行为Pearson相关系数，第2行为总体相关系数的显著性检验概率，该值大于0.05，应接受原假设，认为相关变量之间不存在显著线性相关；该值小于0.05，应拒绝原假设，认为相关变量之间存在显著线性相关。因此，资料1中居民收入和商品销售量之间高度线性相关。相关系数0.881右上方的双星号表示居民收入和商品销售量在0.01显著性水平下显著相关。单价与销售量的相关系数仅为0.227，且显著性水平概率P为0.592大于显著性水平0.05，应接受单价与销售量相关检验的零假设，即单价与销售量不存在显著线性相关。同理，单价与居民人均收入之间相关性也不显著，以上结论与相关系数判断的结果基本一致。

3. 计算偏相关系数

Step❶打开数据文件data10-1.sav，依次选择【分析（A）】→【相关（C）】→【偏相关（R）】，进入如图10-5所示的偏相关系数计算对话框。

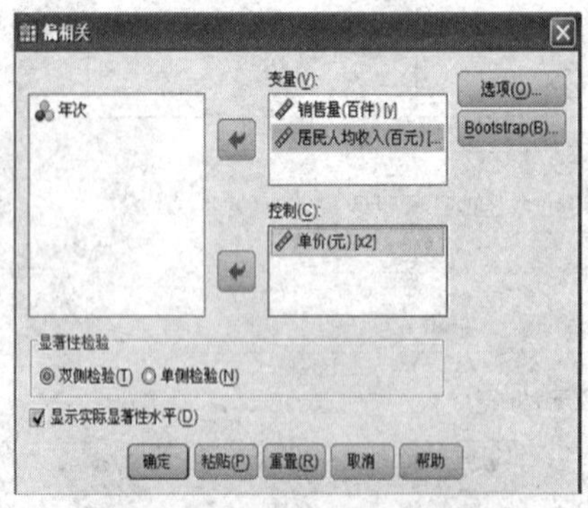

图10-5　偏相关系数计算对话框

Step❷从左上方的变量框中，将变量“Y”和“X1”移入“变量（V）”框，将“X2”移入“控制（C）”框中。在“显著性检验”框中选择“双侧检验（T）”；在“显示实际显著性水平（D）”前打钩。

Step❸单击【确定】按钮，完成操作。系统输出结果如表 10－4 所示。

表 10－4 偏相关系数矩阵

控制变量			销售量/百件	居民人均收入/百元
单价/元	销售量/百件	相关性	1.000	.934
		显著性（双侧）	.	.000
		df	0	7
	居民人均收入/百元	相关性	.934	1.000
		显著性（双侧）	.000	.
		df	7	0

由表 10－4 中的偏相关系数可以看出，在控制单价因素对销售量影响的情况下，居民人均收入与销售量之间的相关系数提高到了 0.943。

4. 计算等级相关系数

Step❶打开数据文件 data10－2.sav，依次选择【分析（A）】→【相关（C）】→【双变量（B）】，进入双变量相关系数计算对话框。

Step❷从左上方的待分析变量框中，将变量“态度等级”、“业绩等级”移入“变量（V）”框中。在“相关系数”框的“Kendall 的 tau－b（k）”和“Spearman”复选框前打钩；在“显著性检验”框中选择“双侧检验（T）”；选定“标记显著性水平相关（F）”选项。设置结果如图 10－6 所示。

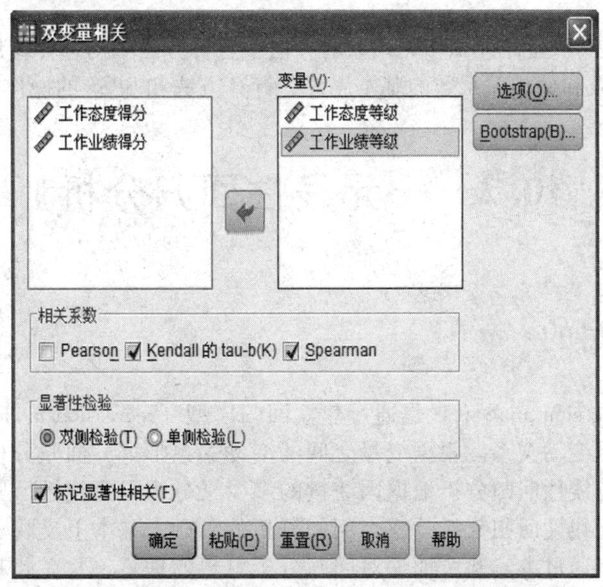

图 10－6 等级相关系数设置对话框

Step❸单击【确定】按钮，完成操作。系统输出结果如表 10 - 5 所示。

表 10 -5　等级相关系数矩阵

			工作态度等级	工作业绩等级
Kendall 的 tau_ b	工作态度等级	相关系数	1.000	.830**
		Sig.（双侧）	.	.001
		N	10	10
	工作业绩等级	相关系数	.830**	1.000
		Sig.（双侧）	.001	.
		N	10	10
Spearman 的 rho	工作态度等级	相关系数	1.000	.903**
		Sig.（双侧）	.	.000
		N	10	10
	工作业绩等级	相关系数	.903**	1.000
		Sig.（双侧）	.000	.
		N	10	10

**. 在置信度（双测）为 0.01 时，相关性是显著的。

由表10 - 5 可以看出，工作态度等级和工作业绩等级的"Spearman"和"Kendall 的 tau_ b"等级相关系数分别为 0.903 和 0.830，两个相关系数的双侧检验显著性概率 P 值均小于 0.05，并且两个相关系数右上方均出现双星号，说明在 0.01 显著性水平下，该企业职工的工作态度和工作业绩之间存在显著高度相关。

10.1.5　问题思考

1. SPSS 软件提供了几种计算相关系数的方法？各种方法如何选择应用？
2. 简单相关系数和偏相关系数的基本思想、计算方法和 SPSS 的操作过程有什么不同？

10.2　一元线性回归分析

10.2.1　实验目的

回归分析（regression analysis）是通过建立回归模型（regression model）分析相关关系变量之间的一般数量变动关系。根据变量之间的变动关系形式，回归分析分为线性回归分析和曲线回归分析。线性回归分析根据因变量的多少又分为一元线性回归分析和多元线性回归分析，其中一元线性回归分析是整个回归分析的基础，基本上反映了回归分析的思想和研究问题的思路。通过本实验，加深对回归分析思想的理解，并在此基础上熟悉和掌握使用 SPSS 进行一元线性回归分析的基本方法与操作步骤。

10.2.2 相关知识

1. 一元线性回归函数与模型

回归函数与回归模型统称为回归方程。回归函数反映的是自变量与因变量条件均值之间的一一对应关系；回归模型则反映了自变量、随机因素与因变量个别值之间不确定的变动关系。回归方程既可以根据总体资料建立，也可以根据样本资料建立。根据总体资料建立的回归函数与模型，称为总体回归函数与模型；根据样本资料建立的回归函数与模型称为样本回归函数与模型。实际中，一般都是建立样本回归函数与模型，并根据样本回归函数与模型对总体回归函数与模型进行估计，因此，样本回归函数与模型，也称为估计的回归函数与模型。一元线性回归函数与模型的数学表达式如下。

（1）一元线性总体回归函数与模型

函数：

$$E(Y_i \mid X_i) = \beta_0 + \beta_1 X_i \tag{10-9}$$

式中，$E(Y_i \mid X_i)$ 为自变量取 X_i 时的因变量 Y_i 的条件均值；β_0、β_1 是待定参数，称为回归系数（coefficient of regression）。β_1 是回归直线的斜率，表示自变量每增加一个单位的因变量平均增减量；β_0 是回归直线的截矩。

模型：

$$Y_i = \beta_0 + \beta_1 X_i + \mu_i \tag{10-10}$$

式中，Y_i 为因变量的个别值；μ_i 为随机扰动项，是除 X 以外的其他多种因素的综合影响而形成的误差。

回归分析中，对 μ_i（$i=1, 2, \cdots, n$）有正态性、无偏性、同方差性和独立性四个假设。

（2）一元线性样本回归函数与模型

函数：

$$\hat{Y}_i = \hat{\beta}_0 + \hat{\beta}_1 X_i \tag{10-11}$$

式中，$\hat{Y}_i$ 是样本回归线上与 X_i 相对应的值，是 $E(Y_i \mid X_i)$ 的估计；$\hat{\beta}_0$ 是样本回归函数的截距系数；$\hat{\beta}_1$ 是样本回归函数的斜率系数，它们用于对总体回归系数 β_0 和 β_1 进行估计。

模型：

$$Y_i = \hat{\beta}_0 + \hat{\beta}_1 X_i + e_i \tag{10-12}$$

式中，Y_i 为因变量的个别值；e_i 为样本回归模型的随机扰动项，用于对总体随机扰动项 u_i 进行估计。

2. 一元线性回归模型参数的估计

在一元线性回归模型参数估计中有两类参数需要估计：一是回归系数 $\hat{\beta}_0$、$\hat{\beta}_1$ 的估计；二是总体方差 σ^2 的估计。

（1）回归系数 $\hat{\beta}_0$、$\hat{\beta}_1$ 的估计——最小二乘法

最小二乘法是通过残差平方和为最小来估计回归系数的一种方法。设：

$$Q=\sum_{i=1}^{n}e_i^2=\sum_{i=1}^{n}(Y_i-\hat{Y}_i)^2=\sum_{i=1}^{n}(Y_i-\hat{\beta}_0-\hat{\beta}_1X_i)^2 \tag{10-13}$$

很显然，残差平方和 Q 的大小依赖于 $\hat{\beta}_0$ 和 $\hat{\beta}_1$ 的取值。根据微积分中求极小值的原理，可知 Q 存在极小值，同时欲使 Q 达到最小，对 Q 关于 $\hat{\beta}_0$ 和 $\hat{\beta}_1$ 求偏导，并令偏导数为零，整理求解得

$$\hat{\beta}_1=\frac{n\sum X_iY_i-\sum X_i\sum Y_i}{n\sum X_i^2-(\sum X_i)^2} \tag{10-14}$$

$$\hat{\beta}_0=\overline{Y}_i-\hat{\beta}_1\overline{X}_i \tag{10-15}$$

（2）总体方差 σ^2 的估计

总体方差 σ^2 指的是总体回归模型中随机扰动项 μ_i 的方差，它可以反映理论模型误差的大小，是检验模型时，必须利用的一个重要参数。由于 σ^2 本身不能直接观测，因而需要用 $\sum e_i^2$（最小二乘残差）来估计 σ^2。可以证明 σ^2 的无偏估计式为

$$S_y^2=\frac{\sum e_i^2}{n-2} \tag{10-16}$$

此外，S_y^2 的正平方根称为回归估计标准误差。S_y 越小，回归线的代表性越强，否则相反。

3. 一元线性回归模型的检验

回归模型检验一般包括：理论意义检验、统计检验（一级检验）和计量经济学检验（二级检验），其中可以使用 SPSS 完成的检验有统计检验和计量经济学检验。

（1）统计检验

统计检验是利用统计学中的抽样理论检验样本回归方程的可靠性，统计检验是所有现象进行回归分析时都必须进行的检验，包括拟合优度检验和显著性检验。

1）拟合优度检验。拟合优度检验用来检验样本回归方程对样本观测值代表性的大小。衡量拟合优度的指标称为可决系数（决定系数），其数学表达式为

$$r^2=\frac{\sum(\hat{Y}_i-\overline{Y})^2}{\sum(Y_i-\overline{Y})^2}=\frac{SSR}{SST}=1-\frac{SSE}{SST} \tag{10-17}$$

式中：$SSE=\sum e_i^2=\sum Y_i^2-\hat{\beta}_0\sum Y_i-\hat{\beta}_1\sum X_iY_i$；$SST=\sum Y_i^2-\frac{(\sum Y_i)^2}{n}$。

2）显著性检验。回归分析中的显著性检验包括两方面的内容：一是对各回归系数的显著性检验；二是对整个回归方程的显著性检验。对于回归系数的显著性检验通常采用 t 检验，对回归方程的显著性检验是在方差分析的基础上采用 F 检验。在一元线性回归模型中，由于只有一个自变量 X，对 $\beta_1=0$ 的 t 检验与整个方程的 F 检验是等价的。所以这里只介绍回归系数的显著性检验，关于回归方程的显著性检验将在多元统计分析实验中介绍。

所谓回归系数的显著性检验，就是根据样本估计的结果对总体回归系数的有关假设进行检验。β_0 与 β_1 的检验方法是相同的，但 β_1 的检验更为重要。因为它反映着 X 与 Y 的线性影响程度。以下通过 β_1 的检验说明回归系数检验的方法与步骤。

第一步，提出假设：

$$H_0: \beta_1=0$$

$$H_1: \beta_1 \neq 0$$

第二步，根据样本观测值计算 t 统计量的值。β_1 的检验统计量为

$$t_{\beta_1} = \frac{\hat{\beta}_1}{s_{\beta_1}} \sim t_{n-2} \qquad (10-18)$$

其中：$S_{\beta_1} = S_y \left(\frac{1}{\sqrt{\sum (X_i - X)^2}} \right)$

第三步，提出显著性水平 α，并结合 SPSS 的输出结果做出判断。若 $\alpha > P$，拒绝原假设，认为 X_1 对因变量 Y 有显著的线性影响；若 $\alpha \leqslant p$，接受原假设，认为 X_1 对因变量 Y 没有显著的线性影响。

（2）计量经济学检验

计量经济学检验是对标准回归方程的假定条件能否得到满足进行检验。根据一元线性回归模型的基本假定，其计量经济学检验主要包括以下三个方面的内容。

1）残差的正态性检验。残差的正态性检验可以通过建立标准参差 $E_j = e_i / \hat{\sigma}_e$ 直方图来检验。由于 E_j 服从标准正态分布 N（0，1），所以应有近 50% E_j 为正，50% 的 E_j 为负；68% 的 E_j 落在 -1 与 $+1$ 之间，96% 的 E_j 落在 -2 与 $+2$ 之间。当样本容量较小时，E_j 在理论上应服从于自由度为 $n-k-1$ 的 t 分布。

2）残差的方差齐性检验。残差的方差齐性检验可以通过残差散点图来验证。以样本残差 e_i 为纵坐标，以估计值 $\hat{Y}_i$ 为横坐标作图，如果观察点随机地散布在横轴的周围，就说明残差基本符合同方差性假设。当此假设被否定，残差出现了异方差的情况时，就需要先对原始数据进行适当的变量转换，再利用回归模型进行估计和预测，使方差趋于稳定。

3）残差的独立性检验。检验残差独立性的统计量称为 DW 统计量，其数学表达式为

$$\mathrm{DW} = \frac{\sum_{i=2}^{n} (e_i - e_{i-1})^2}{\sum_{i=1}^{n} e_i^2} \qquad (10-19)$$

DW 统计量取值范围为：$0 < \mathrm{DW} < 4$。若 $\mathrm{DW} = 2$，表明相邻两点的残差项相互独立；若 $0 < \mathrm{DW} < 2$，表明相邻两点的残差项正相关；若 $2 < \mathrm{DW} < 4$，表明相邻两点的残差项负相关。

此外，也可以通过残差散点图来验证，即采用和方差齐性检验中相同的图形观察和分析点的散布情况，如果观察点在横轴的周围显示出周期性或趋势性的变化，就说明残差不符合独立性的假设。

10.2.3 实验内容

为了研究我国投资对国内生产总值的贡献，某研究人员搜集了 2000～2009 年的我国全社会固定资产投资和国内生产总值资料，如表 10-6 所示，所建立的 SPSS 数据文件命名为 data10-3.sav。本实验利用 SPSS 的线性回归分析功能建立国内生产总值关于固定资产投资的一元线性回归方程。

表 10-6　我国 2000~2009 年的国内生产总值和固定资产投资资料

年份	固定资产投资完成额 x/亿元	国内生产总值 y/亿元
2000	32 917.73	99 214.60
2001	37 213.49	109 655.20
2002	43 499.91	120 332.70
2003	55 566.60	135 822.80
2004	70 477.40	159 878.30
2005	88 773.60	184 937.40
2006	109 998.20	216 314.40
2007	137 323.90	265 810.30
2008	172 828.40	314 045.40
2009	224 598.80	340 506.90

10.2.4　实验步骤

Step❶打开数据文件 data10-3.sav，依次选择【分析（A）】→【回归（R）】→【线性（L）】，进入如图 10-7 所示的线性回归主对话框。从左边的待分析变量框中，将变量“Y”移入“因变量（D）”框中，将变量“X”移入“自变量（I）”框。

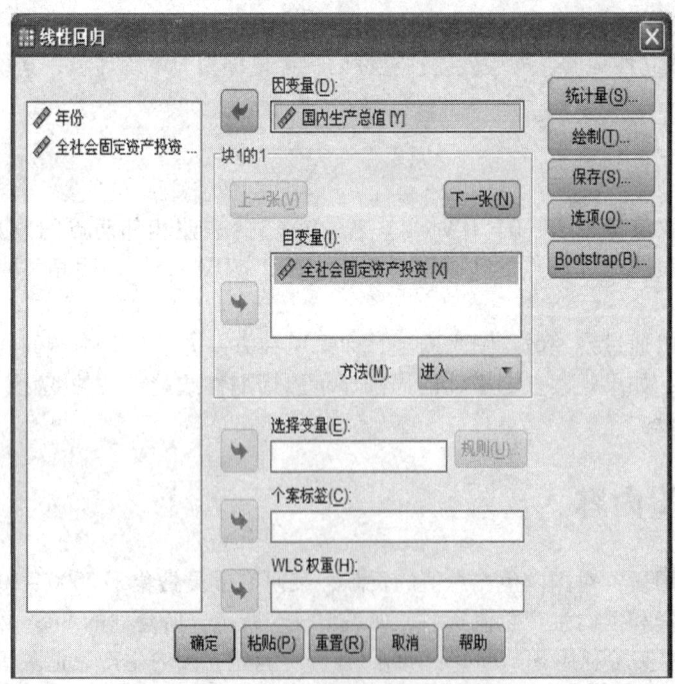

图 10-7　线性回归主对话框

说明：在图 10 - 7 中，“因变量（D）”框用于选入线性回归分析的因变量；“自变量（I）”框用于选入分析的一个或多个自变量；“选择变量（E）”框用于选入一个指定分析个案选择规则的变量。当选入了一个变量时，单击“规则（U）”按钮，设置选择分析个案的条件；“个案标签（C）”框用于选入标签变量，用于在图形中对观测记录进行标注，最典型的情况就是用观测记录的 ID 号作为标签变量；“WLS 权重（H）”框选入权重变量，主要用于加权最小二乘法。

Step❷单击【统计量（S）】按钮，弹出如图 10 - 8 所示的统计量设置子对话框。依次勾选如下几个复选框：“估计（E）”、“置信区间”、“协方差矩阵（V）”、“模型拟合度（M）”、“Durbin - Watson（U）”。单击【继续】按钮，返回主对话框。

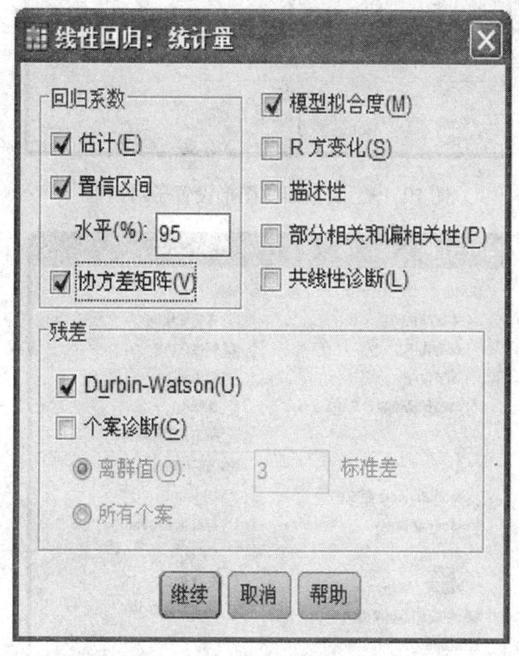

图 10 - 8　线性回归统计量设置子对话框

Step❸单击【绘制（T）】按钮，弹出如图 10 - 9 所示的图形设置子对话框，在此选择需要绘制的回归分析诊断图或预测图。在变量列表中选中变量“＊ZRESID”移入 Y 选框，将其作为绘图的 Y 轴变量，选中变量“＊ZPRED”移入 X 选框，将其作为绘图的 X 轴变量；勾选“标准化残差图”框中的“直方图（H）”选项。单击【继续】，返回主对话框。

注：图 10 - 9 左侧的变量列表给出的是可以选择的作图元素，包括 DEPENDNT（因变量）、＊ZPRED（标准化预测值）、＊ZRESID（标准化残差）、＊DRESID（剔除残差）、＊ADJPRED（修正后预测值）、＊SRESID（学生化残差）和＊SDRESID（学生化剔除残差）。

Step❹单击【保存（S）】按钮，弹出如图 10 - 10 所示的保存设置对话框，在此设置关于因变量预测值和预测区间的选项。在预测值框中勾选“未标准化（U）”；在残差框中勾选“标准化（A）”；在预测区间框中勾选“均值（M）”和“单值（I）”。单击【继续】按钮，返回对话框。

图 10－9　线性回归图形设置子对话框

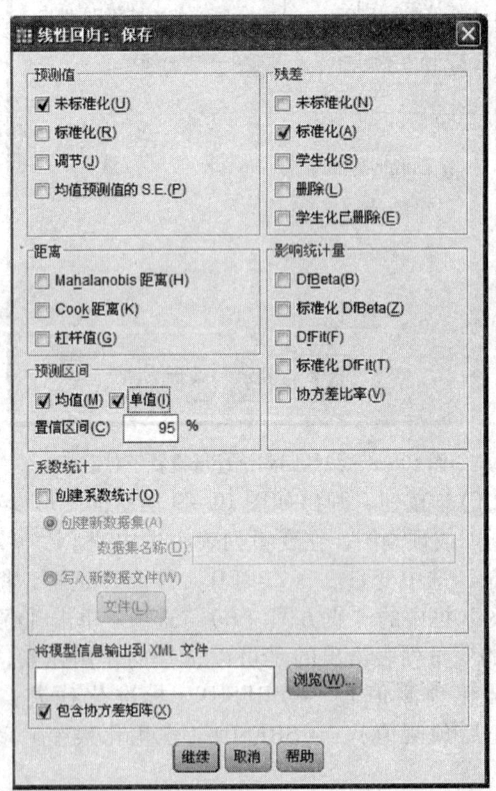

图 10－10　线性回归保存设置对话框

Step❺单击【选项（O)】按钮，弹出如图 10－11 所示的选项对话框。在此设置逐步回归的参数和缺失值的处理方式。此项设置通常采用系统默认选项。单击【继续】按钮，返回主对话框。

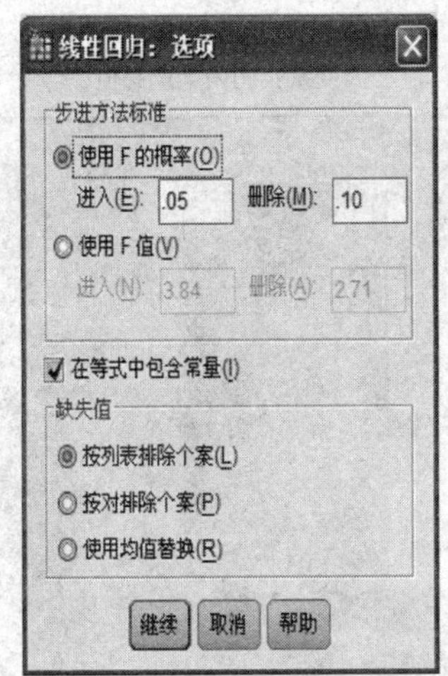

图 10－11 线性回归选项对话框

Step❻单击【确定】按钮，完成操作。系统输出的主要结果如表 10－7、表 10－8 和图 10－12、图 10－13 所示。

表 10－7 模型汇总[b]

模型	R	R 方	调整 R 方	标准估计的误差	Durbin－Watson
1	.990[a]	.979	.977	13193.49090	1.482

a. 预测变量：(常量)，全社会固定资产投资。

b. 因变量：国内生产总值。

表 10－7 是模型摘要信息，主要给出了关于模型的拟合情况和序列相关 DW 检验值。从表中可看出，模型的 R 方为 0.979，说明模型拟合度非常好。DW 检验值为 1.482，0 < DW < 2，表明相邻两点的残差项正相关。

表 10－8 回归系数[a]

模型	非标准化系数		标准系数	t	Sig.	B 的 95.0% 置信区间	
	B	标准误差	Beta			下限	上限
1 (常量)	64135.091	7.883E3		8.136	.000	45957.424	82312.758
全社会固定资产投资	1.341	.069	.990	19.515	.000	1.183	1.500

a. 因变量：国内生产总值。

表 10－8 是回归系数的估计结果，给出了模型的回归系数估计值，常数项和自变量 X（固定资产投资）估计值的 t 检验值分别为 8.136 和 19.515。两者的显著性概率值均为 0.000，小于 0.05。因此，可以判定常数项和自变量 X 均对因变量 Y（国内生产总值）有显著影响。

图 10－12 是关于残差的直方图，同时绘制了正态分布曲线。该图主要用于判断回归模型中误差项是否符合正态分布。从图形特征看，模型残差不符合正态分布。

图 10－13 是回归残差散点图，该图可用于判断回归模型中残差的独立性和方差齐性。由于观测点显示直线上升趋势，这说明模型残差存在正相关性，不符合独立性的假设。这与前面的 DW 检验结果是一致的。同时，观测点也没有随机的散布在横轴周围，说明残差

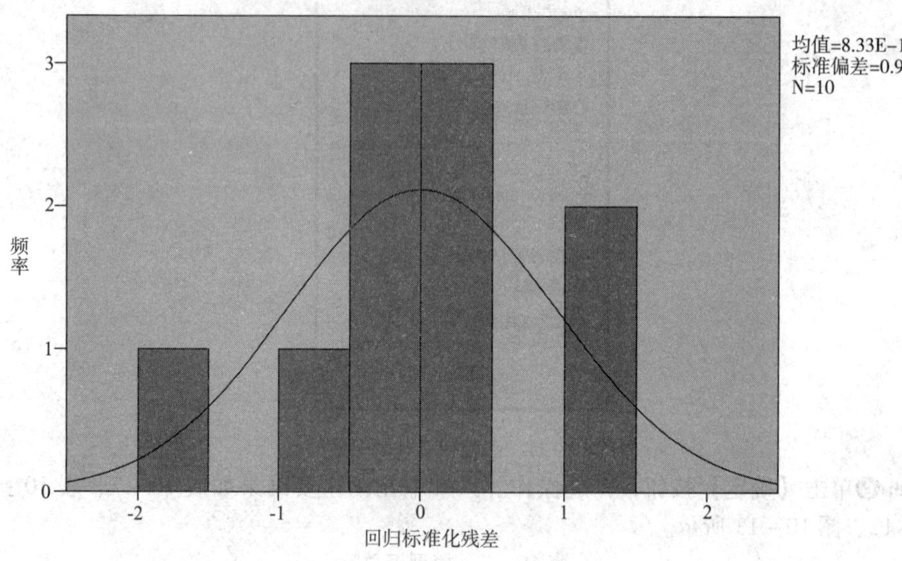

图 10－12　回归残差直方图

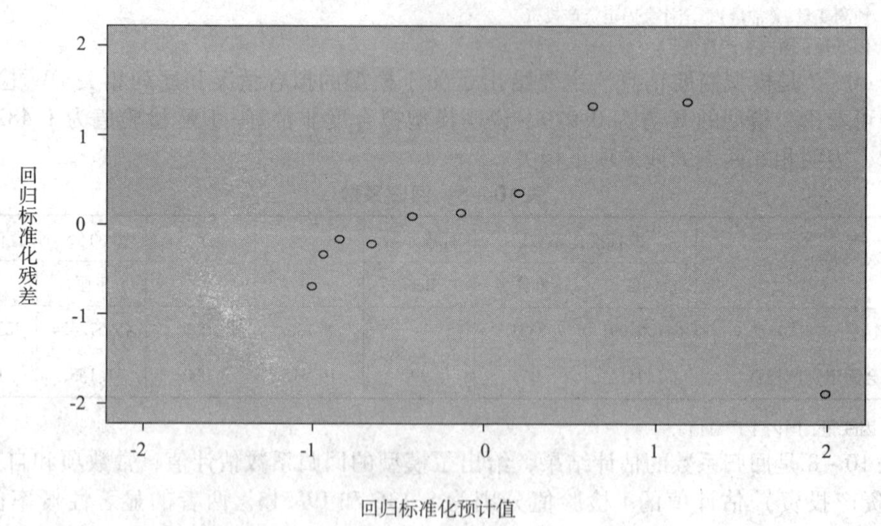

图 10－13　回归残差散点图

不符合齐性要求。

综上所述，本实验所建立的回归模型的拟合度和回归系数显著性检验均达到了要求，但模型残差不符合相关假设。因此，模型还需进一步的调整，如增加样本容量，调换样本等。

10.2.5 问题思考

1. 一元线性回归模型的检验内容有哪些?
2. 一元线性回归模型 t 检验与 F 检验的关系如何? t 检验能否代替 F 检验?

10.3 多元线性回归分析

10.3.1 实验目的

实际中，现象的变动常受多种因素的影响。因此，回归分析仅仅考虑单变量是不够的，需要对多个自变量进行考察，即建立多元线性回归方程进行分析。多元线性回归模型是一元线性回归模型的扩展，其基本原理与一元线性回归模型相似，只是在计算上比较麻烦。通过本实验，使学生熟悉和掌握使用 SPSS 进行多元线性回归分析的基本方法和操作步骤。

10.3.2 相关知识

1. 多元线性回归模型的基本假定

1）样本量的个数大于自变量的个数。

2）随机扰动项具有 0 均值和同方差。

3）随机扰动项服从正态分布。

4）无多重共线性，即当且仅当 $\lambda_j=0$（$j=2, 3, \cdots, k$）时，等式 $\lambda_2 x_{2i}+\lambda_3 x_{3i}+\cdots+\lambda_k x_{ki}=0$ 才成立。即模型中的自变量之间不存在线性相关。这一假定，要求多元线性回归模型中只包含那些互相没有线性关系的自变量。

2. 多元线性回归模型的检验

多元线性回归模型检验的基本思想和主要内容与一元线性回归基本相同，但也有一定的差异，对于两者的相同部分不再详细论述，这里只对多元回归模型检验的特有问题作详细说明。

（1）校正的可决系数

在一元线性回归模型中，所有模型包含的自变量个数都相同，如果样本容量也一样，可以直接以可决系数作为模型拟合优度的评价尺度。但在多元线性回归分析中，各回归模型的自变量个数不一定相同。自变量个数不同必然影响残差平方，并最终影响可决系数的大小。因此，在多元线性回归分析中，通常用校正的可决系数衡量模型的拟合优度。校正的可决系数公式如下：

$$\overline{R^2}=1-\frac{ESS/n-k}{SST/n-1} \tag{10-20}$$

式中，$\overline{R^2}$为校正的可决系数；n 为样本容量；k 为模型中参数的个数。

（2）回归方程的显著性检验

回归方程的显著性检验是检验所有自变量对因变量的联合影响，即检验所有自变量综合起来对因变量是否有显著的线性影响，其检验步骤如下。

第一步，提出假设。H_0：$\beta_2=\beta_3=\cdots\beta_k=0$ 或 β_j 全为0

H_1：β_j（$j=2$，…，k）不全为0

第二步，根据样本观测值计算 F 检验统计量的值。F 统计量的数学表达式为

$$F=\frac{RSS/k-1}{ESS/n-k}\sim F\ (k-1,\ n-k) \tag{10-21}$$

式中，（$k-1$）为回归平方和的自由度；（$n-k$）为残差平方和的自由度。

第三步，根据给定的显著性水平 α 和 SPSS 的输出结果做出判断。若 $\alpha>p$，拒绝原假设，认为所有自变量总体上对因变量 Y 有显著的线性影响；若 $\alpha\leqslant p$，接受原假设，认为所有自变量对因变量 Y 均没有显著的线性影响。

（3）多重共线性检验

建立多元线性回归模型时，如果有两个或两个以上的自变量之间存在线性相关关系，就会产生多重共线性现象。在这种情况下，用最小二乘法估计的模型参数就会很不稳定，而且当模型中增加或减少一个自变量时，已进入模型中的自变量回归系数也会发生较大变化。在多重共线性现象较为严重的情况下，回归系数的估计值很容易引起误导或导致错误的结论。

多重共线性检验的统计量有容许度（Tolerance）和方差膨胀因子（VIF）两个，公式分别为

$$Tol_i=1-R_i^2 \tag{10-22}$$

$$VIF_i=1/\ (1-R_i^2) \tag{10-23}$$

式中，R_i^2 为 X_i 与模型中其余自变量的复相关系数。

显而易见 *VIF* 为 *Tol* 的倒数，*Tol* 的值越小，*VIF* 的值越大，自变量 X_i 与其他变量之间存在共线性的可能性越大。方差膨胀因子 *VIF* 的值越接近于1，解释变量之间的多重共线性越弱，如果 *VIF* 值大于或等于10，说明一个解释变量与其他解释变量之间有严重的多重共线性。

当确定自变量之间存在明显的共线性时，可用以下几种方法加以处理：

1）从有共线性问题的变量里删除不重要的变量。

2）增加样本量或重新抽取样本。

3）采用其他方法拟合模型，如岭回归法、逐步回归法、主成分分析法等。

10.3.3 实验内容

一家房地产评估公司想对某城市的房地产销售价格（Y）与地产的评估价值（X1）、房产的评估价值（X2）和使用面积（X3）建立一个模型，以便对销售价格做出合理预测。为此，收集了20栋住宅的房地产评估数据，所建立的 SPSS 数据文件命名为 data10－4. sav。本实验利用 SPSS 的线性回归分析功能建立房地产销售价格的多元线性回归预测模型。

10.3.4 实验步骤

Step❶打开数据文件 data10－4. sav，依次选择【分析（A）】→【回归（R）】→【线性（L）】，进入线性回归主对话框。从左边的待分析变量框中，将变量“销售价格［Y］”移入“因变量（D）”框，将变量“地产价格［X1］”、“房产估价［X2］”、“使用面积［X3］”全部移入“自变量（I）”框。设置结果如图 10－14 所示。

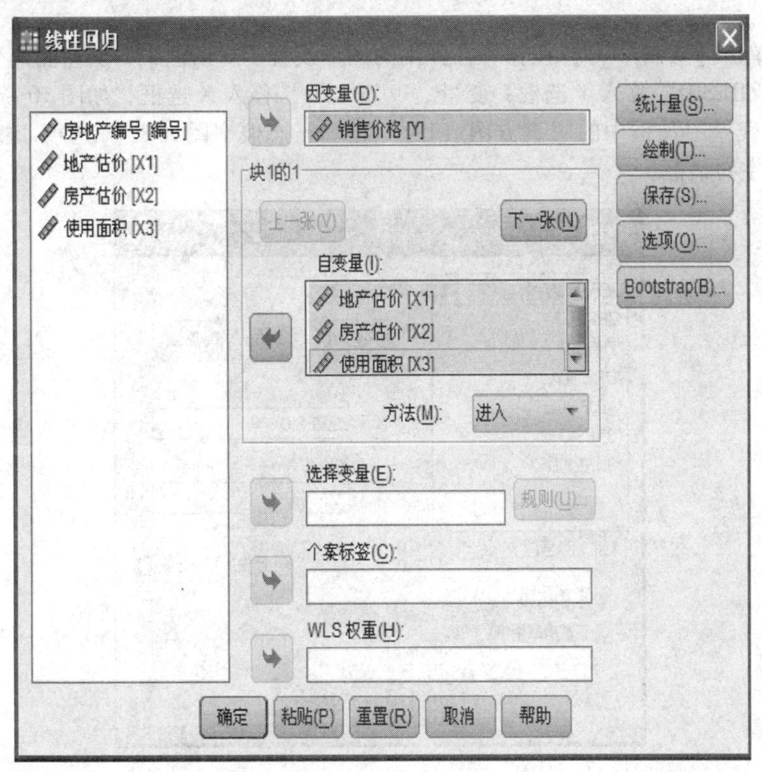

图 10－14 线性回归主对话框

关于回归建模中自变量进入方法的设定：图 10－14 中自变量栏下方的“方法（M）”栏用于指定建模时的变量进入方法，其后的下拉菜单有以下几个选项：

1）进入法：“自变量（I）”栏中所有的自变量全部进入回归模型，是默认方式。

2）逐步进入法：向前选择法和向后消去法的结合。根据“选项”对话框中所设定的参数，先选择对因变量贡献最大且符合判断条件的自变量进入回归方程，再将模型中不符合设定条件的变量剔除。当没有变量被引入或删除时，得到最终回归方程。

3）删除法：建立回归方程时，根据设定的条件直接剔除部分自变量。

4）向后消去法：先建立饱和模型，然后根据“选项”对话框中所设定的参数，每次剔除一个不符合进入模型条件的变量。

5）向前选择法：模型从没有自变量开始，根据“选项”对话框中所设定的参数，每次将一个最符合条件的变量引入模型，直至所有符合条件的变量都进入模型为止，第一个引入回归模型的自变量应该是与因变量最为相关的。

以上各种方法各有其优点，其中进入法的设置最为简单，但当自变量个数较多时，采用进入法输出的回归系数估计表会很庞大。实际中，可根据自己的爱好，灵活选用。

Step❷单击【统计量（S）】按钮，在弹出的统计量设置子对话框中，依次勾选如下几个复选框："估计（E）"、"置信区间"、"协方差矩阵（V）"、"模型拟合度（M）"、"Durbin - Watson（U）"、"共线性诊断（L）"。单击【继续】按钮，返回主对话框。

Step❸单击【绘制（T）】按钮，在弹出的图形设置子对话框中，从左侧的变量列表中，将变量"＊ZRESID"移入Y选框，变量"＊ZPRED"移入X选框，如图10－15所示。勾选"标准化残差图"框中的"直方图（H）"和"正态概率图（R）"选项。单击【继续】按钮，返回主对话框。

图10－15　线性回归"图形"设置对话框

Step❹单击【保存（S）】按钮，在弹出的保存对话框中设置关于因变量预测值和预测区间选项，设置项目与一元线性回归相同。设置完毕，单击【继续】按钮返回主对话框。

Step❺单击【选项（O）】按钮，在弹出的"选项"对话框中设置逐步回归的参数和缺失值的处理方式。设置完毕，单击【继续】按钮返回主对话框。

Step❻单击【确定】按钮，完成操作。系统输出的主要结果如表10－9～表10－11和图10－16、图10－17所示。

表10－9　模型汇总[b]

模型	R	R方	调整R方	标准估计的误差	Durbin－Watson
1	.947[a]	.897	.878	791.682	1.243

a. 预测变量：(常量)，使用面积，地产估价，房产估价。

b. 因变量：销售价格。

表10－9是模型摘要信息，主要给出了关于模型的拟合情况和序列相关DW检验值。

从表中可以看出，模型的调整 R 方为0.878，说明模型拟合度良好；0 < DW < 2，表明相邻两点的残差项正相关。

表 10－10 Anova[b]

模型		平方和	df	均方	F	Sig.
1	回归	8.780E7	3	2.927E7	46.697	.000[a]
	残差	1.003E7	16	626760.909		
	总计	9.783E7	19			

a. 预测变量：（常量），使用面积，地产估价，房产估价。

b. 因变量：销售价格。

表10－10是方差分析表。方差分析表最需要关注的是F统计量，它是回归方程显著性检验的重要依据。本实验中F检验统计量为46.697，相对应的显著性概率值 P 为0.000（最后一列）小于要求的0.05显著性水平，因此，应拒绝回归方程显著性F检验的原假设，认为所有自变量综合起来对因变量有显著影响。

表 10－11 系数[a]

模型		非标准化系数		标准系数	t	Sig.	共线性统计量	
		B	标准误差	Beta			容差	VIF
1	（常量）	148.700	574.421		.259	.799		
	地产估价	.815	.512	.193	1.591	.131	.434	2.303
	房产估价	.821	.211	.556	3.888	.001	.313	3.197
	使用面积	.135	.066	.277	2.050	.057	.351	2.852

a. 因变量：销售价格。

表10－11的第2至6列是回归系数的相关内容，包括非标准和标准回归系数及其相应的 t 检验统计量和 t 检验显著性概率。从各回归系数的 t 检验显著性概率值（第6列）可以看出，除房产估价的回归系数 t 检验显著性概率小于0.05外，其它回归系数的 t 检验显著性概率均大于0.05。因此，根据 t 检验的判断规则，可以断定在0.05显著性水平下只有房产估价一个因素对房地产销售价格有显著的影响。

表10－11的第7和第8列为共线性诊断统计量。回归模型共线性检验是多元回归分析必不可少的内容。本实验资料的三个自变量的膨胀因子（VIF）均小于5，所以三个自变量之间没有明显的多重共线性。

图10－16是本实验关于残差的直方图，从图形特征看，模型残差不符合正态分布。

残差散点图既可以用于判断回归模型中残差的独立性和方差齐性，也可用于判断残差是否符合正态性。由于残差标准值中大于0的值占到了绝大多数，因此，本实验残差不符合正态性检验，这与直方图的判断结果一致。另外，残差标准值的观测点没有明显的变动周期和趋势，但存在分布一边倒的特征（大于零的值较多），所以根据该散点图难于判断独立性假设是否成立。从残差分布的随机性看，基本上随机的散布在横轴周围，这说明残差基本符合齐性要求。

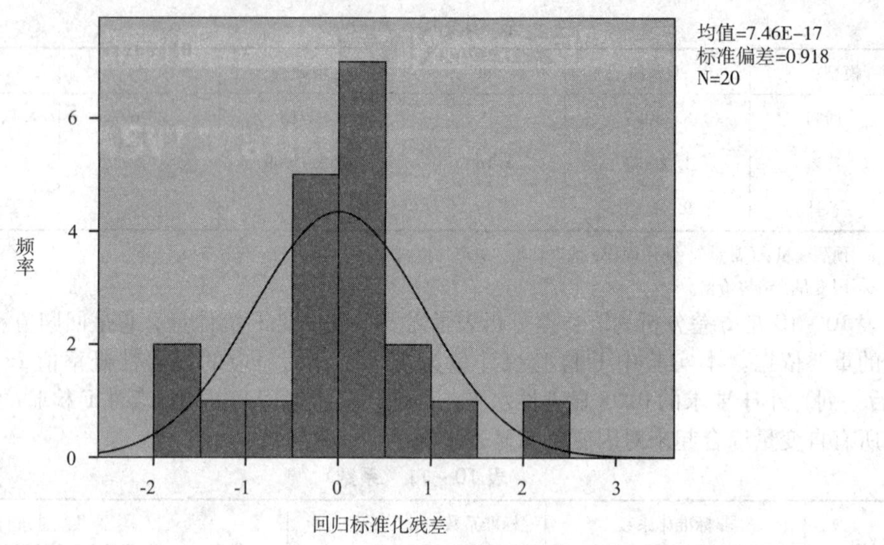

图 10－16　回归残差直方图

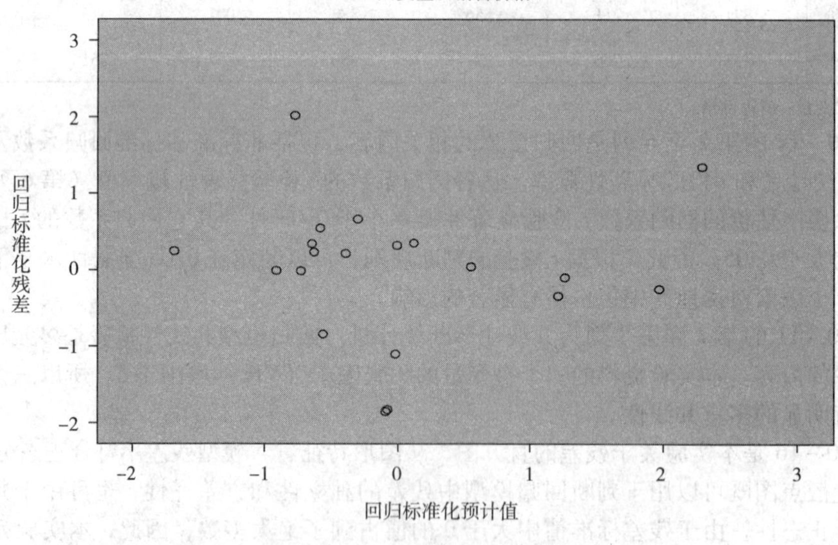

图 10－17　多元回归残差散点图

10.3.5　问题思考

1. 多元线性回归与一元线性回归在检验内容上有什么不同？因检验内容不同而引起的 SPSS 操作过程有什么不同？

2. 在多元回归分析中，自变量的进入有多种方法，通过实际操作，比较各种方法有什么优点。

10.4 非线性回归分析

10.4.1 实验目的

变量之间的关系并非都是线性相关，相反，在很多情况下变量之间的非线性相关关系更为常见。对于变量之间的非线性相关，除了通过绘制散点图的方式粗略地考察相关的形式外，主要还是通过建立曲线回归方程进行分析。通过本实验，使学生熟悉和掌握使用SPSS建立曲线回归方程的基本方法和操作步骤。

10.4.2 相关知识

1. 曲线回归模型的选择

在现实生活中，变量之间的相互关系复杂多样，只有建立合适的回归模型，才能揭示因变量与自变量之间的本质联系，并得出准确预测结果。建立曲线回归模型时，首先要解决的问题是确定变量之间关系的类型和形式。对于变量之间关系类型和形式的确定，除了根据一定的专业知识和实践经验来判断外，绘制散点图，并观察散点图的形状和特点是一种简单而直观的方法。

2. 参数估计

非线性模型的类型不同，模型参数的估计方法也不同。根据非线性回归模型的线性化程度，非线性回归模型可以分为以下三种类型。

（1）直接换元型

这类非线性回归模型通过简单的变量换元可直接转化为线性回归模型。常见的直接换元型回归模型有：双曲线模型、二次曲线模型、对数曲线模型和三角函数曲线模型。由于这类模型的因变量没有变形，所以可以直接采用最小二乘法估计回归系数，并进行检验和预测。

（2）间接代换型

这类非线性回归模型通常需要经过对数变换间接转化为线性回归模型。常见的间接代换型模型有指数模型、幂函数模型、逻辑斯蒂曲线模型和修正指数增长曲线模型等。由于这类模型在对数变形代换过程中改变了因变量的形态，变形后的模型最小平方估计失去了原模型残差平方和为最小的意义，从而估计不到原模型的最佳回归系数，造成回归模型与原数列之间的偏差较大。

（3）非线性型

这类回归模型属于不可线性化的非线性回归模型。第一类和第二类非线性回归模型相对于第三类，又称为可线性化的非线性回归模型。对于间接代换型和非线性型回归模型，其参数的估计不宜再采用最小二乘法，而应采用高斯牛顿迭代法或分段平均值法。

3. SPSS 的曲线回归分析功能

SPSS 软件对可线性化的曲线回归模型是通过“曲线估计（C）”过程来建立的，对不可线性化的曲线回归模型则采用“非线性（N）”过程建立。本实验只介绍通过“曲线估计（C）”过程建立可线性化曲线回归模型的基本方法和操作步骤。

在 SPSS 中提供了 11 种可线性化的曲线回归模型，如表 10－12 所示。其中，X、$X1$、$X2$ 为自变量，Y 为因变量，b_0、b_1、b_2、b_3 为回归系数，ln（X）为 X 的自然对数。在应用 SPSS 进行曲线估计时，如果不能确定哪种模型更接近样本数据，可同时选择几种模型进行拟合，并根据 SPSS 输出的回归方程判定系数选择其中的最优模型，并进行预测分析。

表 10－12　SPSS 提供的常用回归模型

模型名称	回归方程	转换后的线性方程
Linear（线性）	$Y=b_0+(b_1*X)$	$Y=b_0+(b_1*X)$
Logarithmic（对数曲线）	$Y=b_0+(b_1*\ln(X))$	$Y=b_0+(b_1*X1)$ $(X1=\ln(X))$
Inverse（双曲线，也即逆模型）	$Y=b_0+(b_1/X)$	$Y=b_0+(b_1*X1)$ $(X1=1/X)$
Quadratic（二次曲线）	$Y=b_0+(b_1*X)+(b_2*X**2)$	$Y=b_0+(b_1*X)+(b_2*X1)$ $(X1=X**2)$
Cubic（立方曲线）	$Y=b_0+(b_1*X)+(b_2*X**2)+(b_3*X**3)$	$Y=b_0+(b_1*X)+(b_2*X1)+(b_3*X2)$ $(X1=X**2)$，$(X2=X**3)$
Power（幂函数）	$Y=b_0*(X**b_1)$	$\ln(Y)=\ln(b_0)+(b_1*\ln(X))$
Compound（复合函数）	$Y=b_0+(b_1**X)$	$\ln(Y)=\ln(b_0)+(\ln(b_1)*X)$
S－curve（S 型曲线）	$Y=e**(b_0+(b_1/X))$	$\ln(Y)=b_0+(b_1*X1)$ $(X1=1/X)$
Logistic（逻辑曲线）	$Y=1/(1/u+(b_0*(b_1**X)))$	$\ln(1/y-1/u)=\ln(b_0)+(\ln(b_1)*X)$
Growth（增长曲线）	$Y=e**(b_0+(b_1*X))$	$\ln(Y)=b_0+(b_1*X)$
Exponential（指数曲线）	$Y=b_0*(e**(b_1*X))$	$\ln(Y)=\ln(b_0)+(b_1*X)$

10.4.3　实验内容

数据文件 data10－5. sav 是某商店 1999～2008 年的商品流通费用率和商品零售额资料，其数据格式如图 10－18 所示。本实验利用 SPSS 的曲线回归功能建立商品零售额与流通费用率之间的曲线回归模型，并在 0.05 的显著性水平下对模型进行检验。

	名称	类型	宽度	小数	标签	值	缺失	列	对齐
1	年份	数值(N)	8	0		无	无	8	右
2	Y	数值(N)	8	2	商品流通费用率（...	无	无	8	右
3	X	数值(N)	8	2	商品销售额（万元...	无	无	8	右

图 10－18　数据文件 data10－5. sav 中变量

10.4.4 实验步骤

Step❶打开数据文件 data10－5.sav，依次选择【分析（A）】→【回归（R）】→【曲线估计（C）】，进入如图 10－19 所示的曲线估计对话框。将“商品流通费用率”选入“因变量（D）”框，将“商品销售额”选入自变量栏的“变量（V）”框。

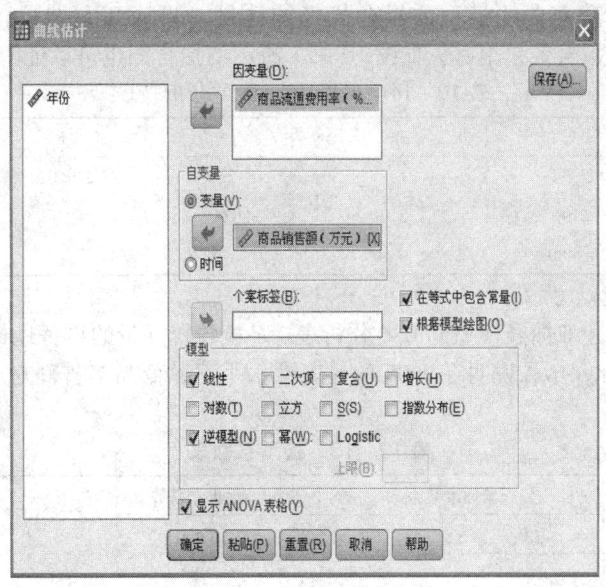

图 10－19　曲线估计主对话框

Step❷在“模型”框中，勾选“线性”、“逆模型（N）”。逆模型即为双曲线模型。

Step❸勾选“在等式中包含常量（I）”和“根据模型绘图（O）”选项。

Step❹选择“显示 ANOVA 表格（Y）”项，表示输出各个曲线拟合模型检验的方差分析表和各回归系数显著性检验结果。

Step❺单击【保存】按钮，弹出如图 10－20 所示对话框。在此对话框中选择需要保存的统计量：“预测值（P）”、“残差”和“预测区间（D）”。单击【继续】按钮，返回主对话框。

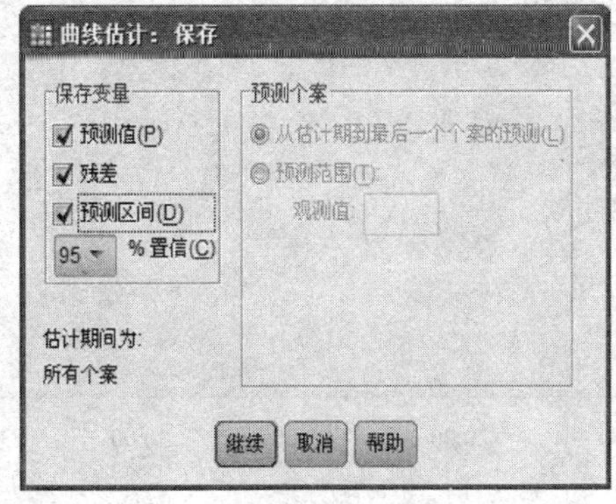

图 10－20　“曲线估计：保存”子对话框

Step❻单击【确定】按钮，完成操作。系统输出结果如表 10 - 13 ~ 表 10 - 15 和图 10 - 21 所示。

表 10 - 13　模型汇总

R	R 方	调整 R 方	估计值的标准误
.989	.978	.975	.154

自变量为 商品销售额（万元）。

表 10 - 13 是所建双曲线模型的拟合优度统计量。调整 R 方即校正的可决系数值为 0.975，说明模型的拟合效果很好，如图 10 - 21 所示的拟合图也可以证明这一点。

表 10 - 14　ANOVA（方差分析表）

	平方和	df	均方	F	Sig.
回归	8.290	1	8.290	349.020	.000
残差	.190	8	.024		
总计	8.480	9			

自变量为 商品销售额（万元）。

表 10 - 14 是所建双曲线模型的方差分析表。F 检验统计量的显著性概率 P 值为 0.000，小于给定的显著性水平 α，说明在 0.05 的显著性水平下，商品销售额对商品流通费用率有显著影响。

表 10 - 15　模型系数表

	未标准化系数		标准化系数	t	Sig.
	B	标准误	Beta		
1 / 商品销售额/万元	42.761	2.289	.989	18.682	.000
（常数）	2.568	.144		17.830	.000

表 10 - 15 是双曲线模型的回归系数。从各系数的 t 检验显著性 P 值可知，在 0.05 的显著性水平下，各系数都显著不为零。因此，所建模型可用于分析和预测。模型方程如下：

$$Y = 2.568 + 42.761 \times \frac{1}{X}$$

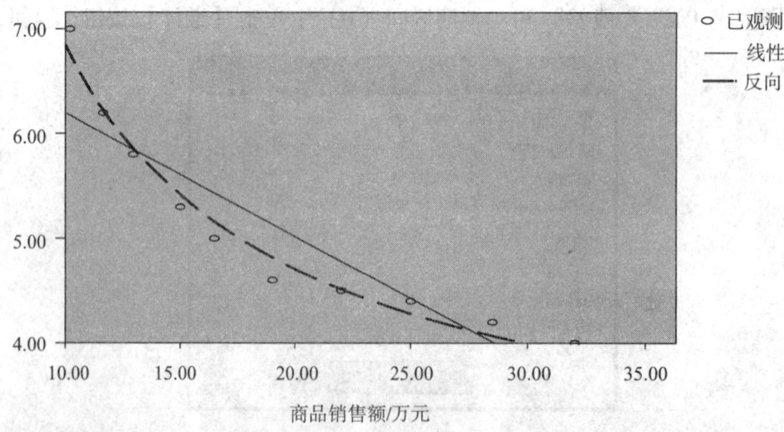

图 10 - 21　模型拟合图

10.4.5 问题思考

1. 曲线回归分析必须解决的两个重要问题是什么？它与线性回归分析有什么区别？
2. 选择曲线回归模型的基本方法有哪些？

第 11 章　列联分析的 SPSS 应用

【学习提要与目标】列联分析是用于研究品质变量之间相互关系的主要方法。当数值型变量经过了离散化处理，列联分析也可用来测定品质变量与数值型变量之间的依存关系。列联分析主要包括列联表分析、卡方检验和关联度测量三个方面。通过本章的学习，使学生熟练掌握运用 SPSS 软件完成列联分析的基本操作，并能对输出结果做准确的解释和分析。

11.1　列联表的编制

11.1.1　实验目的

通过构造多变量频数列联表分析变量之间的相互关系是统计数据分析的重要方法。通过本实验，使学生熟悉和掌握运用 SPSS 编制多变量交叉频数分布表的基本方法和步骤。

11.1.2　相关知识

1. 列联表（contingency table）及其构造

（1）列联表

列联表是由两个或两个以上的变量进行交叉分类所形成的频数分布表，即多变量频数分布表。涉及两个变量的列联表称为二维频数分布表，涉及三个变量的列联表称为三维频数分布表，以此类推。涉及的变量越多，列联表就越复杂和庞大。实际中列联表的维数不宜太高，以二维为最佳。

例如，一个集团公司在四个不同地区设有分公司，由于该集团公司欲进行的一项改革可能涉及四个分公司的利益，故采用抽样调查的方法，从四个分公司共抽取 420 名职工，了解职工对此项改革的看法。根据对调查结果的整理形成如表 11－1 所示。

表 11－1 的横行是态度变量，这里划分为两类：赞成改革方案和反对改革方案。表 11－1的纵栏是单位变量，这里划分为四类，即四个分公司。每一个行变量和列变量的交叉处称作交叉表的单元格（cells），单元格频数表示符合由行变量和列变量规定的具有某种特征的个案数目。因此，表 11－1 被称为一个 2×4 列的二维列联表。

表 11-1 关于改革方案的调查结果 单位：人

职工意见＼分公司	一公司	二公司	三公司	四公司	合计
赞成	68	75	57	79	279
反对	32	48	33	31	141
合计	100	120	90	110	420

（2）列联表的一般构造

由于列联表中的每个变量都可以有两个或两个以上的类别，列联表会有多种形式。一般的形式如表 11-2 所示。

表 11-2 $r \times c$ 列联表

行变量（x）＼列变量（y）	y_1 y_2 … y_c	合计
x_1	f_{11} f_{12} … f_{1c}	$\sum_{j=1}^{c} f_{1j}$
x_2	f_{21} f_{22} … f_{2c}	$\sum_{j=1}^{c} f_{2j}$
⋮	⋮ ⋮ ⋮	⋮
x_r	f_{r1} f_{r2} … f_{rc}	$\sum_{j=1}^{c} f_{rj}$
合计	$\sum_{i=1}^{r} f_{i1}$ $\sum_{i=1}^{r} f_{i2}$ … $\sum_{i=1}^{r} f_{ic}$	$\sum_{i=1}^{r}\sum_{j=1}^{c} f_{ij} = \sum_{j=1}^{c}\sum_{i=1}^{r} f_{ij}$

观察值分布（条件频数）；行边缘分布；列边缘分布

表 11-2 中列出了行变量和列变量的所有可能的条件频数，所以称为 $r \times c$ 列联表。

2. 列联表的编制步骤

1）确定哪个变量是自变量，哪个变量是因变量。

2）确定自变量和因变量的置放位置，一般情况下，为了便于比较和分析，自变量一般放在列上，因变量放在行上。

3）统计条件频数和计算自变量各类别内的百分比。

通过列联表，可以直观判断品质变量之间的相互关系，即通过比较自变量各类别内因变量百分比的一致性来分析自变量对因变量的影响。当自变量各类别的因变量百分比基本一致或接近时，说明随着自变量取值的变化，因变量没有发生变化，自变量对因变量没有影响。相反，当自变量各类别的因变量百分比不一致或有差异时，说明自变量对因变量有影响，且差异越大，影响越大。

11.1.3 实验内容

data11-1.sav 是从数据文件 dada5-3.sav 中随机抽出的 100 条记录建立的 SPSS 数据文

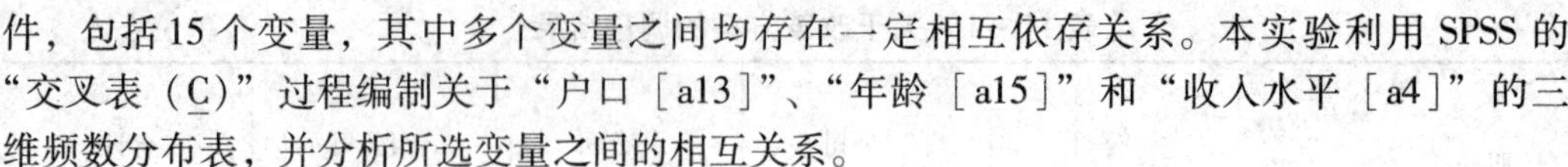

件，包括15个变量，其中多个变量之间均存在一定相互依存关系。本实验利用SPSS的“交叉表（C）”过程编制关于“户口［a13］”、“年龄［a15］”和“收入水平［a4］”的三维频数分布表，并分析所选变量之间的相互关系。

11.1.4 实验步骤

Step❶打开数据文件data11－1．sav，依次选择【分析（A）】→【描述统计】→【交叉表（C）】，进入“交叉表”主对话框。

Step❷将变量“收入水平［a4］”和“年龄［a15］”分别移入“行（s）”和“列（C）”框中，选择“户口［a13］”进入分层框，如图11－1所示。

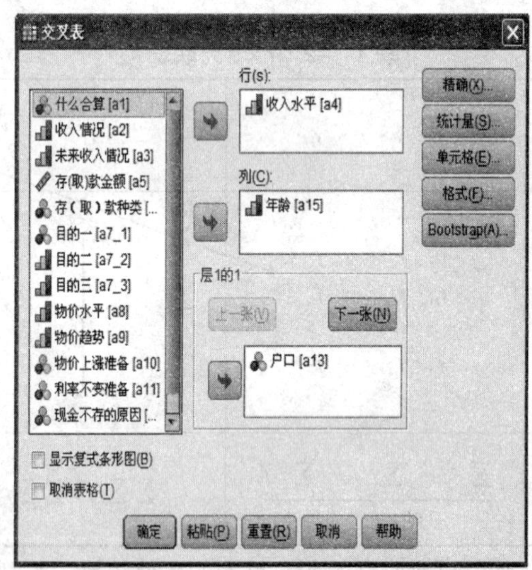

图11－1　交叉表主对话框

Step❸单击【单元格（E）】按钮，进入“交叉表：单元显示”对话框。在“计数”框中选择“观察值（O）”选项；在百分比框中选择“列（C）”选项，如图11－2所示。单击【继续】按钮，返回主对话框。

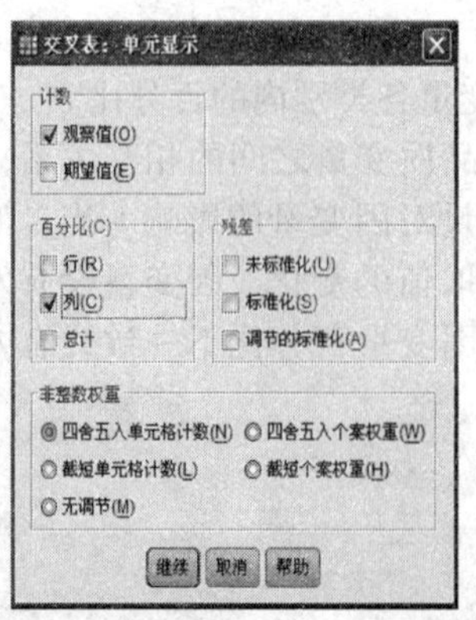

图11－2　“交叉表：单元显示”对话框

Step❹单击【确定】按钮，系统输出的三维交叉频数分布表如表 11－3 所示。

表 11－3 收入水平＊年龄＊户口 交叉制表

户口				年龄				合计
				20 岁以下	20～35 岁	35～50 岁	50 岁以上	
城镇户口	收入水平	300 元以下	计数	1	2	2	2	7
			年龄 中的%	100.0%	4.3%	11.1%	14.3%	8.9%
		300～800 元	计数	0	35	10	10	55
			年龄 中的%	0%	76.1%	55.6%	71.4%	69.6%
		800～1500 元	计数	0	7	5	1	13
			年龄 中的%	0%	15.2%	27.8%	7.1%	16.5%
		1500 元以上	计数	0	2	1	1	4
			年龄 中的%	0%	4.3%	5.6%	7.1%	5.1%
	合计		计数	1	46	18	14	79
			年龄 中的%	100.0%	100.0%	100.0%	100.0%	100.0%
农村户口	收入水平	300 元以下	计数		5	4	0	9
			年龄 中的%		50.0%	44.4%	.0%	42.9%
		300～800 元	计数		3	5	1	9
			年龄 中的%		30.0%	55.6%	50.0%	42.9%
		800～1500 元	计数		2	0	1	3
			年龄 中的%		20.0%	.0%	50.0%	14.3%
	合计		计数		10	9	2	21
			年龄 中的%		100.0%	100.0%	100.0%	100.0%

由表 11－3 可以看出，户口和年龄对收入均有影响。其中城镇居民 800 元以上的人口比例高于农村居民，300 元以下的人口比例低于农村居民，这说明整体上城镇居民的收入高于农村居民。从年龄对收入的影响上看，无论是农村还是城镇，中间年龄段人口的收入相对高于两端年龄段人口的收入。

11.1.5 问题思考

1. 要在列联表的单元格中同时列出观测频数、期望频数、行百分比、列百分比和总百分比，应当如何操作？

2. 如果某一单元格中的期望频数小于 5，应当如何处理？

3. 运用交叉表分析品质变量之间的相关性时，原因变量和结果变量一般应怎么置放？原因变量如果放在了行上，应选择输出哪种百分比？

11.2 列联表分析

11.2.1 实验目的

通过列联表只能对变量之间的相关性做大致的判断，因此对品质变量之间相关性的准确把握还需要进行更深入的列联表分析。列联表分析简称为列联分析，该分析主要采用卡方检验和关联度测量的方法分析列联表中品质变量之间的相互关系。通过本实验，熟悉和掌握列联表分析的基本内容、主要方法和相应的SPSS操作步骤与技巧。

11.2.2 相关知识

1. 卡方（χ^2）检验

列联分析中，以χ^2统计量为检验统计量所进行的假设检验，称为χ^2检验。

卡方检验是对列联表中变量之间相关性的显著性检验，属于非参数检验方法，与一般的假设检验一样，主要包括以下三个步骤。

第一步，建立零假设，即假设行变量与列变量独立。

第二步，计算检验统计量。列联分析中选择的检验统计量是Pearson卡方统计量，其计算公式为

$$\chi^2 = \sum \frac{(f_0 - f_e)^2}{f_e} = \sum_{i=1}^{r} \sum_{j=1}^{c} \frac{(f_{ij} - e_{ij})^2}{e_{ij}} \tag{11-1}$$

式中，r为列联表的行数；c为列联表的列数；f_{ij}为实际观测频数；e_{ij}为期望观测频数。

第三步，做出判断。有两种方法：一是比较临界值的方法，即将卡方统计量的值与由给定的显著性水平所决定的临界值相比较。大于或等于临界值，拒绝原假设；小于临界值，则接受原假设。二是比较P值的方法，即将卡方统计量的检验概率P值与给定的显著性水平相比较。P大于或等于显著性水平，接受原假设；P小于显著性水平则拒绝原假设。两种方法的结论是一致的，SPSS中采取的是第二种方法。

2. 关联程度测量

卡方检验是利用χ^2值对列联表中变量之间的相互关系进行检验的方法。如果两个变量相互独立，说明它们之间没有关系；反之，则认为它们之间存在联系。那么，如果变量之间存在联系，它们之间的相关程度有多大，则需要计算关联程度系数。可供选择的关联程度系数主要有三个，各自的适用范围有所不同，应根据列联表的结构特点加以适当的选择。

（1）φ相关系数

φ相关系数的绝对值在0~1之间，适合于2×2列联表，其计算公式为

$$\varphi = \sqrt{\frac{\chi^2}{n}} \tag{11-2}$$

式中，χ^2 为按式（11－1）计算出的χ^2 值；n 为列联表中的总频数，也即样本容量。

（2）C 相关系数

C 相关系数也称为列联系数。C 的取值范围为：$0 \leqslant C < 1$，它随行数和列数的增大而增大，适用于大于 2×2 的列联表。不同行数或列数的列联表之间所得的列联系数不宜作比较。其计算公式为

$$C = \sqrt{\frac{\chi^2}{\chi^2 + n}} \tag{11-3}$$

（3）V 相关系数

V 相关系数的取值范围在 0～1，适用于大于 2×2 的列联表。不同行数或列数的列联表之间所得的相关系数不宜作比较。计算公式为

$$V = \sqrt{\frac{\chi^2}{n\min\left[(r-1),(c-1)\right]}} \tag{11-4}$$

式中，$\min\left[(r-1),(c-1)\right]$ 表示取 $(r-1)$ 与 $(c-1)$ 中较小的一个。

11.2.3 实验内容

从数据文件 data11－1.sav 中选择“年龄［a15］”和“收入水平［a4］”进行相关性分析（$\alpha = 0.05$）。

11.2.4 实验步骤

Step❶打开数据文件 data11－1.sav，选择【分析（A）】→【描述统计】→【交叉表（C）】，进入“交叉表”主对话框。

Step❷将变量“收入水平［a4］”和“年龄［a15］”分别移入“行（S）”和“列（C）”框中。

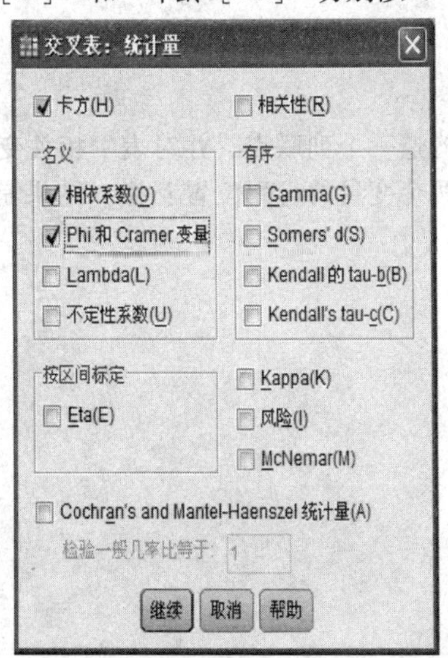

图 11－3 “交叉表：统计量”对话框

Step❸单击【统计量（S）】”按钮，弹出如图 11－3 所示的“交叉表：统计量”对话框。在此对话框中，同时选择“卡方（H）”、“相依系数（O）”和“Phi 和 Cramer 变量”选项。单击【继续】按钮，返回主对话框。

Step❹单击【确定】按钮，系统输出的卡方检验与相关性测量结果如表 11－4 和表 11－5所示。

表 11－4　卡方检验

	值	df	渐进 Sig.（双侧）
Pearson 卡方	7.406[a]	9	.595
似然比	5.781	9	.762
线性和线性组合	.066	1	.797
有效案例中的 N	100		

a. 11 单元格（68.8%）的期望计数少于 5。最小期望计数为 .04。

表 11－5　对称度量（关联系数）

		值	近似值 Sig.
按标量标定	φ	.272	.595
	Cramer 的 V	.157	.595
	相依系数	.263	.595
有效案例中的 N		100	

表 11－4 中，第 1 行的卡方检验统计量的 P 值等于 0.595，大于 0.05，因此在 95% 的置信水平下，接受行变量（收入水平）与列变量（年龄）相互独立的假设。表 11－5 中给出了三个关联系数的计算结果，由此可以看出年龄与收入水平间虽然存在一定的相关性，但相关程度微弱。

11.2.5　问题思考

1. 用你生活周围的例子构造一个列联表，并对表中相关变量是否存在相关性进行检验。

2. 在列联表中，如果将两个变量的行列位置互换，结果是否会影响卡方检验与相关性测量的结果？

第 12 章　时间序列分析的 SPSS 应用

【学习提要与目标】时间序列分析（Time Series Analysis）是以时间序列为依据研究事物发展变化规律的一种统计分析方法，其主要任务在于发现事物发展变动的规律与特征，并以此为依据对事物的未来发展进行预测。SPSS 作为常用的数据分析软件，提供了从时间序列建立到发展趋势预测的多种动态分析方法。通过本章的学习，使学生熟练掌握使用 SPSS 软件建立时间序列并进行预测的基本方法和操作步骤。

12.1　创建时间序列

12.1.1　实验目的

在时间序列分析中，有些模型对数据有特定的要求，这就需要对数据进行一定的转换，并创建新的时间序列。SPSS 创建时间序列的方法主要有差分法和平滑法。通过本实验，使学生熟悉和掌握使用 SPSS 进行数据变换和创建时间序列的基本方法和操作步骤。

12.1.2　相关知识

1. 差分处理

差分是剔除时间序列中长期趋势的方法之一，通过后期数据与前期数据逐期相减得到。最基本的一阶差分计算公式为

$$y_t = \Delta x_t = x_t - x_{t-1} \tag{12-1}$$

式中，y_t 为差分后的第 t 期时间序列值；x_t 为原时间序列第 t 期指标数值；x_{t-1} 为原时间序列 $t-1$ 期的指标数值。

在一阶差的基础上，再进行一次差分，即为二阶差分，以此类推，可以得到若干次差分的结果。除了进行逐项差分外，还可以在一定跨度的时间点之间进行差分。对于一个有季节周期性的时间序列，就可以通过相同季节之间进行差分，从而消除季节性的趋势影响。

2. 平滑处理

差分处理的目的是为了消除长期趋势的影响，而要消除时间序列中的随机因素影响，

则需要对数据进行平滑处理。常用的平滑处理方法有以下五种。

（1）中心移动平均法

以当前值为中心，计算一定跨度范围内数据的移动平均数。如要计算跨度为 5 的中心移动平均，则对当前数据和前后各两位数据共 5 个数据计算平均数。

（2）向前移动平均法

它是以当前值前面若干时期数据的平均值代替当前值。如要计算跨度为 5 的向前移动平均值，则对当前值前面的 5 个数据计算平均数。

（3）移动中位数

类似于中心移动平均法，不过计算的不是平均数，而是中位数。

（4）累计求和

对当前值和当前值之前的所有数据进行求和，从而生成原时间序列的累计值序列。

（5）数据滞后

对于指定的时间跨度阶数 k，从当前值向前数到第 k 个数值，用第 k 个数值代替当前值。

（6）数据前置

与数据滞后刚好相反。对于给定的阶数 k，从当前值向后数到第 k 个数值，以第 k 个数值代替当前值。

12.1.3 实验内容

为了对我国居民平均每人生活能源消费进行预测，收集到 1983 ~ 2008 年每年的居民每人能源消费数据，已经建立的 SPSS 数据文件命名为 data12 - 1. sav。本实验将对这些数据进行差分处理，来说明如何创建新的时间序列。

12.1.4 实验步骤

Step❶打开数据文件 data12 - 1. sav，如图 12 - 1 所示。

	年份	平均每人生活能源消费
1	1983	106.60
2	1984	113.50
3	1985	126.70
4	1986	127.30
5	1987	132.10
6	1988	141.00
7	1989	139.30
8	1990	139.20
9	1991	139.00
10	1992	134.20
11	1993	133.60
12	1994	129.30
13	1995	130.70
14	1996	120.60
15	1997	119.30
16	1998	119.00
17	1999	121.80
18	2000	123.70
19	2001	127.20
20	2002	134.00
21	2003	153.40
22	2004	175.70
23	2005	194.10
24	2006	211.80
25	2007	233.80
26	2008	240.80

图 12 - 1　数据文件 data12 - 1. sav

Step❷在数据编辑窗口，依次选择【转换（T）】→【创建时间序列（M）】，进入如图 12－2所示的对话框。

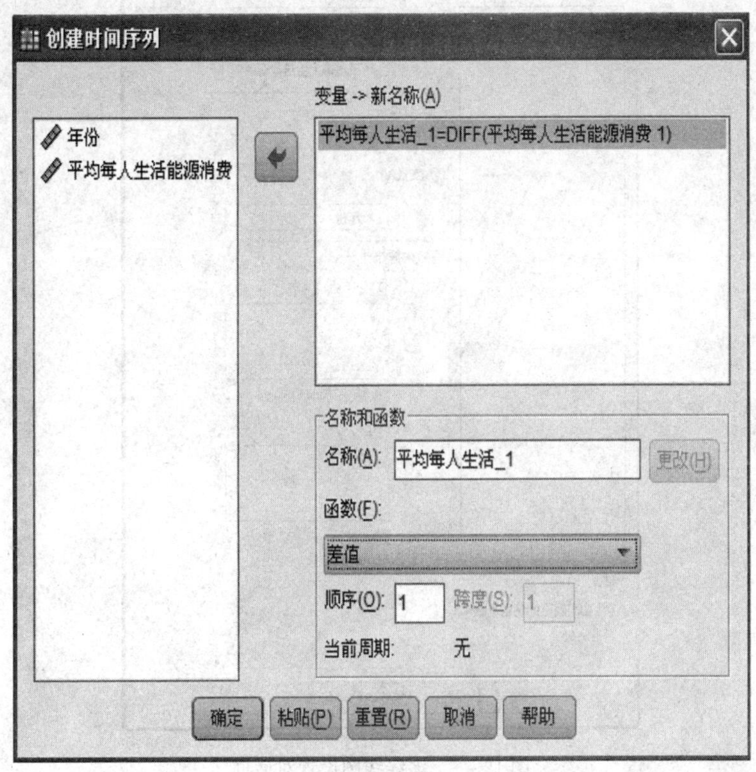

图 12－2　创建时间序列对话框

Step❸将变量“平均每人生活能源消费”移入“变量－＞新名称（A）”框中，在“函数（F）”下拉框中选择“差值”。如果对“顺序（O）”中的数值进行了更新，则要按下“更改（H）”按钮才能生效。这里使用默认的“顺序（O）”值“1”，即进行一阶差分。设置完毕，单击【确定】按钮，则会在原文件中生成名为“平均每人生活_ 1”的一阶差分序列，见数据文件 data12－2. sav。

Step❹再次将变量［平均每人生活能源消费］移入“变量－＞新名称（A）”框中，在“函数（F）”下拉框中选择“中心移动平均”，在“跨度（S）”中输入“3”，表示三项移动平均。设置完毕，单击【确定】按钮，则会在原文件中再添加一个名为“平均每人生活_ 2”的中心移动平均序列，见数据文件 data12－2. sav。

Step❺绘制时间序列图。在数据编辑窗口单击【图形（G）】→【旧对话框（L）】→【线图（L）】，进入线图主对话框，选择“多线线图”图式和“个案值（I）”数据模式。单击【定义】按钮，进入如图 12－3 所示的对话框。将“年份变量”移入“类别标签”变量框，其余三个变量选入“线的表征（I）框。单击【确定】按钮，系统输出如图 12－4 所示的时间序列图。

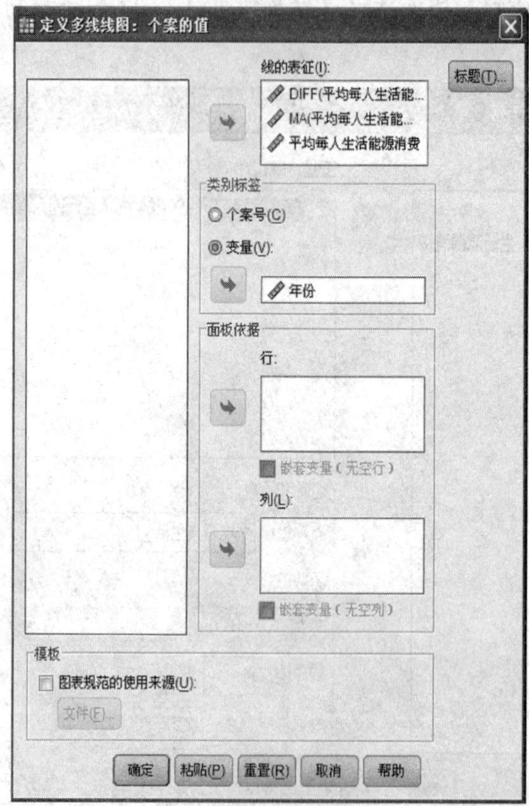

图 12－3　多线线图设置对话框

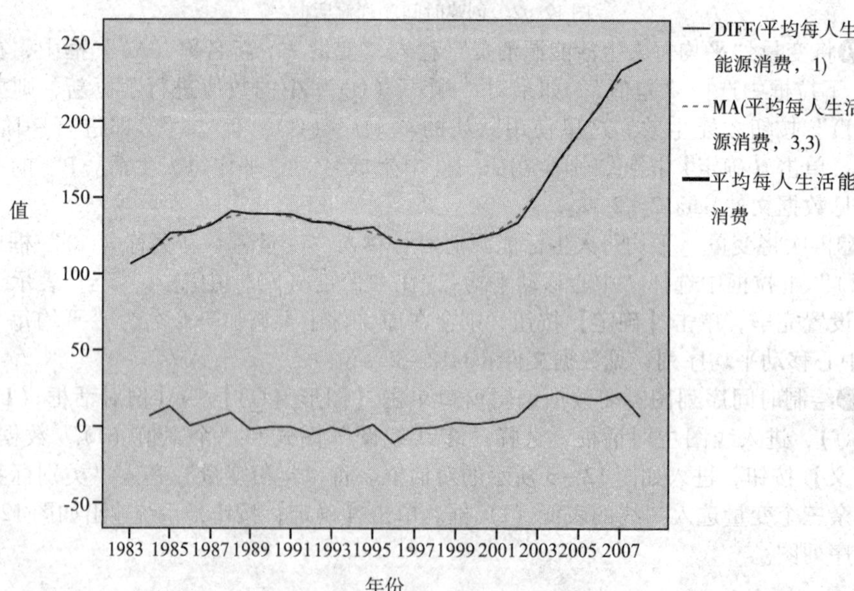

图 12－4　实验资料变动线图

图 12－4 中最底下的线是平均每人生活能源消费一阶差分值序列曲线，基本呈水平变动趋势；其他两条线中比较平滑的曲线是平均每人生活能源消费 3 项移动平均线，另外一条为未作处理的原始数值线。

12.1.5 问题思考

1. 如果在时间序列中有缺失值，如何进行处理？
2. 对数据平滑处理时，不同的方法得到的结果可能不同，如何选择合适的平滑方法？

12.2 指数平滑预测

12.2.1 实验目的

指数平滑预测法是根据现有的数据，通过构造指数平滑模型，对时间序列进行预测。在指数平滑预测中，需要对不同的指数平滑模型进行选择。通过本实验，熟悉和掌握使用 SPSS 建立指数平滑预测模型的方法和步骤，并能够利用所建立的模型对实际数据进行预测。

12.2.2 相关知识

1. 指数平滑模型的种类及特点

指数平滑预测模型可以分为季节性指数平滑预测模型和非季节性指数平滑预测模型。季节性预测模型只能用于对已经定义好时期的数据进行预测。根据平滑次数的多少，指数平滑预测模型可以分为简单指数平滑模型和二次指数平滑模型、三次指数平滑模型等。

简单指数平滑也称为一次指数平滑，用于没有长期趋势或季节变动的时间序列。其基本公式为

$$\hat{Y}_{t+1} = \alpha Y_t + (1-\alpha)\ddot{Y}_t \qquad (12-2)$$

式中，$\hat{Y}_{t+1}$ 为下一期的预测值；Y_t 为第 t 期的实际值；$\hat{Y}_t$ 为第 t 期的预测值；α 为平滑系数。

利用指数平滑模型进行预测，平滑系数 α 的选择至关重要。α 的取值介于 0 到 1 之间，当时间序列变化平缓时，α 可选小一些（0.1～0.3），以减少修正幅度，使预测模型能够包含较长时间序列的信息；当时间序列变化剧烈时，平滑系数 α 可以选大一些（0.6～0.8），使预测模型灵敏度高些，以便迅速跟上数据的变化。实际中的常用方法是，多选几个 α 进行试预测，看哪个模型的误差最小，就采用哪个模型进行实际预测。

二次指数平滑法是在一次指数平滑值的基础上再进行一次平滑，然后利用两次平滑值建立时间序列趋势模型进行预测。主要有布朗（Brown）线性趋势模型和霍特（Holt）线性

趋势模型、阻尼趋势模型。前两种模型主要用于没有季节变动的线性趋势时间序列预测。阻尼趋势模型则用于具有衰减的线性趋势同时没有季节变动的时间序列预测。

三次指数平滑法是根据三次指数平滑值建立模型进行预测的方法。主要包括简单季节性模型、温特（Winter）可加性模型、温特相乘性模型。简单季节性模型用于没有线性趋势而季节效应是常数的时间序列。温特可加性模型用于具有线性趋势，而季节效应不取决于序列水平的时间序列。温特相乘性模型用于具有线性趋势，而季节效应取决于序列水平的时间序列。

2. SPSS 时间序列建模器对话框的结构与功能

在数据编辑窗口，依次选择【分析（A）】→【预测（T）】→【创建模型】，进入如图 12－5所示的对话框。

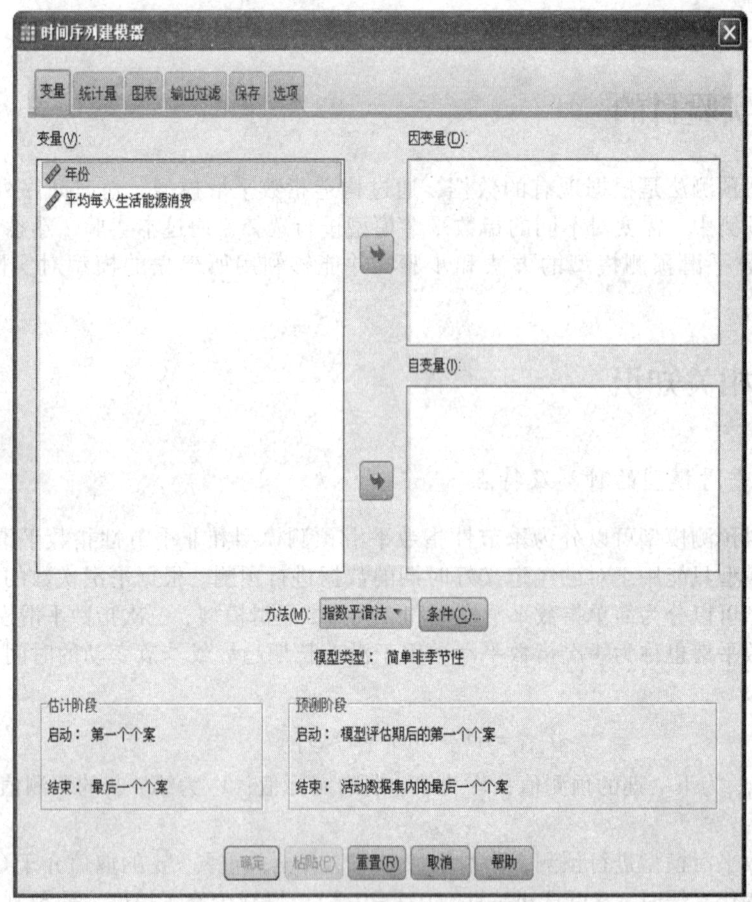

图 12－5　时间序列建模器对话框

时间序列建模器对话框中共有六个面板，分别是“变量”、“统计量”、“图表”、“输入过滤”、“保存”、“选项”。这里主要介绍以下三个。

(1)“变量”面板

“变量”画板主要用来指定预测变量和选择建模方法。此面板中提供的建模方法主要有专家建模器、指数平滑法、ARIMA 法，其中专家建模器是根据时间序列的特征，自动选择适当的模型进行建模。在每种方法中，还可设置相应的条件，如在指数平滑法中，可以选择非季节性和季节性模型，也可以对因变量进行平方根或自然对数变换等。在 ARIMA 法中，可以设置自回归、差分和移动平均的阶数，可以对因变量进行变换，还可设定模型中是否包含常数等。

(2)“统计量”面板

“统计量”面板主要用于选择建模结果的统计量和显示预测值。输出的统计量主要有三类：拟合度量、比较模型的统计量和个别模型的统计量，在每一类中又包括若干个统计量，可以根据需要选择特定的统计量。系统默认显示的统计量有“平稳的 R 方”、“拟合优度”等。

(3)“图表”面板

“图表”面板主要用于输出建模结果统计量和预测值的图形。

12.2.3 实验内容

本实验以数据文件 data12－1.sav 中的我国居民 1983～2008 年的人均能源消费资料为依据，建立我国居民平均每人生活能源消费指数平滑预测模型，并对 2009 年的人均生活能源消费进行预测。

12.2.4 实验步骤

Step❶打开 SPSS 数据 data12－1.sav，依次选择【分析（A）】→【预测（T）】→【创建模型】，进入如图 12－5 所示的对话框。与此对话框同时打开的是定义时间变量对话框(见图 12－6)。单击【定义日期（E）】按钮，设置数据的开始时间。本实验资料的开始为 1983 年。

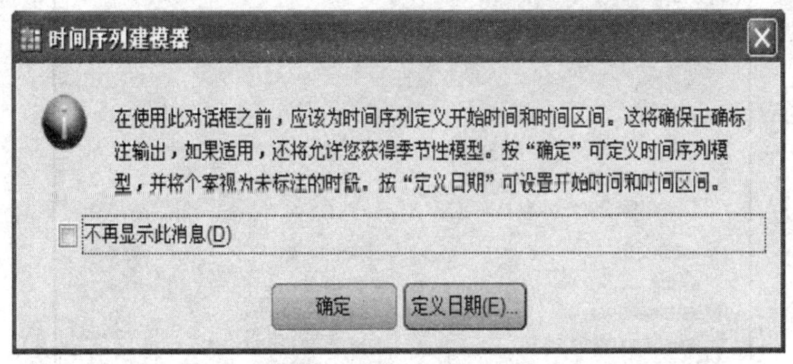

图 12－6 定义时间变量对话框

Step❷再次进入时间序列建模器对话框，将变量“平均每人生活能源消费”移入“因变量（D）”框，在“方法（M）”后的下拉框中选择“指数平滑法”。

Step❸单击【条件C】按钮，弹出如图 12－7 所示的对话框。在此对话框中选择模型的类型，以及对因变量进行转换，其他选项采用默认选项。

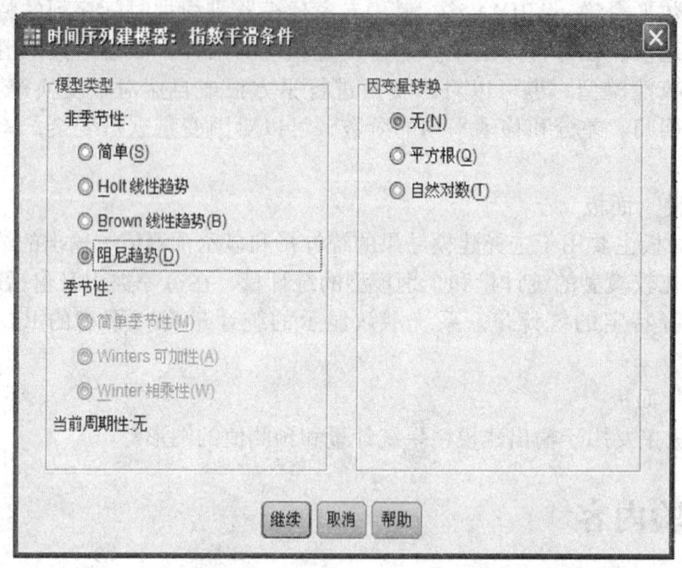

图 12-7　指数平滑条件对话框

Step❹在图 12-7 对话框中，依次选择“简单（S）”、“Holt 线性趋势”、“Brown 线性趋势（B）”、“阻尼趋势（D）”，分别建立不同的非季节性指数平滑模型。通过比较发现，“阻尼趋势”的拟合最好，“平稳的 R 方“达到了 0.544。因此，选用“阻尼趋势（D）”趋势模型进行预测。

Step❺设置输出统计量。在主对话框中单击【统计量】按钮，打开如图 12-8 所示的对话框。依次勾选“按模型显示拟合度量…”、“平稳的 R 方（Y）”、“参数估计（M）”和“显示预测值（S）”选项。

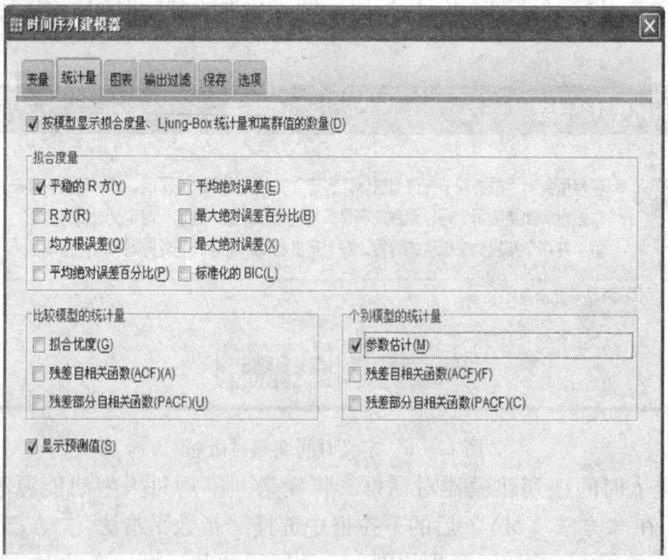

图 12-8　输出统计量对话框

Step❻设置图形输出。单击【图表】按钮，进入图表输出选择对话框。在“每张图显示的内容”框中选择“观测值（O）”、“预测值（S）”和“拟合值（I）”。

Step❼指定预测时间。单击【选项】按钮，进入如图 12－9 所示的对话框。在预测阶段框中选择第二个选项，并在日期活动框中输入 2009，表示输出 2009 年的预测结果。单击【确定】，系统输出结果如表 12－1～表 12－4 和图 12－10 所示。

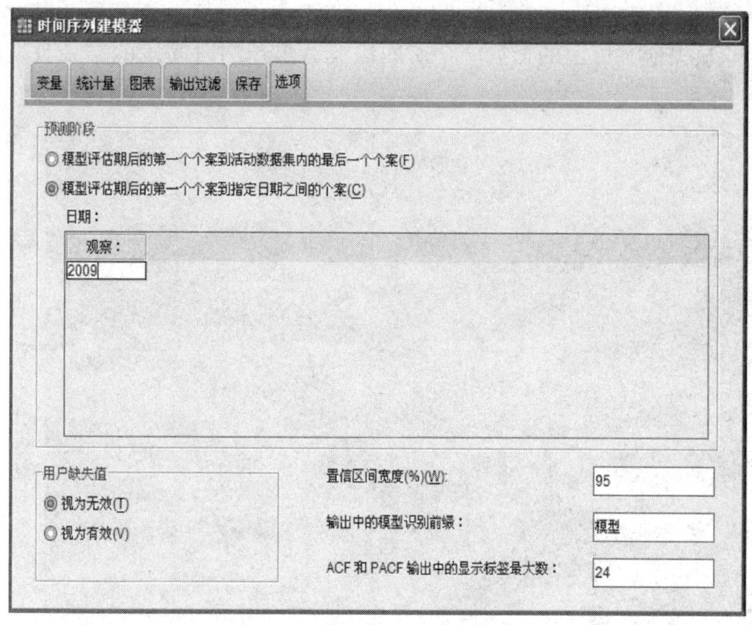

图 12－9 预测时间设置对话框

表 12－1 模型描述

	模型类型
模型 ID 平均每人生活能源消费 模型_ 1	阻尼趋势

表 12－2 模型统计量

模型	预测变量数	模型拟合统计量	Ljung－Box Q（18）			离群值数
		平稳的 R 方	统计量	DF	Sig.	
平均每人生活能源消费－模型_ 1	0	.544	9.524	15	0.849	0

表 12－3 指数平滑法模型参数

模型		估计	SE	t	Sig.
平均每人生活能源消费－模型_ 1	Alpha（水平）	.759	.287	2.644	.014
	Gamma（趋势）	1.000	.829	1.206	.240
	Phi（趋势阻尼因子）	.910	.128	7.097	.000

表 12－4 预测结果

模型		2009
平均每人生活能源消费－模型_ 1	预测	253.05
	UCL	265.69
	LCL	240.41

对于每个模型，预测都在请求的预测时间段范围内的最后一个非缺失值之后开始，在所有预测值的非缺失值都可用的最后一个时间段或请求预测时间段的结束日期（以较早者为准）结束。

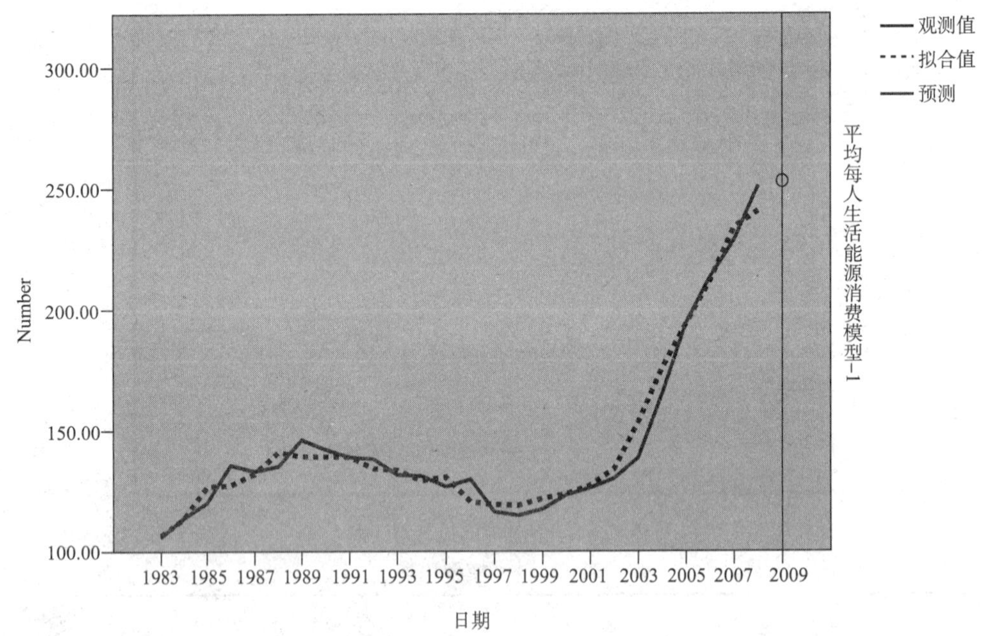

图 12－10 阻尼趋势模型拟合图

以上输出中，表 12－1 是模型基本统计信息，给出了当前模型所使用的分析变量和方法。

表 12－2 给出的是模型拟合统计量，平稳 R 方统计量的取值为 0.544，说明所配合的阻尼趋势模要优于基本的均值模型。表 12－3 为模型参数估计值；其中 Alpha（水平）和 Phi（趋势阻尼因子）的 t 检验显著性水平均小于 0.05，说明在 0.05 显著性水平下两者对预测变量有显著影响。

表 12－4 给出了 2009 年我国居民人均生活能源消费预测值及其置信区间。图 12－10 描绘了实际观测序列、模型拟和序列的变化趋势，并加上了 2009 年的预测数据。由观测序列、拟和序列在图中高度相近的特点，可以判断本实验使用的模型是较为合理的。

12.2.5 问题思考

1. 建立季节性指数平滑预测模型的基本条件是什么？
2. 用专家建模器如何建立时间序列预测模型？

12.3 ARIMA 模型预测

12.3.1 实验目的

ARIMA 模型是随机性时间序列预测中的最常用模型，该模型要求时间序列是平稳的，否则，需要通过差分对时间序列进行平稳化处理。实践中，这种方法用于短期预测精度较高。通过本实验，熟悉和掌握使用 SPSS 建立 ARIMA 模型的基本方法和步骤，并能够利用 ARIMA 模型对实际问题进行预测。

12.3.2 相关知识

1. 平稳序列和非平稳序列

在时间序列分析中，对于平稳的时间序列有严格的数学定义。把一个时间序列中的数据按照时间先后顺序在图形上表现出来，即得到序列图。如果一个序列图在水平方向平稳发展，在垂直方向上波动稳定，就称为平稳的时间序列；如果一个时间序列图有着明显的趋势性、周期性、波动性、季节性，就称为不平稳的时间序列。对于不平稳序列，可以通过对原序列进行一阶差分或二阶差分，使其变得平稳。

2. ARIMA 模型

ARIMA 是自回归移动平均结合（Auto Regressive Integrated Moving Average）模型的简写形式，是时间序列分析中最为常用的模型，也称为 Box-Jenkins 模型。ARIMA 模型可以对含有季节成分的时间序列数据进行分析，它包含三个主要参数——自回归阶数（p）、差分阶数（d）和移动平均阶数（q），一般模型的形式记为 ARIMA（p，d，q）。

所谓 ARIMA 模型，就是对差分后的序列建立 ARMA 模型。因此，学习 ARIMA 模型，应首先了解 ARMA 模型。ARMA 模型是自回归（AR）模型与移动平均（MA）模型的综合，称为自回归移动平均模型。根据参数个数的不同，ARMA 模型可分为以下几个基本类型。

（1）自回归模型

时间序列的自回归模型与一般线性回归模型形式相同，差别仅在于模型中的解释变量是被解释变量的 1，2，…，P 阶的滞后变量。自回归 AR（p）阶模型的形式如下：

$$y_t = \varphi_0 + \varphi_1 y_{t-1} + \varphi_2 y_{t-2} + \cdots \varphi_p y_{t-p} + \varepsilon_t \qquad (12-3)$$

式中，ε_t 假设为白噪声序列，且和 t 时刻之前的原始序列 y_t（$k<t$）互不相关。

（2）移动平均模型

移动平均时间序列模型根据平均前期预测误差的原则建立，在前一期预测值之上加上预测误差便可得到现在的预测值。移动平均 MA（q）阶模型的形式如下：

$$y_t = \theta_0 + \theta_1 \varepsilon_{t-1} + \theta_2 \varepsilon_{t-2} + \cdots + \theta_q \varepsilon_{t-q} + \varepsilon_t \qquad (12-4)$$

式中，ε_t 假设为白噪声序列，说明时间序列 y_t 能表示为若干个白噪声的加权平均和。

(3) 自回归移动平均模型

ARMA (p, q) 模型是建立在 AR (p) 和 MA (q) 模型基础上的。对于平稳可逆的模型来说，它事实上是无限阶的 AR 模型或 MA 模型的等价形式，因此有效的 ARMA 模型可以弥补单纯用 AR 模型或 MA 模型导致的参数过多的问题，从理论上来讲能够较大地提高估计的精度并且节省计算量。ARMA 其一般形式为

$$y_t = \varphi_1 y_{t-1} + \varphi_2 y_{t-2} + \cdots + \varphi_p y_{t-p} + \varepsilon_t + \theta_1 \varepsilon_{t-1} + \theta_2 \varepsilon_{t-2} + \cdots + \theta_q \varepsilon_{t-q} \qquad (12-5)$$

综上所述，AR (p) 模型和 MA (q) 模型都是 ARMA (p, q) 模型的特例，MA (q) = ARMA (p, 0)，MA (q) = ARMA (0, q)。各种模型的相关函数图像特征如表 12-5 所示，可以根据这些特征识别模型，并确定模型的阶数。

表 12-5　ARMA 模型相关函数的图像特征

模型	AR (p)	MA (q)	ARMA (p, q)
自相关函数	拖尾	截尾	拖尾
偏自相关函数	截尾	拖尾	拖尾

12.3.3　实验内容

本实验仍以 data12-1.sav 中的数据为依据，建立 ARIMA 模型，并对 2009 年我国居民平均每人生活能源消费进行预测。

12.3.4　实验步骤

Step❶打开 SPSS 数据 data12-1.sav，依次选择【分析（A）】→【预测（T）】→【自相关（O）】，进入如图 12-11 所示的自相关图对话框，此对话框用于绘制自相关图和偏自相关图，以初步确定模型。

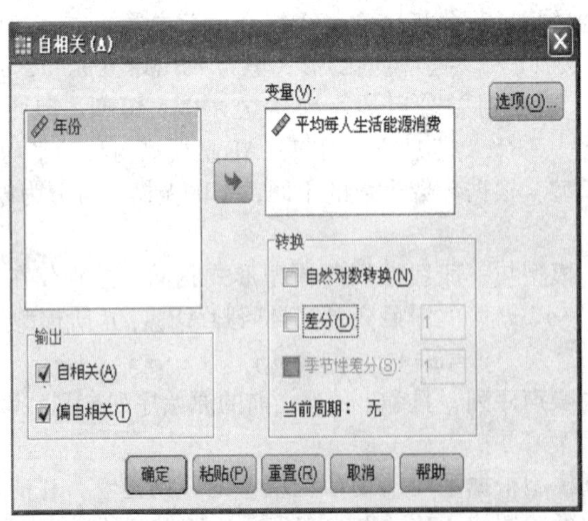

图 12-11　自相关图设置对话框

Step❷单击【确定】按钮，得到的自相关图和偏自相关图如图 12－12 和图 12－13 所示。

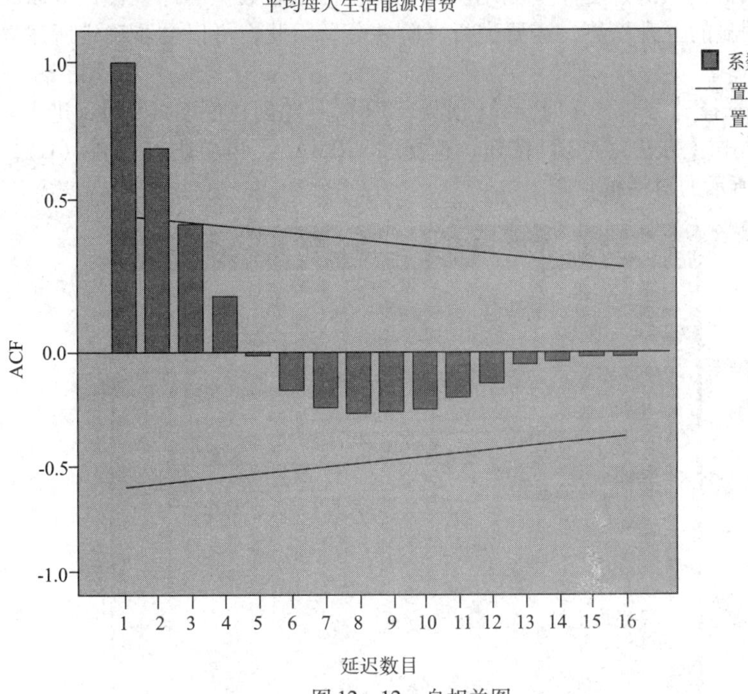

图 12－12 自相关图

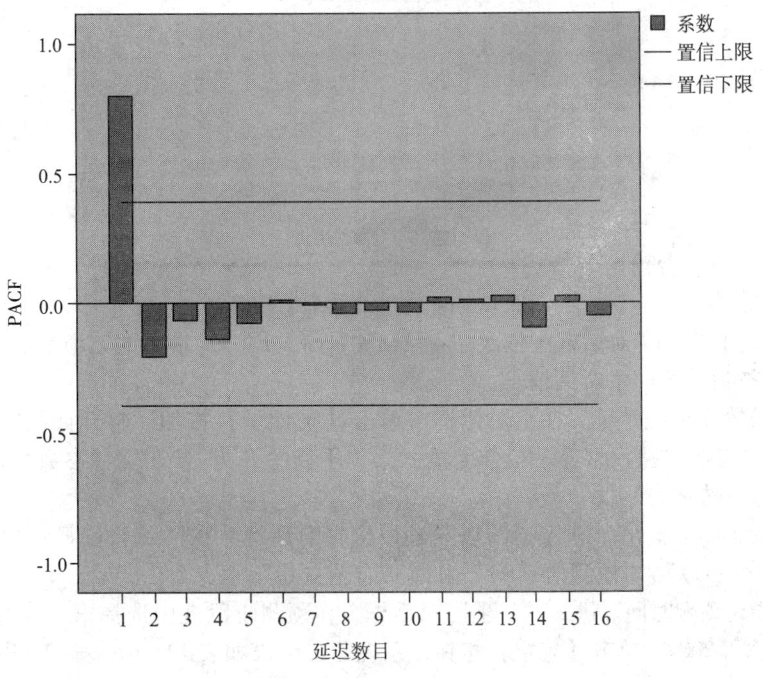

图 12－13 偏自相关图

从图 12－12 可以看出，原时间序列的自相关函数是三步截尾；从图 12－13 可以看出，原时间序列的偏自相关函数是一步截尾。此外，根据原始数据的序列图，可以看出人均能源消费序列有明显的上升趋势，需要进行一阶差分。因此，可以初步确定所建立的函数模型为 ARIMA（1，1，3）。

Step❸依次选择【分析（A）】→【预测（T）】→【创建模型（C）】，进入时间序列建模器对话框。单击【方法（M）】按钮，选择“ARIMA”，再单击【条件（C）】按钮，得到如图 12－14 所示的对话框。

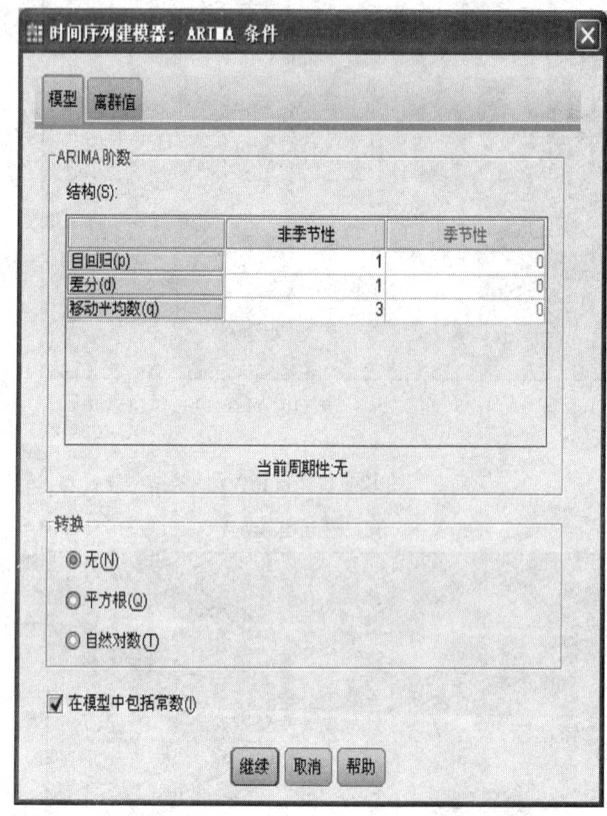

图 12－14　ARIMA 条件对话框

Step❹在图 12－14 对话框中依次输入 ARIMA（1，1，3）模型的三个参数 1、1、3。单击【继续】按钮，返回主对话框。

Step❺设置输出统计量。在主对话框中单击【统计量】按钮，打开如图 12－8 所示的对话框。依次勾选“按模型显示拟合度量…”、“平稳的 R 方（Y）”、“参数估计（M）”和“显示预测值”选项。

Step❻设置图形输出。进入“图表”输出选择对话框，在“每张图显示的内容”框中选择“观测值（O）”、“预测值（S）”和“拟合值（I）”。

Step❼指定预测时间。进入“选项”对话框，在预测阶段框中选择第二个选项，并在日期活动框中输入 2009。单击【确定】按钮，系统输出结果如表 12－6～表 12－9 和图 12－15 所示。

表 12－6 模型描述

	模型类型
模型 ID 平均每人生活能源消费 模型_ 1	ARIMA (1, 1, 3)

表 12－7 模型统计量

模型	预测变量数	模型拟合统计量	Ljung－Box Q (18)			离群值数
		平稳的 R 方	统计量	DF	Sig.	
平均每人生活能源消费－模型_ 1	0	.572	9.602	14	.791	0

表 12－8 ARIMA 模型参数

					估计	SE	t	Sig.
平均每人生活能源消费－模型_ 1	平均每人生活能源消费	无转换	常数		5.851	4.613	1.269	.219
			AR	滞后 1	.717	.292	2.454	.023
			差分		1			
			MA	滞后 1	.298	.388	.767	.452
				滞后 2	－.204	.248	.821	.421
				滞后 3	－.242	.334	－.725	.477

表 12－9 预测结果

模　　型		2009
平均每人生活能源消费－模型_ 1	预测	250.37
	UCL	263.51
	LCL	237.24

对于每个模型，预测都在请求的预测时间段范围内的最后一个非缺失值之后开始，在所有预测值的非缺失值都可用的最后一个时间段或请求预测时间段的结束日期（以较早者为准）结束。

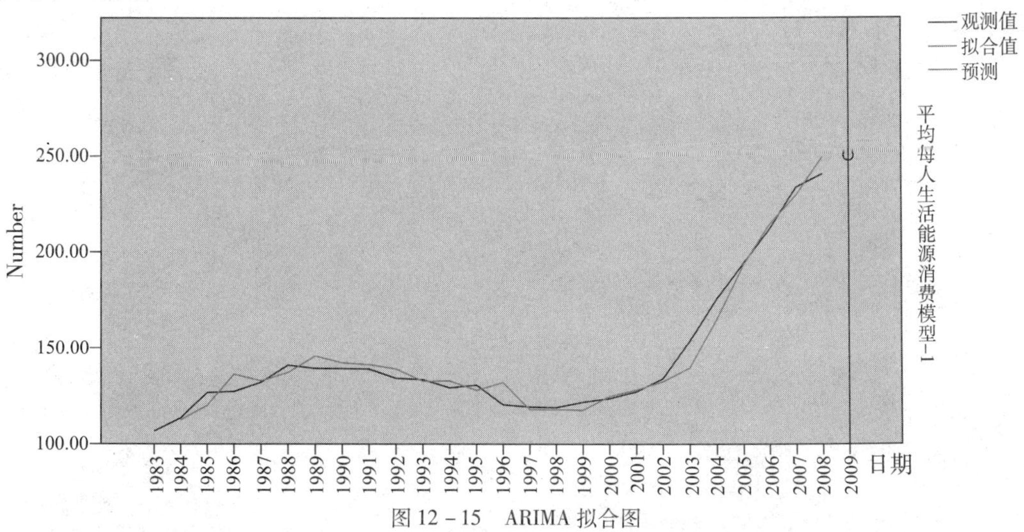

图 12－15 ARIMA 拟合图

由以上输出结果可以看出，ARIMA 模型的拟合优度高于阻尼趋势指数平滑模型，预测值稍低于指数平滑预测值，但差异不大。

12.3.5 问题思考

1. ARIMA 模型对数据有什么要求？如何确定模型中的参数？
2. 同样的数据，进行指数平滑法预测和 ARIMA 模型预测，哪一个更精确一些？

第 13 章　统计图形的 SPSS 绘制

【学习提要与目标】统计图形是用点的位置、线段的升降、直条的长短或面积的大小等描绘数据资料和分析结果的一种方式，其特点是简明、生动、形象易懂。统计图形有多种，其中常用的有条形图、饼形图、线型图、直方图、面积图和箱线图等。不同的图形有着不同的数据要求和适用范围，可以反映不同的问题。SPSS 提供了多种绘制统计图形的工具，本章将结合实际问题有选择地进行介绍。通过本章的学习，使学生熟练掌握常用统计图形的 SPSS 绘制方法和操作技巧，并能灵活选用各种统计图形表现实际问题中的数据特征。

13.1　条形图及其制作

13.1.1　实验目的

条形图用直条的长短表现非连续型数据的特征，适用于描绘分类变量（nominal 或 ordinal）的取值大小、频数分布等，常用的条形图类型有简单条形图、分类条形图和堆积条形图。通过本实验，使学生熟悉各类条形图的特点、应用范围，并掌握使用 SPSS 绘制常用条形图的基本方法和操作技巧。

13.1.2　相关知识

1. 条形图的种类

（1）简单条形图

简单条形图也称为单式条形图，是反映一个变量频数分布和多个变量数值比较的图形。

（2）分类条形图

分类条形图也称为分组条形图或复式条形图，是反映多个变量交叉频数分布特征的统计图，也可用于反映多个总体（样本）的变动趋势。

（3）堆积条形图

堆积条形图也称为分段条形图，是以条形的全长代表某个变量的整体，条形内部的各分段代表各组成部分在整体中所占比例的统计图，用来显示部分与整体的关系。

2. SPSS 条形图主对话框的结构与功能

在数据编辑窗口单击【图形（G）】→【旧对话框（L）】→【条形图（B）】，进入如图 13－1 所示的条形图主对话框。该对话框提供了三种不同的条形图图式和数据文件结构模式。

三种图式为：简单条形图、复式条形图和堆积条形图。

三种数据文件结构模式：

（1）个案组摘要（G）模式

个案组摘要模式即分组汇总模式，针对这种模式，条形图以某个分类轴变量作为个案分组的标准，反映了以组为单位的个案情况。

（2）各个变量的摘要（V）模式

各个变量的摘要模式即单个变量汇总模式，简称为变量摘要模式。针对这种模式，条形图用以反映若干变量或同一个变量的各种参数的情况。

（3）个案值（I）模式

针对这种模式，条形图用以反映某变量的所有个案的取值情况。

每一种数据结构模式都可以做出三种不同图式的条形图，因此根据数据结构和条形图图式的不同组合，可以生成九种不同类型的条形图。

需要说明的是，简单条形图往往在频数分析时，直接利用相关“频率（F）”模块的作图功能来完成，即在利用频率过程作频数分布表时就可以同时作条形图。因此对于条形图工具，更多的时候是用于作交互条形图，即复式条形图和堆积条形图。

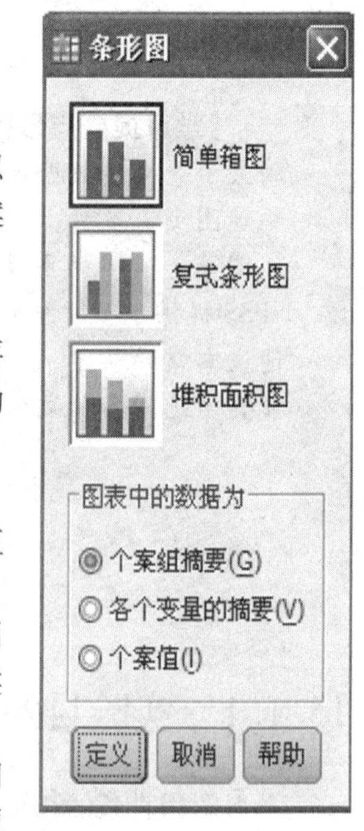

图 13－1　条形图主对话框

13.1.3　实验内容

数据文件 data13－1. sav 是一组企业职工情况模拟调查数据，共包括起始工资、工龄、年龄、目前工资、工作态度、工作业绩、公司效益、学历、职务等 9 个变量，35 条记录。本实验根据该组数据绘制简单条形图和复式条形图。

13.1.4　实验步骤

1. 简单条形图的绘制

（1）个案组摘要模式

Step❶打开数据文件 data13－1. sav，依次单击【图形（G）】→【旧对话框（L）】→【条形图（B）】，进入如图 13－1 所示条形图主对话框。

Step❷选择“简单箱图”和“个案组摘要（G）”数据模式。单击【定义】按钮，进入如图 13－2 所示的简单条形图个案组摘要模式定义对话框。在此对话框的“条的表征”框中，选择“个案数（N）”选项，将变量“学历”移入“类别轴（X）”框，其他采用系统默认设置。

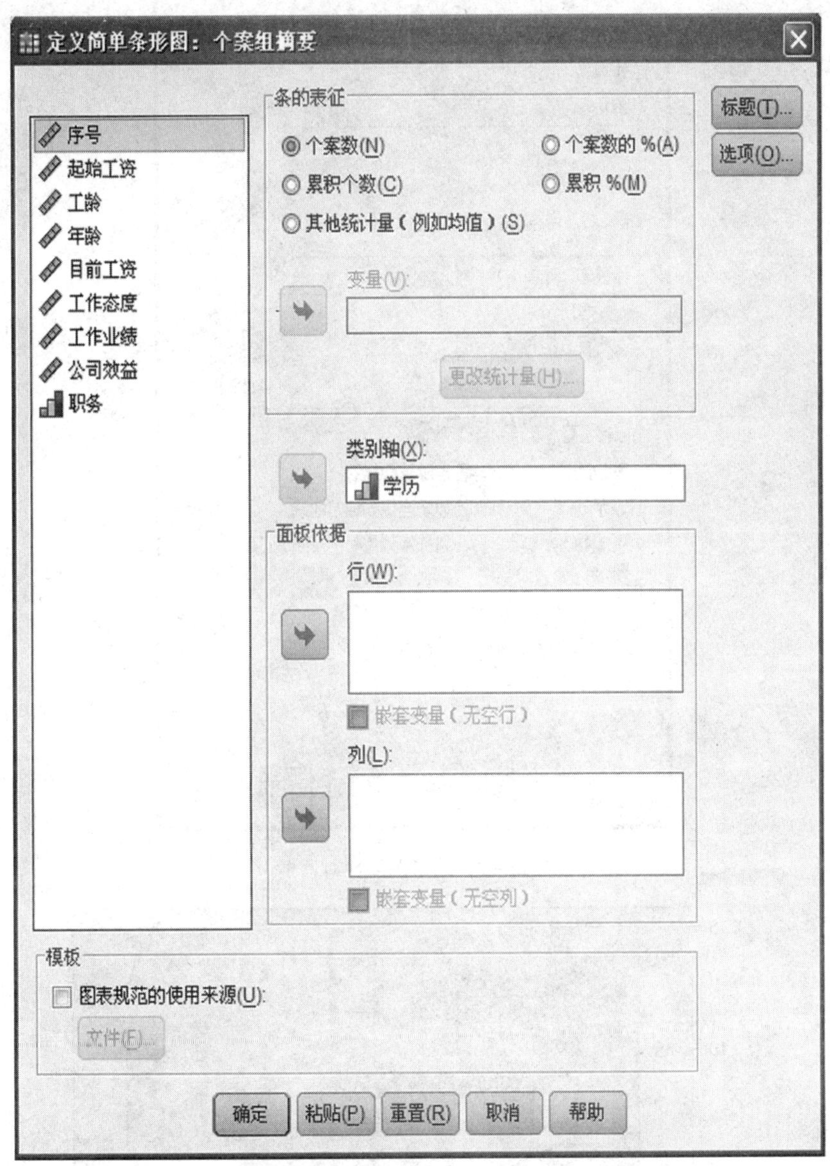

图 13－2 简单条形图“个案组摘要”模式设置对话框

Step❸单击【确定】按钮。系统输出初始图形。

Step❹对图形进行修饰。在结果浏览窗口，双击图形，使其处于编辑状态；按下右键在出现的下拉式菜单中选择“添加数据标签”，并在同时打开的“属性”对话框中将不显示栏中的“百分比”选入显示框，如图 13－3 所示。最后，单击【应用】按钮，修饰后的最终图形如图 13－4 所示。

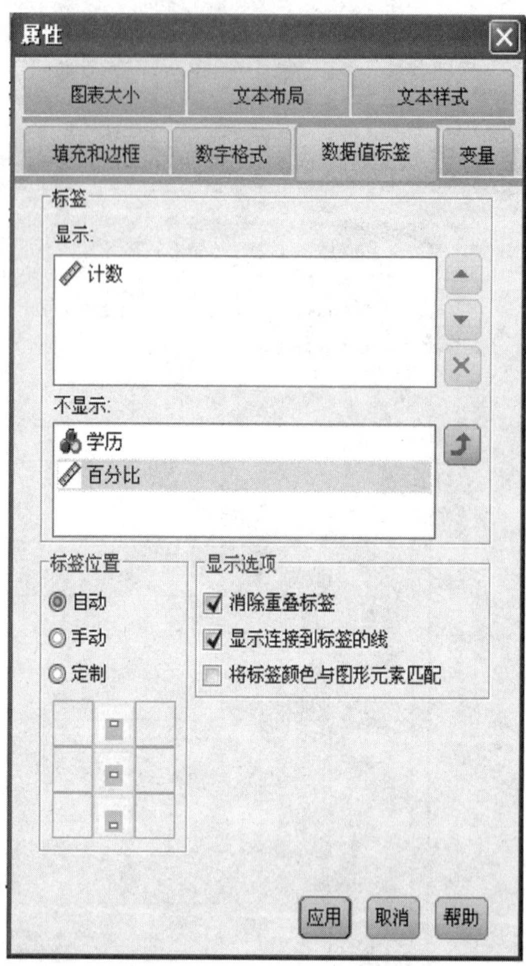

图 13－3　条形图属性对话框

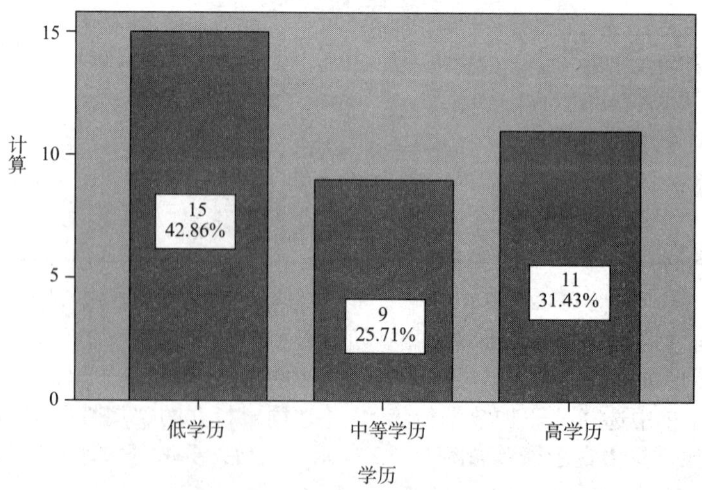

图 13－4　个案组模式简单条形图

（2）各变量的摘要模式

Step❶打开数据文件 data13－1. sav，在条形图主对话框中选择“简单箱图”和“各个变量的摘要（G）”数据模式。单击【定义】按钮进入如图 13－5 所示的简单条形图各个变量的摘要模式定义对话框。

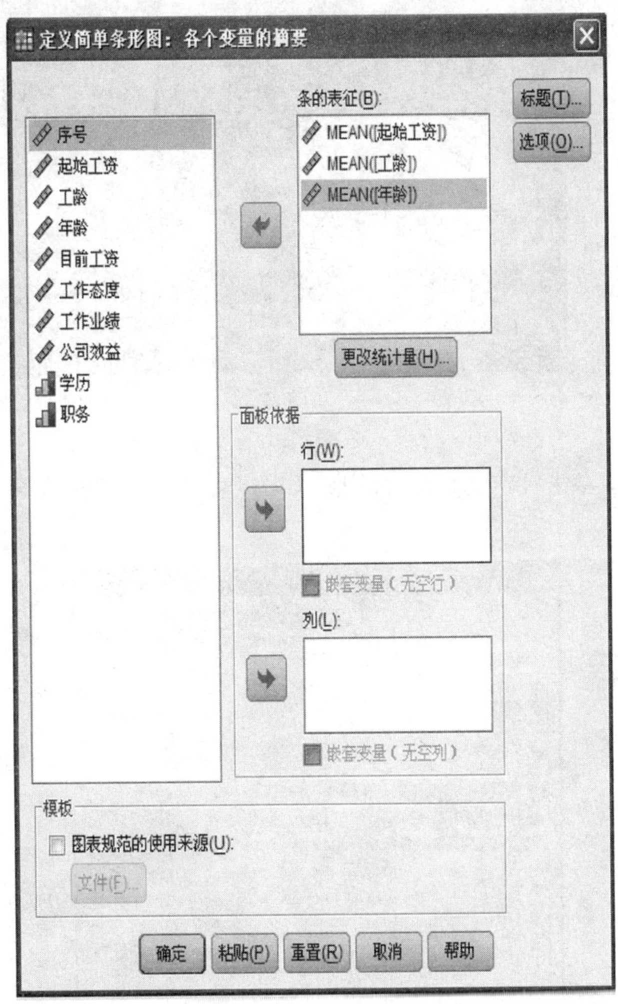

图 13－5 简单条形图“变量摘要”模式设置对话框

Step❷从左边的变量列表中将“起始工资”、“工龄”、“年龄”同时选入“条的表征（B）”框中，系统默认是以这些变量的均值绘制图形。如果要修改绘图统计量，则要先选定需要修改统计量的变量，然后单击【更改统计量（H）】按钮，在随后打开的对话框中选择需要的统计量即可。

Step❸单击【确定】按钮。系统输出初始图形。

Step❹对图形进行修饰，方法同上。最终结果如图 13－6 所示。

（3）个案值模式

Step❶打开数据文件 data13－1. sav，在条形图主对话框中选择“简单箱图”和“个案

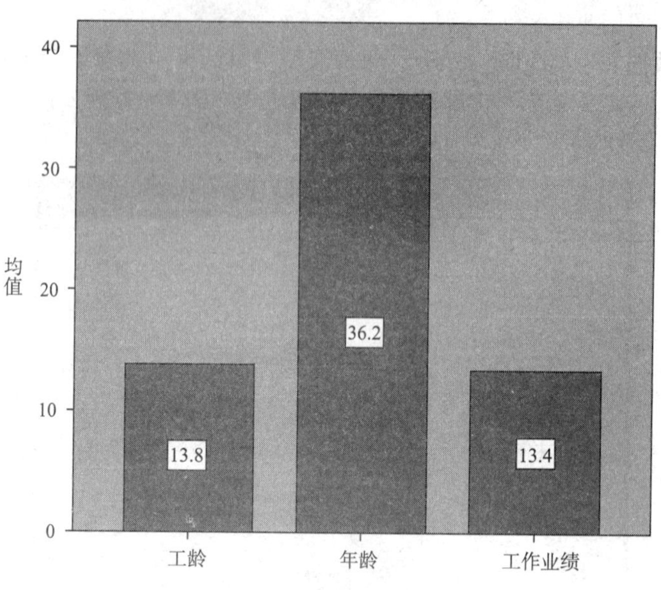

图 13－6　变量摘要模式简单条形图

值（I）”数据模式。单击【定义】按钮，进入如图 13－7 所示的简单条形图个案值模式定义对话框。

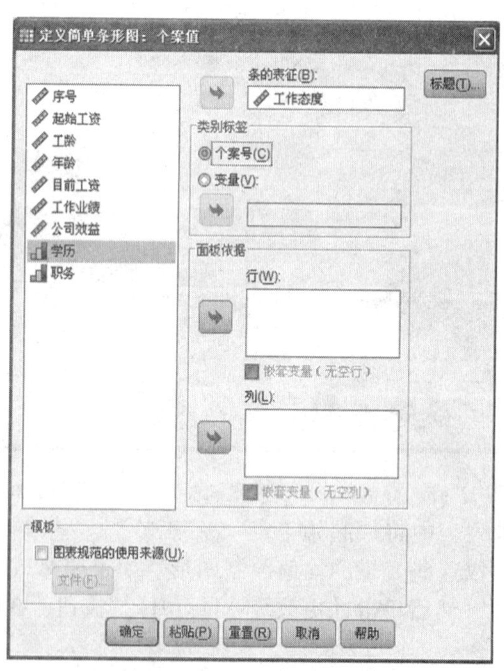

图 13－7　简单条形图“个案值”模式设置对话框

Step❷将变量“工作态度”选入“条的表征（B）”框中，在“类别标签”框中点选“个案号（C）”单选项，其他采用系统默认设置。

Step❸单击【确定】按钮，完成操作。系统输出结果如图 13－8 所示。

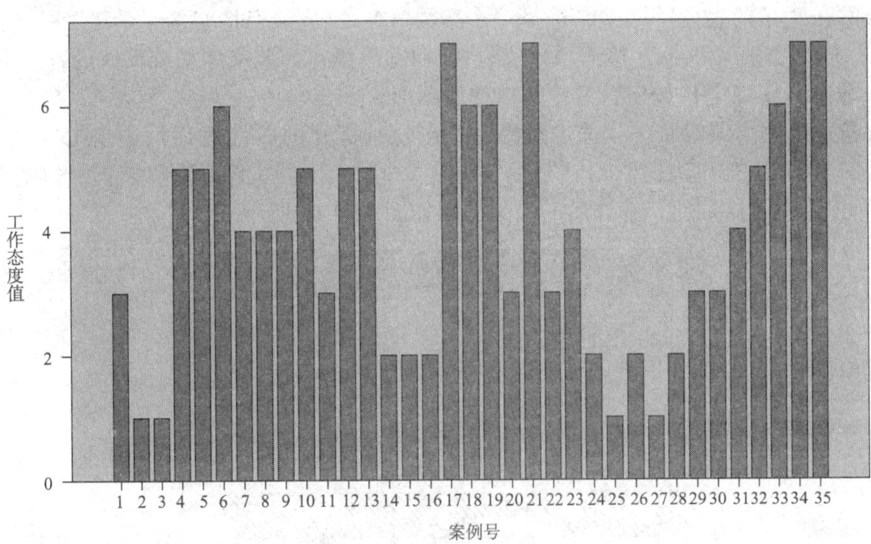

图 13－8　个案值简单条形图

2. 复式条形图的绘制

（1）个案组摘要模式

Step❶打开数据文件 data13－1. sav，进入条形图主对话框。

Step❷选择“复式条形图”和“个案组摘要（G）”数据模式，单击【定义】按钮进入如图 13－9 所示的复式条形图“个案组摘要”模式定义对话框。

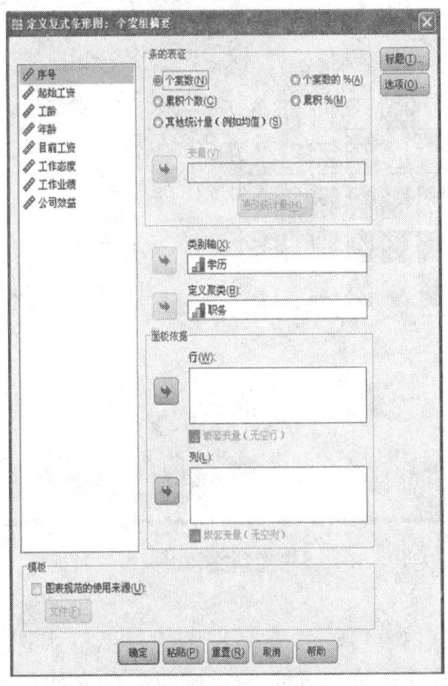

图 13－9　复式条形图“个案组摘要”模式定义对话框

Step❸在“条的表征”框中，选择“个案数（N）”选项；将变量“学历”移入“类别轴（X）”框，变量“职务”移入“定义聚类（B）”框，其他采用系统默认设置。

Step❹单击【确定】按钮，系统输出初始图形。

Step❺进入图形编辑状态，选定条棒，并在同时打开的属性对话框中单击【填充和边框】按钮；在“填充和边框”对话框的“颜色”栏中设置图形颜色和模式，如图 13－10 所示。单击【应用】按钮，修饰后的最终图形如图 13－11 所示。

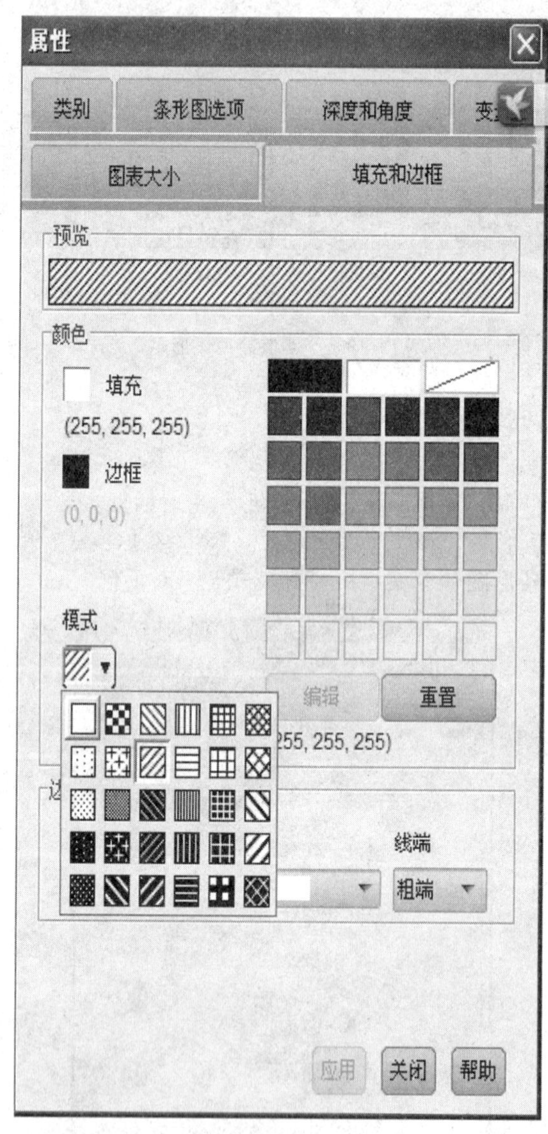

图 13－10　条形图填充和边框设置对话框

（2）变量摘要模式

Step❶打开数据文件 data13－1. sav，在条形图主对话框中选择“复式条形图”和“各个变量的摘要（G）”数据模式。单击【定义】按钮，进入如图 13－12 所示的复式条形图

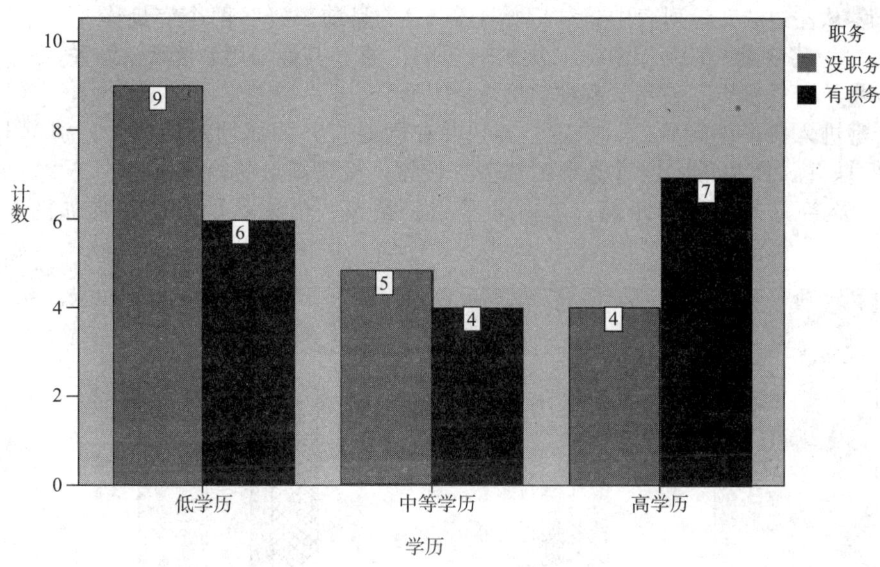

图 13－11 个案组模式复式条形图

"变量的摘要"模式定义对话框。

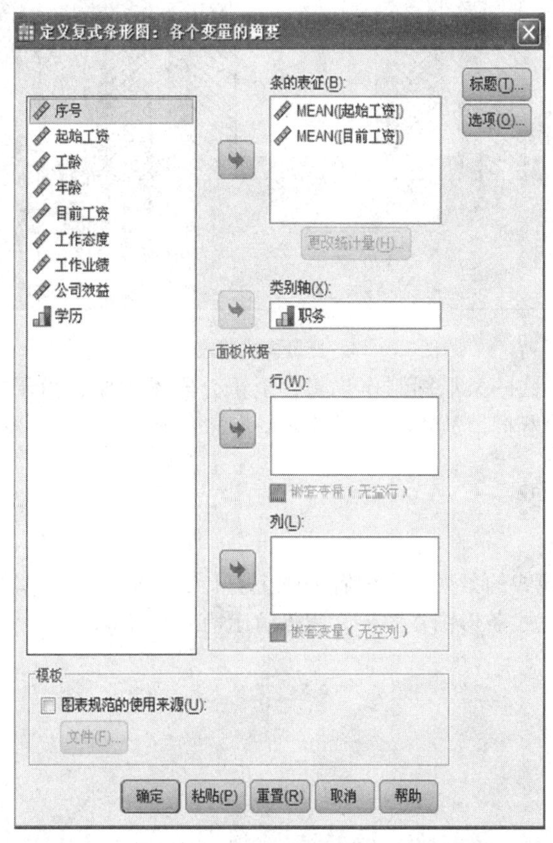

图 13－12 复式条形图"变量摘要"模式定义对话框

Step❷从左边的变量列表中将“起始工资”、“目前工资”两个变量移入“条的表征(B)”框中，将变量“职务”移入“类别轴（X)”框，其他采用系统默认设置。

Step❸单击【确定】按钮，系统输出初始图形。

Step❹进入图形编辑状态，选定条棒，并在同时打开的属性对话框中分别单击【填充和边框】、【深度和角度】、【条形图选型】按钮，设置图形的输出模式、三维效果、条的宽度以及条与条之间的距离。单击【应用】按钮，修饰后的最终图形如图 13－13 所示。

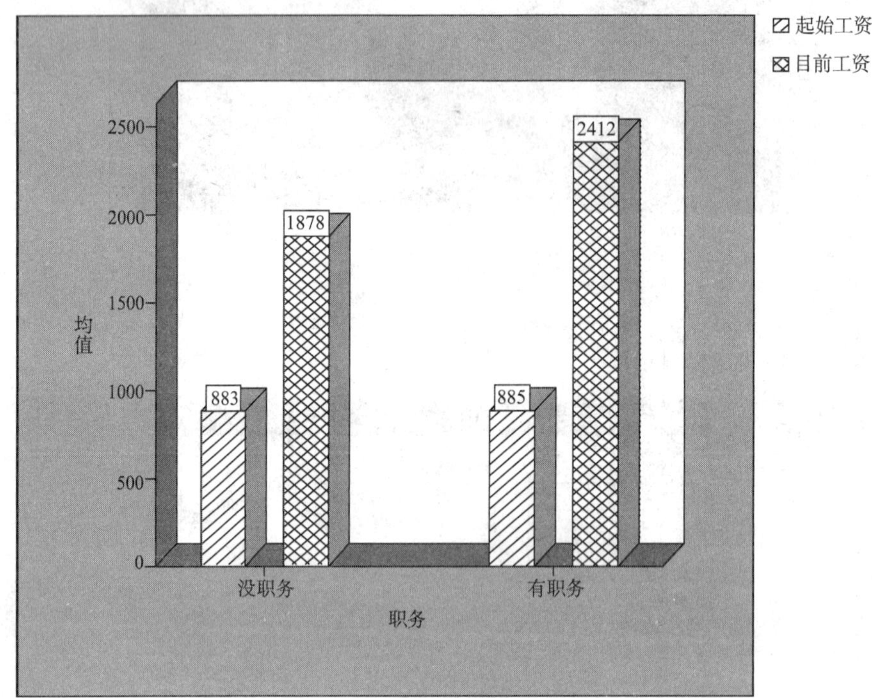

图 13－13　变量模式复式条形图

以上介绍了 5 种形式的条形图制作步骤。至于分段条形图，由于其与复式条形图的制作界面和操作过程完全相同，故不再对其做进一步的介绍。

13. 1. 5　问题思考

1. 不同数据组织模式的条形图在内容表现上有什么不同?
2. 简单条形图和复式条形图在图形元素设置上有什么不同?

13.2 饼图及其制作

13.2.1 实验目的

饼图也称为圆形图，是用圆形及圆内扇形的面积来表示数值大小的图形。在绘制圆形图时，总体中各部分所占的百分比用圆内的各个扇形面积表示，而每一个扇形的中心角则是根据各部分百分比占360°的相应比例确定的。通过本实验，熟悉饼图的特点、应用范围，掌握使用SPSS绘制常用饼图的基本方法和操作技巧。

13.2.2 相关知识

1. 饼图的应用特点

饼图主要用于表示总体中各组成部分所占的比例，对于研究结构性问题十分有用，特别适用于反映总体的内部各组成部分的构成。饼图只能使用一个数据系列，较适合数据点较少的情形。通常5个或6个数据点时，使用饼图效果最佳。带有过多数据点的饼图比较难于解释。

2. SPSS饼图主对话框的结构与功能

在数据编辑窗口单击【图形（G）】→【旧对话框（L）】→【饼图（E）】，进入如图13－14所示的饼图主对话框。该对话框提供了绘制饼图的三种数据文件结构模式。即“个案组摘要（G）”模式、“各个变量的摘要（V）”模式和“个案值（I）”模式。由于饼图主要适用于表现总体各组成部分的结构，所以，在以上三种数据模式中，“个案组摘要”模式最为常用。三种数据模式的含义与条形图完全相同，这里不再重复。

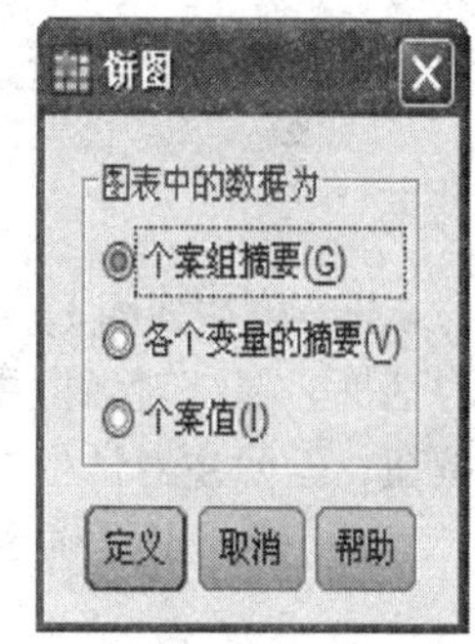

图13－14 饼图主对话框

13.2.3 实验内容

本实验根据数据文件data13－1.sav中的职工学历资料绘制“个案组摘要”饼图，并对图形所反映的结构进行简要分析。

13.2.4 实验步骤

Step❶打开数据文件data13－1.sav，依次单击【图形（G）】→【旧对话框（L）】→【饼图（E）】，进入饼图主对话框。

Step❷选择“个案组摘要（G）”数据模式，单击【定义】按钮进入如图 13－15 所示的饼图“个案组摘要”模式定义对话框。在该对话框的“分区的表征”框中，选择“个案数（N）”选项，将变量“学历”移入“定义分区（B）”框。

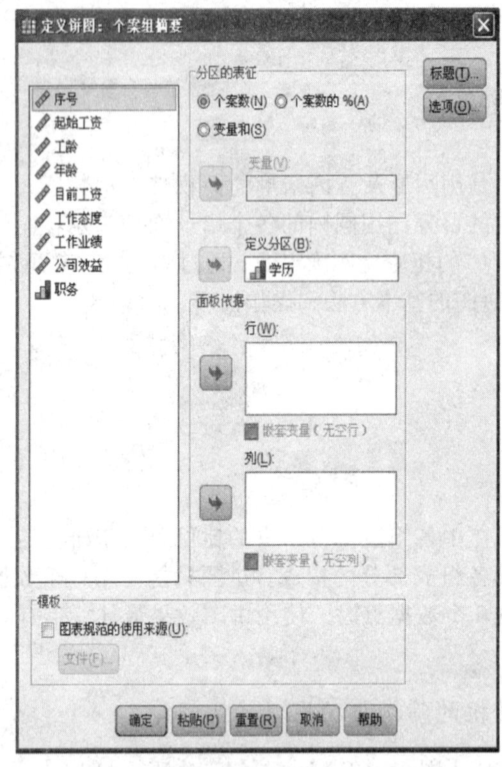

图 13－15　饼图“个案组摘要”模式设置对话框

Step❸在如图 13－15 所示的对话框中，单击【标题（T）】按钮，进入标题和脚注设置对话框。在该对话框中的标题栏第一行输入“某企业职工学历结构饼图”。单击【继续】按钮，返回主对话框。

Step❹单击【确定】按钮，系统输出的初始图形如图 13－16 所示。

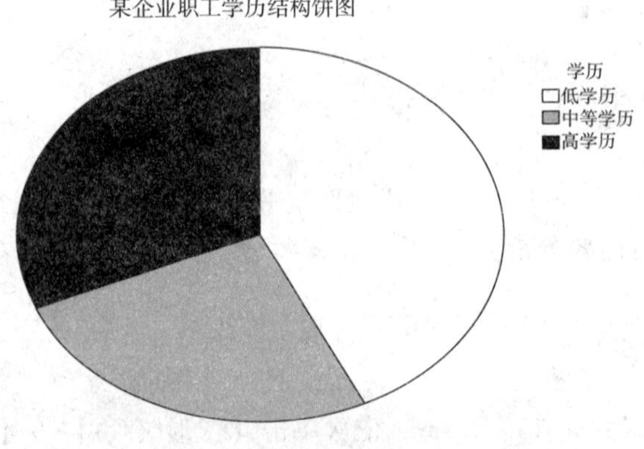

图 13－16　初始饼图

Step❺添加数据标签，并分离低学历饼块。进入图形编辑状态，按右键在出现的下拉式菜单中选择“添加数据标签”，并在同时打开的“属性”对话框中将“计数”选入显示栏中；选定图形中的低学历饼块，并按右键，在下拉式菜单中选择“分解分区”；单击【应用】按钮，修饰后的图形如图 13 – 17 所示。

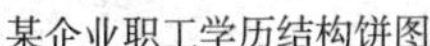

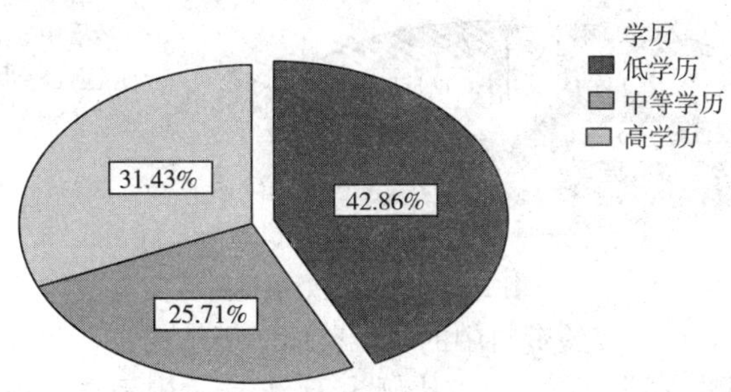

图 13 – 17　修饰后的饼图

Step❻改变图表类型，制作三维效果饼图。进入图形编辑状态，选定所有饼块，按鼠标右键，打开“属性”对话框完成以下操作：

第一步，在属性对话框中单击“深度和角度”按钮，弹出如图 13 – 18 所示的对话框；在此对话框中的“作用”框中，选择“3 – D”图表类型，并在下面的“深度（%）”活动框中输入 18。单击【应用】按钮使其生效。

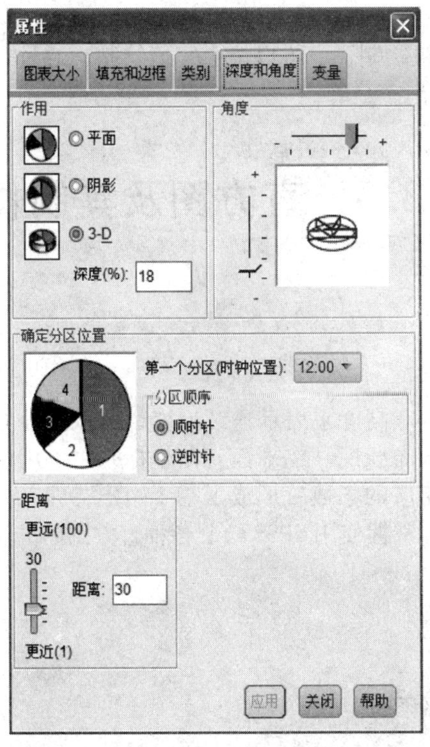

图 13 – 18　图形三维效果设置对话框

第二步，在属性对话框中单击【填充和边框】按钮，弹出“填充和边框”对话框，在其中的“颜色”栏中设置每个饼块的颜色和显示模式。设置完毕，单击【应用】按钮，最终完成的图形如图 13－19 所示。

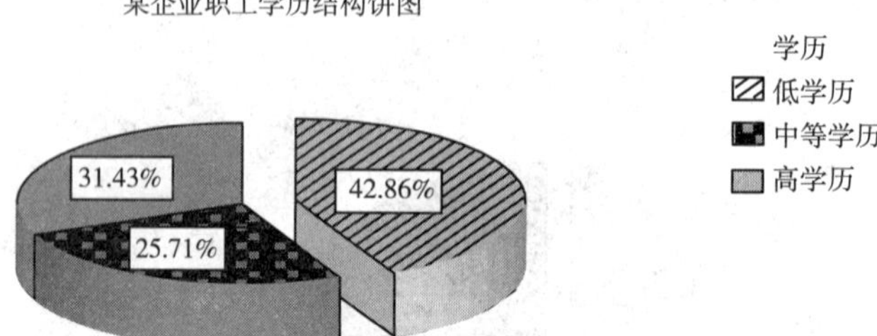

图 13－19　三维效果饼图

由图 13－19 可以看出，实验资料中的员工整体学历结构特征为：低学历人员所占比例最高，为 42.86%；其次是高学历，所占比例为 31.43%，中等学历的人员比例最低，仅为 25.71%。实际中应把员工结构与企业对各类人员的实际需要相比较，如果能满足实际需求，可维持现有的员工结构现状；如果不能满足企业对各类人员的实际需求，就需要采取措施对员工结构进行必要的调整。

13.2.5　问题思考

1. 饼图主要用于反映什么问题？

2. 饼图既可以按个案组绘制，也可以按个案值绘制，通过一个实例分别绘制个案组和个案值饼图，并比较其差异。

13.3　直方图及其制作

13.3.1　实验目的

直方图是用矩形的宽度和高度来表示连续型变量的取值分布特征的图形，主要用于表现组距式分组数据的频数分布状况。在平面直角坐标系中，用横轴表示数据的分组，纵轴表示频数或频率，各组与相应的频数就形成了一个矩形，即直方图。通过本实验，熟悉直方图的特点、应用范围，并掌握使用 SPSS 绘制各种直方图的方法和操作技巧。

13.3.2　相关知识

1. 直方图与条形图的区别

条形图是用条形的长度或高度表示各类频数的多少，其宽度（表示类别）是固定的；

直方图是用面积表示各组频数的多少，图形的高度表示每一组的频数或百分比，宽度则表示各组的组距，其宽度和高度均有意义。从图形特征上看，直方图的各矩形通常是连续的，条形图则是分开排列的。

2. SPSS 的直方图绘制功能

SPSS 提供了多种绘制统计图形的工具。图形中的“图表构建程序（C）”、“旧对话框（L）”以及频数分析过程均可以绘制直方图。各种工具绘制直方图的界面虽有所不同，但在图形元素设置上大同小异，其中用“旧对话框（L）”工具绘制直方图最为简单方便。所以，本实验只介绍通过“旧对话框（L）”菜单绘制简单直方图的基本过程。

13.3.3 实验内容

某行业管理局 40 个企业 2008 年的利润额数据如表 13－1 所示，所建立的 SPSS 数据文件命名为 data13－2. sav。本实验利用 SPSS 的“旧对话框（L）”菜单绘制该管理局 40 个企业的利润额直方图，并作简要分析。

表 13－1 某管理局 2008 年 40 个企业的利润额数据

企业序号	所在地区	利润额/万元	企业序号	所在地区	利润额/万元	企业序号	所在地区	利润额/万元
1	甲	152	15	甲	103	29	乙	108
2	甲	124	16	甲	118	30	乙	97
3	甲	129	17	甲	142	31	乙	88
4	甲	116	18	甲	135	32	乙	123
5	甲	100	19	甲	125	33	乙	115
6	甲	103	20	甲	117	34	乙	119
7	甲	92	21	乙	108	35	乙	138
8	甲	95	22	乙	105	36	乙	146
9	甲	127	23	乙	110	37	乙	113
10	甲	104	24	乙	107	38	乙	126
11	甲	105	25	乙	137	39	乙	114
12	甲	119	26	乙	120	40	乙	136
13	甲	115	27	乙	136			
14	甲	87	28	乙	117			

13.3.4 实验步骤

Step❶打开数据文件 data13－2. sav，依次单击【图形（G）】→【旧对话框（L）】→【直方图】，进入如图 13－20 所示的直方图设置对话框。

Step❷将变量“利润额”移入“变量（V）”框，并勾选“显示正态曲线（D）”选项。

Step❸单击【确定】按钮，系统输出初始直方图形。

Step❹对初始图形进行修饰。进入图形编辑状态，添加数据标签；打开直方图“属性”对话框，单击【分箱】按钮，弹出如图 13－21 所示的对话框。在此对话框的“X 轴”框中

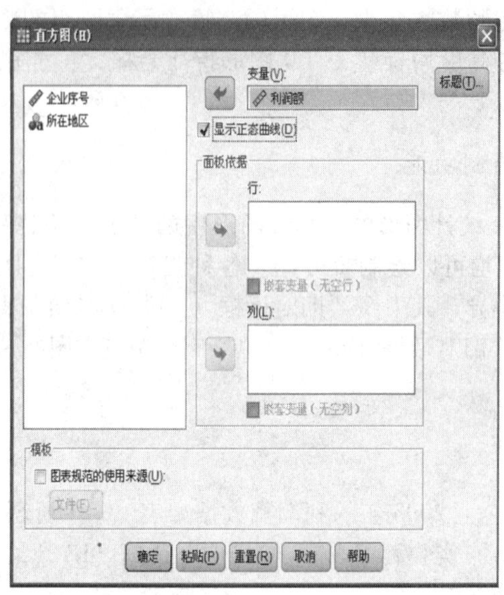

图 13－20　直方图设置主对话框

依次选择“定制”、“区间宽度”选项，并在区间宽度后的活动框中输入合适的区间宽度值（直方图每个矩形的宽度值）。本实验合适的区间宽度值为 10。也可以选择“区间个数”进行设置。设置完毕，单击【应用】按钮，修饰后的最终图形如图 13－22 所示。

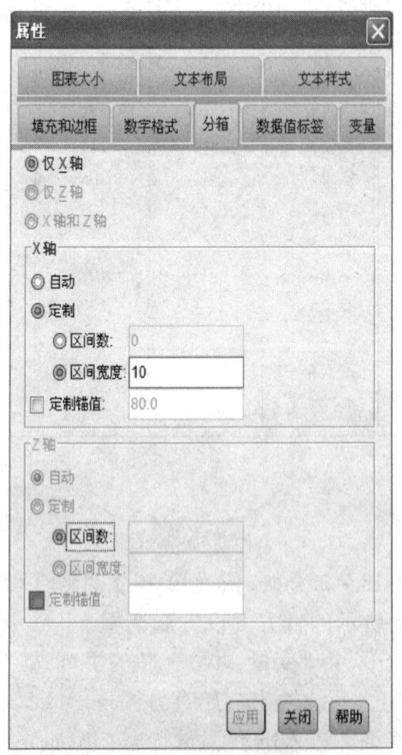

图 13－21　直方图区间调整对话框

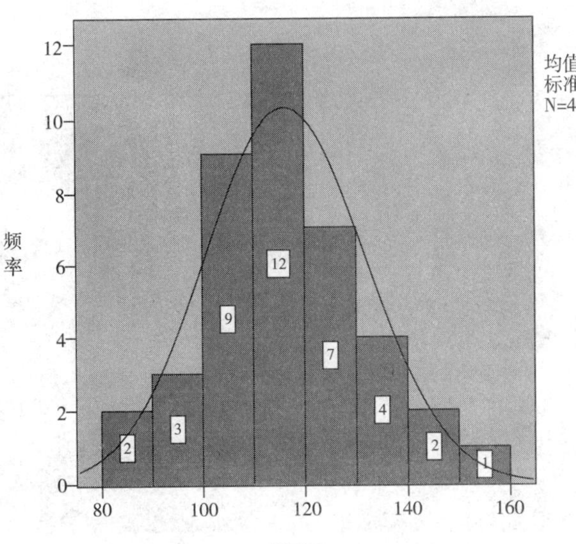

图 13－22 利润额直方图

Step❺如果要绘制分地区的利润额直方图，则需要在直方图主对话框中设置面板变量。即把“地区”变量移入“面板依据”框中的“行”框或“列”框中，其他设置不变。执行结果如图 13－23 和图 13－24 所示。

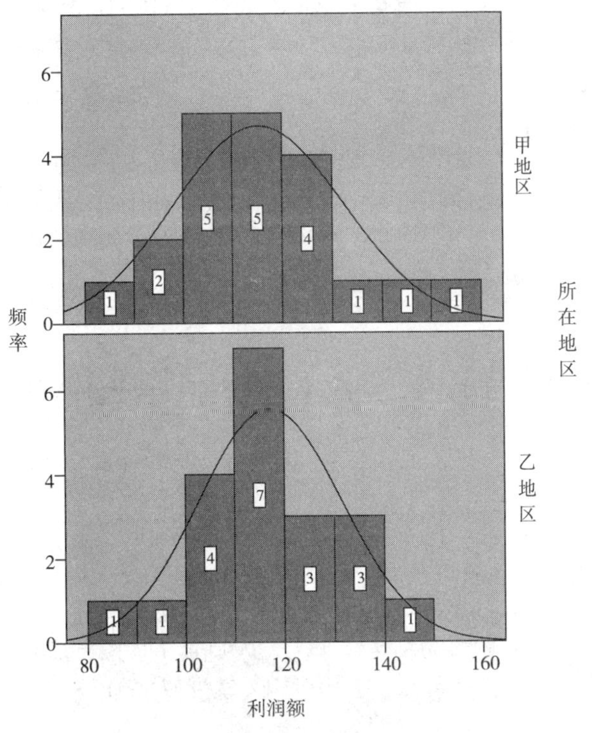

图 12－23 行面板设置直方图

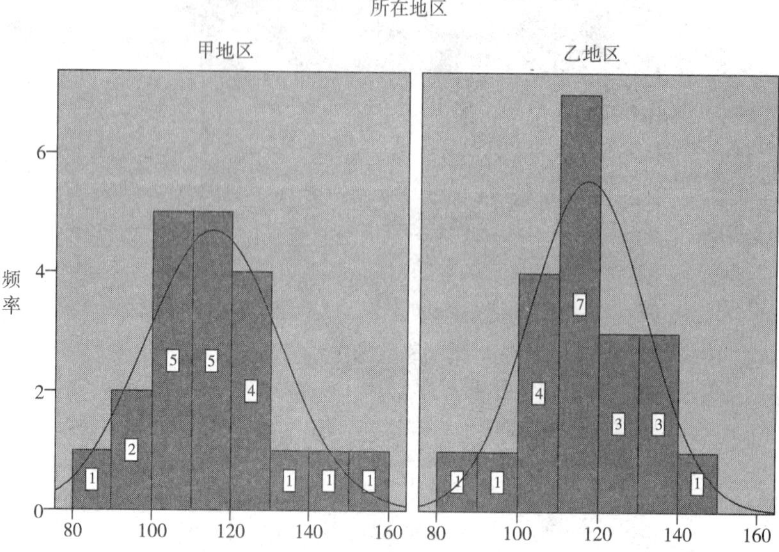

图 13－24　列面板设置直方图

由以上几组直方图可以看出，该行业管理局所属的40个企业的利润额整体上接近正态分布，有21个企业的利润额在100～120万元之间，占全部企业总数的52.5%。从不同地区看，利润额分布有一定的差异，其中乙地区利润额在110～120万元之间的企业数明显多于甲地区。

13.3.5　问题思考

1. 直方图适合于反映什么问题？绘制直方图对数据有什么要求？
2. 直方图与茎叶图均可以反映数值型数据的分布状况，两种图形有什么异同点？
3. 用SPSS绘制直方图，如何调整矩形的宽度？

13.4　人口金字塔图

13.4.1　实验目的

人口金字塔图是表示人口年龄、性别结构的一种特殊的统计图形，其最初主要用于比较某一人口总体中男女人口的年龄结构。今天，人口金字塔图已广泛应用于很多领域。通过本实验，熟悉人口金字塔图的特点、应用范围，掌握使用SPSS绘制人口金字塔图的基本方法和操作技巧。

13.4.2 相关知识

1. 人口金字塔图的特点和应用范围

人口金字塔图以年龄为纵轴，以人口数为横轴，按左侧为男、右侧为女绘制图形，其形状如金字塔。金字塔底部代表低年龄组人口，金字塔上部代表高年龄组人口。人口金字塔图反映了过去人口的情况、目前人口的结构，以及今后人口可能出现的趋势。

人口金字塔图被广泛应用于社会管理、市场调查、企业管理等问题的研究。例如，比较某一地区城乡不同年龄居民的社会满意度、比较某一地区城乡居民按收入分组的家庭分布等。总之，凡是涉及两个群体某种结构的比较时，均可绘制人口金字塔图。

2. 分群金字塔图的功能与结构

在数据编辑窗口单击【图形（G）】→【旧对话框（L）】→【人口金字塔图（Y）】，进入如图 13－25 所示的人口金字塔图主对话框，该对话框除变量框外，还设有：

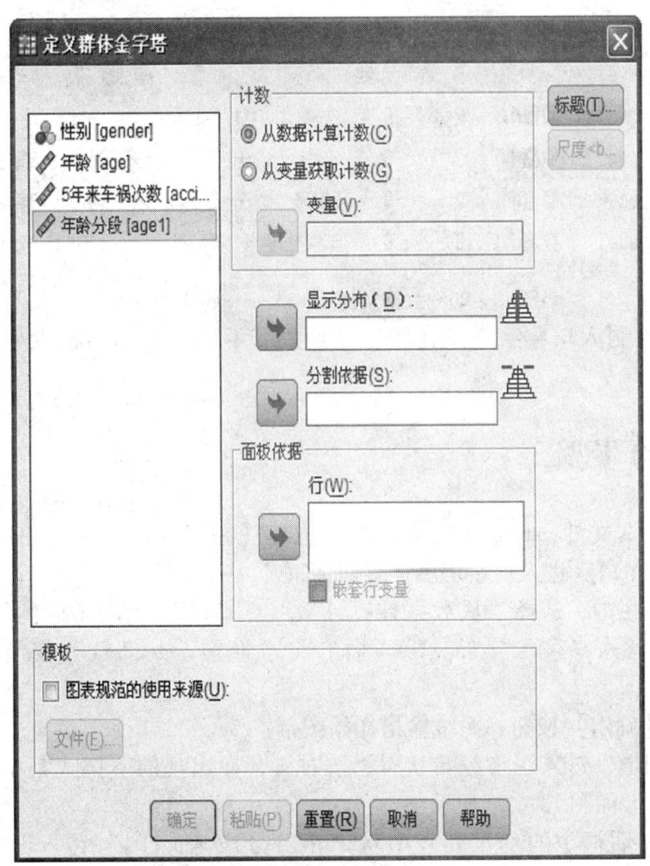

图 13－25 金字塔图主对话框

1）计数栏：对显示分布的变量指定计算频数的方式。内设两个选项：

●从数据计算计数（C）：根据原始数据计算频数；

●从变量获取计数（G）：根据变量预先汇总的数据（即已有了各个分类的频数的值）获取频数。

2）显示分布（D）框：指定对哪个变量作频数分布。

3）分割依据（S）框：指定分群变量。

4）面板依据框：指定固定样本分组作金字塔图，而不是一个金字塔图。

5）模板：图形模板格式栏，与条形图的功能相同。

6）“标题（T）”按钮：设定图形标题和注释按钮，弹出的对话框与条形图功能相同。

7）“尺度 <b”按钮：设定缺失值处理方式按钮，弹出的对话框结构与条形图的“选项”功能相同。

13.4.3 实验内容

数据文件 data13－3. sav 是某研究者搜集了 500 名司机在过去 5 年内发生车祸次数的数据，其数据格式如图 13－26 所示。

	名称	类型	宽度	小数	标签	值	缺失	列	对齐	度量标准
1	gender	数值(N)	2	0	性别	{1, 男}...	无	8	右	名...
2	age	数值(N)	2	0	年龄	无	无	8	右	度...
3	accident	数值(N)	2	0	5年来...	无	无	8	右	度...
4	age1	数值(N)	8	0	年龄分段	{1, <=25}...	无	10	右	度...

图 13－26　数据文件 data13－3. sav 中的变量

本实验通过绘制人口金字塔图比较不同性别、不同年龄的司机发生车祸次数的分布特征。

13.4.4 实验步骤

Step❶打开数据文件 data13－3. sav，依次选择【图形（G）】→【旧对话框（L）】→【人口金字塔图（Y）】，进入金字塔图设置对话框。

Step❷在计数栏内，选择“从数据计算计数（C）”；从变量列表中将“5 年车祸次数[accident]”变量移入“显示分布（D）”框，将“性别［gender］”变量移入“分割依据（S）”框。

Step❸单击【确定】按钮，系统输出初始图形。

Step❹双击图形，进入图形编辑状态；按右键，在出现的下拉式菜单中选择“添加数据标签”。最终图形如图 13－27 所示。

Step❺在主对话框中的变量列表中将“年龄分段［age1］”移入面板依据栏的“行（W）”框内，绘制按年龄段分组的车祸次数金字塔图。设置结果如图 13－28 所示。

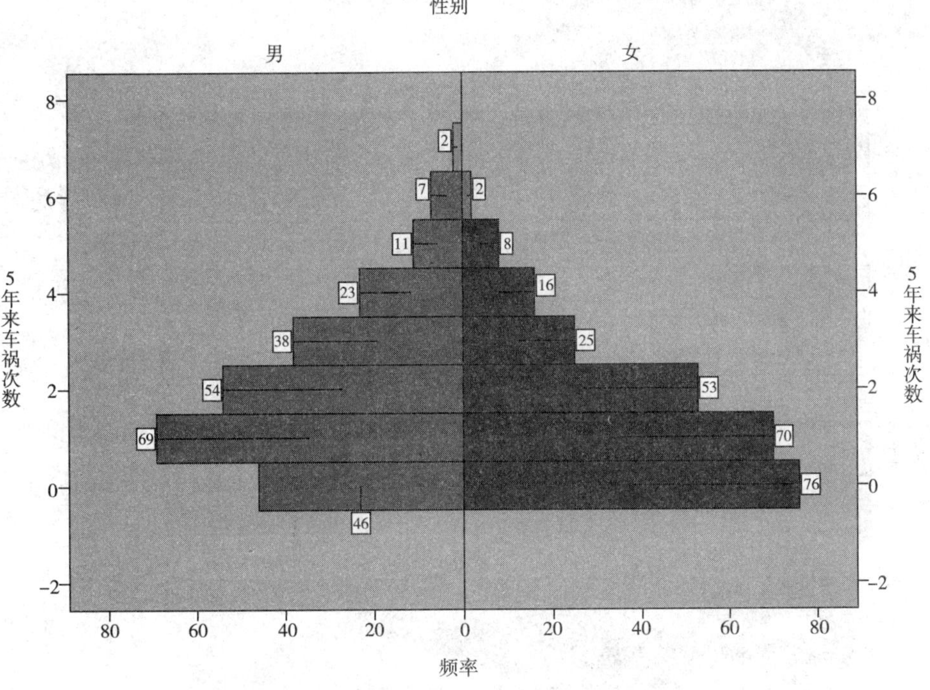

图 13－27　男女司机 5 年来车祸次数金字塔图

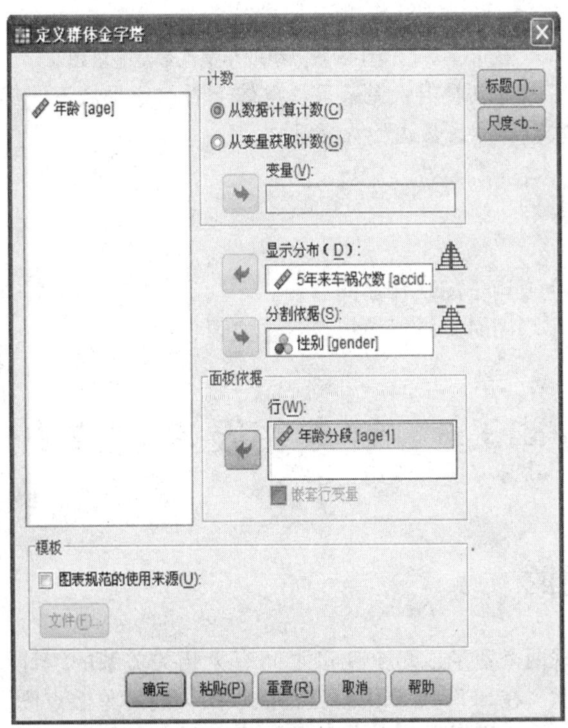

图 13－28　按年龄段分组绘制车祸次数金字塔图的设置

Step❻单击【确定】按钮，系统输出结果如图 13－29 所示。

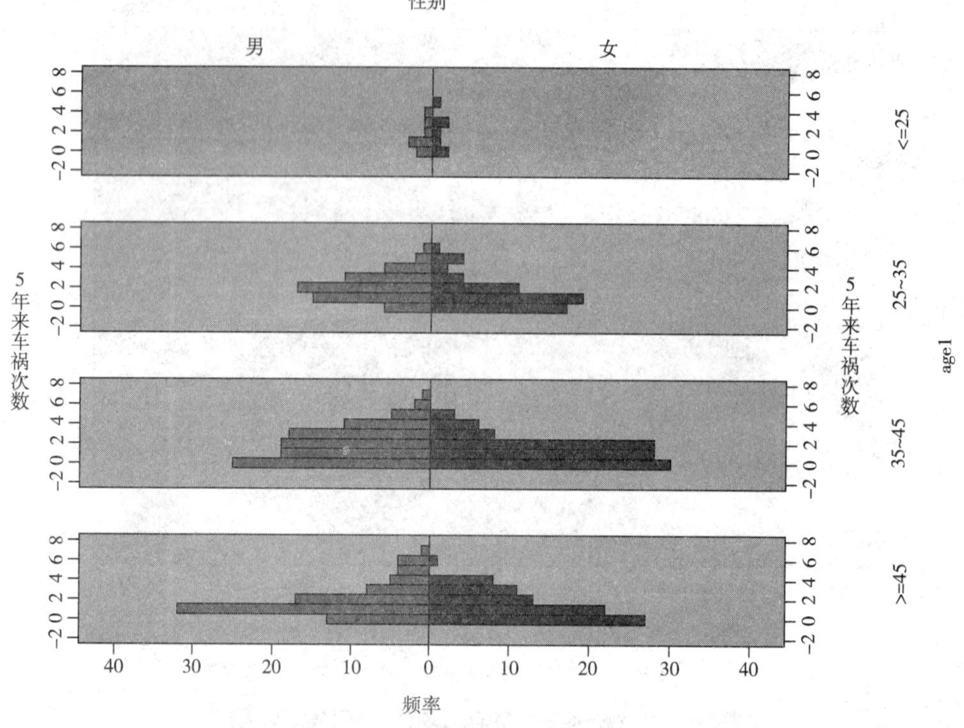

图 13－29　按年龄段分组的车祸次数金字塔图

由以上两组金字塔图可以看出，无论是从整体上看，还是从不同年龄段看，男女司机 5 年来发生车祸次数 2 次以下的人数占绝大多数。

13.4.5　问题思考

1. 人口金字塔图主要用于反映什么问题？
2. 在绘制人口金字塔图时，设置面板变量的主要作用是什么？

13.5　散点图及其制作

13.5.1　实验目的

散点图是用来表现两个变量或多个变量之间有无相关关系的统计图，也可用于描述测量数据的原始分布状况。在 SPSS18.0 中有五种散点图，即简单散点图、散点图矩阵、堆积散点图、重叠散点图以及三维散点图。各种散点图在制作和应用上均有一定的特点。通过本实验，熟悉各种散点图的特点、应用范围，掌握使用SPSS绘制常用散点图的基本方法和操作技巧。

13.5.2 相关知识

1. SPSS散点图的含义

（1）简单散点图

简单散点图用于反映两个变量之间的相互关系，在相关和回归分析中，简单散点图是非常重要的工具。

（2）矩阵散点图

矩阵散点图用于反映多个变量两两之间的相互关系。它克服了对多个变量分别制作简单散点图的麻烦，可以快速地发现多个变量间的主要相关性。

（3）堆积散点图，又称简单点散点图

单点散点图生成单个变量的散点图，用于反映分析变量每个观测值出现的次数，即每个观测数据的原始分布。数值型变量和分类变量均可以绘制单点散点图。

（4）重叠散点图

重叠散点图也适用于反映多个变量两两之间的相互关系，它是由多个Y轴变量和一个X轴变量绘制的多变量复合图形。与矩阵散点图相比，它不是通过子图的形式显示多个变量之间的相关性，而是通过数据点的颜色区分多个变量中两两之间的相关性，即一种颜色的散点表示一种相关关系。

（5）三维散点图

三维散点图是在三个变量确定的三维空间中研究变量之间的关系，由于同时考虑了三个变量，常常可以发现二维图形中发现不了的东西。

2. SPSS散点图主对话框的结构与功能

在数据编辑窗口单击【图形（G）】→【旧对话框（L）】→【散点/点状（S）】，进入如图13－30所示的散点图主对话框。

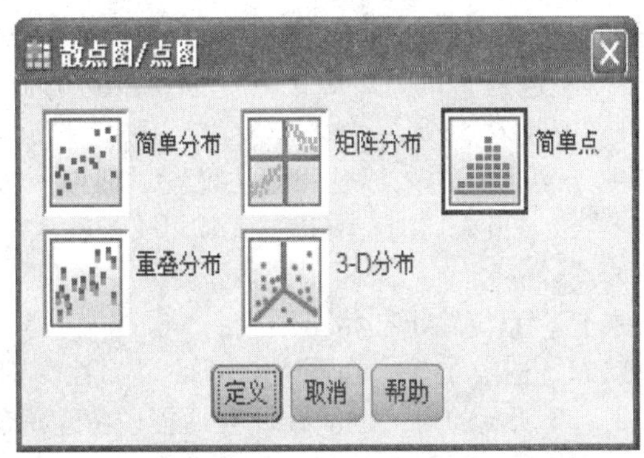

图13－30 散点图主对话框

该对话框提供了五种不同的散点图图式。各种图式对应的散点图依次为：

1）简单分布，对应简单散点图。

2）矩阵分布，对应矩阵散点图。

3）简单点，对应堆积散点图。

4）重叠分布，对应重叠散点图。

5）3－D分布，对应三维散点图。

根据分析目的选择相应的散点图图式后，单击【定义】按钮，便可进入所选图式的设置对话框。

13.5.3 实验内容

数据data13－4.sav是我国2004年部分副省级城市的居民生活有关资料，其数据格式如图13－31所示。

	名称	类型	宽度	小数	标签	值	缺失	列	对齐	度量标准
1	城市	字符串	8	0		无	无	8	左	名义(N)
2	x1	数值(N)	8	2	人均消费支出（元/人...	无	无	8	右	度量(S)
3	x2	数值(N)	8	2	人均可支配收入（元/...	无	无	8	右	度量(S)
4	x3	数值(N)	8	2	人均储蓄（元/人）	无	无	8	右	度量(S)

图13－31　数据文件data13－4.sav中的变量

本实验通过绘制各种形式的散点图分析2004年我国副省级城市人均消费支出、人均可支配收入、人均储蓄之间的相互关系。

13.5.4 实验步骤

1. 简单散点图的绘制

Step❶打开数据文件data13－4.sav，依次选择【图形（G）】→【旧对话框（L）】→【散点/点状图（S）】，进入散点图主对话框。

Step❷选择“简单分布”图式，单击【定义】按钮，进入如图13－32所示的简单散点图定义对话框。在此对话框左边的变量列表中，将变量“人均消费支出［x1］”移入“Y轴”框，将变量“人均可支配收入［x2］”移入“X轴”框。

Step❸单击【标题（T）】按钮，进入标题和脚注设置对话框，在其中的标题栏第一行输入“2004年我国部分副省级城市人均消费支出与人均可支配收入相关图”。单击【继续】按钮，返回主对话框。

Step❹单击【确定】按钮，系统输出初始图形。

Step❺进入图形编辑状态，选定Y轴，在同时打开的“属性”对话框中，单击【数字格式】按钮，弹出如图13－33所示的对话框。在此对话框中将坐标轴的小数位设为0，并单击【应用】按钮，使其生效。同理可将X轴的数字格式进行调整。最终图形如图13－34所示。

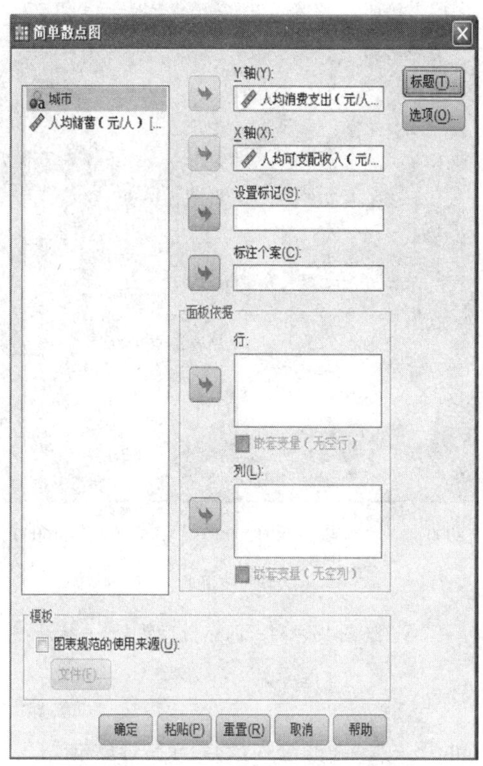

图 13－32　简单散点图定义对话框

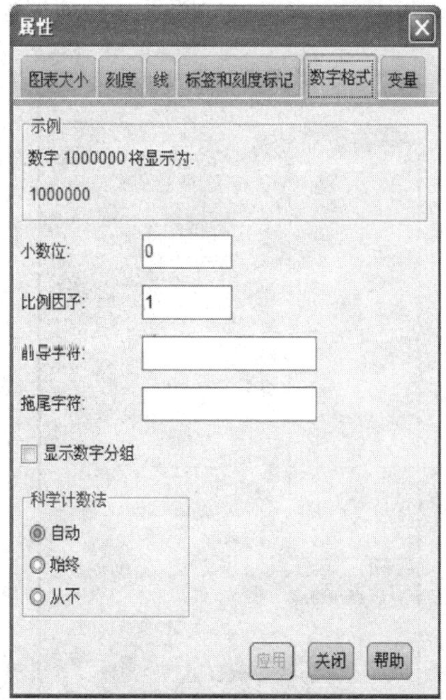

图 13－33　坐标轴数字格式设置对话框

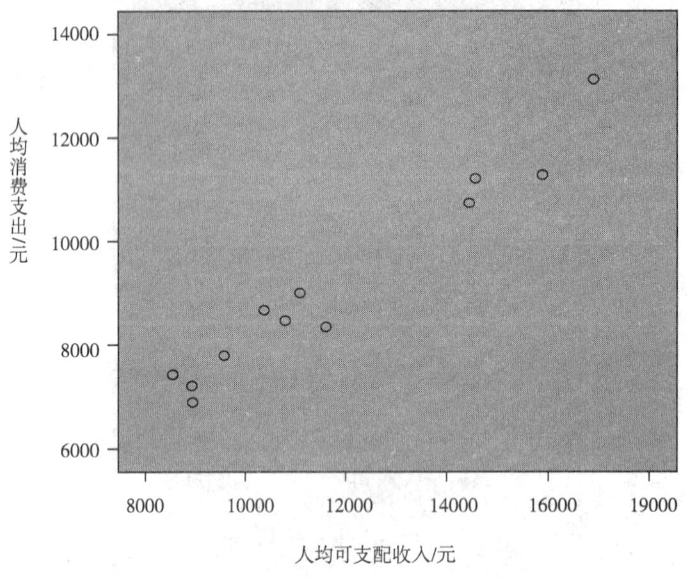

图 13－34　简单散点图

2. 矩阵散点图的绘制

Step❶打开数据文件 data13－4. sav，进入散点图主对话框。

Step❷选择“矩阵分布”图式，单击【定义】按钮，进入如图 13－35 所示的矩阵散点图定义对话框。在对话框左边的变量列表中，将变量“人均消费支出［x1］”、“人均可支配收入［x2］”、“人均储蓄［x3］”全部移入“矩阵变量（M）”框中。

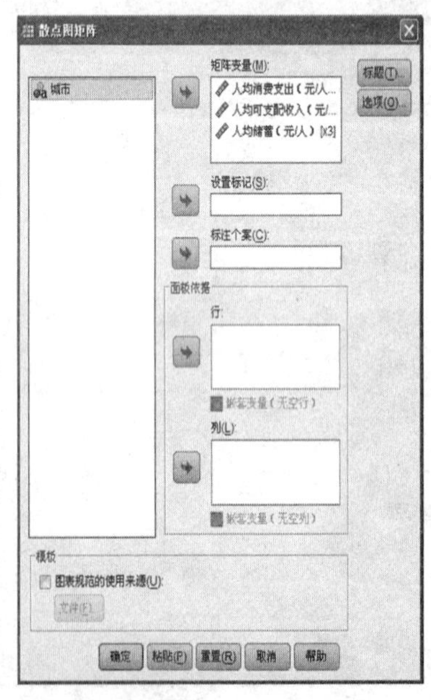

图 13－35　矩阵散点图定义对话框

Step❸单击【确定】按钮，系统输出结果如图 13－36 所示。

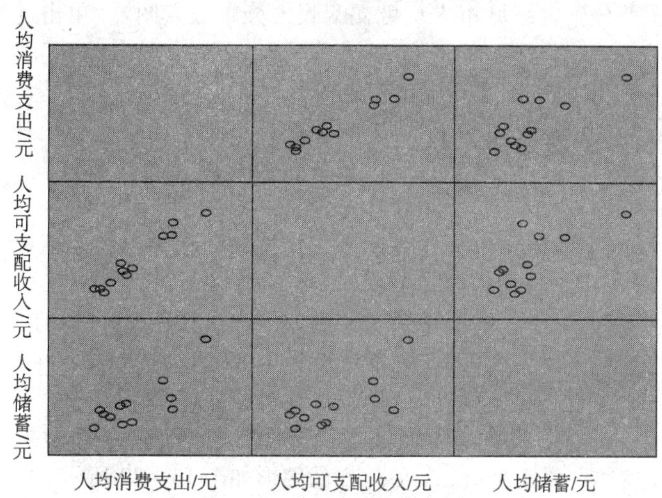

图 13－36 矩阵散点图

3. 简单点（堆积）散点图的绘制

Step❶打开数据文件 data13－4. sav，进入散点图主对话框。

Step❷选择“简单点”图式，单击【定义】按钮，进入如图 13－37 所示的简单点（堆积）散点图定义对话框。在对话框左边的变量列表中，将变量“人均可支配收入［x2］”移入“X 轴变量（X）”框中。

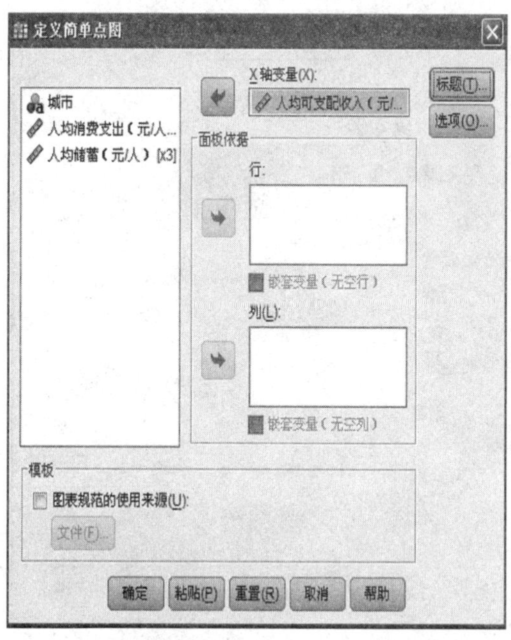

图 13－37 简单点（堆积）散点图定义对话框

Step❸单击【标题（T）】按钮，进入标题和脚注设置对话框，在其中的标题栏第一行输入“2004 年我国部分副省级城市人均可支配收入分布散点图”。单击【继续】按钮，返回主对话框。

Step❹单击【确定】按钮，系统输出初始图形。

Step❺进入图形编辑状态，依次进行以下操作：

1）选定 X 轴，按右键，在弹出的下拉式菜单中选择【属性窗口】，进入坐标轴“属性”设置对话框。

2）在“属性”对话框中，单击【数字格式】按钮，在弹出的对话框中将坐标轴的小数位设为 0，单击【应用】按钮，使其生效。

3）在“属性”对话框中，单击【刻度】按钮，弹出如图 13－38 所示的刻度对话框，在“范围”框中将最小值设为 8 000，主增量设为 1 000。设置完毕，单击【应用】按钮，并关闭坐标轴属性对话框。

4）双击图形中的散点，并在弹出的散点“属性”对话框中，将散点标记的大小设为 10，单击【应用】按钮，关闭窗口。最终输出的图形如图 13－39 所示。

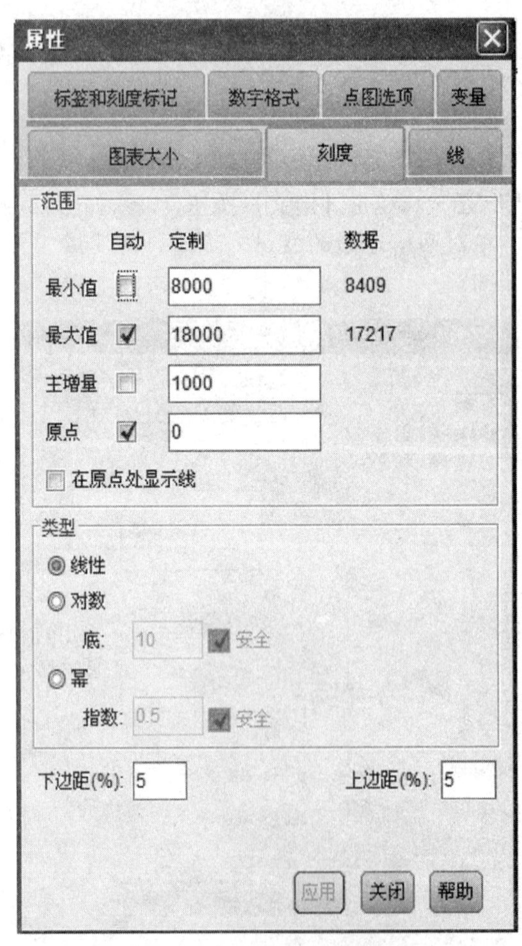

图 13－38　坐标轴刻度设置对话框

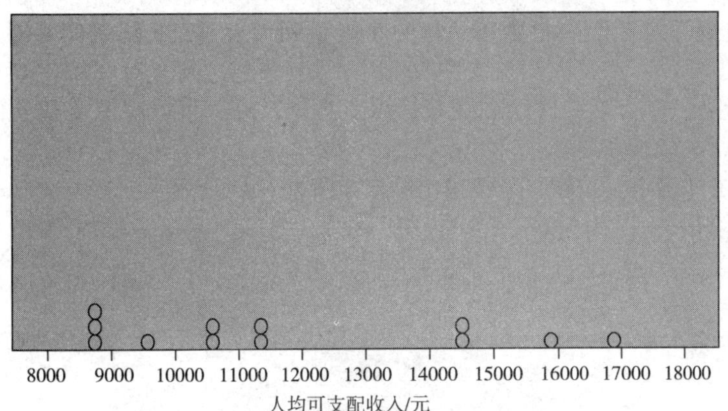

图 13－39　简单点（堆积）散点图

图 13－39 中的散点表示各数据间隔内的城市数。例如，人均可支配收入处于 8 000～9 000 元之间的城市有 3 个；人均可支配收入处于 9 000～10 000 元之间的城市有 1 个，其他以此类推。

4. 重叠散点图的绘制

Step❶打开数据文件 data13－4. sav，进入散点图主对话框。

Step❷选择“重叠分布”图式，单击【定义】按钮，进入如图 13－40 所示的重叠散点图定义对话框。

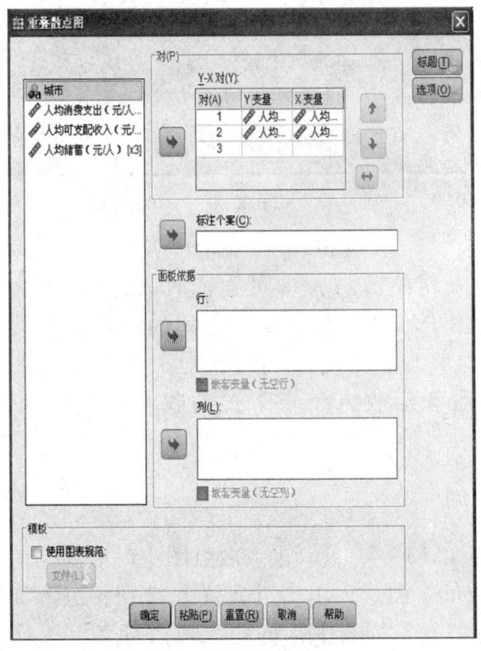

图 13－40　重叠散点图定义对话框

Step❸从左边的变量列表中，先将“人均消费支出［x1］”和“人均可支配收入［x2］”分别选到“对（P）”栏中第一行的 Y 变量和 X 变量处，作为第一对绘图变量；再将“人均储蓄［x3］”和“人均可支配收入［x2］”分别选到“对（P）”栏中第二行的 Y 变量和 X 变量处，作为第二对绘图变量，以此类推，总之可以根据需要绘制多对重叠散点图。

Step❹单击【确定】按钮，系统输出结果如图 13－41 所示。

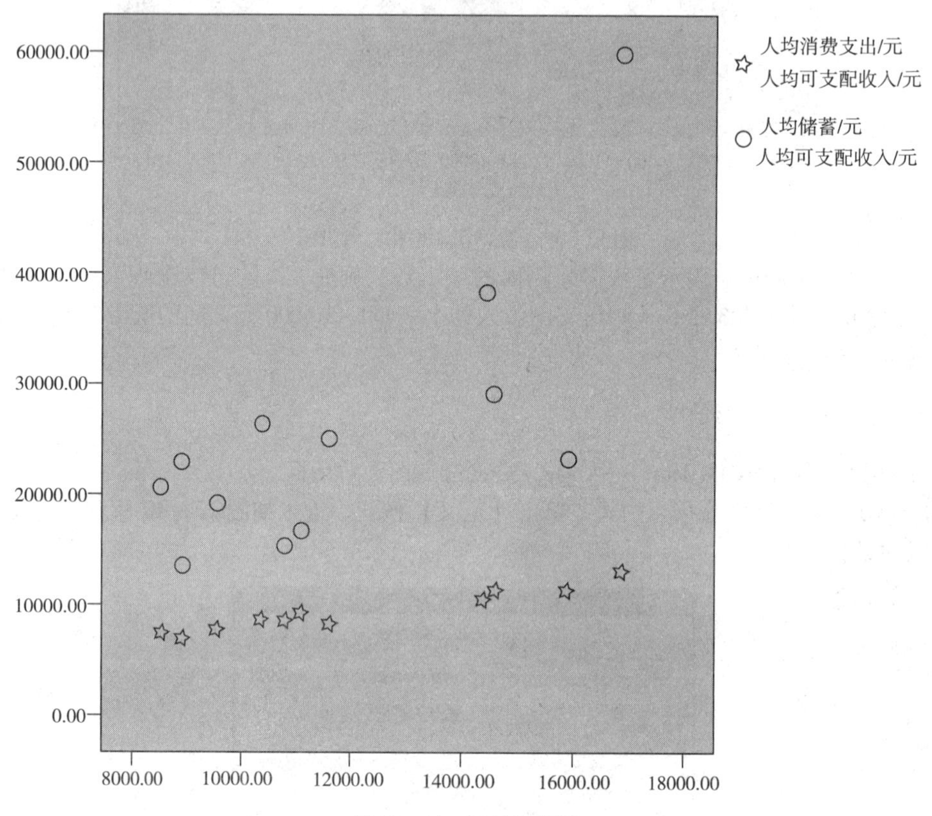

图 13－41 重叠散点图

图 13－41 中圆点是人均储蓄与人均可支配收入之间的关系图，线性趋势不明显；图中星号是人均消费支出与人均可支配收入之间的关系图，线性变动趋势很明显，说明人均可支配收入对人均消费支出的影响大于对人均储蓄的影响，因为储蓄除了受当年收入影响外，还受以前各年收入、未来预期收入以及个人理财观念等多种因素的影响。

5. 三维散点图的绘制

Step❶打开数据文件 data13－4. sav，进入散点图主对话框。

Step❷选择“3－D 分布”图式，单击【定义】按钮，进入如图 13－42 所示的三维散点图定义对话框。从左边的变量列表中，将“人均消费支出［x1］”移入“Y 轴”框，将“人均可支配收入［x2］”移入“X 轴”框，将“人均储蓄［x3］”移入“Z 轴”框，分别作为三维散点图的三个轴变量。

Step❸单击【确定】按钮，系统输出初始结果。

Step❹对图形做进一步的修饰，如将坐标轴上的小数位数设为0，改变轴标题的字号为9号字。设置方法同上，最终图形如图13－43所示。

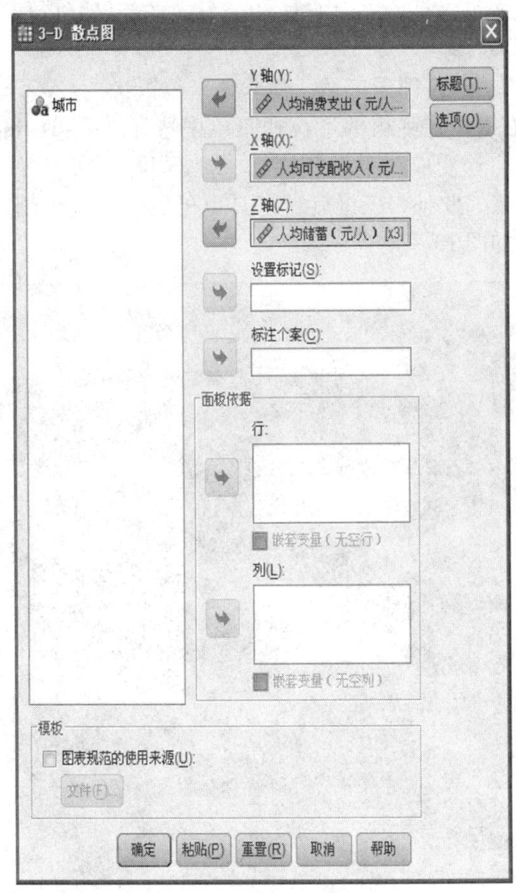

图13－42　三维散点图定义对话框

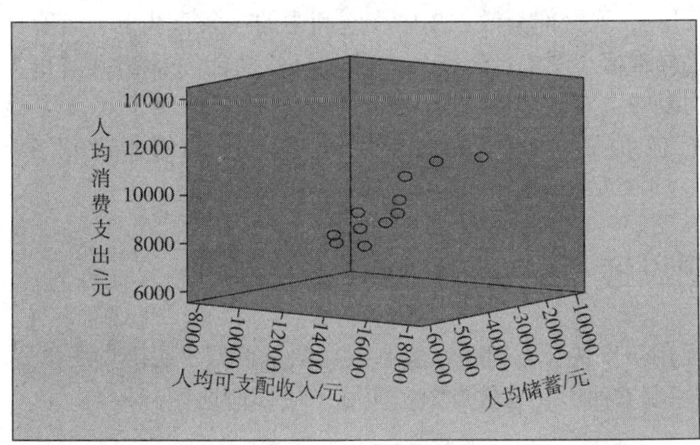

图13－43　三维散点图

图 13 - 43 中的三维散点图将三个变量间的关系在同一个坐标空间中立体地表现出来，使用它可以更加清晰和直观地对因变量与自变量间的关系进行观察，但是，由于我们只能在二维平面上观察三维散点图，所以在观察时必须要结合旋转功能。

三维散点图的特点之一就是可以对它做各个方向的旋转，以便更好的发现数据的规律和趋势。具体操作步骤为：

1）在结果浏览窗口，双击图形区域，使其处于编辑状态。

2）选定图形，按右键，在弹出的下拉式菜单中选择【3 - D Rotation】，进入图形“旋转”对话框。此时鼠标自动变成“手形”图标，拖动手形图标上、下、左、右旋转，直至数据规律明显的表现出来。此外，三维旋转工具也可以通过结果浏览窗口的“编辑”菜单打开。经过旋转的图形如图 13 - 44 所示。

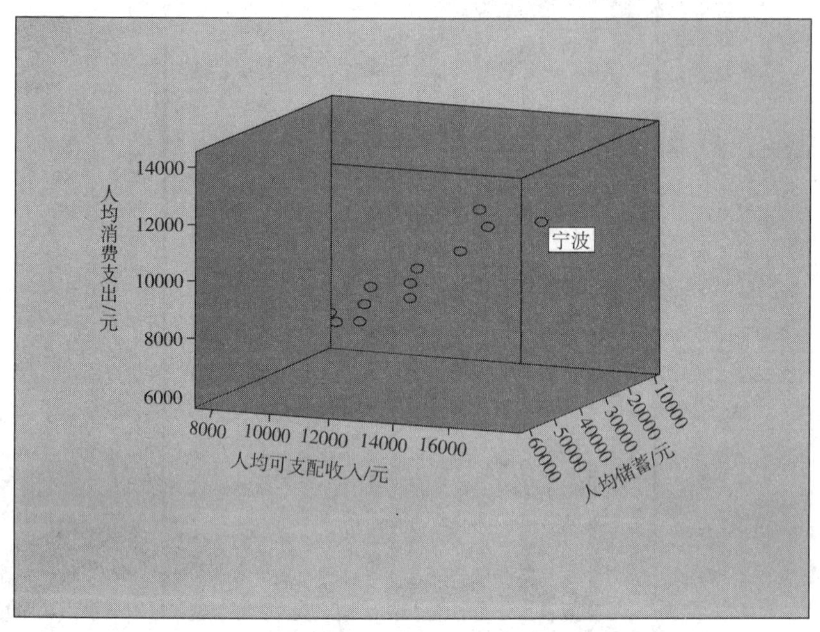

图 13 - 44　旋转后的三维散点图

由图 13 - 44 可见，绝大部分散点集中在空间中的一条直线上，但有一个点稍微偏离了集中趋势，可能是异常值。图中已经使用“添加标签功能”标出其城市为宁波市。通过对宁波市实际数据的复查，发现 2004 年宁波市的人均储蓄相对于其人均可支配收入确实偏低。因为 2004 年宁波市的人均可支配收入为 15 882 元，位居所选 12 个城市中的第二名，但其人均储蓄仅为 23 257. 46 元，位居 12 个城市中的第六名。

13. 5. 5　问题思考

1. 散点图主要用于反映什么问题？绘制散点图是否需要明确自变量和因变量？
2. SPSS 提供了哪五种形式的散点图？实际中应如何选择？

13.6 线形图及其制作

13.6.1 实验目的

线图（line charts）又称曲线图，是最基本的统计图形之一。在各类统计图中，线图与直方图应用最为广泛。线图是用线段的升降来说明变量的变化情况，我们经常会用线图来描述与时间有关的变量变化趋势、变量的观测值分布或两个变量的依存关系。通过本实验，使学生熟悉线图的特点、应用范围，并掌握使用 SPSS 绘制线图的基本方法和操作技巧。

13.6.2 相关知识

1. 线图的做法

线图的做法是在直角坐标系所确定的平面上，点出变量的每个观测值位置，并连接相邻各点成为线形。绘制线图应注意以下几点：

1）时间一般绘制在横轴，指标数值绘制在纵轴。

2）图形的长宽比例要适当，一般应绘制成横略大于纵的长方形，其长宽比例为 10∶7。

3）一般情况下，纵轴的数据应从 0 开始，以便于比较。数据与 0 之间的间距过大，可以采取折断符号将纵轴折断。

2. SPSS 线图的功能与结构

在数据编辑窗口单击【图形（G）】→【旧对话框（L）】→【线图（L）】，进入如图 13－45 所示的线图主对话框。与条形图类似，线图也有三种不同的图式和数据结构模式。三种图式即为：

1）简单线图。

2）多线线图。

3）垂直线图。

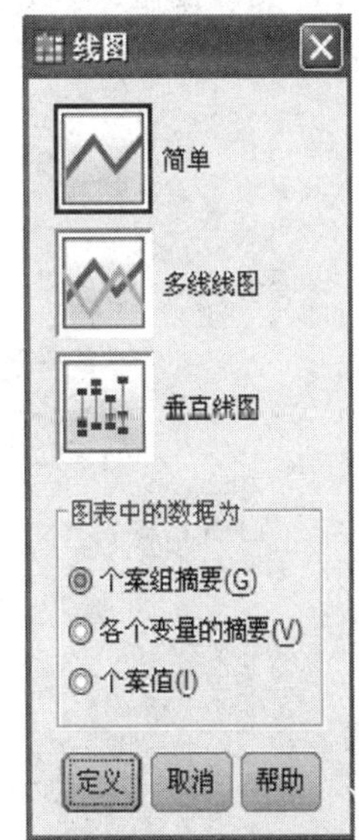

图 13－45 线图主对话框

三种数据文件的结构与条形图完全相同，每一种数据结构模式都可以做出三种不同图式的线图，因此根据数据结构和线图图式的不同组合，也可以生成九种不同类型的线图。实际中，用的较多的是时间序列“个案值”单线图和多线图以及“各变量的摘要”单线图。

利用“图形”菜单绘制线图与条形图有许多相似之处：

第一，在操作上与绘制条形图的程序类似。在做图前首先要在线图主对话框中给出数据结构模式，再确定要做的图式；然后单击【定义】按钮，进入相应的线图对话框。当按对话框中要求给定各种图形的参数之后，单击【确定】按钮，就可以生成相应的线图。

第二，各种模式下的线图对话框结构与条形图类似。除将“条形图”替换为“线图”外，结构完全一样。

13.6.3 实验内容

数据文件 data13 – 5. sav 是我国 2000 ~ 2008 年的国内生产总值及第一、二、三产业的增加值资料，数据格式如图 13 – 46 所示。

	名称	类型	宽度	小数	标签	值	缺失	列	对齐	度量标准
1	年份	字符串	22	0		无	无	7	左	名义(N)
2	国内生产总值	数值(N)	22	2		无	无	13	右	度量(S)
3	第一产业增...	数值(N)	11	2		无	无	11	右	度量(S)
4	第二产业增...	数值(N)	11	2		无	无	11	右	度量(S)
5	第三产业增...	数值(N)	11	2		无	无	11	右	度量(S)

图 13 – 46　数据文件 data13 – 5. sav 中的变量

本实验通过绘制不同形式的线图反映我国国内生产总值以及第一、二、三产业增加值的变动趋势及特征。

13.6.4 实验步骤

1. “个案值（I）”简单线图的绘制

Step❶打开数据文件 data13 – 5. sav，依次单击【图形（G）】→【旧对话框（L）】→【线图（L）】，进入线图主对话框。选择“简单”图式和“个案值（I）”数据模式，单击【定义】按钮，弹出如图 13 – 47 所示的对话框。

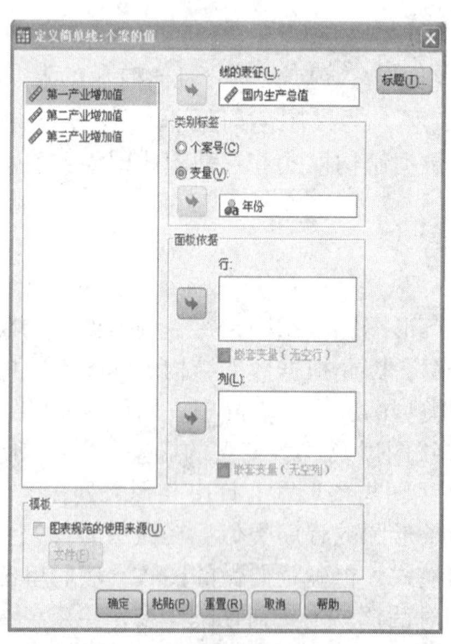

图 13 – 47　个案值简单线图定义对话框

Step❷将变量栏中的“国内生产总值”移入“线的表征（L）”框；在类别标签栏中选择“变量（V）”选项，并将“年份”变量移入下面的框内。

Step❸单击【确定】按钮，系统输出初始图形。

Step❹进入图形编辑状态，按右键，在出现的下拉式菜单中选择“添加数据标签”。最终图形如图13－48所示。

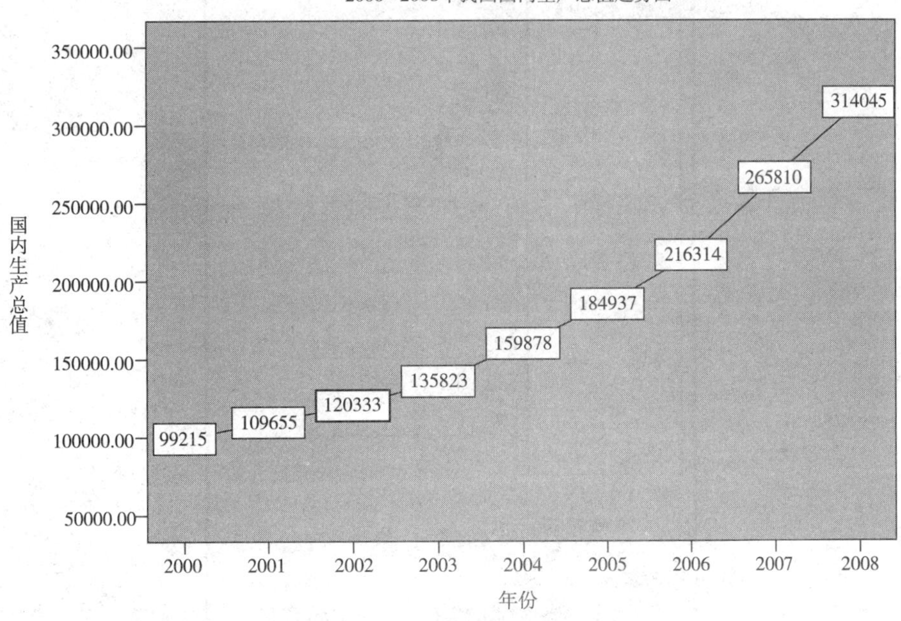

图13－48　个案值简单线图

2. “个案值（I）”多线线图的绘制

Step❶打开数据文件data13－5. sav，进入线图主对话框。

Step❷选择“多线线图”图式和“个案值（I）”数据模式，单击【定义】按钮，弹出如图13－49所示的“个案值（I）”多线线图对话框。

Step❸从左边的变量框中，将变量“国内生产总值”、“第一产业增加值”、“第二产业增加值”、“第三产业增加值”移入“线的表征（I）”框；在类别标签栏中选择“变量（V）”选项，并将“年份”变量移入下面的框内。

Step❹单击【确定】按钮，系统输出初始图形。

Step❺进入图形编辑状态，添加数据标签。最终图形如图13－50所示。

3. “个案值（I）”垂直线图的绘制

Step❶打开数据文件data13－5. sav，进入线图主对话框。

Step❷选择“垂直线图”和“个案值（I）”数据结构模式，单击【定义】按钮，弹出如图13－51所示对话框。

Step❸从左边的变量框中，将变量“第一产业增加值”、“第二产业增加值”、“第三产业增加值”移入“点的表征（N）”框中，在类别标签栏中选择“变量（V）”选项，并将“年份”变量移入下面的框内。

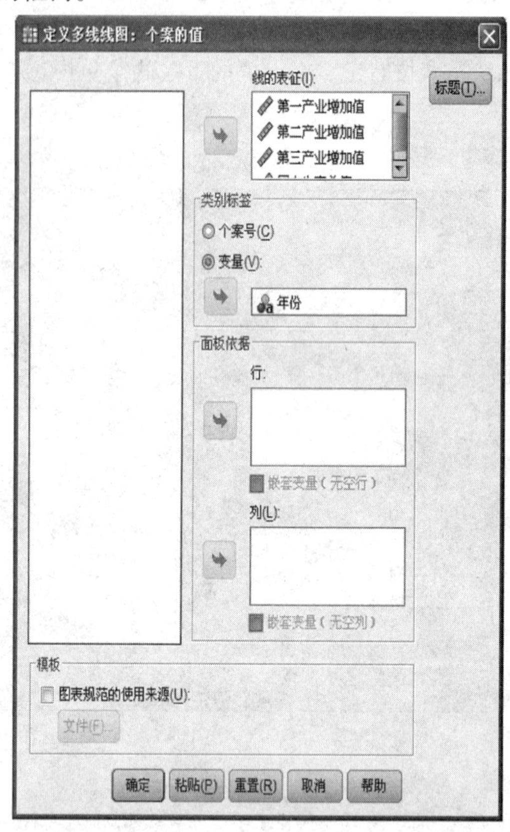

图 13－49　个案值多线线图定义对话框

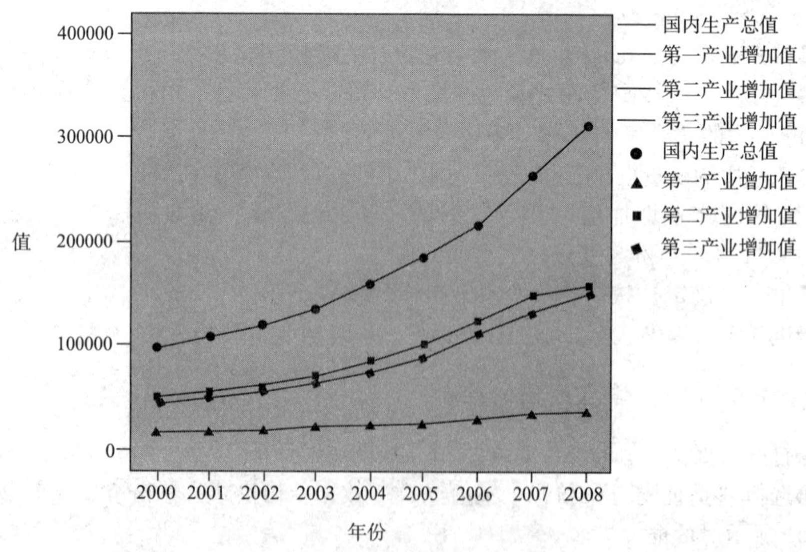

图 13－50　个案值多线线图

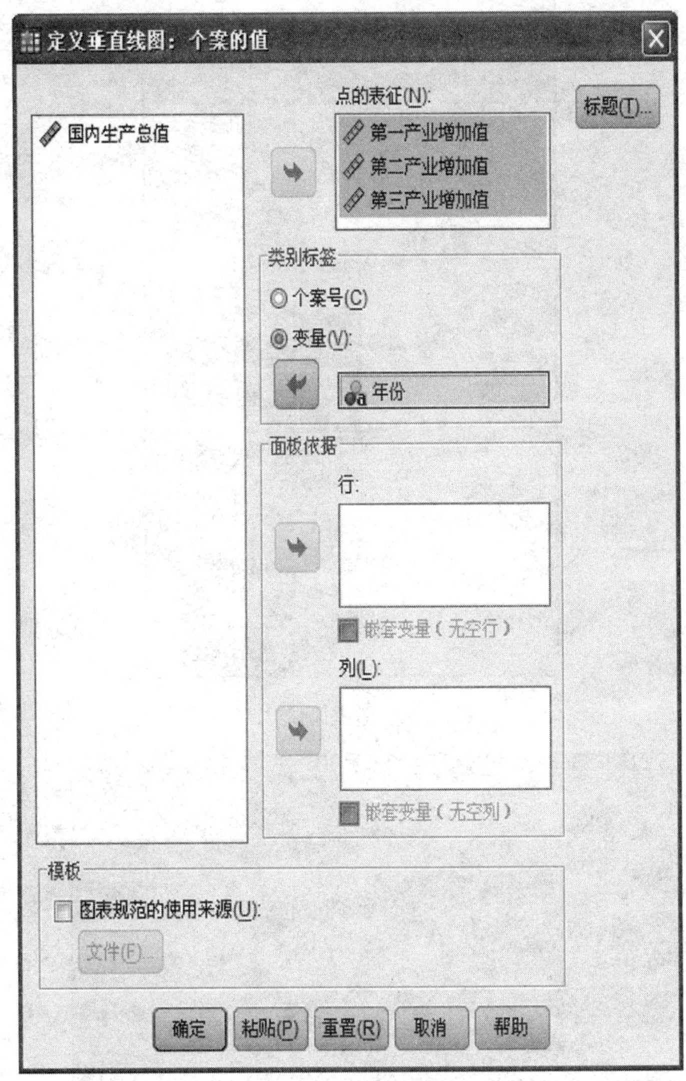

图 13－51　个案值垂直线图设置对话框

Step❹单击【确定】按钮，系统输出初始图形。

Step❺进入图形编辑状态，选定图中的垂点，弹出如图 13－52 所示的垂点“属性”对话框，在此对话框中的颜色栏中选择黑色。单击【应用】按钮使其生效。最终图形如图 13－53 所示。

两点说明：

1）多线线图与垂直线图的对话框结构和绘制步骤基本相同，图形所反映的问题也完全一样，即都是用于反映多个变量随时间变化的变动趋势。

2）垂直线图上的每个“垂点”表示各个变量在同一时间上的不同取值。例如，图 13－53中的每个垂点表示 2000 年至 2008 年期间，我国第一、二、三产业各年增加值的发展水平，其中第一产业增加值的各年发展水平均最低，所有点都在每条垂线的最下面。

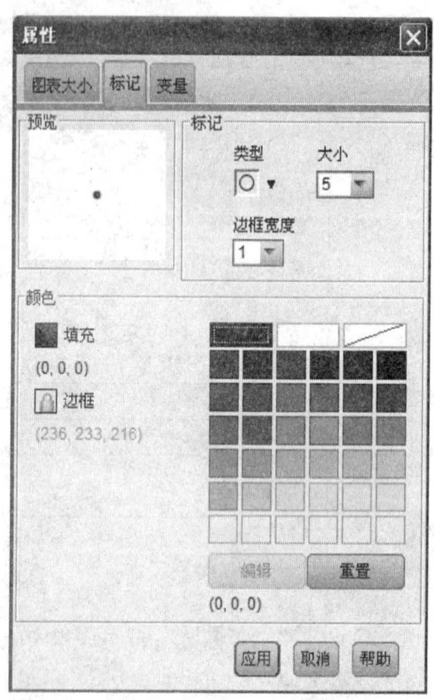

图 13－52　垂点属性对话框

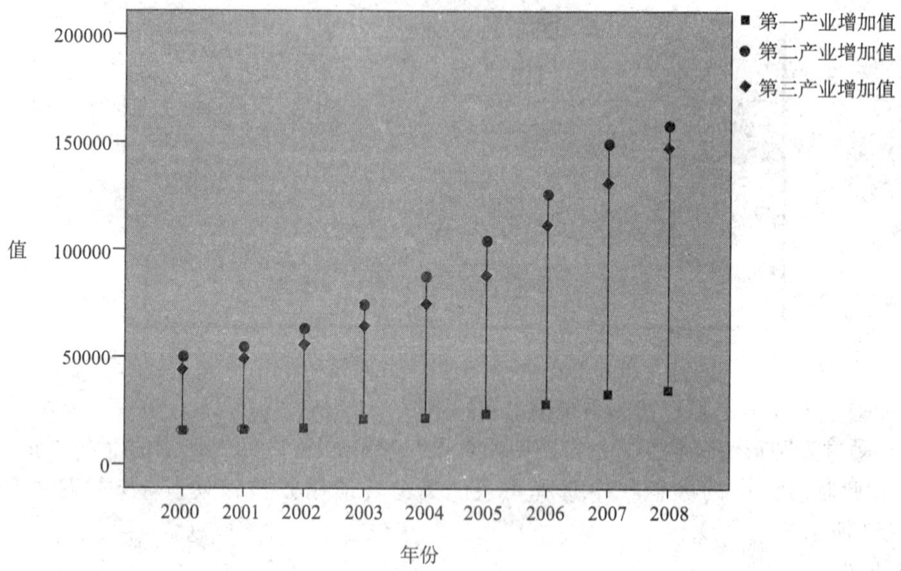

图 13－53　个案值垂直线图

4. 变量汇总模式简单线图的绘制

Step❶打开数据文件 data13－5. sav，进入线图主对话框后，选择“简单”图式和“变量摘要（V）”数据结构模式，单击【定义】按钮，弹出如图 13－54 所示的对话框。

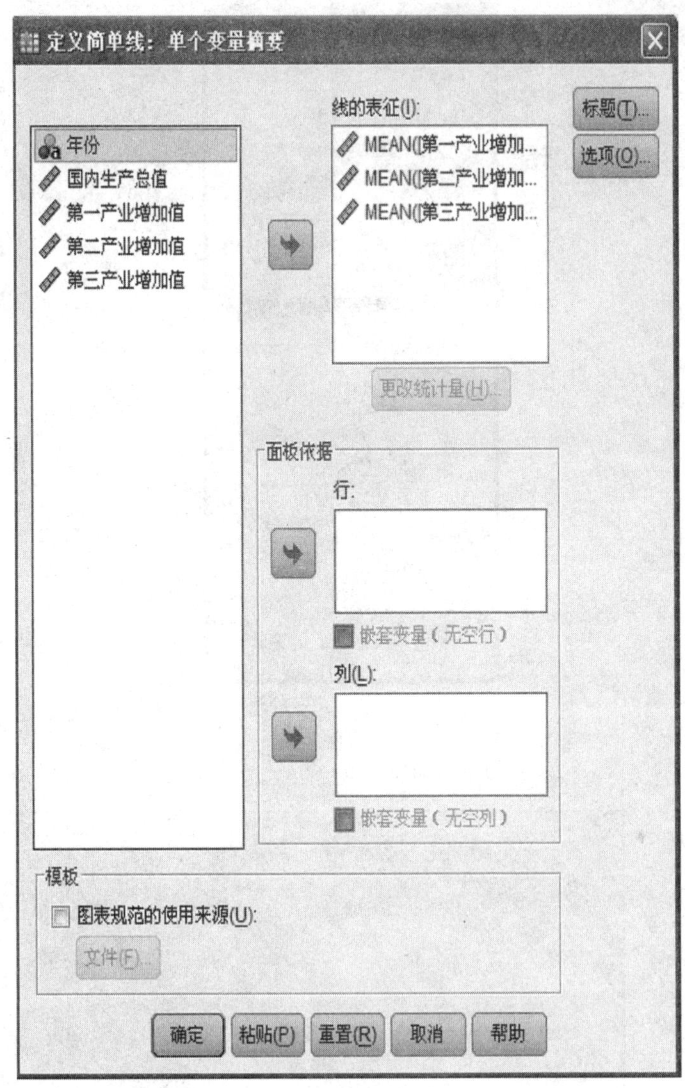

图 13－54　变量摘要简单线图定义对话框

Step❷从左边的变量框中，将变量"第一产业增加值"、"第二产业增加值"和"第三产业增加值"移入"线的表征（I）"框中。

Step❸单击【选项（O）】按钮，弹出如图 13－55 所示的选项对话框。在此对话框中勾选"显示误差条形图（E）"，并在下面的"误差条图的表征"栏中选择"标准误差（A）"选项，同时在"乘数（M）"后的活动框中输入数值 1，表示在图形的每个均值点上显示一个标准差的误差范围。单击【继续】按钮，返回主对话框。

Step❹单击【确定】按钮，系统输出初始图形。

Step❺进入图形编辑状态，按右键，在出现的下拉式菜单中选择"添加标记"。最终图形如图 13－56 所示。

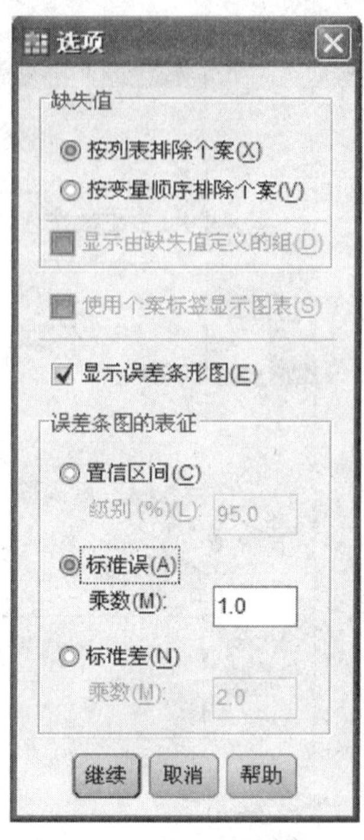

图 13－55　单线图选项对话框

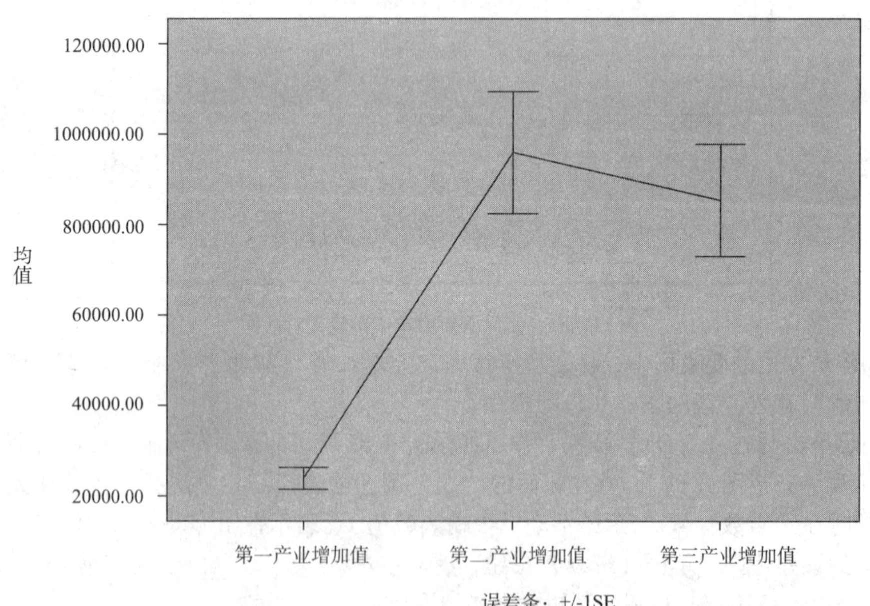

图 13－56　变量摘要简单线图

图 13－56 中的每个数据点为第一、二、三产业 2000～2008 年各年增加值的平均值。数据点上的“工”字形线条为误差线，用来描述计算各均值的数据离散程度。误差线越短，

说明数据分布集中，差异程度小；反之，则说明数据分布分散，差异程度大。由此可以看出，相对于二、三产业来说，第一产业各年增加值的离散程度较小，说明其各年的增加值变化不大，表现在个案值线图上则变动平缓（见图 13 - 50）。

13.6.5 问题思考

1. 线图的主要用途是什么?
2. 线图既可以根据个案组绘制，也可以根据个案值绘制，实际中哪种图形更为常用?
3. 比较多线线图与垂线线图在绘制方法上的差异。

13.7 箱线图及其制作

13.7.1 实验目的

箱线图（boxplots）又称为盒图，是一种用于描绘数据分布形式的统计图形。箱线图在比较两组或者两组以上的观测值时尤其有用，另外，箱线图也可以用于判断离群值（或者极端值）。通过本实验，熟悉箱线图的特点、应用范围，掌握使用 SPSS 绘制箱线图的方法和操作技巧。

13.7.2 相关知识

1. 箱线图的绘制方法

箱线图的绘制方法有两种：

第一，一般统计学课程中所介绍的箱线图绘制方法，即根据一组数据中的 5 个特征值：最大值、最小值、中位数和上下四分位数绘制箱线图。方法是：连接两个四分位数画出箱子，再将两个极值与箱子相连。这种方法绘制简单，但不易确定数据中的异常值。所以，一般手工绘制箱线图常用这种方法。

第二，各种数据分析软件应用中所介绍的箱线图绘制方法。它是根据一组数据中的中位数、上下四分位数以及四分位差绘制箱线图。方法是：连接两个四分位数画出箱子，箱外须线的端点位置则根据四分位差确定。设四分位差（四分位距）为 $IQR = Q_3 - Q_1$。则图形下方须线的端点位置在 $Q_1 - 1.5IQR$ 处，上方的须线端点位置在 $Q_3 + 1.5IQR$ 处。如果观测值落入 $[Q_3 + 1.5IQR, Q_3 + 3IQR)$ 或者 $(Q_1 - 3IQR, Q_1 - 1.5IQR]$ 区域，则该观测值为离群值，在箱图上用小圆圈标识，并在它的旁边给出该个案的记录号；如果观测值大于等于 $Q_3 + 3IQR$ 或者小于等于 $Q_1 - 3IQR$，则该观测值被判为极端值，在箱图上用星号标识，并在其旁边给出该个案的记录号。

2. SPSS 箱线图主对话的结构与功能

使用 SPSS 绘制箱线图，既可以由“探索”分析过程来完成，也可以由“图形”菜单来完成。根据“探索”分析过程绘制箱线图的方法在第 6 章实验二中已有介绍。

SPSS“图形”菜单中箱线图的主对话框如图 13－57 所示。在此对话框中，有两种类型的箱线图，即简单图和复式条形图，其数据组织模式也有两种：“个案组摘要（G）”模式与“各个变量的摘要（V）”模式。两者结合起来，所绘制的箱线图共有以下四种：

1）个案组摘要（G）简单箱图：根据某一分类变量的不同取值，分组绘制分析变量的箱线图，需要指定一个分类变量作为类别轴变量。

2）各个变量摘要（V）简单箱图：绘制多个变量的数据分布箱图，需要同时指定多个数值型绘图变量。

3）个案组摘要（G）复式箱图：根据某一分类变量的不同取值，分组绘制分析变量按某一类别变量分组的比较箱图。需要指定一个数值型绘图变量、一个类别轴变量和一个分群变量。

4）各个变量摘要（V）复式箱图：根据某一分类变量的不同取值，分组绘制多个变量的比较箱图。需要指定一个分类变量和多个数值型绘图变量。

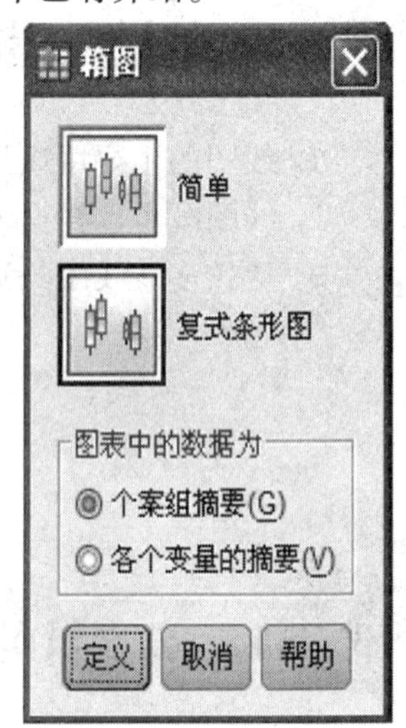

图 13－57 箱线图主对话框

13.7.3 实验内容

数据文件 data13－6. sav 是我国 1978－2009 年的国内生产总值及第一、二、三产业的增加值资料，数据格式如图 13－58 所示。

	名称	类型	宽度	小数	标签	值	缺失	列	对齐	度量标准
1	年份	字符串	22	0		无	无	13	左	名义(N)
2	国内生产总值	数值(N)	11	1		无	无	11	右	度量(S)
3	第一产业增...	数值(N)	11	1		无	无	11	右	度量(S)
4	第二产业增...	数值(N)	11	1		无	无	11	右	度量(S)
5	第三产业增...	数值(N)	11	1		无	无	11	右	度量(S)
6	时段	字符串	8	0		{1, 1978...	无	10	左	名义(N)

图 13－58 数据文件 data13－6. sav 中的变量

本实验通过绘制不同形式的箱线图反映我国改革开放以来经济发展数据的分布特征。

13.7.4 实验步骤

1. “个案组摘要（G）”简单箱线图的绘制

Step❶打开数据文件 data13－6. sav，依次单击【图形（G）】→【旧对话框（L）】→

【箱图（X）】，进入箱线图主对话框。

Step❷选择“简单”图式和“个案组摘要（G）”数据模式，单击【定义】按钮，弹出如图13－59所示的对话框。

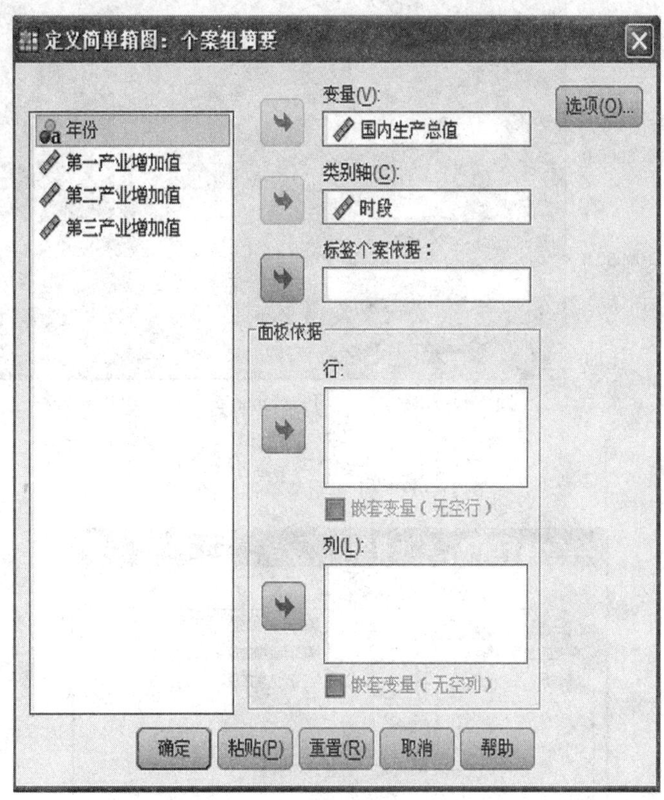

图13－59 个案组摘要简单箱图定义对话框

Step❸将变量栏中的“国内生产总值”移入“变量（V）”框，将变量“时段“移入“类别轴（C）”框。“选项（O）”工具采用系统默认设置。

Step❹单击【确定】按钮，系统输出初始图形。

Step❺进入图形编辑状态，按右键，在出现的下拉式菜单中选择“添加标题”，在标题活动框内输入“1978－2009年我国不同时段国内生产总值箱图”。输入完毕，关闭图形编辑器。最终图形如图13－60所示。

由图13－60可以看出，改革开放以来，我国国内生产总值随时间推移，呈明显增长态势，而且各年增长幅度越来越大，但各时段的数据分布均没有离群点，说明我国经济发展过程中没有出现大起大落的现象，总体上平稳上升。

2. “各个变量摘要（V）”简单箱图的绘制

Step❶打开数据文件data13－6. sav，进入箱线图主对话框；选择“简单”图式和“各个变量的摘要（V）”数据模式；单击【定义】按钮，弹出如图13－61所示的对话框。

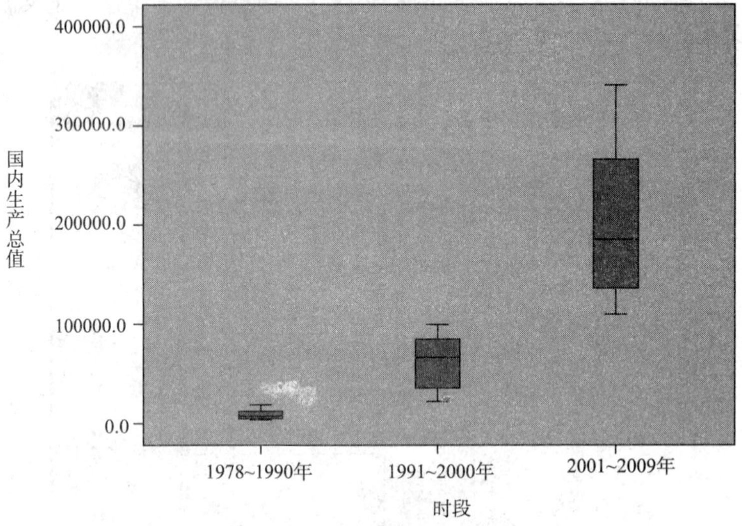

图 13－60　个案组简单箱线图

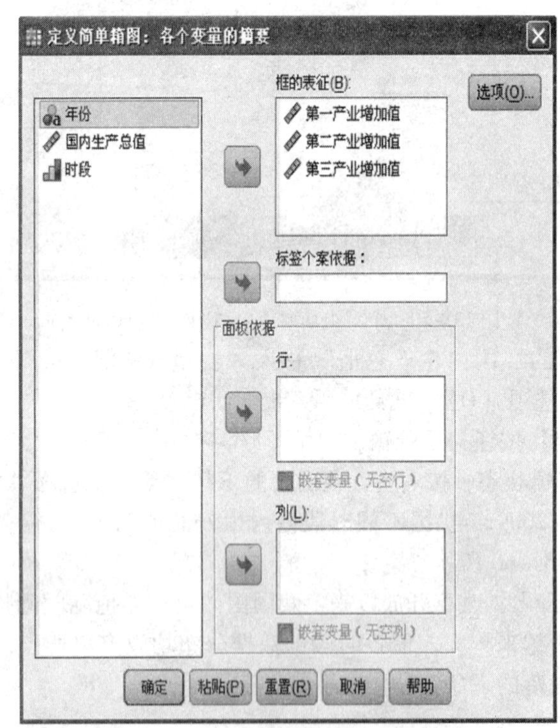

图 13－61　变量摘要简单箱图定义对话框

Step❷将变量栏中的“第一产业增加值”、“第二产业增加值” 和 “第三产业增加值” 移入“框的表征（B）” 框 。“选项（O）” 工具采用系统默认设置。

Step❸单击【确定】按钮，系统输出初始结果。

Step❹按上述方法给图形添加标题，最终图形如图 13－62 所示。

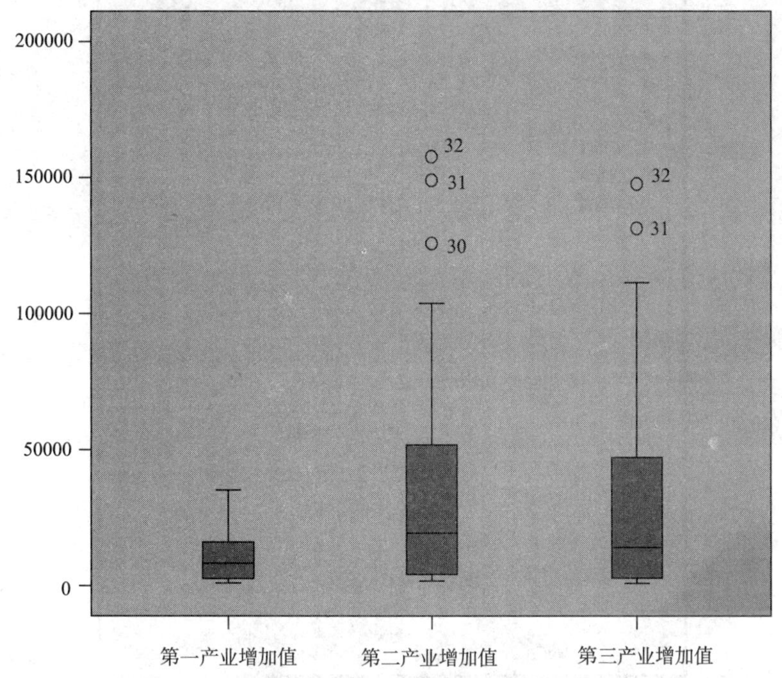

图 13－62　变量摘要简单箱图

由图 13－62 可以看出，改革开放以来，我国三大产业增加值的分布特征是：第一产业增加值整体偏低，且各年数据差异不大，说明第一产业发展缓慢；二、三产业增加值的分布特征相似，且各年数据变化较大，特别是 2007 年以后，各年增加值数据均落在了离群区域，即与其他年份相比，这几年的增加值增长很快，这一特征表明，我国二、三产业近年来取得了飞速的发展。

3. “个案组摘要（G）”复式箱图的绘制

Step❶打开数据文件 data13－1. sav，进入箱线图主对话框；选择“复式条形图”和“个案组摘要（G）”数据模式，单击【定义】按钮，弹出如图 13－63 所示的对话框。

Step❷将变量栏中的“目前工资”移入“变量（V）”框作为绘图变量；将“学历”和“职务”分别移入“类别轴（C）”和“定义群集依据”框中，作为分组和分群变量。注意：绘图变量必须是数值型变量，分组和分群变量必须是类别变量。“选项（O）”工具采用系统默认设置。

Step❸单击【确定】按钮，系统输出结果如图 13－64 所示。

图 13－64 是根据某企业员工的学历、职务状况及目前工资水平所绘制的复式箱线图。由图形分布可以看出：学历越高，工资越高，在不同学历的人员中，有职务的比没职务工资高。

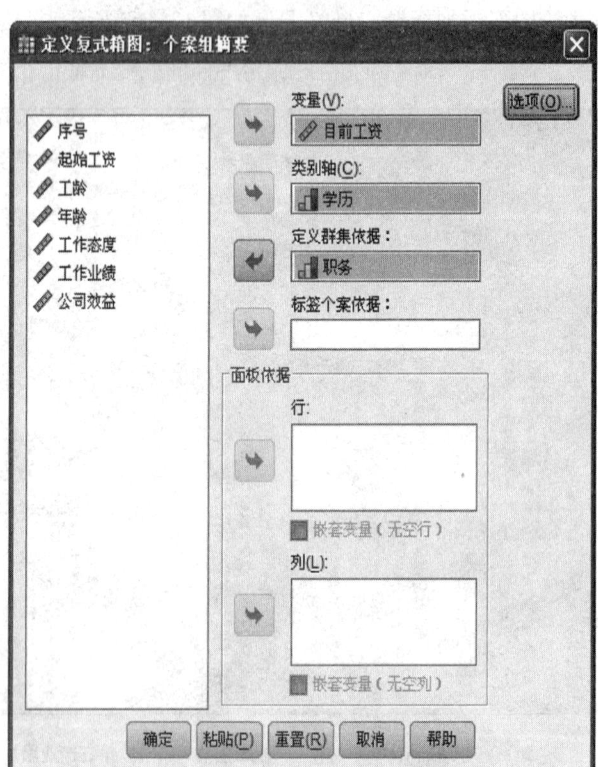

图 13－63　个案组摘要复式箱图定义对话框

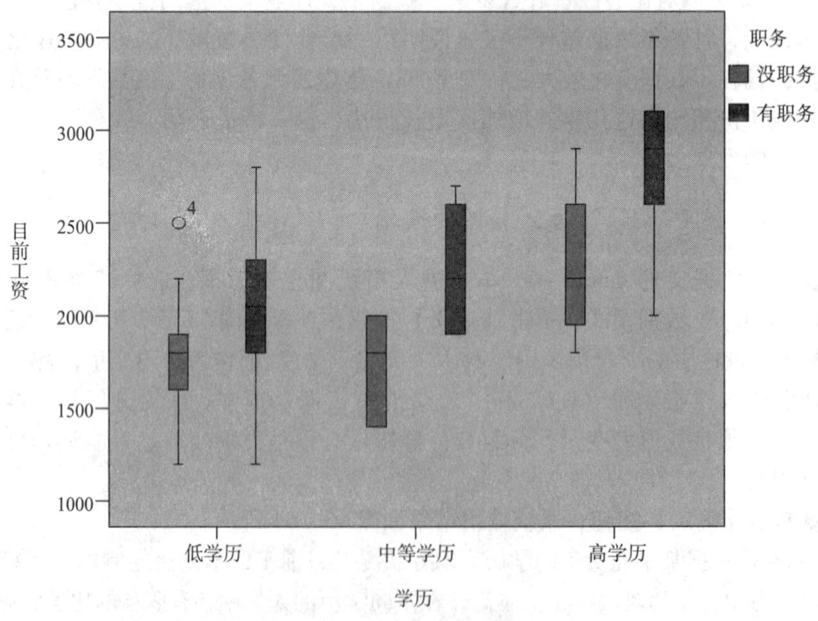

图 13－64　个案组复式箱图

4. “各个变量摘要（V）”复式箱图的绘制

Step❶打开数据文件 data13－6. sav，进入箱线图主对话框；选择“复式条形图”和“各个变量摘要（V）”数据模式；单击【定义】按钮，弹出如图 13－65 所示的对话框。

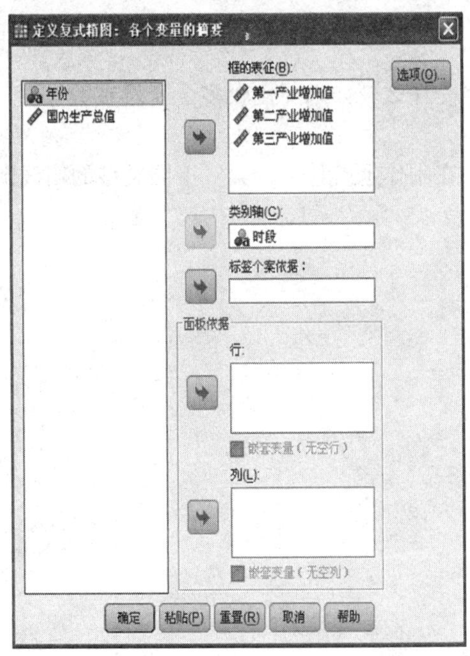

图 13－65　变量摘要复式箱图定义对话框

Step❷将变量栏中的“第一产业增加值”、“第二产业增加值”和“第三产业增加值”全部移入“框的表征（B）”框中，作为绘图变量；将“时段”变量移入“类别轴（C）”作为分组绘制图形的依据。“选项（O）”工具采用系统默认设置。

Step❸单击【确定】按钮，系统输出结果如图 13－66 所示。

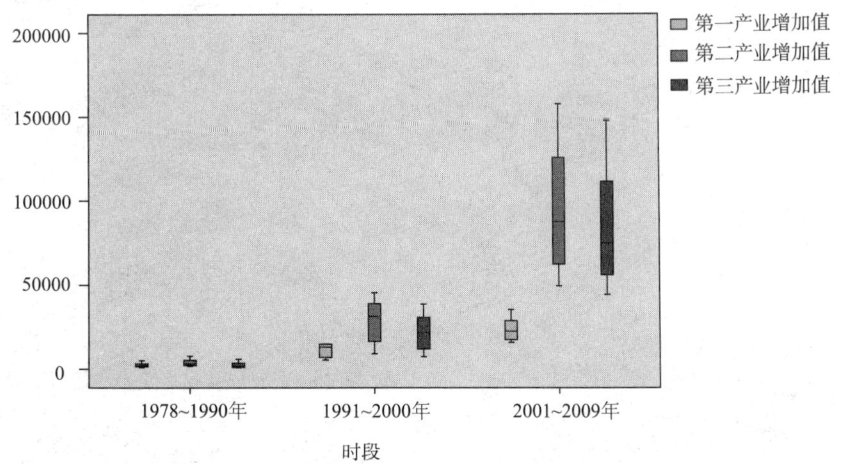

图 13－66　变量摘要复式箱图

图 13－66 是我国第一、二、三产业不同时段增加值的分布箱线图。从图中可以看出，改革开放以来，我国第一、二、三产业增加值随着时间的推移，均表现出增加态势，但增长程度明显不同，其中第一产业增长缓慢，第二、三产业增长较快。

13.7.5 问题思考

1. 箱线图的主要用途是什么？如果要比较多个变量在数据分布上的差异需要绘制哪种箱线图？

2. 不同类型的箱线图在制作上有什么差异？不同类型的箱线图实际中如何选用？

第 14 章　统计表格的 SPSS 制作

【学习提要与目标】统计表是显示统计数据的基本形式，在数据的搜集、整理、描述和分析过程中，经常需要使用统计表。许多杂乱的数据，一旦整理在一张统计表内，就会使这些数据变得一目了然，清晰易懂。SPSS 的很多分析过程虽然都设置有编制相关统计表的选项，但是涉及多个变量的复杂统计表制作则需要借用 SPSS 的专门制表工具来完成。通过本章的学习，熟练掌握使用 SPSS 的“表(T)”菜单中的相关过程绘制复合和交叉统计分析表的基本方法和操作技巧。

14.1　制作复合分析表

14.1.1　实验目的

复合表是按两个或两个以上的变量层叠分组所形成的统计表，如果不指定分析（汇总）变量，则生成复合频数分布表（系统默认输出）；若指定分析（汇总）变量，则生成复合分析表。复合频数分布表除了可以使用“表（T）”过程制作外，还可以利用第 11 章中介绍的“交叉表（C）”过程制作。通过本实验，熟悉和掌握使用 SPSS“表（T）”过程制作复合分析表的基本方法和操作技巧。

14.1.2　相关知识

1. 复合分析表的结构

复合分析表的结构因分组的层次多少和输出的统计量要求不同而不同，一般来说，复合分析表应按如表 14－1 所示的形式来制作。

表 14－1　复合分析表的基本结构

分类变量	分析变量			
	统计量 1	统计量 2	统计量 3	…
第一层分组 　第二层分组 　　⋮ 　　⋮ 　　⋮				

2. 复合分析表的主要特点

从表格组成部分看，复合分析表与一般统计表没有什么差别，即包括总标题、行标题、列标题、数据单元格等四个基本部分，只是复合分析表涉及的变量更多，表格结构更复杂。从表格特点看，复合分析表的行标题通常列出两个或两个以上的分类变量，且各分类变量层叠排列，列标题主要排列的是需要分析的数值型变量，数据单元则是分析变量在不同类别下的统计量取值。例如，要分析和表现某企业不同性别和文化程度分组下的各类人员工资的分布特征，就可以使用SPSS的“表（T）”过程快速编制如表14－2所示的复合统计分析表。

表14－2　某企业不同性别不同文化程度职工工资分析表

		工资			
		均值	中位数	众数	标准差
男	本科				
	专科				
	高中				
	初中				
女	本科				
	专科				
	高中				
	初中				

3. SPSS统计表制作功能的选择

不同的分析目的，需要生成不同内容、不同形式的统计表。使用SPSS制作统计分析表有两种途径：一是选择相关的分析过程完成；二是选择SPSS的专门制表工具完成。一般来说，嵌套在分析过程中的制表功能只能生成特定的且比较简单的统计表，如“频率（F）”过程可以生成简单频数分布表，“描述（D）”过程可以生成简单的描述统计量分析表等。在SPSS中，用于专门制表的工具主要有：“报告（reports）”菜单和“表（T）”菜单以及描述统计菜单中的“交叉表（C）”过程。其中“交叉表”过程主要用于生成交叉频数分布表；报告菜单虽可以生成各种形式的统计分析表，但表格设置麻烦；“表（T）”菜单不仅可以生成数据整理、分析等多种用途的统计表格，而且制表过程操作简单。因此，本章主要介绍使用SPSS的“表（T）”菜单制做统计表的基本方法。

14.1.3　实验内容

根据数据文件data7－1.sav中的性别、职务、基本工资三个变量编制按性别、职务复合分组的职工基本工资描述统计量分析表。

14.1.4 实验步骤

Step❶打开数据文件 data7 - 1. sav，在数据编辑窗口依次选择【分析（A）】→【表（T）】→【设定表（C）】，进入如图 14 - 1 所示的设定表格对话框。与此对话框同时打开的是提示用户定义分类变量属性对话框。如果事先已经对分类变量定义了标签和测量级别，直接单击【确定】按钮便可进行表格设置。否则，单击【定义变量属性（V）】按钮，对分类变量的标签和测量级别进行设定。

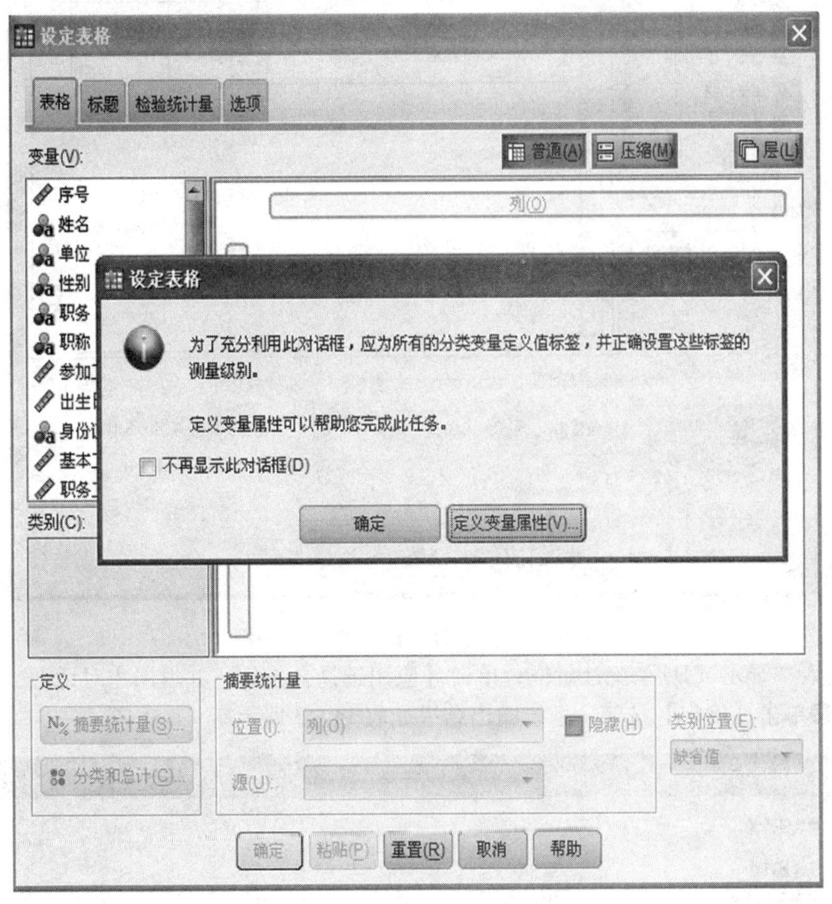

图 14 - 1　设定表格主对话框

Step❷在设定表格主对话框中的变量列表中，按顺序将“职务”和“性别”变量拖至绘表区的“行（W）”变量区，将“基本工资”变量拖至“列（O）”变量区。设置结果如图 14 - 2 所示。

Step❸在绘表区选中“基本工资”变量所在的单元格，并在对话框左下方的定义栏中单击【N% 摘要统计量（S）】按钮，进入如图 14 - 3 所示的设定表格摘要统计量子对话框，在此对话框左侧的统计量列表中，将“计数”、“最小值”、“最大值”、“均值”和“标准

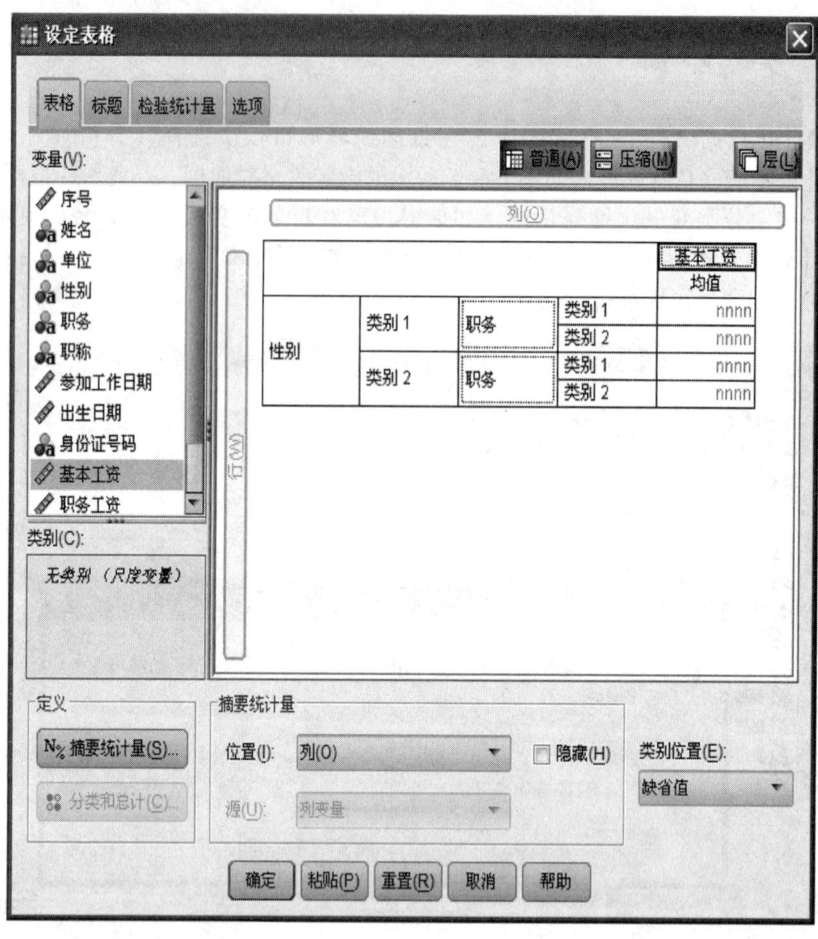

图 14－2　复合分析表变量设置示意图

差”等选入“显示（D）”统计量框；单击【应用选择】按钮，并返回主对话框。

Step❹单击【确定】按钮，系统输出结果如表 14－3 所示。

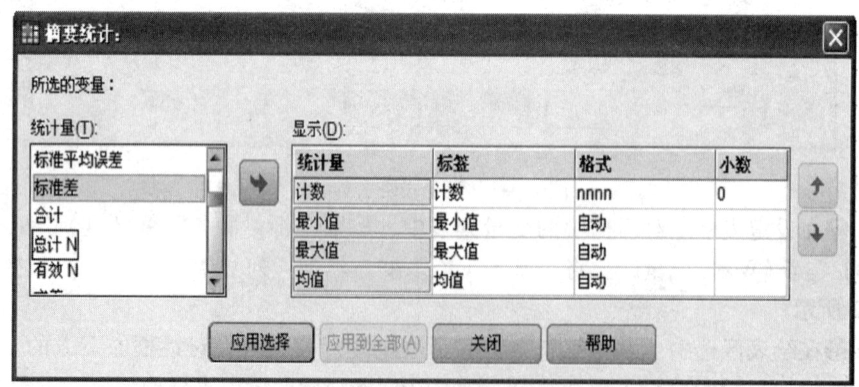

图 14－3　设定表格摘要统计量子对话框

表 14－3　某企业职工基本工资情况表（复合分组）

				基本工资				
				计数	极小值	极大值	均值	标准差
性别	男	职务	副经理	11	700	850	759	58
			经理	3	800	900	833	58
			职员	98	650	900	743	63
	女	职务	副经理	1	700	700	700	
			职员	26	650	900	769	69

14.1.5　问题思考

1. 复合分析表的行列是否可以互换？如果可以的话，在 SPSS 中应如何操作？
2. 复合分析表与复合频数分布表在内容上有什么不同？

14.2　制作交叉分析表

14.2.1　实验目的

交叉表是按两个或两个以上的变量交叉分组所形成的统计表，它与复合分析表的共同特点是都需要根据两个或两个以上的分类变量对总体进行分组计算相关统计量。同样，如果不指定分析（汇总）变量，系统则自动生成交叉频数分布表，否则，则根据分析（汇总）变量生成交叉分析表。通过本实验，熟悉和掌握使用 SPSS 的“表（T）”过程制作交叉分析表的基本方法和操作技巧。

14.2.2　相关知识

1. 交叉分析表的基本结构

与复合分析表相比，交叉分析表的分类变量一个在行，一个在列，数值型分析变量嵌套在列分类变量中。交叉分析表的基本结构如表 14－4 所示。

表 14－4　交叉分析表的基本结构

分类变量	分类变量							
	类别 1		类别 2		类别 3		…	
	分析变量		分析变量		分析变量		分析变量	
	统计量 1	…	统计量 1	…	统计量 1	…	统计量 1	…
类别 1 类别 2 类别 3 ⋮								

2. 交叉分析表的主要特点

交叉分析表与交叉频数分布表的结构基本相同，都需要同时指定行列分类变量，所不同的是交叉频数分布表的数据单元列出的是交叉分组下的各组频数；而交叉分析表的数据单元列出的则是分析（汇总）变量的描述统计量。例如上例中企业职工按性别和文化程度交叉分组下的工资分布特征统计分析表如表 14－5 所示。

表 14－5　某企业不同性别不同文化程度职工工资分析

文化程度	性别							
	男				女			
	工资				工资			
	均值	众数	中位数	标准差	均值	众数	中位数	标准差
本科								
专科								
高中								
初中								

14.2.3　实验内容

根据数据文件 data7－1.sav 中的性别、职务、基本工资三个变量编制按性别、职务交叉分组的职工基本工资描述统计量分析表。

14.2.4　实验步骤

Step❶打开数据文件 data7－1.sav，进入设定表格对话框。如果需要定义分类变量的属性，单击【定义变量属性（V）】按钮，对分类变量的标签和测量级别进行设定。

Step❷在表格设定主对话框中的变量列表中，将“职务”变量拖至绘表区的“行（W）”变量区，按顺序将“基本工资”和“性别”变量拖至“列（O）”变量区。设置结果如图 14－4 所示。

Step❸选定“基本工资”变量，单击【N% 摘要统计量（S）】按钮，进入如图 14－3 所示的设定表格摘要统计量子对话框，在该对话框左侧的统计量列表中，将“计数”、“均值”和“标准差”等选入“显示（D）”统计量框；单击【应用选择】按钮，返回主对话框。

Step❹单击【确定】按钮，系统输出的表格如表 14－6 所示。

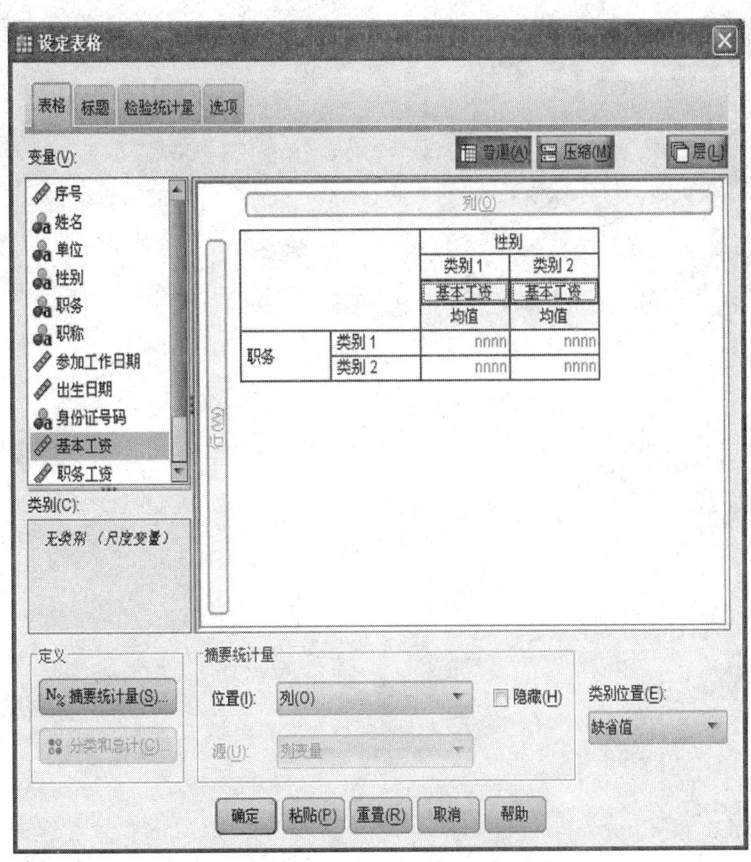

图 14-4　交叉分析表变量设置示意图

表 14-6　某企业职工基本工资情况表（交叉分组）

		性别					
		男			女		
		基本工资			基本工资		
		计数	均值	标准差	计数	均值	标准差
职务	副经理	11	739	58	1	700	.
	经理	3	833	58	0	.	.
	职员	98	743	63	26	769	69

14.2.5　问题思考

1. 分析变量能否嵌套在行变量中？如果可以，应如何操作？

2. 交叉分析表的行列能否设置两个或两个以上的分类变量？如果设置多个分类变量，表格会发生什么变化？

模块三

专业数据分析实验

本模块是结合学生专业开设的综合性专业实验，包括营销数据分析、人力资源管理数据分析、财务数据分析、企业经营管理数据分析、经济数据分析等实验项目。通过本模块的学习，使学生掌握运用SPSS软件对专业数据进行分析的基本方法和操作技巧。

第 15 章　营销数据分析的 SPSS 应用

【学习提要与目标】在市场营销管理过程中，数据分析具有重要的作用。通过对市场调研获得的数据进行科学的分析，从中找出客户的需求规律和特征，为企业的经营决策提供依据是营销管理工作的重要内容。营销管理中涉及的数据分析内容很多，如客户分类、需求预测、顾客偏好分析、顾客满意度分析、客户流失分析等。通过本章的学习，使学生能够运用 SPSS 软件对市场营销管理中的重点内容进行综合性的深层次分析。

15.1　客户分类

15.1.1　实验目的

据统计，现代企业 57% 的销售额是来自 12% 的重要客户，而其余 88% 中的大部分客户对企业是微利的。因此，按照客户价值分类，找到最有价值的客户，是企业营销管理中最重要的工作。客户分类可以帮助企业定位于具有优势的核心客户市场，引领企业集中有限的资源创造最大化的可持续营销绩效。通过本实验，使学生熟悉和掌握运用 SPSS 软件进行客户分类的基本方法和操作步骤。

15.1.2　相关知识

1. 客户分类及其理论依据

客户分类是指将一个大的消费群体划分成为若干个群，同属于一个群的客户彼此相似，属于不同群的客户被视为不同的客户群。客户分类的理论依据是客户需求的异质性理论，该理论认为客户需求存在差异性。

2. 客户分类的作用

（1）有效识别客户

准确的客户识别对于服务的有效性和适当性至关重要。例如，在航空服务或高端服务业，不能准确识别客户的企业会被认为服务水平低劣，而这也会直接导致客户对企业的满意度下降。

（2）合理配置资源

企业的资源往往是有限的，企业需要将有效的资源更合理地进行配置和应用，而要实现这一目标，精确的客户分类是不可或缺的。只有通过有效的客户分类，企业才能在资源配置上合理的区分不同类型客户的需求，把合适的资源投入在合适的客户身上，从而在客户身上获得最合理的投入与回报比率。

（3）提供个性化服务

满意的客户服务是保证客户忠诚和企业持续获利的基础。客户的差异性要求企业能够准确地理解客户的个性化服务需求，并基于对不同客户差异化需求的理解来提供并管理服务过程。只有这样，才能提供主动的客户服务，并使面向客户的服务达到真正的效果。

（4）营销对策专业化

营销是创造性的满足客户需求的过程。在客户竞争越来越激烈的时代，企业需要以更有效的方式传递营销信息，以更具针对性的方案激发客户需求，并实现营销绩效的最大化。而要实现这些指标，有效的客户分类是必不可少的基础性支撑。对于那些客户信息密集型企业，数据化的客户分类更显重要。

（5）巩固核心客户市场

一个竞争行业中的企业不可能在所有的客户市场中都占有优势。正确的核心客户市场定位与客户选择策略对于企业的可持续盈利和价值增长至关重要。客户分类能够帮助企业准确定位具备战略优势的目标客户市场，并引导企业集中资源与核心客户市场，从而不断巩固企业在核心客户市场中的竞争优势。

3. 客户分类的基本方法

客户分类方法并不是固定的，各企业可根据客户数据库中已有的类型信息的不同和自身管理的需要进行具体的分类。不同分类方法的差异主要表现在分类因素和技术的选择上。用于客户分类的属性有三类：客户的外在属性、客户的内在属性和消费行为。企业根据不同的需求选择不同的因素，如按客户的个性化资料、客户的消费行为（消费习惯、数量和频率）、客户购买方式、客户的地理位置、客户的职业、客户的关系网、客户知识层次、客户的规模、客户对企业的贡献等对客户进行分类。从企业对客户分类时作为标准的因素个数这个角度来看，有单因素的客户分类方法、双因素的客户分类方法和多因素相结合的客户分类方法三种。

4. SPSS 的客户分类功能

运用 SPSS 软件进行客户分类，主要采用聚类分析的方法。聚类分析是将分类对象置于一个多维空间中，按照它们空间关系的亲疏程度进行分类。聚类分析是依据样本间关联的量度标准将其自动分成几个群组，且属于一群组内的样本相似，而属于不同群组的样本相异的一组方法。进行客户分类主要使用的 SPSS 工具有：频率过程、聚类过程和直销菜单。

15.1.3 实验内容

某娱乐网站随机抽取客户 982 名，对每个客户的性别、文化程度、职务、职称及年龄资料进行了调查，调查结果形成的 SPSS 数据文件命名为 data15 - 1. sav。本实验根据该数据资料对公司客户的基本构成进行分析，并对所选客户进行分类。

15.1.4 实验步骤

1. 客户基本构成分析

Step❶打开数据文件 data15 - 1. sav，并对年龄变量进行重新编码，生成新变量“年龄分组”变量。选择菜单【转换（T）】→【重新编码为不同变量（R）】，弹出“重新编码为不同变量”对话框，在对话框左侧选择变量“年龄”，在右侧“输出变量”框的名称下输入“年龄分组”；单击【旧值和新值（O）】按钮，弹出对话框“重新编码为其他变量：旧值和新值”，在旧值区域选定“范围”，对年龄进行分组，在新值区域指定“各组代码”，并依次添加到“旧→新（D）”框中。

Step❷选择菜单【分析（A）】→【描述统计】→【频率（F）】，进入“频率（F）”对话框。依次将“地区”、“性别”、“教育程度”和“婚姻状况”选入“变量（V）”框，并在对话框下方的“显示频率表格（D）”前打钩。

Step❸在“频率（F）”对话框中单击“图表”按钮，进入“频率：图表”对话框，在其中图表类型区域选择“饼图（P）”，在图表值区域选择“百分比”，单击【继续】按钮，返回主对话框。

Step❹单击【确定】按钮，系统自动输出需要分析的图表。

Step❺图表修饰。图表修饰方法参见第 13 章相关介绍。

2. 使用 SPSS 决策树过程对客户进行分类

Step❶打开数据文件 data15 - 1. sav，依次选择【分析（A）】→【分类（F）】→【树（R）】，弹出如图 15 - 1 所示的对话框。与此同时打开的是决策树定义变量属性对话框，如果不需要定义分类变量的属性，直接单击【确定】按钮，进入决策树设置对话框。否则，单击【定义变量属性（V）】按钮，对分类变量的标签和测量级别进行设定。

Step❷从决策树对话框左侧的变量列表中将变量“网上娱乐时间”移入“因变量”框，将变量“年龄”、“婚姻状况”移入“自变量”框。

Step❸单击【确定】按钮，系统输出结果如图 15 - 2和表 15 - 1 所示。

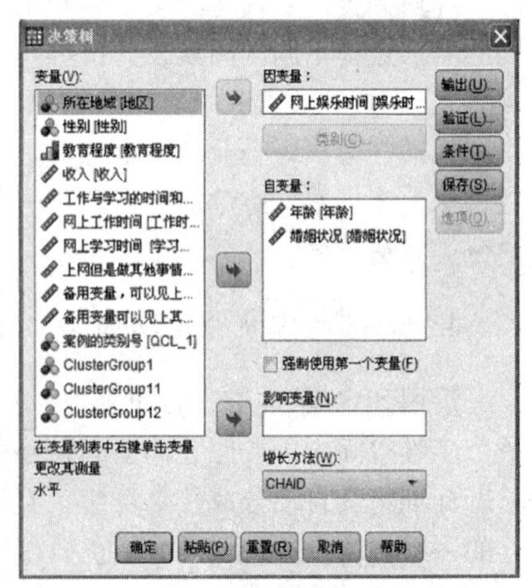

图 15 - 1 决策树设置对话框

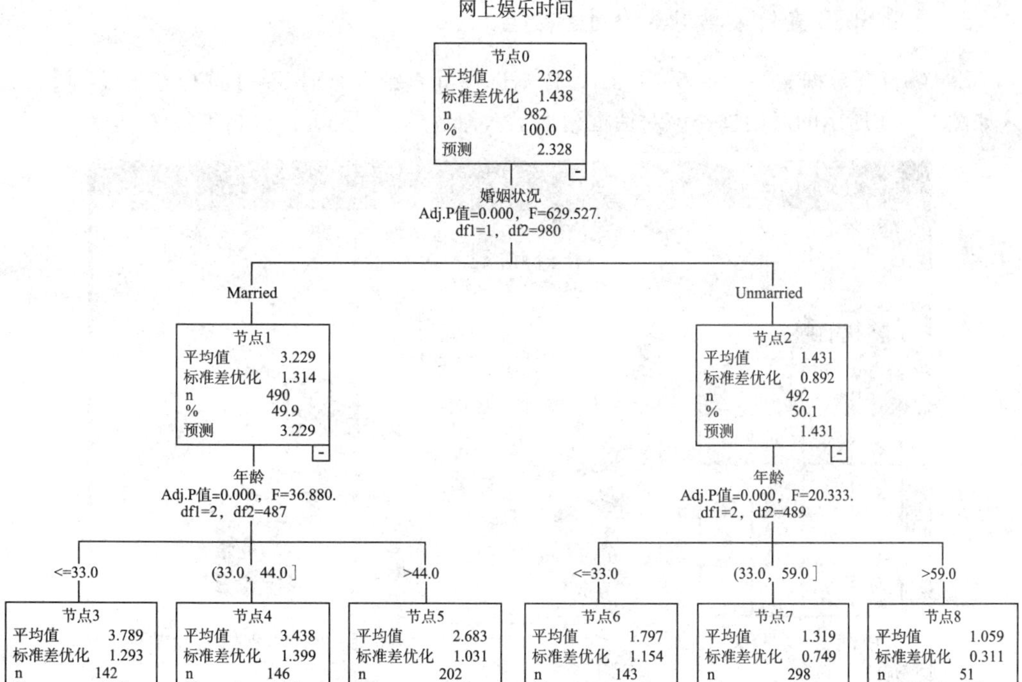

图 15－2 使用树分类方法获得的分类树

表 15－1 节点的收益汇总

节点	N	百分比/%	均值
3	142	14.5	3.79
4	146	14.9	3.44
5	202	20.6	2.68
6	143	14.6	1.80
7	298	30.3	1.32
8	51	5.2	1.06

增长方法：CHAID

因变量列表：网上娱乐时间

由图 15－2 可以看出，最终客户被分成三类，即第一步是按已婚和未婚将客户分为两类，第二步将两部分再按年龄继续分类。每个节点上给出了各类用户网上娱乐时间的平均值和标准差以及分布在各类中的客户数和所占比例等。以上分类结果显示，各类客户之间的网上娱乐时间有很大的差别。首先，已婚客户的网上娱乐时间明显长于未婚客户；其次，33 岁及以下年龄段的客户网上娱乐时间明显长于其他年龄段。

表 15－1 显示节点的收益汇总，即表示分类界限指标数目所占百分比是多少，并显示各类顾客网上娱乐时间的均值。

3. 使用 SPSS 直销菜单对客户进行分类

Step❶打开数据文件 data15 - 1. sav，依据选择【直销（M）】→【选择方法（C）】，进入如图 15 - 3 所示的对话框，该对话框列出了六种不同内容的客户分析方法。

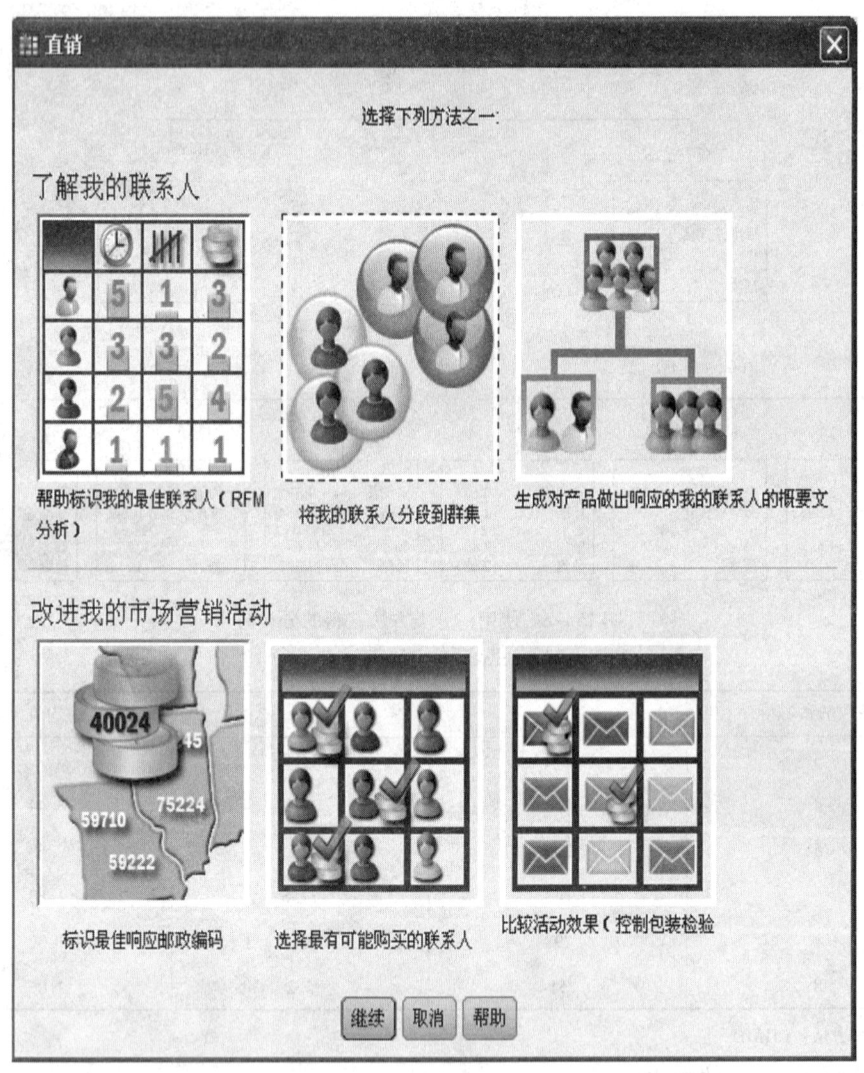

图 15 - 3　直销方法选择对话框

Step❷选择“将我的联系人分段到群”图标，单击【继续】按钮，进入变量“测量级别”设置对话框，在此对话框中直接单击【确定】按钮，进入如图 15 - 4 所示的“聚类分析”对话框。

Step❸在“聚类分析”对话框，从左侧的变量字段列表中将“所在地域”、“性别”、“教育程度”和“婚姻状况”等字符型变量移入“分类字段（A）”框，将“网上工作时间”、“网上学习时间”和“网上娱乐时间”等数值型变量移入“连续字段（O）”框。

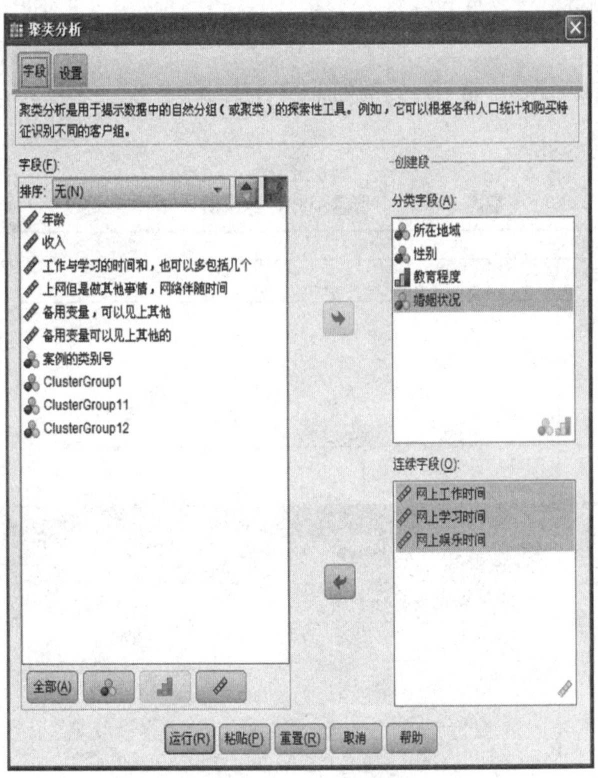

图 15－4　聚类分析对话框

Step❹单击【运行（R）】按钮，得到如图 15－5 所示的结果。模型摘要表格显示有 7 个分类特征，聚类质量良好。

模型摘要

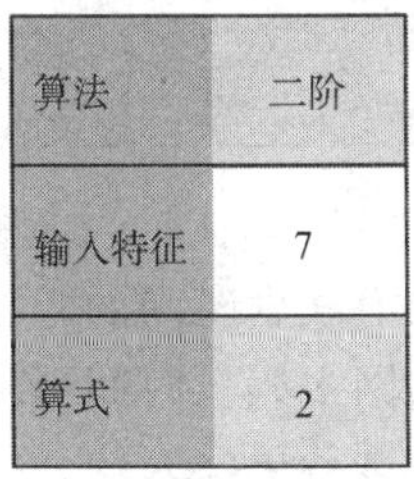

算法	二阶
输入特征	7
算式	2

聚类质量

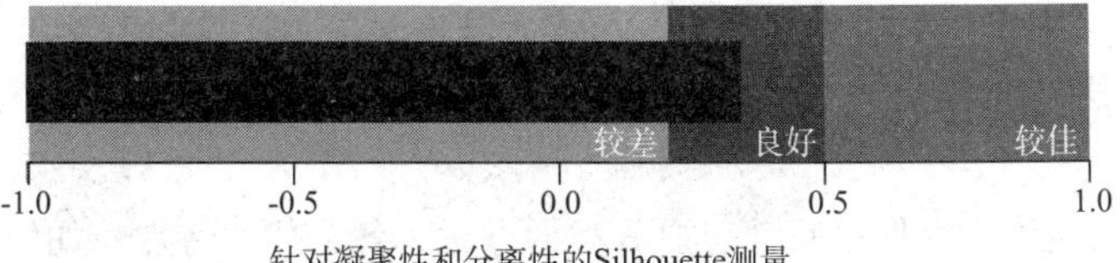

图 15－5　模型摘要及聚类质量图

Step❺在结果浏览窗口，双击模型摘要图，显示模型浏览器，切换左下角的视图到复式，出现如图 15－6 所示的复式图，更详细地描述聚类分析结果，并对分类特征重要性排名。可见婚姻状况是最重要的特征，未婚与已婚的网上娱乐时间分别为 1.43 和 3.23，差别显著。

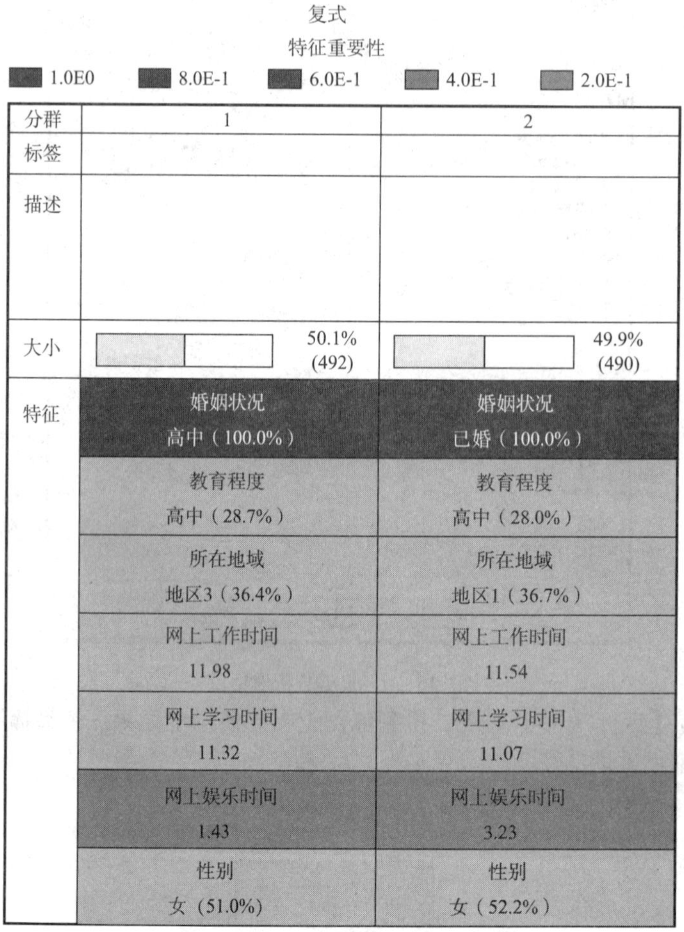

复式

特征重要性

1.0E0　8.0E-1　6.0E-1　4.0E-1　2.0E-1

分群	1	2
标签		
描述		
大小	50.1% (492)	49.9% (490)
特征	婚姻状况 高中（100.0%）	婚姻状况 已婚（100.0%）
	教育程度 高中（28.7%）	教育程度 高中（28.0%）
	所在地域 地区3（36.4%）	所在地域 地区1（36.7%）
	网上工作时间 11.98	网上工作时间 11.54
	网上学习时间 11.32	网上学习时间 11.07
	网上娱乐时间 1.43	网上娱乐时间 3.23
	性别 女（51.0%）	性别 女（52.2%）

图 15－6　特征重要性对比图

两种聚类结果表明婚姻状况对网上娱乐时间的影响最显著，所以这家娱乐网站应争取的主要客户是已婚客户，因为他们的网上娱乐时间更长。当然这仅仅是一个例子，如果运用更多的步骤，我们可以对分类数据进行更深入的分析，比如说网上工作时间以及网上学习时间会受哪些因素的影响。结合决策树输出结果，可进一步得出娱乐网站已婚客户中，小于 33 岁的人群网上娱乐的时间最长，平均长度达 3.79 小时。

15.1.5　问题思考

1. SPSS 直销模块中提供了几种客户分类的方法，各有什么特点，如何解释？
2. 客户分类还可以采用什么方法来完成？

15.2 市场需求预测与分析

15.2.1 实验目的

市场需求预测是指通过对消费者的购买心理和消费习惯的分析，以及对国民收入水平、收入分配政策的研究，推断出社会的市场总消费水平。市场需求预测是市场研究的重要内容之一。通过本实验，掌握市场需求预测的基本方法和运用 SPSS 完成市场需求预测与分析的操作技巧。

15.2.2 相关知识

1. 市场需求预测的内容

在营销调研分析中，市场需求预测主要包括：①对某一种或几种产品潜在需求的预测；②对潜在供应量的估计；③对产品市场渗透程度的估计；④对某一种或几种产品市场占有率的预测。除了全部和大部分供出口的产品以外，对产品的潜在需求主要以国内市场为基础进行预测。

2. 市场预测方法的选择

市场预测有很多方法，选用哪种方法要根据预测的目的和掌握的资料来决定。各种预测方法有不同的特点，适用于不同的市场情况。一般而言，掌握的资料少、时间紧，预测的准确程度要求低，可选用定性预测方法；掌握的资料丰富、时间充裕，可选用定量预测方法。在预测过程中，应尽可能地选用几种不同的预测方法，以便互相比较，验证其结果。

3. SPSS 中的预测功能

SPSS 的预测功能主要集中在分析工具中的“回归（R）”和“预测（T）”菜单中，其中回归菜单可以建立线性、曲线、一元、多元等回归模型进行预测；预测菜单则主要用于随机时间序列预测。

15.2.3 实验内容

数据文件“data15－2. sav”为某汽车销售公司 1989～2004 年的销售数据，变量包括：被解释变量：Y—售出新客车的数量（千辆）。解释变量：X1—新车的消费者价格指数；X2—所有物品的消费者价格指数；X3—个人可支配收入；X4—利率（金融公司直接支付的票据利率）；X5—城市就业劳动力。本实验根据以上资料建立适当的预测模型对该公司的销售量进行预测（$\alpha=0.05$）。

15.2.4 实验步骤

Step❶打开数据文件 data15－2. sav，如图 15－7 所示。

*data15-2.sav [数据集1] - PASW Statistics 数据编辑器

文件(F) 编辑(E) 视图(V) 数据(D) 转换(T) 分析(A) 直销(M) 图形(G) 实用程序(U) 窗口(W)

6 : lny 9.20943996673302

	年份	Y	X1	X2	X3	X4	X5
1	1989	10227.00	112.000	121.30	776.80	4.89	79637.00
2	1990	10872.00	111.000	125.30	839.60	4.55	82153.00
3	1991	11350.00	111.100	133.10	949.80	7.38	85064.00
4	1992	8775.00	117.500	147.70	1038.40	8.61	86794.00
5	1993	8539.00	127.600	161.20	1142.80	6.16	85846.00
6	1994	9991.00	135.700	170.50	1252.60	5.22	88752.00
7	1995	11046.00	142.900	181.50	1379.30	5.50	92017.00
8	1996	11164.00	153.800	195.30	1551.20	7.78	96048.00
9	1997	10559.00	166.000	217.70	1792.30	10.25	98824.00
10	1998	8979.00	179.300	247.00	1918.00	11.28	99303.00
11	1999	8535.00	190.200	272.30	2127.60	13.73	100397....
12	2000	7980.00	197.600	286.60	2261.40	11.20	99526.00
13	2001	9179.00	202.600	297.40	2428.10	8.69	100834....
14	2002	10394.00	208.500	307.60	2670.60	9.65	105005....
15	2003	11039.00	215.200	318.50	2841.10	7.75	107150....
16	2004	11450.00	224.400	323.40	3022.10	6.31	109597....

图 15－7 data15－2 数据文件导入图

Step❷绘制散点图，选择【图形（G）】→【图形画板模板选择程序】，进入如图 15－8 所示的“图形画板模板选择程序”对话框，按住“Ctrl”键选定变量 Y、X1、X2、X3、X4、X5，并在右侧的图形显示区域选择散点图。最后单击【确定】按钮，系统输出如图 15－9所示的散点图矩阵。

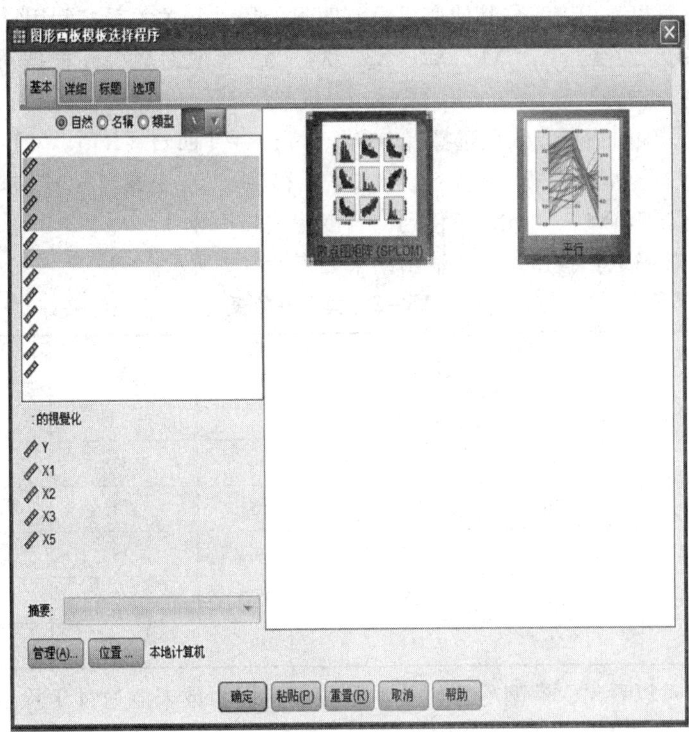

图 15－8 图形画板模板选择程序对话框

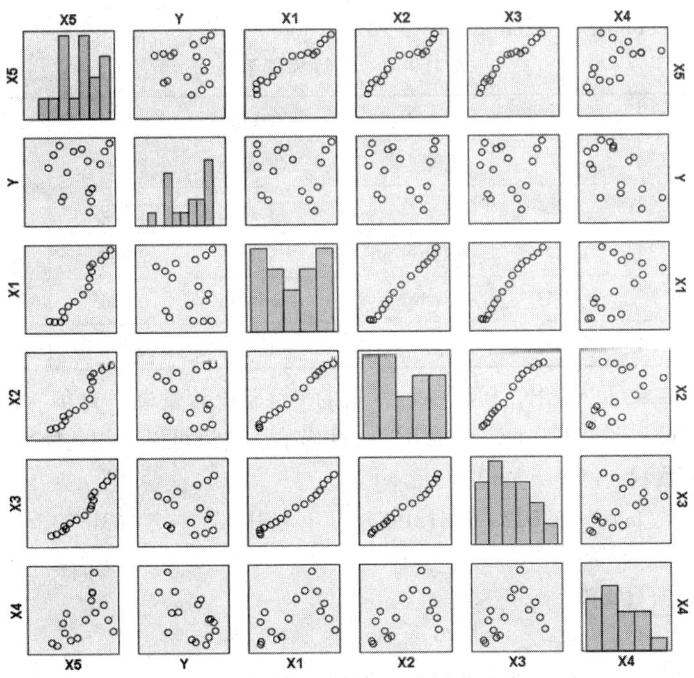

图 15－9 各变量散点矩阵图

由图 15 - 9 可以看出，Y 与其他变量没有明显的线性相关关系。利用【转换（T)】→【计算变量（C)】，对变量 Y、X1、X2、X3、X4、X5 等取对数，并根据对数值建立回归模型。

Step❸在数据编辑窗口，依次选择【分析（A)】→【回归（R)】→【线性（L)】，打开一般线性回归分析对话框，将变量“lnY”移到“因变量（V)”框，将“lnX1”、“lnX2”、“lnX3”、“lnX4”、“lnX5”移到“自变量（I)”框中。

Step❹单击【确定】按钮，系统输出结果如表 15 - 2 所示。

表 15 - 2　模型系数表

模型		非标准系数		标准系数	t	Sig.（伴随概率）
		B	标准误差	试用版		
	（常量）	-5. 603	20. 035		-. 280	. 785
	lnX1	1. 276	. 841	2. 748	1. 518	. 160
	lnX2	-3. 010	1. 396	-8. 853	-2. 156	. 056
	lnX3	1. 382	1. 171	5. 176	1. 180	. 265
	lnX4	-. 113	. 105	-. 311	-1. 077	. 307
	lnX5	1. 261	2. 111	1. 037	. 597	. 564

由表 15 - 2 可以看出，模型尽管相关系数很高，但系数未能通过 T 检验。进一步检验 lnX1、lnX2、lnX3、lnX4、lnX5 的相关关系，可知它们之间存在相关关系，所以模型存在多重共线性。运用逐步回归方法，剔除掉变量 lnX4、lnX5，以 lnY 为因变量，lnX1、lnX2、lnX3 为自变量，可得回归结果如表 15 - 3 所示。

表 15 - 3　最终模型系数

模型		非标准系数		标准系数	t	Sig.
		B	标准误差	试用版		
	（常量）	6. 022	. 773		7. 789	. 000
	lnX1	1. 812	. 639	3. 901	2. 837	. 015
	lnX2	-4. 113	. 590	-12. 096	-6. 965	. 000
	lnX3	2. 163	. 358	8. 102	6. 043	. 000

从表 15 - 3 结果可以看出，模型各自变量的 t 检验统计量概率 *P* 值（最后一列）均小于 0. 05，lnX1、lnX2、lnX3 对 lnY 有显著的线性影响。所以可以利用此模型对该汽车公司的汽车销售量做出预测。修正后的模型为

$$\ln Y = 6.022 + 1.812\ln X1 - 4.113\ln X2 + 2.163\ln X3$$

15. 2. 5　问题思考

1. 在使用 SPSS 进行模型拟合过程中，如何克服多重共线性？
2. 回归预测模型检验的内容有哪些？

15.3 多维尺度分析

15.3.1 实验目的

多维尺度分析（multi－dimension analysis）是市场研究的一种有力手段，它可以通过低维空间（通常是二维空间）展示多个研究对象（比如品牌）之间的联系，利用平面距离来反映研究对象之间的相似程度。通过本实验，使学生掌握多维尺度分析的基本原理和运用SPSS进行消费资料多维尺度分析的基本方法和操作技巧。

15.3.2 相关知识

1. 多维尺度法的应用范围

在市场营销研究中，多维尺度分析的用途十分广泛。一般来说，主要应用在以下几个方面：

1）可以确定空间的维数（变量、指标），以反映消费者对不同品牌的认知，并且在由这些维数构筑的空间中，标明某关注品牌和消费者心目中理想品牌的位置。

2）可以比较消费者和非消费者对企业形象的感觉。

3）在进行市场细分时，可以在同一空间对品牌和消费者定位，然后把具有相似感觉的消费者分组、归类。

4）在新产品开发方面，通过在空间图上寻找间隙，可以发现由这些间隙为企业带来的潜在契机。

5）在广告效果的评估方面，可以用空间图去判定一个广告是否成功地实现了期望的品牌定位。

6）在价格策略方面，通过比较加入与不加入价格轴的空间图，可以推断价格的影响强度。

7）在分销渠道策略方面，利用空间图可以判断品牌对不同零售渠道的适应性，从而为制定有效的分销渠道提供依据。

2. 多维尺度法的实施步骤

同其他的多元统计分析方法一样，对所研究的问题做出准确的界定，仍然是进行多维尺度分析的首要任务。由于其中将应用各种类型的数据，所以就必须决定一种获得数据的适宜方式，并选择用于数据分析的具体过程。另外，还要确定空间的维数。通常，维数多，包含的信息量就大；维数少，则更方便数据分析。因此，需要确定既能包含大部分重要信息又方便数据分析的较为适当的维数。在确定了空间的维数以后，需要准确命名那些构筑

空间的坐标轴，并对整个空间结构做出解释。最后一步的工作是评估所用方法的可靠性和有效性。因而，多维尺度法的实施步骤分为以下五个部分。

（1）课题界定

课题的界定与通过多维尺度法希望达到的目的和选定的品牌密切相关。为此，必须首先予以明确。围绕需要解决的问题，才能分析与之相关的因素指标（或变量），如果是研究消费者对某产品各个知名品牌的感觉或偏好，就要选择能够描述这一特征的一系列变量指标。另外，在一个构筑好的多维空间中，一般需要同时研究至少 8 个品牌，这样才能得到一个较好的空间图。但是，一旦超过 25 个品牌，就会导致调查对象的疲倦，从而影响调研结果。品牌及相关指标或变量的选择，往往基于调研问题、相关理论以及研究人员的判断力等。

（2）获取数据

从调查对象那里得到的数据可能与感觉或偏好有关，感觉数据有直接数据和推断数据之分，直接数据源于相似性判断，而推断数据则源于对相关属性的评估。

在收集直接感觉的数据时，要求调查对象判别不同品牌相似与否。通常可采用李嘉图七点标尺或其他度量进行配对品牌评估，这些数据被称为相似性判别数据，也可以采用其他方法，比如要求调查对象将所有的品牌配对按相似性强弱由大到小排序。再比如，要求调查对象对所有品牌与固定对照品牌进行相似性排序，每个品牌可轮流作为基础品牌。

收集推断数据则源于调查对象对相关属性的评估，通常应用语义差异标尺或李嘉图七点标尺度量属性后对品牌进行评估。由于消费者对心目中理想品牌的感觉往往涉及一系列品牌属性或变量，因此，调查对象需要对这些属性做出评估。如果能够获得属性评估值，就可依据亲疏程度测量值（如欧氏距离）对每对品牌的近似程度做出推断。

（3）选择多维尺度过程

在具体选择多维尺度过程时，要考察感觉或偏好信息的性质，而且输入数据的性质是一个决定性因素。多维尺度过程分为非度量型多维尺度过程和度量型多维尺度过程。非度量型多维尺度过程输入的数据是顺序型的，但是，其输出的结果却是区间以上型的。与之相对照，度量型多维尺度过程输入的数据是定距以上型的，且输出的数据也是定距以上型的，因此，它的输入和输出数据间相关性较强。经验证明，这两种方法的结果基本相似。

（4）确定维数

多维尺度法的目的是以空间图的方式用最少的维数去最佳地拟合输出数据，拟合度被定义为相关系数的平方。然而，空间图的拟合度随着维数的增加而提高。因此，必须找出折中的办法。维数确定通常采用下列方法：

1）前期知识，调研理论或以往的调研经验和结论将有助于确定维数。

2）空间图的解释能力，一般来说，要想解释三维以上的空间图是很困难的，所以 SPSS 软件默认的维度为 2。

（5）命名坐标轴并解释空间图

对坐标轴的命名主要依赖调研人员的经验和主观判断，具体可采用以下方法：

1）在得到直接相似性判断值的情况下，如果可能，还应对提供的品牌属性进行评估。应用统计中的回归方法，这些属性向量可被嵌入空间图中，然后，我们可以综合考察那些最接近坐标轴的属性，以实现对坐标轴的命名或标注。

2）在获得了直接相似性或偏好数据后，还可以进一步询问调查对象在进行相似性评估时依赖的主观评估标准，这些标准也应在命名坐标轴时予以参考。

3）如果可能，可以向调查对象展示空间图，然后，请他们来命名空间维上的坐标轴。

（6）评估有效性与可靠性

同其他多元分析方法一样，对采用多维尺度法获得的结果也要进行可靠性和有效性评估。一般采用计算拟合优度进行评估，其值越大，说明多维尺度过程对数据的拟合程度越好。一般地，当拟合优度值大于或等于0.6被认为是可接受的。

15.3.3 实验内容

数据文件data15－3.sav是七个接受试验者按照1至7的尺度（1表示非常相近，7表示非常的不同）排列出八种饮料间两两相似的感知程度，共有28种可能（n（n－1）/2）。本实验运用多维尺度分析方法分析受试者对八种饮料相似性的感觉。

15.3.4 实验步骤

Step❶打开数据文件data15－3.sav，选择【分析（A）】→【度量（S）】→【多维尺度（ALSCAL）（M）】，弹出如图15－10所示的“多维尺度”分析主对话框。

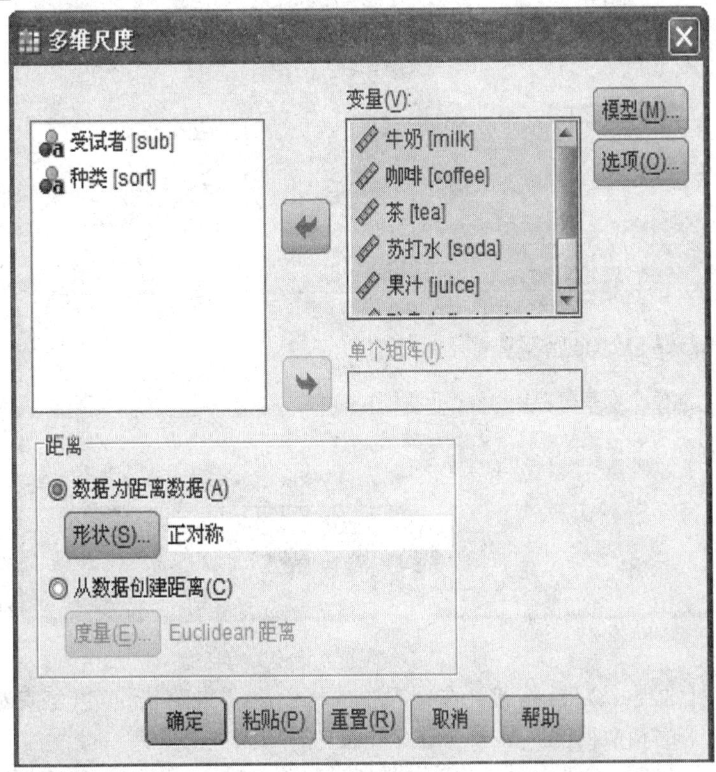

图15－10 “多维尺度”分析主对话框

Step❷将八种饮料名称选入“变量（V）”框。因为这些饮料本身具有相似性，所以数据可以直接作为距离，即选择“数据为距离数据（A）”，并且这个数据是三角对称的。所以形状选择“正对称”设置结果如图 15－10 所示。

Step❸单击【模型（M）】按钮，进入如图 15－11 所示的“多维尺度：模型”对话框。因为 1－7 表示饮料的相似度，所以在“度量水平”框中选择“序数”；因为每一个矩阵代表一个被试者的答案，所以在“条件性”框中选择“矩阵”，一般用二维方案。

如果数据不是序数，而是区间尺度，则在“度量水平”下选择“区间”，即分析数据是由连续性变量或定量变量组成的资料；“比率（R）”则表示分析数据是由比例形式的定量变量组成的资料。另外，尺度模型的距离选项有“Euclidean 距离”和“个别差异 Euclidean 距离”。Euclidean 距离可用于任何类型的分析中，而“个别差异 Euclidean 距离”表示使用个体差异的欧氏距离矩阵进行分析，它要求数据包含两个以上的距离矩阵。设置完毕，单击【继续】按钮返回主对话框。

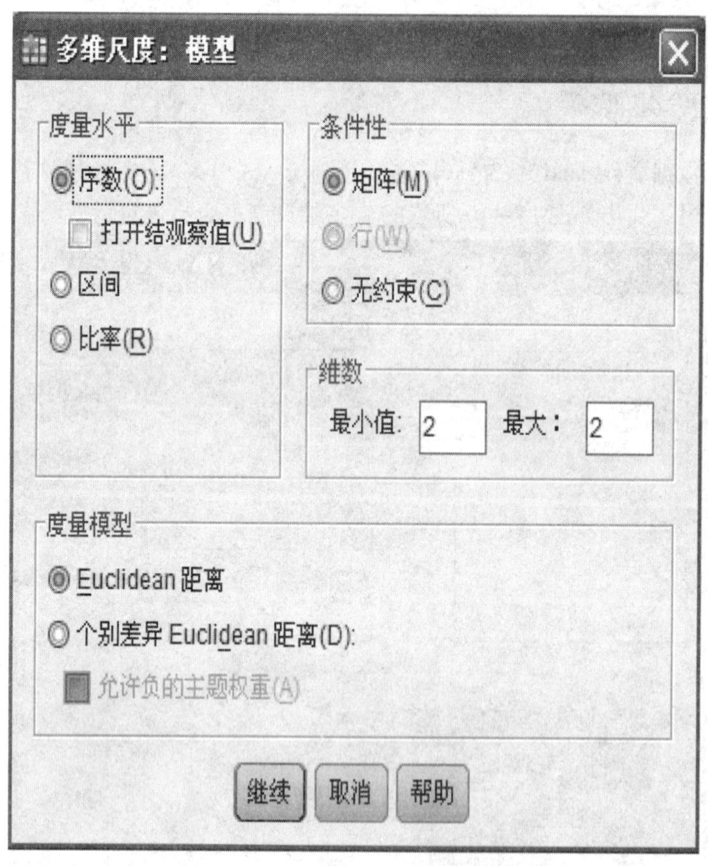

图 15－11　“多维尺度：模型”对话框

Step❹单击【选项［O］】按钮，在选项中选择输出【组图】，可以更直观地观察各种饮料之间在距离上的相似程度。单击【继续】按钮，回到主对话框。

Step❺单击【确定】按钮，即可得到如表 15－4～表 15－6、图 15－12 和图 15－13 所示。

表 15－4 迭代记录

Iteration history for the 2 dimensional solution (in squared distances)

Young's S－stress formula 1 is used.

Iteration（迭代）	S-stress	Improvement（变化率）
1	.45653	
2	.41326	.04327
3	.40999	.00328
4	.40936	.00062

Iterations stopped because S-stress improvement is less than .001000

（由于S应力的变化小于0.001，所以迭代停止）

表 15－5 tress（应力）和距离相关系数的平方（拟合优度）表

Stress and squared correlation (RSQ) in distances

RSQ values are the proportion of variance of the scaled data (disparities) in the partition (row, matrix, or entire data) which is accounted for by their corresponding distances. (

Stress values are Kruskal's stress formula 1.

Matrix	Stress	RSQ	Matrix	Stress	RSQ
1	.285	.450	2	.375	.045
3	.318	.322	4	.247	.582
5	.147	.851	6	.343	.195
7	.354	.164			

Averaged (rms) over matrices

Stress = .30437 RSQ = .37281

表 15－6 导出的二维结构表

Configuration derived in 2 dimensions

Stimulus Coordinates (

Dimension

Stimulus Number	Stimulus Name	1	2
1	milk	－.8083	1.4254
2	coffee	－.6470	－1.3162
3	tea	－.7583	－1.1716
4	soda	1.1266	.7920
5	juice	－.5510	1.1729
6	botwater	－1.1740	－.1532
7	beer	1.4053	－.3283
8	wine	1.4067	－.4211

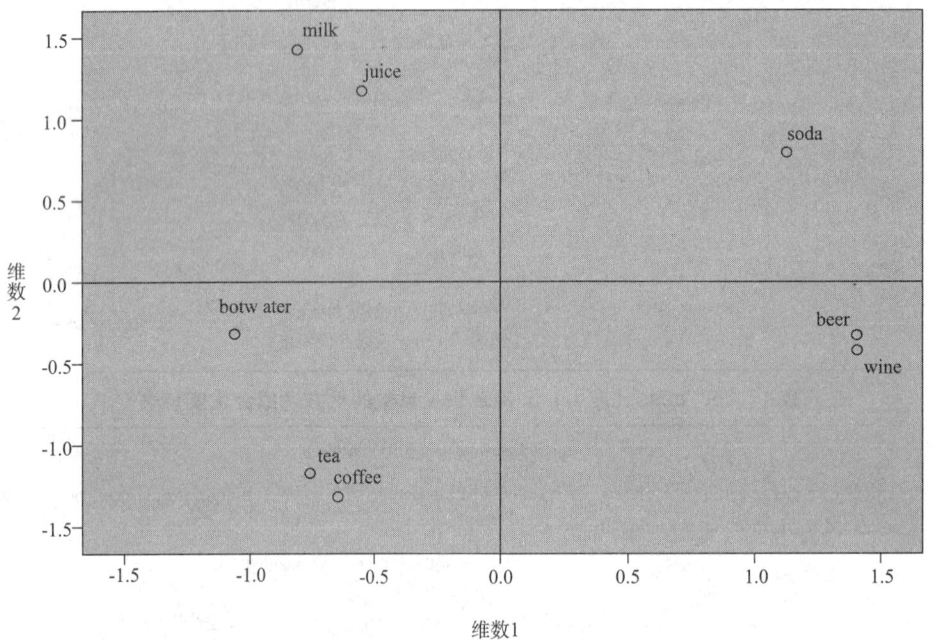

图 15－12　欧氏距离模型

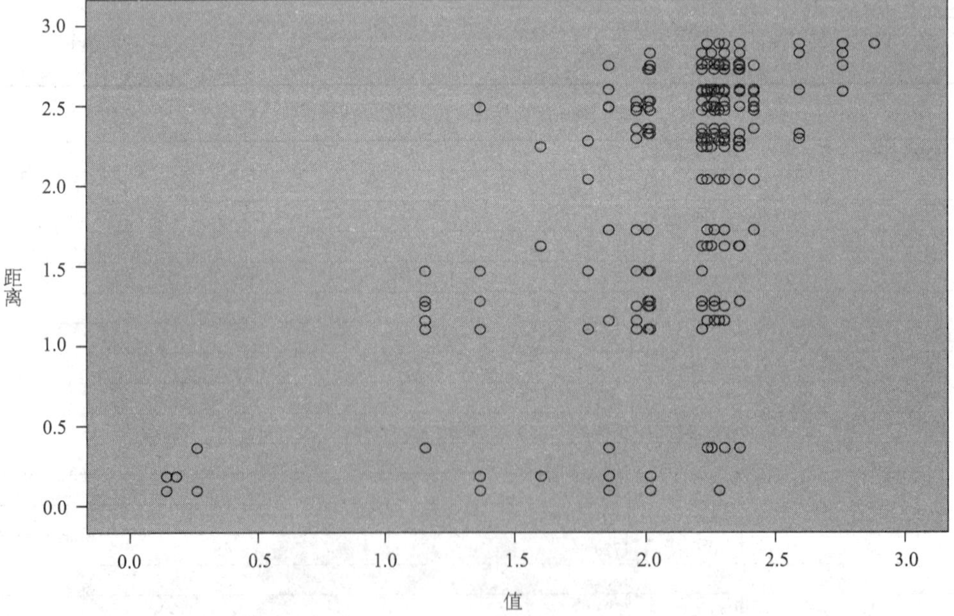

图 15－13　线性拟合的散点图

由表 15－4 可知，经过四次迭代，达到收敛标准。由表 15－5 可知，Stress ＝0.30437；RSQ ＝ 0.37281。Stress（应力）是拟合量度值，越接近于 1 说明拟合优度越好，而 RSQ（相关系数平方）的取值也是越接近于 1 越理想。本实验中的 RSQ 低于 0.6，说明拟合度不够好。可以通过增加受试者加以改进。由表 15－6 可以获得八种饮料在二维空间中的坐标值。

由图 15－12 可以获得哪些饮料具有相似性。根据各种饮料在图形上的距离可以判断八种饮料中三组饮料存在相似性，咖啡和茶、果汁和牛奶、啤酒和葡萄酒是相似的。另外，从第 2 个维度可以将这些饮料分为两类，牛奶、果汁和苏打属于营养型饮料；啤酒、白酒、咖啡和茶属于提神型饮料。由图 15－13 可以验证，散点图杂乱无章，线性趋势不明显，说明模型的拟合度不好。

15.3.5 问题思考

1. 在本实验中，多维尺度分析的主要作用是什么？
2. 在多维尺度分析时，怎样能够提高拟合优度？

15.4 客户流失分析

15.4.1 实验目的

客户流失分析对企业降低运营成本、提高经营业绩有着极为重要的意义。利用 SPSS“生存函数（S）”菜单中的生命表过程可以快速实现企业客户流失分析。通过本实验，使学生掌握利用 SPSS 分析工具中的“生存函数（S）”菜单进行客户流失分析的基本方法和操作技巧。

15.4.2 相关知识

1. 客户流失时间

在预测客户流失时一个很重要的问题是流失的时间问题，即一个客户即将要流失，那么它可能什么时候会流失。生存分析可以解决这类问题。生存分析不仅可以告诉分析人员在某种情况下，客户可能流失，而且还可以告诉分析人员，客户在何时会流失。生存分析以客户流失的时间为响应变量进行建模，以客户的人口统计学特征和行为特征为自变量，对每个客户计算出初始存在率，随着时间和客户行为的变化，客户的存在率也发生变化，当存在率达到一定的阈值后，客户就可能流失。对于客户流失行为预测来说，需要针对客户流失的不同种类分别定义预测目标，即明确定义何为流失，进而区别处理。预测目标的

准确定义对于预测模型的建立是非常重要的，它是建立在对运营商的商业规则和业务流程的准确把握的基础之上。在客户流失分析中有两个核心变量：财务原因/非财务原因，主动流失/被动流失。对不同的流失客户按该原则加以区分，进而制定不同的流失标准。例如，非财务原因主动流失的客户往往是高价值的客户，他们会正常支付服务费用并容易对市场活动有所响应，这种客户是企业真正需要保留的客户；而对于非财务原因被动流失的客户，预测其行为的意义不大。

2. SPSS 生存函数菜单

生存函数又称为累计生存概率。SPSS 生存函数菜单中提供了四种用于生存分析的过程，其中“寿命表（L）”过程简单易用。

寿命表最初主要用于研究人口死亡率。寿命表法通过计算落入单位时间段内的失效观察和删失观察的个数，估计该区间上的死亡概率；并且用该区间及其之前各区间上的生存概率之积估计生存率。现代统计学科的发展使寿命表的理论更趋完善，令其在流行病学、临床医学、遗传学、市场营销等许多领域都得到广泛的应用。

15.4.3 实验内容

本实验运用 SPSS 生存分析对 SPSS 自带的电信客户数据进行分析（见数据文件 data 15－4. sav），寻找电信客户流失的一般规律。数据文件 data15－4. sav 中包括的变量如图 15－14 所示。

	名称	类型	宽度	小数	标签	值	缺失	列
16	longmon	数值(N)	8	2	上个月的长途费用	无	无	10
17	tollmon	数值(N)	8	2	上个月的基本费用	无	无	10
18	equipmon	数值(N)	8	2	上个月的设备费用	无	无	10
19	cardmon	数值(N)	8	2	上个月的电话卡业务	无	无	10
20	wiremon	数值(N)	8	2	上个月的无线业务费用	无	无	10
21	longten	数值(N)	8	2	流失前的长途费用	无	无	10
22	tollten	数值(N)	8	2	流失前的免费通行	无	无	10
23	equipten	数值(N)	8	2	流失前的设备费用	无	无	10
24	cardten	数值(N)	8	2	流失前的电话卡业务	无	无	10
25	wireten	数值(N)	8	2	流失前的无线业务	无	无	10
26	multline	数值(N)	4	0	多方通话	{0, No}...	无	8
27	voice	数值(N)	4	0	有声短信	{0, No}...	无	6
28	pager	数值(N)	4	0	网页服务	{0, No}...	无	6
29	internet	数值(N)	4	0	Internet 服务	{0, No}...	无	8
30	callid	数值(N)	4	0	来电显示	{0, No}...	无	6
31	callwait	数值(N)	4	0	呼叫等待	{0, No}...	无	8
32	forward	数值(N)	4	0	呼叫转移	{0, No}...	无	7
33	ebill	数值(N)	4	0	电子帐单	{0, No}...	无	6
34	custcat	数值(N)	8	0	顾客种类	{1, Basic se...	无	10
35	churn	数值(N)	4	0	客户在最后一个月是否流失	{0, No}...	无	6

图 15－14　data15－4. sav 中的变量

15.4.4 实验步骤

Step❶打开数据集 data15－4. sav，依次选择【分析（A）】→【生存函数（S）】→【寿命表（L）】，弹出如图 15－15 所示的“寿命表”对话框。

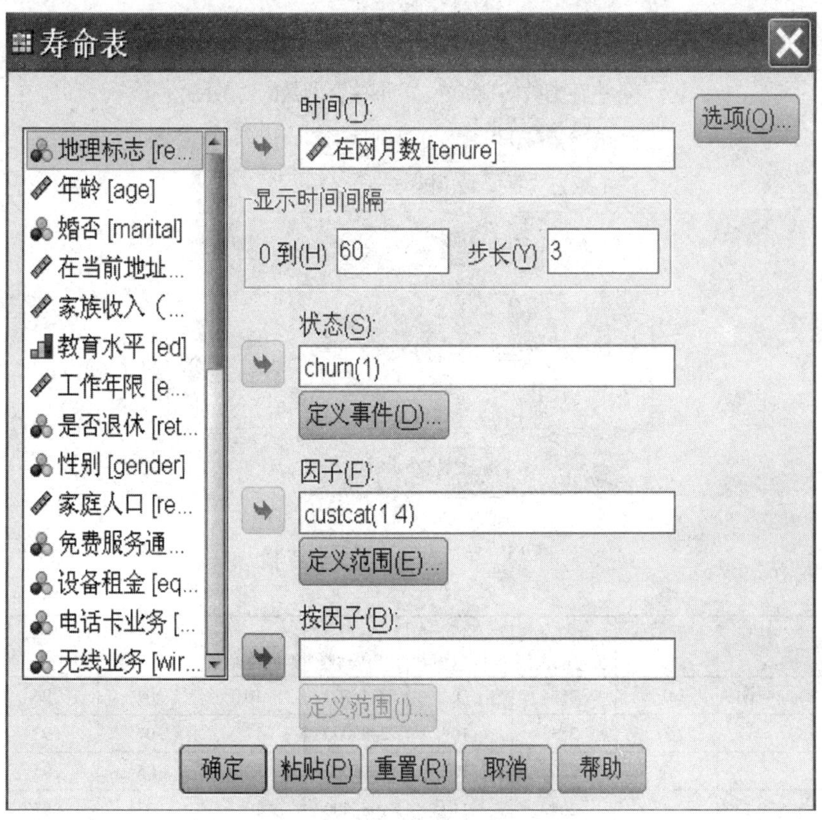

图 15－15 “寿命表（L）”对话框

Step❷在寿命表对话框中，选择变量“在网月数”进入“时间（T）”框内。在“显示时间间隔”栏下的“0 到（H）”后输入指定生存时间的上限，“步长（Y）”后输入指定生存时间的组距。在本实验中，分别填写 60 和 3。

Step❸在寿命表对话框中，选择“churn”变量进入“状态”下面的空白框内，“churn＝1”表示顾客流失。选择顾客种类“custcat”变量进入“因子（F）”框，单击【定义范围（E）】按钮，设定顾客种类的取值范围。将最小值设定为 1，最大值为 4。即只对顾客种类处于 1～4 范围内的数据进行统计。“按因子（B）”框下面的活动框需要填写第二个因素变量（分层因素），设置方式与上述因子设定方式相同。

Step❹在寿命表主对话框中，单击【选项】按钮，进入如图 15－16 所示的“寿命表：选项”子对话框，确定要输出的表格。本实验选定寿命表，生存函数以及对第一个因子的水平进行两两比较。单击【继续】按钮，返回主对话框。

Step❺单击【确定】按钮，系统输出结果如图 15－17、图 15－18 和表 15－7、表 15－8 所示。

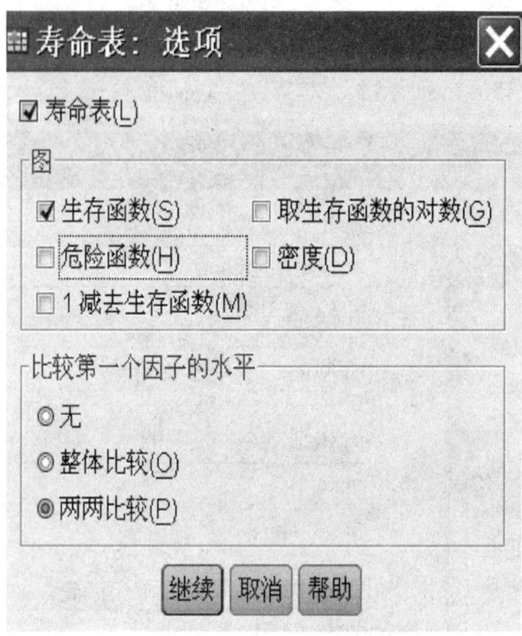

图 15－16　寿命表选项对话框

年限表

一阶控制		期初时间	期初记入数	期内退出数	历险数	期间终结数	终结比例	生存比例	期末的累积生存比例
顾客种类	Basic service	0	266	3	264.500	10	.04	.96	.96
		3	253	10	248.000	17	.07	.93	.90
		6	226	12	220.000	10	.05	.95	.86
		9	204	11	198.500	10	.05	.95	.81
		12	183	13	176.500	6	.03	.97	.78
		15	164	10	159.000	5	.03	.97	.76
		18	149	15	141.500	1	.01	.99	.75
		21	133	6	130.000	4	.03	.97	.73
		24	123	10	118.000	4	.03	.97	.71
		27	109	4	107.000	2	.02	.98	.69
		30	103	9	98.500	4	.04	.96	.67
		33	90	17	81.500	3	.04	.96	.64
		36	70	7	66.500	2	.03	.97	.62

图 15－17　年限表输出结果

由图 15－17 可以看出，主要消费基本服务的客户，很多在一年半的时间内流失。把握此规律，有利于帮助运营公司将服务的重点集中在入网前一年半内，争取获得客户满意，实现顾客忠诚。

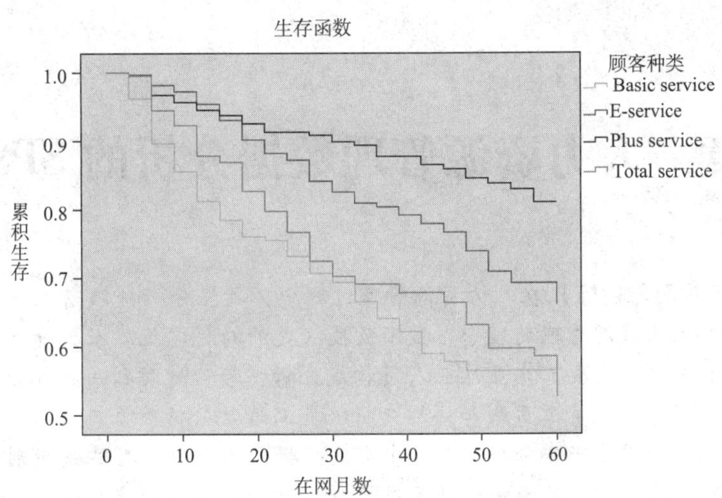

图 15-18　客户累积生存函数图

生存函数累积图表明，不同类型的客户具有不同的生存函数，并且所有服务和基本服务两种客户的累积生存函数下降最快，同时网络服务客户的累计生存函数较附加服务的下降快，对此需要进一步分析产生此现象的原因。

表 15-7　整体比较表格

Wilcoxon（Gehan）统计量	df	Sig.
49.179	3	0.000

表 15-8　成对比较表格

（I）custcat	（J）custcat	Wilcoxon（Gehan）统计量	df	Sig.
1	2	18.640	1	0.000
	-3	37.154	1	0.000
	4	2.949	1	0.086
2	1	18.640	1	0.000
	-3	5.515	1	0.019
	4	9.222	1	0.002
3	1	37.154	1	0.000
	-2	5.515	1	0.019
	4	27.229	1	0.000
4	1	2.949	1	0.086
	-2	9.222	1	0.002
	3	27.229	1	0.000

从表 15-7 看出，四种客户的生存曲线是显著不同的；从表 15-8 看出，基本服务和所有服务客户的生存函数差异不显著，而其他任意两种客户之间生存函数差异显著。

15.4.5　问题思考

1. 在本实验中，生存分析的主要作用是什么？
2. 生存分析还可以用在哪些方面？

第 16 章　人力资源管理数据分析的 SPSS 应用

【学习提要与目标】在人力资源管理过程中，数据分析扮演着至关重要的角色，它使得人力资源管理的理念、技术及技巧更加的科学化。人力资源管理中涉及的数据分析内容主要有企业从业人员构成分析、劳动时间利用状况分析、劳动定额完成情况分析、员工薪酬和福利分析、员工绩效分析、员工满意度分析、人工成本分析、劳动生产率分析等，其中有些分析较为简单，有些分析则需要多种统计方法的综合运用，甚至用到多元统计分析方法。通过本章的学习，使学生能够运用 SPSS 软件对人力资源管理中的重点内容进行综合性的深层次分析。

16.1　员工构成分析

16.1.1　实验目的

在企业人力资源管理过程中，对员工进行构成分析既是把握员工整体素质的基本方法，也是制定企业技能培训方案的基本出发点。通过本实验，使学生对员工构成分析的基本内容、主要方法有一个全面的认识，同时熟练掌握运用 SPSS 进行员工构成分析的基本方法和操作技巧。

16.1.2　相关知识

1. 员工构成分析的基本内容

企业员工构成分析，是将企业全部员工按一定的标志特征进行分类或分组，观察企业内部人力资源的种种结构情况，展现其配置的比例是否合理，为企业人力资源的协调配置和科学调整提供可靠依据。分析企业员工结构，一般可以从以下几个方面着手：

（1）员工性别结构

员工的性别结构反映了男女员工的比例关系。

（2）在岗人员分布情况

在岗人员分布情况是指在岗员工在管理、技术、操作、后勤等岗位的分布情况；在岗员工在企业内各项目之中的分布情况；在岗员工在企业中各地区的分布情况；在岗员工在企业各价值链中（市场、开发、技术、生产、管理等）的分布情况等。

（3）员工的文化素质结构

员工的文化素质结构主要通过学历来体现，它反映了员工的智力水平、文化水平、学习能力、创新能力和再学习能力等素质。

（4）员工的年龄结构

年龄结构反映了员工的精力状态、身体状态及新老衔接的程度。

（5）员工的职称结构

职称结构反映了员工队伍不同等级人才的配备情况。

将这些结构与企业发展目标的要求进行对照，与同行业一般企业、先进企业进行对比，可以看出企业在人力资源方面的优势与劣势，从而有针对性地改善企业的人力资源结构。

2. 员工构成分析的主要方法

员工构成分析的主要方法是按照某种特征标志将全部员工进行分类或分组，并计算各类或各组的职工人数占全部职工人数的比例，即结构相对数（频率），然后用图表的形式将其表现出来。这里有两点需要说明：其一是要选择合适的图形来表现员工构成。一般来说，构成分析最好使用饼图。其二是对员工进行多层次构成分析，即选用两个或两个以上的变量对员工进行层叠或交叉分组，并分析其构成。如依次选择性别、文化程度对员工进行分组，以比较男女员工的文化程度构成。所谓交叉分组，即选择的两个变量，一个放在分组表的行上，一个放在分组表的列上。层叠分组则是两个变量同时放在分组表的行上，或同时放在列上。

3. 员工构成分析需要使用的 SPSS 菜单

员工构成分析需要使用的 SPSS 菜单主要有：频率分析、重新编码、表格制作等。这几个菜单在前面章节中已有介绍，这里不再重复。

16.1.3 实验内容

某公司有员工 139 名，每个员工的性别、文化程度、职务、职称及年龄资料如数据文件 data16 - 1. sav 所示。根据所提供的资料对该公司员工的基本构成进行分析，并比较男女员工的文化程度构成。

16.1.4 实验步骤

1. 公司员工基本构成分析

Step❶打开数据文件 data16 - 1. sav，并对年龄变量进行重新编码，生成新变量“年龄分组”。

Step❷选择菜单【分析（A）】→【描述统计】→【频率（F）】，进入“频率（F）”对话框。依次将“性别”、“职务”、“职称”、“文化程度”及“年龄分组”选入“变量（V）”框，并在对话框下方的“显示频率表格”前打钩。

Step❸在“频率（F）”对话框中单击【图表】按钮，进入“频率：图表”对话框，在

其中图表类型区域选择“饼图”；在图表值区域选择“百分比”。单击【继续】按钮，回到主对话框。

Step❹单击【确定】按钮，系统自动输出初始结果。

Step❺图表修饰。系统输出结果有时并不能完全满足分析的需要，这就需要对图表进行必要的修改。

表格修改：从输出的频率分布表中双击“文化程度”频率分布表，使其处于编辑状态。首先将其中的标题改为“某企业员工按文化程度分组的频数分布表”，然后选定第一列的文化程度类别“高中”并向下拖动，在随后出现的活动菜单中选择“交换”（见图 16－1），使其处于中专之下，编辑完成后，在表外单击便可退出编辑状态。

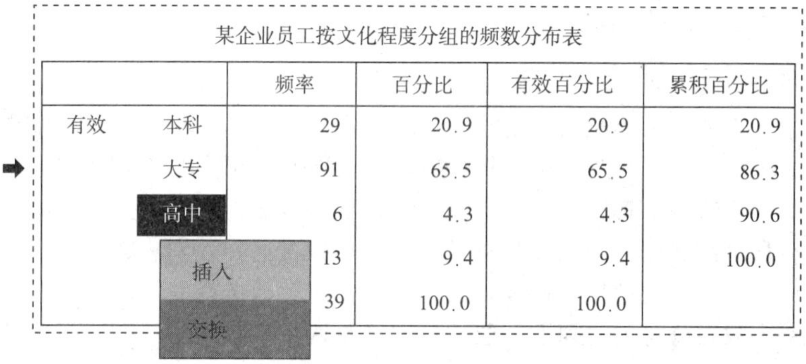

某企业员工按文化程度分组的频数分布表

		频率	百分比	有效百分比	累积百分比
有效	本科	29	20.9	20.9	20.9
	大专	91	65.5	65.5	86.3
	高中	6	4.3	4.3	90.6
		13	9.4	9.4	100.0
		39	100.0	100.0	

插入

交换

图 16－1　表格编辑图

图形修饰：从输出的频率分布图中激活需要修饰的图形，如“性别”频率分布图，按右键，弹出如图 16－2 所示的下拉式图形编辑菜单，添加图形标题、脚注、标签，分离饼块等，其中的属性窗口，可以对图形的大小、颜色、模式、三维效果等进行设置。

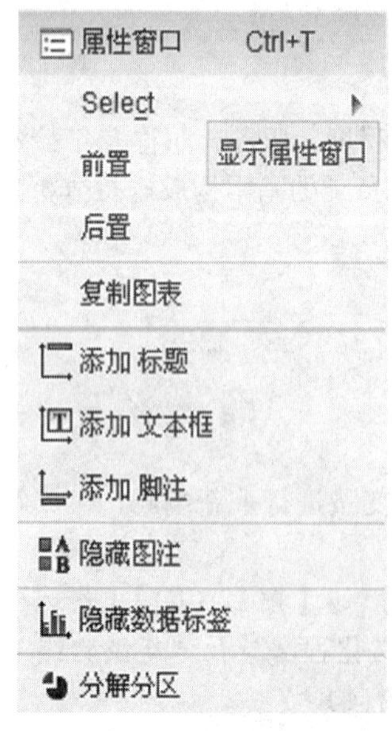

图 16－2　图形编辑菜单

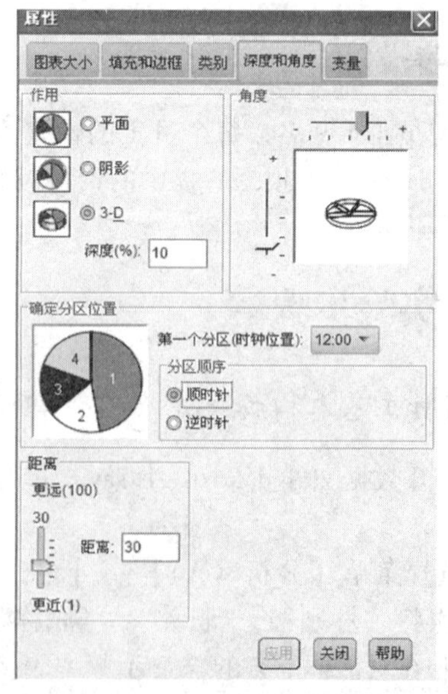

图 16－3　饼图属性窗口

如果要将平面图改换成三维效果图，可从属性窗口中选择“深度和角度”按钮，再打开如图16－3所示的对话框，选择“3－D”，并将深度调整为“10”，然后单击【应用】按钮。结果如图16－4所示。

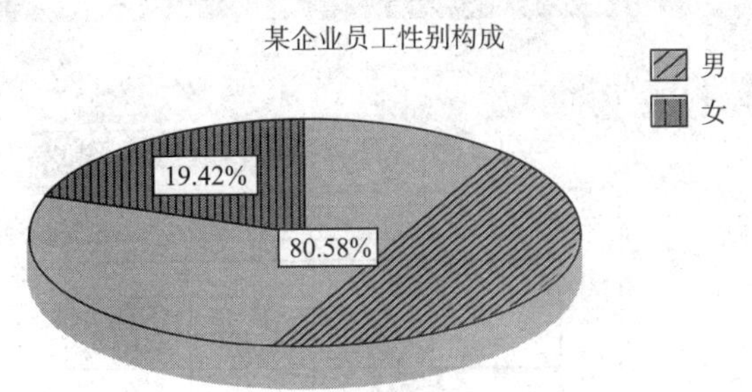

图16－4　某企业员工性别构成饼图

2. 男女员工的文化程度构成比较

Step❶选择菜单【分析（A）】→【表（T）】→【设定表（C）】，进入“设定表格”对话框。如果事先对变量属性已做过定义，则直接单击【确定】按钮进行表格设定，如图16－5所示。

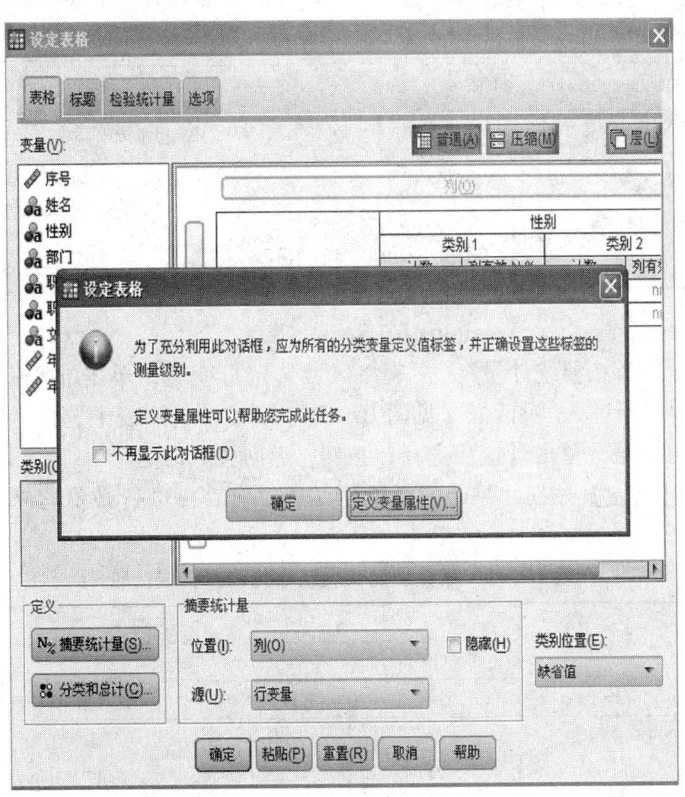

图16－5　表格设定窗口之一

Step❷选择行列变量。从变量列表中选择“文化程度”、“性别”变量分别拖至表格设定区域的“行（W）”和“列（O）”处。设定结果如图16-6所示。

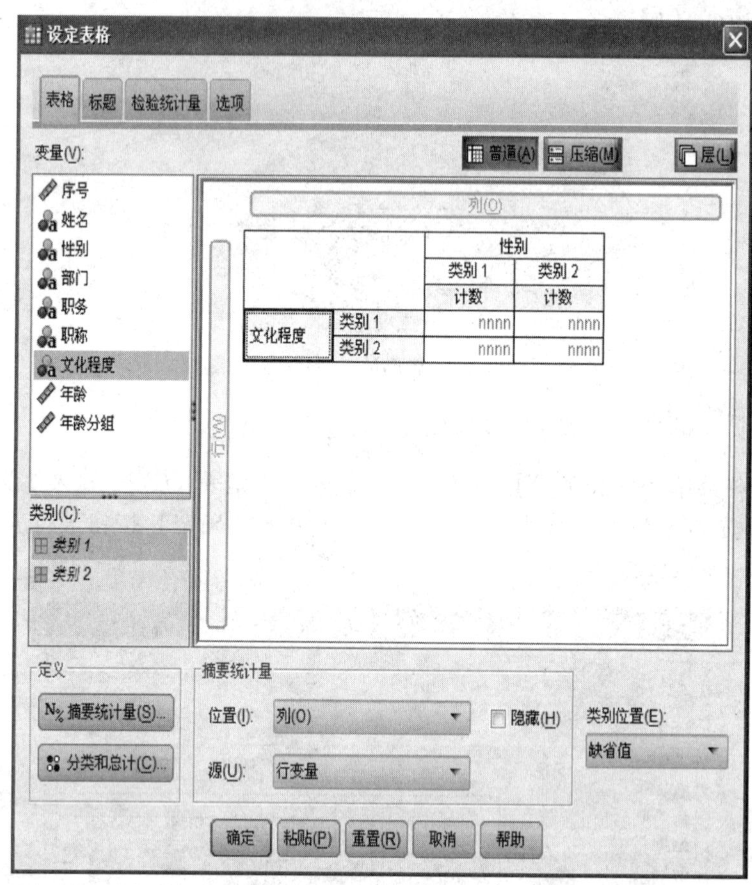

图16-6　表格设定窗口之二

Step❸指定“N%摘要统计量”。在表格区域选定行变量，单击【N%摘要统计（S）】按钮，进入“摘要统计”子对话框（见图16-7）。从统计量列表中选择“列有效N%”进入“显示（D）”区域，单击【应用选择】按钮，返回主对话框。

Step❹单击【确定】按钮，系统自动输出结果。对表格进行必要的修饰和调整，结果如表16-1所示。

表16-1　某企业男女员工文化程度构成比较

		性　别			
		男		女	
		计数	有效列 N/%	计数	有效列 N/%
文化程度	本科	24	21.4	5	18.5
	大专	74	66.1	17	63.0
	中专	8	7.1	5	18.5
	高中	6	5.4	0	0

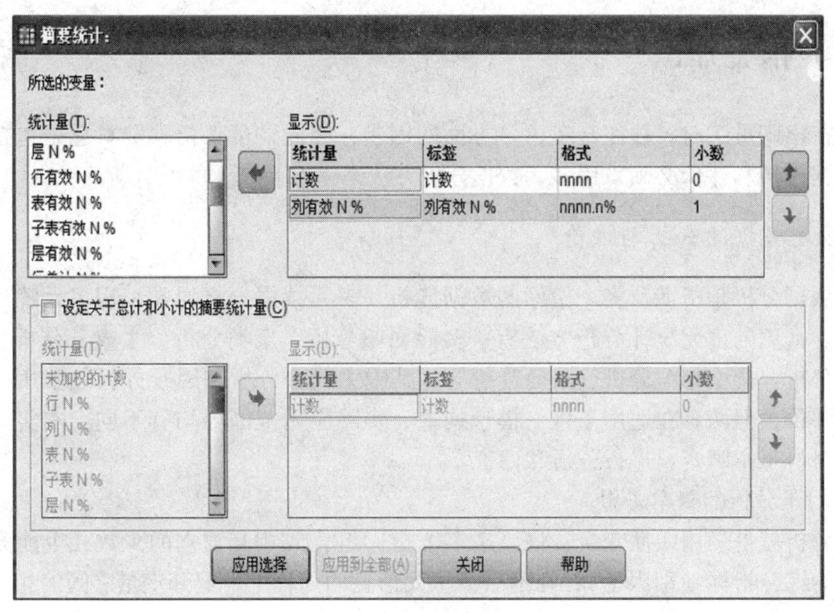

图 16－7　摘要统计量选择窗口

由表 16－1 可以看出，男员工文化程度稍高于女性，特别是本科人数比例明显高于女性。但总体来看，该企业男女员工文化程度构成基本相似，大专人数比例均最高，都在 60%以上。

16.1.5　问题思考

1. 按以上资料制作男女职工文化程度构成比较图，如何操作？

2. 以上实验按性别和文化程度对该公司员工进行了交叉分组，如果对该公司员工按性别和文化程度进行层叠分组如何操作？其结果与交叉分组相比哪个更容易说明问题？

16.2　员工招聘资料分析

16.2.1　实验目的

招聘一般分为招募、选拔和录用三个环节，其中选拔是关键。选拔是运用人才甄选的技术和方法，对所有应聘者的相关资料进行比较与分析，挑选出与企业需求相匹配的人员。通过本实验，使学生掌握员工招聘资料分析的基本方法和运用 SPSS 完成招聘资料分析的操作技巧。

16.2.2 相关知识

企业在招聘员工时，往往会考虑多方面的因素，因此，员工招聘资料总是包括多个指标，其数据分析和评价必须采用多元数据分析方法来完成。

1. 多元数据的分析与评价

多元数据分析是指涉及多个指标的数据分析。多元数据分析通常采用多元统计分析方法来完成。常用的多元统计分析方法有：多元回归分析、聚类分析、主成分分析、因子分析、判别分析、典型相关分析、路径分析等，其中主成分分析和因子分析经常用于多元数据的综合评价，但两者在适用条件、模型构造、实际应用范围等均有不同。本实验选择因子分析法对员工招聘资料进行分析和评价。

（1）因子分析的基本思想

因子分析就是运用线性变换，将原来多个指标组合成相互独立的少数几个能充分反映母体信息的综合指标（即因子），在不丢掉主要信息的前提下，避开变量之间的相关性，以达到对事物进行分类和综合评价。

因子具有四个特点：即因子个数明显少于原有变量个数；因子能够反映所有变量的绝大部分信息；因子之间相关关系不明显；因子具有命名解释性，即因子有明确的含义。

（2）因子分析的主要功能

第一，解决多重共线性问题。由原有变量重组出来的因子之间线性关系较弱，因子参与数据建模能够有效解决变量多重共线性而无法建立回归模型的问题。

第二，简化数据。通过因子分析把一组变量化为少数几个因子后，用因子得分代替原来的变量进行其他统计分析，大大减少了分析过程中的计算工作量。

第三，对事物进行评价。利用因子得分构建综合评价函数可直接对样本进行分类和综合评价。

（3）因子分析的基本步骤

第一步，对原始变量进行标准化处理，并求出所有变量的相关矩阵和相关检验统计量，从矩阵和统计量确认分析数据是否适合因子分析。

第二步，确定描述数据所需要的因子计算方法和数量。

第三步，因子旋转，使之含义更加明确。

第四步，计算每个个体的因子得分。

第五步，根据因子得分，进行综合评价或其他分析。

（4）因子分析中的几个重要概念

1）因子负荷：也被称为因子载荷，即因子分析表达式中各因子的系数值，用于反映因子和各个变量间的密切程度。在各公共因子不相关的前提下，因子载荷 a_{ij} 就是第 i 个原有变量与第 j 个公共因子的相关系数。它的绝对值越大，说明该因子对当前变量的影响程度越大。

2）公因子方差比（communalities）：指的是提取公因子后，各变量中信息分别被提取的比例，或者说原变量的方差中由公因子决定的比例。公因子方差比在0~1之间，取值越大，说明该变量能被因子说明的程度越高，如果各因子间完全独立，则公因子方差比和因子负荷实际上是等价的。

3）特征根（eigenvalues）：也称为特征值，它可以看作是公因子影响力度的指标，代表引入该因子后可以解释多少原始变量的信息。

2. 因子分析在SPSS中的实际操作

在SPSS中进行因子分析是由菜单“分析（A）”下拉式菜单中的“降维”功能中的“因子分析（F）”过程实现的。

（1）因子分析主对话框（见图16-8）

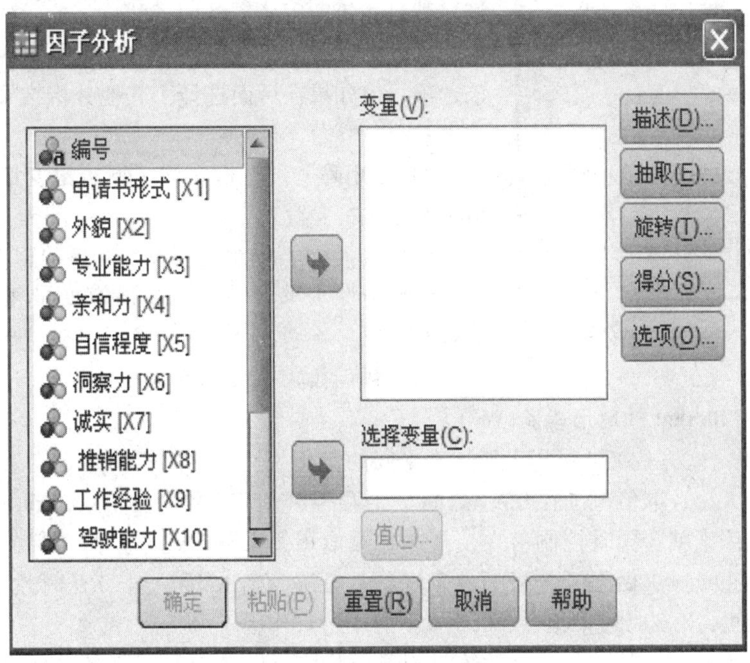

图16-8 因子分析主对话框

“变量（V）”框：变量框用于选入进行分析的变量。

“选择变量（C）”框：该框用于选择变量值的范围，即选择一个筛选变量，选入后要使用下方的“值（L）”按钮填入一个数值，数据集中该变量值等于此数值的记录才被纳入分析。

【描述（D）】按钮：选择描述统计量的按钮，展开相应的子对话框可以选择单变量的描述统计量和初始分析结果。

【抽取（E）】按钮：因子提取按钮，展开相应的子对话框可以选择不同的因子提取方法和控制提取结果的判断。

【旋转（T）】按钮：旋转方法选择按钮，展开相应的子对话框可以选择因子旋转的方法。

【得分（S）】按钮：因子得分按钮，展开相应的子对话框可以要求计算因子得分，选择显示或作为新变量保存。

【选项（O）】按钮：选择项按钮，展开相应的子对话框可以进一步选择各种输出项。

（2）描述统计子对话框（见图 16－9）

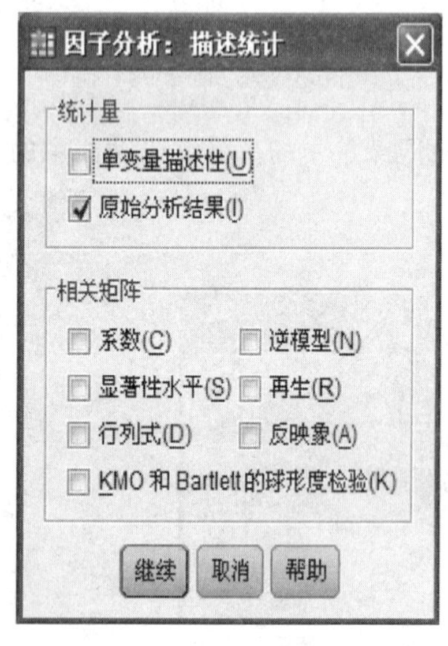

图 16－9　描述统计子对话框

“统计量”复选框：提供分析中的一些常用的描述统计量。

□单变量描述性（U）：该选项用于输出参与分析的各原始变量的均值、标准差和样本量。

☑原始分析结果（I）：此选项为系统默认选项，用于输出原始分析结果。包括原始变量的公因子方差、与变量数目相等的因子、各因子的特征值、各因子特征值占总方差的百分比以及累积百分比。虽然系统默认选择该选项，但如果在后面选择了其他分析结果输出，该选项无效。

“相关矩阵”复选框：该区域给出变量间的相关性指标及相关检验。

□系数（C）：输出所有原始变量的相关系数阵。

□显著性水平（S）：输出所有变量相关系数单侧检验的 P 值。

□行列式（D）：输出相关系数矩阵的行列式。

□KMO 和 Bartlett 的球形检验（K）。

KMO 检验：该检验统计量用于描述变量间的偏相关性，它比较的是各变量间的简单相关和偏相关的大小，取值范围在 0 ~ 1 之间。如果各变量间存在内在联系，则由于计算偏相关时控制其他因素就会同时控制潜在变量，导致偏相关系数远远小于简单相关系数，此时 KMO 统计量最接近 1，做因子分析的效果好。一般认为当 KMO 大于 0.9 时效果最佳，0.7 以上时效果尚可，0.6 时效果很差，0.5 以下时不适宜作因子分析。

Bartlett 球形检验：检验的是相关阵是否是单位阵。即各变量是否各自独立。如果结论为不拒绝该假设，则说明这些变量可能各自独立提供一些信息，它们之间没什么联系。

该区域的其他三个选项：逆模型（N）、再生（R）和反映象（A）一般不会用到，它们在实际分析中没有实用价值，这里从略。

（3）提取因子方法子对话框（见图 16－10）

“方法（M）”框：用于选取公因子的提取方法。可选的方法有主成分分析法、未加权的最小平方方法、综合最小平方方法、最大似然（K）、主轴因子分析法、a 因子分解及影像因子分解共 7 种。在绝大数情况下，这 7 种方法的结果没有什么区别，因此，如果没有特殊需要，可直接使用默认方法。所以这里只对系统默认方法主成分分析法做一介绍，其他方法可参考专门介绍 SPSS 软件的有关书籍。

主成分分析法：因子分析中最常用的方法，绝大多数情况下无需更改。该方法假设变量是因子的纯线性组合。第一成分方差贡献率最大，后续成分的方差贡献率逐个递减。该

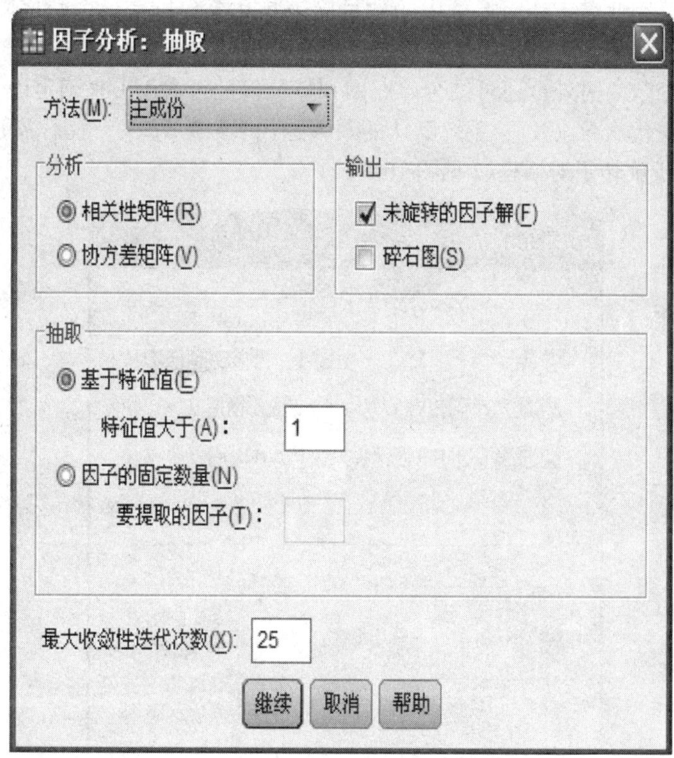

图 16－10 因子提取子对话框

方法从解释变量的变异出发，尽量使变量的方差能够被主成分解释。

“分析”框：确定各变量的相关矩阵和协方差矩阵。

⊙相关性矩阵（R）：此选项为系统默认选择项，输出各变量的相关矩阵，如果参与分析的变量测度单位不同时应该选择此项。

○协方差矩阵（V）：输出各变量的协方差矩阵。

“输出”框：确定与因子提取有关的输出项。

☑未旋转的因子分解（F）：此选项为系统默认选项。输出未经旋转变换的因子提取结果。

碎石图（S）：要求显示按特征值大小排列的因子序号。以特征值为两个坐标轴的碎石图，横轴为因子序号，纵轴表示特征根大小。典型的碎石图会有一个明显的拐点，在该点之前是与大因子连接的陡峭的折线，之后是与小因子相连的缓坡折线。该图用于显示各因子的重要程度，它将因子特征值从大到小依次排列，从中可以非常直观地了解到哪些是最主要的因子，通常重要因子的个数也就是应该抽取的因子个数。

“抽取”框：设定公因子的提取标准。

⊙特征值大于（A）：此选项为系统默认选项。以特征根大于某个数值为提取标准，系统默认为 1。

○因子的固定数量（N）：该选项指定提取公因子的数目，用鼠标单击此项后，将指定的数目键入到该选项后面的“要提取的因子（T）”矩形框中，理论上讲有多少个分析变量就有多少个因子，因此键入到矩形框中的数目应该是 0 至分析变量个数之间的正整数，实际中通常根据因子的累计方差贡献率来确定，通常选取累计方差贡献率大于 0.85 时的特征根个数为因子的个数。另外，还可结合碎石图和特征值是否大于 1 来确定因子的个数。

最大收敛性迭代次数（X）：系统默认的最大迭代次数为 25，一般不需更改。

（4）因子分析旋转子对话框（见图 16－11）

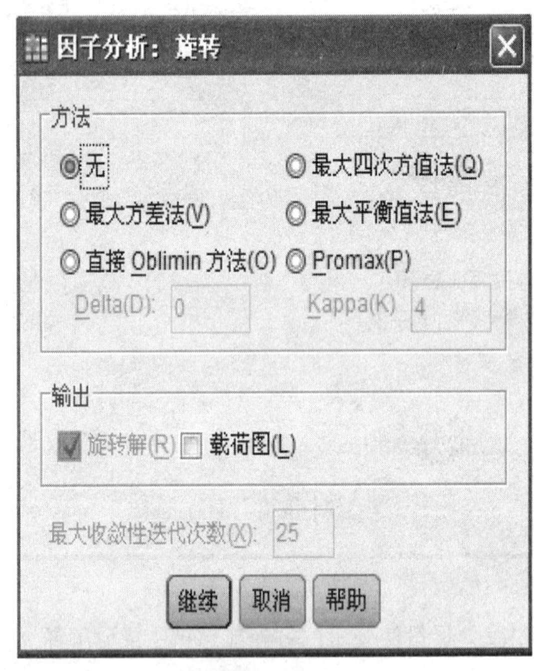

图 16－11　因子旋转子对话框

“方法”框：旋转方法选择项，即选择在提取因子时是否采用旋转，以及具体的旋转方法。旋转并不会影响公因子提取过程和结果，只会影响各个变量对各因子的贡献度。之所以有时需要旋转，是因为按照默认的分解方式，各因子难以找出所代表的实际意义，此时通过适当的旋转，改变信息量在不同因子上的分布，就可能为所有因子找出合理的解释。

SPSS 提供的旋转方法共有五种：即“最大方差法（V）”、“直接 Oblimin 方法（O）”、最“大四次方值法（Q）”、“最大平衡值法（E）”和“Promax（P）”。其中最大方差法（V），即方差最大化正交旋转最为常用，该方法一般都能简化对因子的解释。此方法是从简化因子负载矩阵的每一列出发，使和每个因子有关的载荷平方的方差最大。当只有少数几个变量在某个因子上有较高的载荷时，对因子的解释是最简单的，和某个因子有关的载荷平方的方差最大时，因子具有最大的可解释性。

“输出”框：选择有关输出显示，即输出和因子相关的两个结果。

☑旋转解（R）：此选项为系统默认选项，用于输出旋转结果。指定旋转方法才能指定此项。指定此项将对正交旋转显示旋转后的因子矩阵模式、因子转换矩阵；对斜交旋转显示旋转后的因子矩阵模式、因子结构矩阵和因子间的相关阵。

□载荷图（L）：指定此选项将给出以两两因子为坐标的各变量的负荷散点图。如果有两个因子，将给出各原始变量在因子1－因子2坐标系中的散点图，如果多于两个因子，则给出前三个因子的三维因子负荷散点图，如果只提取了一个因子，则不会输出散点图。注意，选择此项给出的是经旋转后的因子负荷散点图。

最大收敛性迭代次数（X）：系统默认的最大迭代次数为25，可以在此项后面的对话框中键入指定值。

（5）因子得分子对话框（见图16－12）

保存为变量（S）：选择此项，将计算出的因子得分作为新变量加入文件，注意此处加入的是经过标准化后的因子得分。程序运行结束后，在数据窗口中显示出新的变量。对每一次分析产生一组新变量，用最后一个数字字符表示分析的顺序号。每次分析中产生多少个因子就新产生多少个变量，因子序号占倒数第三个字符的位置。倒数第二个字符为“_”。在输出窗口中给出对因子得分的命名解释。

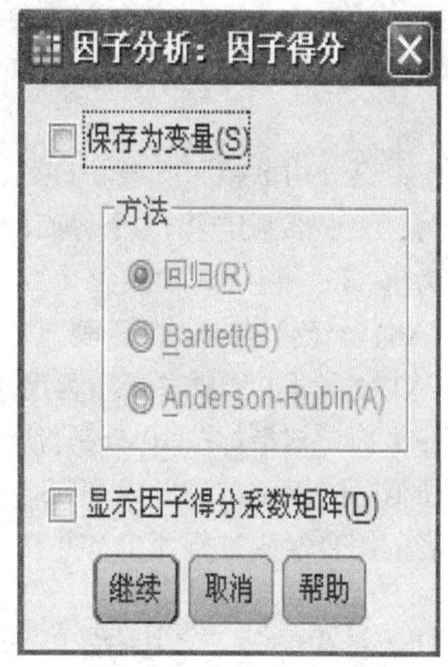

图16－12 因子得分子对话框

“方法”框：指定计算因子得分的方法。

⊙回归（R）：此选项为系统默认选项。其因子得分的均值为0，方差等于估计因子得分与实际因子得分之间的多元相关的平方。在实际操作中一般情况下选择此项。

○Bartlett（B）：巴特利特法。因子得分均值为0，超出变量范围的各因子平方和被最小化。

○Anderson－Rubin（A）：安德森－鲁宾法，是为了保证因子的正交性而对巴特利特因子得分的调整。其因子得分的均值为0，标准差为1，且彼此不相关。

□显示因子得分系数矩阵：选择此项将在输出窗口中显示因子得分系数矩阵，是标准化的得分系数，原始变量值进行标准化后，可以根据该矩阵给出的系数计算各观测的因子得分，并且通过该系数阵就可以将所有公因子表示为各个变量的线性组合，也就是我们所需要的主成分分析的结果，系统同时会给出因子得分的协方差阵。

（6）因子分析选项子对话框（见图16－13）

“缺失值”框：选择对缺失值的处理方式。

⊙按列表排出个案（L）：此项为系统默认选项。表示在分析过程对那些变量中有缺失值的观测量一律删除。

○按对排出个案（P）：选择此项，成对剔除带有缺失值的观测量。例如，在计算两个变量的相关系数时，如果一个变量存在缺失值，另一个变量对应位置上的值也被删除。

○使用均值替换（R）：选择此项，用该变量的均值代替工作变量的所有缺失值。

“系数显示格式”框：选择负荷系数的输出方式。

□按大小排序：选中此项，负荷系数按其数值的大小排

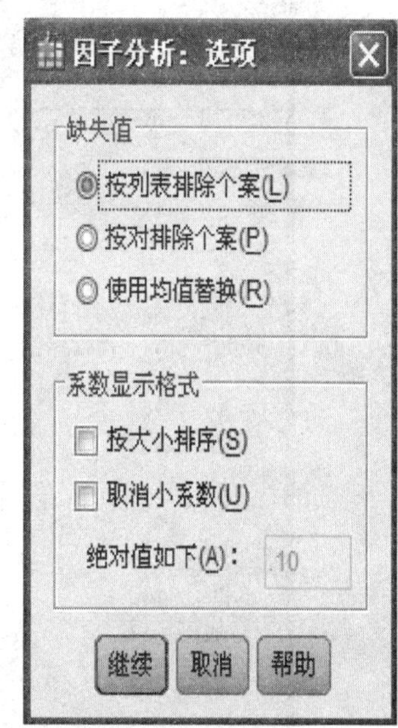

图16－13 选项过程子对话框

列并构成矩阵，使在同一因子上具有较高载荷的变量排在一起，便于得出结论；

□取消小系数：选中此项，不显示那些绝对值小于指定值的负荷系数。选择此项后还需要在该项的框中键入 0 ~ 1 之间的数作为临界值，系统默认的临界值是 0. 10。

16. 2. 3　实验内容

某公司欲招聘一批新员工，为了解他们的知识水平、交际能力、自信程度以及应变能力，人事部制定了 15 个方面的考核指标，包括：申请书形式（X1）、外貌（X2）、专业能力（X3）、讨人喜欢能力（X4）、自信程度（X5）、洞察力（X6）、诚实（X7）、推销能力（X8）、经验（X9）、驾驶汽车本领（X10）、志向（X11）、理解能力（X12）、潜在能力（X13）、对工作要求强烈程度（X14）、适应性（X15），对 48 名应聘者进行面试，并对每一方面考核指标按 10 分制打分，表现最好给予最高分，表现一般给予中间分，表现不好给予低分，面试结果形成 SPSS 数据文件 data16 - 2. sav。本实验采用因子分析法对 48 名应聘者的综合素质进行评价，并从中找出 5 名最优应聘者。

16. 2. 4　实验步骤

Step❶打开数据文件 data16 - 2. sav，如图 16 - 14 所示。

*data16-2.sav [数据集2] - PASW Statistics 数据编辑器

文件(F) 编辑(E) 视图(V) 数据(D) 转换(T) 分析(A) 直销(M) 图形(G) 实用程序(U) 窗口(W) 帮助

9 : X14　8

	编号	X1	X2	X3	X4	X5	X6	X7	X8	X9
1	1	6	7	2	5	8	7	8	8	3
2	2	9	10	5	8	10	9	9	10	5
3	3	7	8	3	6	9	8	9	7	4
4	4	5	6	8	5	6	5	9	2	8
5	5	6	8	8	8	4	4	9	2	8
6	6	7	7	7	6	8	7	10	5	9
7	7	9	9	8	8	8	8	8	8	10
8	8	9	9	9	8	9	9	8	8	10
9	9	9	9	7	8	8	8	8	5	9
10	10	4	7	10	2	10	10	7	10	3
11	11	4	7	10	0	10	8	3	9	5
12	12	4	7	10	4	10	10	7	8	2
13	13	6	9	8	10	5	4	9	4	4

图 16 - 14　数据文件 data16 - 2. sav 导入图

Step❷在数据编辑窗口，依次选择【分析（A）】→【降维】→【因子分析（F）】，打开因子分析主对话框，将变量“X1～X15”移到“变量（V）”框中，如图16－15所示。

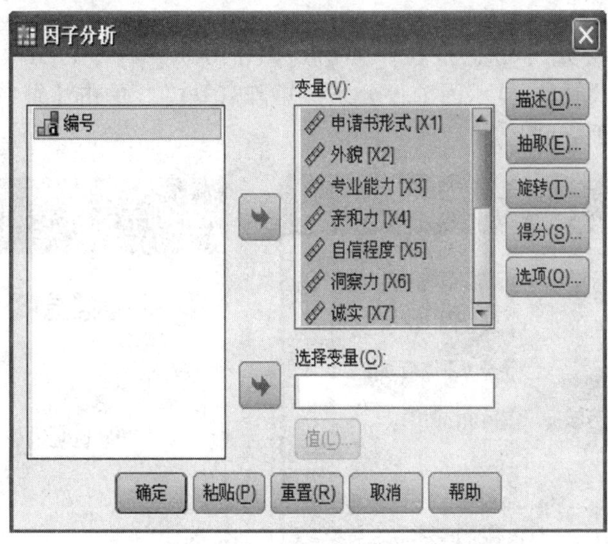

图16－15 因子分析主对话框设置

Step❸单击主对话框中的【描述（D）】按钮，弹出“因子分析：描述统计”子对话框。在统计量中选择“原始分析结果（I）”，在相关矩阵中选择“KMO和Bartlett的球形检验（K）”，如图16－16所示。单击【继续】按钮，返回主对话框，如图16－18所示。

Step❹单击【抽取（E）】按钮，弹出“因子分析：抽取”子对话框。在方法中选择“主成分”；在分析中选择“相关性矩阵（R）”；在抽取中选择“基于特征值（E）”；并在其后的“特征值大于（A）”框中输入1；在输出中选择全部选项，如图16－17所示。单击【继续】按钮返回主对话框，如图16－19所示。

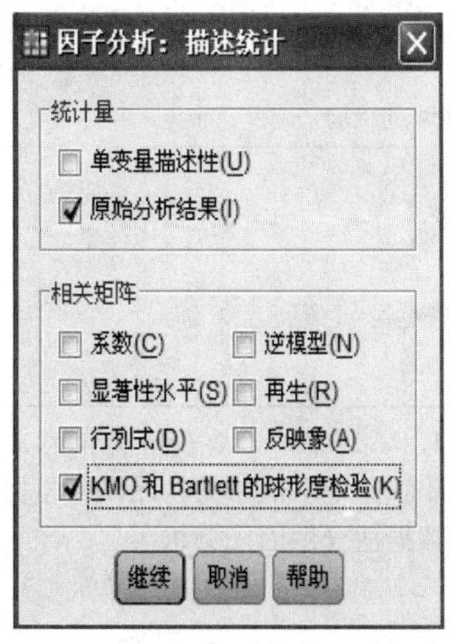

图16－16 描述统计对话框设置

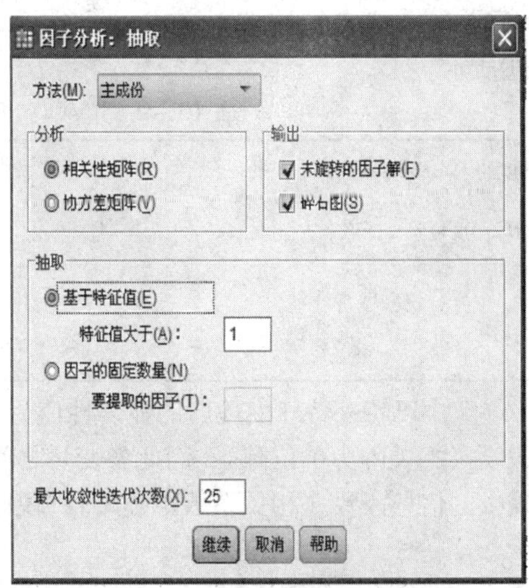

图16－17 因子抽取对话框设置

Step❺单击【旋转（T）】按钮，弹出“因子分析：旋转”子对话框。在方法中选择“最大方差法（V）”；在输出中选择“旋转解（R）”。单击【继续】返回主对话框，如图 16－18 所示。

Step❻单击【得分（S）】按钮，弹出“因子分析：因子得分”子对话框。选择“保存为变量（S）”和“显示因子得分系数矩阵（D）”。单击【继续】按钮返回主对话框，如图 16－19 所示。

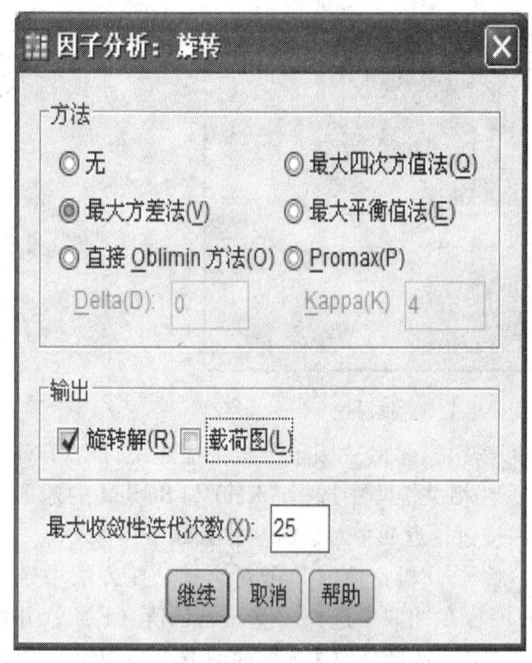

图 16－18　因子旋转对话框设置

图 16－19　因子得分对话框设置

Step❼单击【确定】按钮，完成因子分析。主要分析结果如表 16－2～表 16－4 和图 16－20所示。

表 16－2　KMO 和 Bartlett 的检验

取样足够度的 Kaiser-Meyer-Olkin 度量。		.775
Bartlett 的球形度检验	近似卡方	583.095
	df	105
	Sig.	.000

表 16－2 中巴特莱特球度检验的显著性值为 0.00，小于 0.05，故在 95% 的置信水平下拒绝原假设（相关阵为单位阵），因此各变量之间并非独立，取值相关，此结果与相关系数矩阵所提供的信息一致（相关系数矩阵略），说明该数据适合做因子分析。

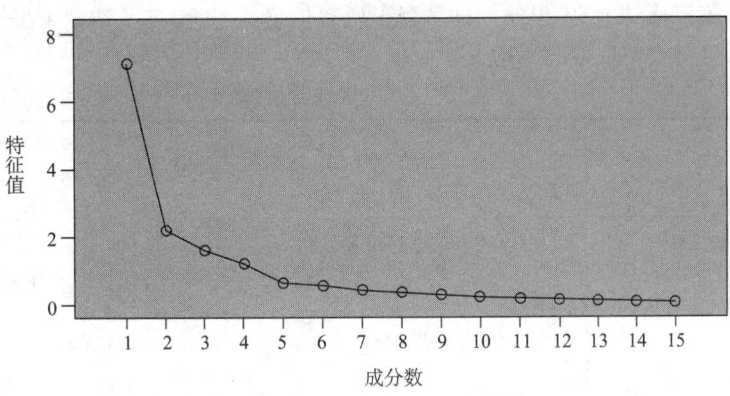

图 16-20　招聘数据因子分析特征根碎石图

由特征根碎石图可以看出，第四个因子以后的特征根值越来越小。因此，提取四个因子可以概括应聘人员的绝大部分素质信息。

表 16-3　解释的总方差

成分	初始特征值			提取平方和载入			旋转平方和载入		
	合计	方差的 %	累积 %	合计	方差的 %	累积 %	合计	方差的 %	累积 %
1	7. 119	47. 462	47. 462	7. 119	47. 462	47. 462	5. 839	38. 928	38. 928
2	2. 189	14. 595	62. 058	2. 189	14. 595	62. 058	2. 588	17. 257	56. 184
3	1. 589	10. 593	72. 651	1. 589	10. 593	72. 651	2. 240	14. 933	71. 117
4	1. 194	7. 962	80. 613	1. 194	7. 962	80. 613	1. 424	9. 496	80. 613
5	. 649	4. 325	84. 938						
6	. 558	3. 722	88. 659						
7	. 397	2. 646	91. 306						
8	. 362	2. 411	93. 716						
9	. 280	1. 867	95. 584						
10	. 199	1. 327	96. 910						
11	. 165	1. 097	98. 007						
12	. 102	. 682	98. 689						
13	. 088	. 588	99. 277						
14	. 070	. 467	99. 744						
15	. 038	. 256	100. 000						

提取方法：主成分分析。

表 16-3 反映了各因子特征根和累计贡献率的相关信息。特征值是表示因子对原有指标信息量解释大小的指标。表中旋转后的第一个因子特征根为 5. 839，方差贡献率为 38. 93%；第二个因子特征根为 2. 588，方差贡献率为 17. 26%；第三个因子特征根为

2.240，方差贡献率为14.93%；第四个因子特征根为1.424，方差贡献率为9.50%。前四个因子累计贡献率达到了80.61%，即解释了所有信息的80.61%。达到了提取因子的满意累计贡献率，且每个特征根的值均大于1。

表16-4 旋转成分矩阵[a]

	成分			
	1	2	3	4
申请书形式（X1）	.085	.812	.095	-.177
外貌（X2）	.495	.285	.394	.216
专业能力（X3）	.050	.087	-.043	.941
亲和力（X4）	.212	.177	.881	-.041
自信程度（X5）	.911	-.145	.145	-.080
洞察力（X6）	.876	.052	.204	-.004
诚实（X7）	.137	-.306	.810	-.099
推销能力（X8）	.928	.145	.031	-.084
工作经验（X9）	.041	.834	-.098	.189
驾驶能力（X10）	.812	.288	.130	-.077
志向（X11）	.917	.135	.082	-.063
理解能力（X12）	.827	.236	.283	.132
潜力（X13）	.745	.315	.398	.233
工作欲望（X14）	.419	.277	.550	-.562
适应性（X15）	.383	.801	.047	.051

提取方法：主成分。旋转法：具有kaiser标准化的正交旋转法。

a. 旋转在5次迭代后收敛。

表16-4是旋转后的因子载荷矩阵，用来反映各个变量对各主成分的贡献程度，即每个因子主要代表哪些变量。表中第一个因子中系数绝对值较大的变量有X5、X6、X8、X10、X11、X12和X13，主要代表应聘者的个人天赋；第二个因子中系数绝对值较大的变量有X1、X9和X15，主要代表应聘者的做事经验；第三个因子中系数绝对值较大的变量有X4和X7，主要代表应聘者的行为品质；第四个因子主要代表应聘者的专业能力。

Step❽根据各因子的得分和方差贡献率，计算每个应聘者的综合得分。选择【转换（T）】→【计算变量（C）】，进入计算变量对话框。在目标变量中输入“应聘者总得分”，在数字表达式框中输入公式：（FAC1_1*38.93+FAC2_1*17.26+FAC3_1*14.93+FAC4_1*9.5）/80.61，如图16-21所示。

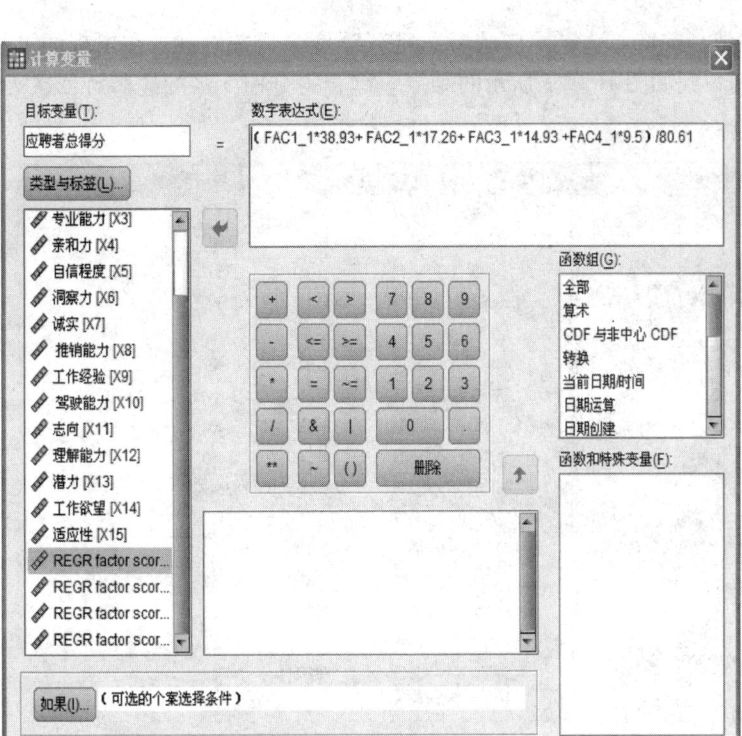

图 16－21 计算变量对话框设置

Step❾单击【确定】按钮，输出如图 16－22 所示的结果。

	编号	FAC1_1	FAC2_1	FAC3_1	FAC4_1	应聘者总得分	变量
1	1	.84428	.26056	-.78782	-2.25111	.05	
2	2	1.14694	.88852	.27840	-1.01922	.68	
3	3	.92320	.50099	-.23497	-1.87669	.29	
4	4	-.36233	.33746	.20247	.56803	.00	
5	5	-.69866	1.03328	1.08712	.69437	.17	
6	6	.06280	.63644	.22318	.04551	.21	
7	7	.71088	1.64301	.30353	.17937	.77	
8	8	.95128	1.59681	.35242	.37324	.91	
9	9	.44476	1.56881	.42545	-.16099	.61	
10	10	1.99962	-.43164	-1.57395	1.30349	.74	
11	11	1.86688	-.51325	-2.45780	1.43344	.51	
12	12	1.57701	-.76254	-.87235	1.52468	.62	
13	13	-.71887	.56915	1.31780	.62593	.09	
14	14	-.77073	.70051	1.04529	.76096	.06	
15	15	-.74667	.26766	.78283	1.03685	-.04	
16	16	.73058	.84139	-.17271	-.06149	.49	
17	17	.31005	.72276	-.03403	-.44433	.25	

图 16－22 结果返回窗口

Step⑩在数据编窗口选定“应聘者总得分”变量，按右键，在出现的下拉式菜单中选择“降序排列得到如图 16－23 所示的结果。综合得分前 5 名的应聘者依次为 8 号、23 号、7 号、10 号和 22 号。

	编号	FAC1_1	FAC2_1	FAC3_1	FAC4_1	应聘者总得分	变量
1	8	.95126	1.59681	.35242	.37324	.91	
2	23	1.19309	.29846	.98194	-.35709	.78	
3	7	.71088	1.64301	.30353	.17937	.77	
4	10	1.99962	-.43164	-1.57395	1.30349	.74	
5	22	1.17070	.49323	.59725	-.75653	.69	
6	2	1.14694	.88852	.27840	-1.01922	.68	
7	24	.86089	.50145	1.11879	-.64563	.65	
8	12	1.57701	-.76254	-.87235	1.52468	.62	
9	9	.44476	1.56881	.42545	-.16099	.61	
10	11	1.86688	-.51325	-2.45780	1.43344	.51	
11	16	.73058	.84139	-.17271	-.06149	.49	
12	46	.10787	-.15953	1.36388	1.49369	.45	
13	44	.86552	.39569	-.33809	-.06752	.43	
14	20	.57186	-.21370	.85682	.02596	.39	
15	3	.92320	.50099	-.23497	-1.87669	.29	
16	21	.50634	-.43059	.58275	.16602	.28	
17	27	.36092	-.88874	.89952	.81338	.25	

图 16－23　得分排序结果

16.2.5　问题思考

1. 判断是否适合因子分析的统计量除了“KMO 和 Bartlett 的球形度检验（K）”之外，还可以通过计算原始变量的相关系数来完成，用 SPSS 如何操作？结果如何分析？

2. 本实验资料如果按 85% 的累计贡献率提取因子，会得到几个因子？

3. 比较旋转前后的因子载荷矩阵，看看有什么异同。

16.3　员工满意度分析

16.3.1　实验目的

随着企业对员工满意度重视程度的提高，很多企业每年都要花费大量的经费进行员工满意度调查。因此，对员工满意度调查资料进行分析，获取员工的满意度信息，进而深入分析影响员工满意度的因素，已成为企业人力资源管理者的重要任务之一。通过本实验，使学生掌握员工满意度分析的基本内容、常用方法和运用 SPSS 软件完成员工满意度调查数据分析的基本操作过程。

16.3.2 相关知识

1. 员工满意度研究的一般步骤

(1) 分析影响员工满意度的因素

员工满意度研究的首要任务就是对影响员工满意度的因素进行定性分析。通过此分析，可为调查内容的确定提供依据。

(2) 设计调查方案

员工满意度调查是一项涉及内容多、牵扯人员广的系统性工程，调查之前必须制定严密的调查方案。在调查方案中必须对调查对象、调查方式与方法、调查时间、调查内容等加以明确。调查内容通常是以问卷形式出现的，其问题必须结合影响员工满意度的一般因素和企业的实际情况来确定。

(3) 实施调查

在实施调查时，应尽量采用类型抽样或配额抽样法，以确保调查对象的结构合理性，即从性别、年龄、部门、职务等方面对样本进行分配，确保反映各类人员的满意度信息。

(4) 调查结果整理与分析

对员工满意度调查结果的整理与分析通常需要借助 Excel、SPSS 等数据分析软件来完成。

(5) 提出改进方案

根据调查中发现的问题，提出提升员工满意度的具体改进措施。

2. 员工满意度调查的基本内容

员工满意度实际上可以理解为员工在企业输出劳动后期望需求得到满足的程度。根据奥尔德弗（C. P. Alderfer）的 ERG 理论，人的需要可分为三种：生存的需要（Existence），包括心理与安全的需要；相互关系和谐的需要（Relatedness），包括有意义的社会人际关系；成长的需要（Growth），包括人类潜能的发展、自尊和自我实现。具体应用到现代企业中，生存的需要（Existence）可细分为：薪水、福利保障、工作稳定性、工作条件。相互关系和谐的需要（Relatedness）可细分为：职位、权利、升迁、奖赏、管理方式、同事、上司。成长需要（Growth）可细分为：成就、决策、提案采纳、工作兴趣、个人特长、创造力、自我发展的机会、自由性。

以上内容大体可以归纳为：工作回报、工作环境、工作群体、个人发展、企业管理、直接主管等方面。一般来讲，当企业对员工的以上需求满足程度越高，员工对企业的满意程度也越高，否则相反。因此，从个人需求的角度来考虑，员工满意度调查应围绕工作回报、工作环境、工作群体、个人发展、企业管理、直接主管等方面设题展开调查。

3. 员工满意度分析的主要方法

分析方法取决于分析内容，分析内容不同，所采用的分析方法也不同。通常情况下，员工满意度调查数据可采用频数统计、描述统计、列联分析、相关与回归分析、因子分析、方差分析、路经分析等方法进行分析。频数统计主要是对问卷数据进行一个初步的处理，了解大致情况并为后续的复杂统计分析提供一定的数据支持；描述分析主要用于测定和描述员工的整体满意程度；列联分析、相关分析、回归分析、方差分析等方法用于员工满意度的影响因素分析，因子分析则专门用于数据的降维处理。以上方法前面章节均有介绍，所以这里从略。

16.3.3 实验内容

2002 年西安交通大学管理学院硕士研究生对 X 公司的员工满意度进行了一项调查，共获取有效问卷 622 份，涉及变量 29 个。按随机原则从中抽取 35% 的个案形成新的 SPSS 数据文件，命名为 data16 – 3. sav。本实验根据此样本数据文件对 X 公司的员工满意度进行分析。

16.3.4 实验步骤

1. X 公司员工满意度总体情况分析

Step❶打开数据文件 data16 – 3. sav，依次选择【分析（A）】→【描述统计】→【频率（F）】，进入“频率（F）”对话框。将“对目前工作的整体评价”选入“变量（V）”框，在“显示频率表格（D）”选项前打勾。

Step❷在“频率（F）”主对话框中单击【统计量（S）】按钮，进入“频率：统计量”子对话框。在“集中趋势”框中选定均值、中位数、众数；在“离散”框中选定标准差；在“分布”框中选定偏度、峰度。单击【继续】按钮，返回主对话框。

Step❸单击【图表（C）】按钮，进入“频率：图表”子对话框，在图表类型中选择“直方图（H）”并选择“在直方图上显示正态分布曲线（S）”。单击【继续】按钮，返回主对话框。

Step❹单击【确定】按钮，系统输出结果如表 16 – 5、表 16 – 6 和图 16 – 24 所示。

表 16 – 5 目前工作满意度统计量

N		均值	中值	众数	标准差	偏度	峰度
有效	缺失						
229	3	2.8821	3.0000	2.00	.93146	.500	-.674

表 16 – 6 目前工作满意度频率分布表

		频率	百分比/%	有效百分比/%	累积百分比/%
有效	1.00	3	1.3	1.3	1.3
	2.00	94	40.5	41.0	42.4
	3.00	70	30.2	30.6	72.9
	4.00	51	22.0	22.3	95.2
	5.00	11	4.7	4.8	100.0
	合计	229	98.7	100.0	
缺失	系统	3	1.3		
合计		232	100.0		

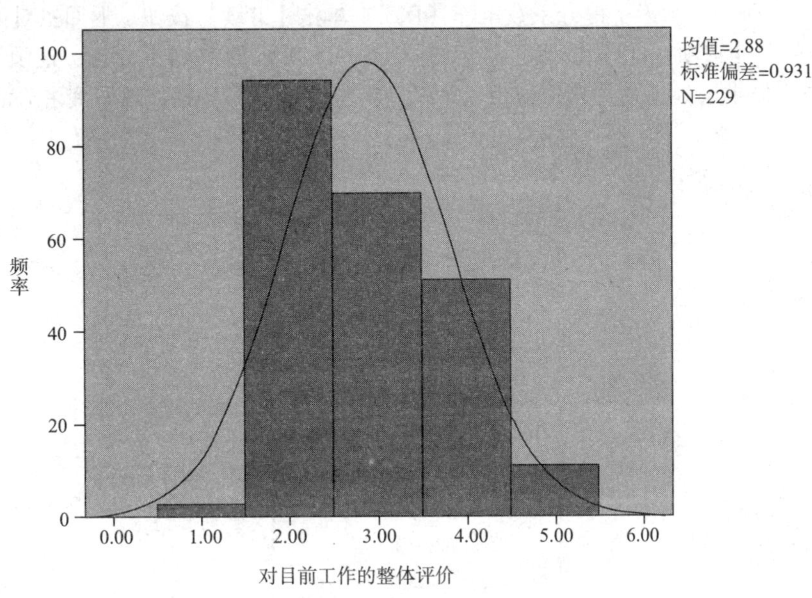

图 16－24 对目前工作满意度的整体评价直方图

结果分析：由直方图和偏度、峰度系数可以看出，该公司员工对目前工作的整体评价资料呈轻微右偏和扁平分布。一般来说，在这种情况下均值、众数和中位数均能说明员工对公司满意度的一般水平。但是，由表 16－6 可知该公司员工满意度众数的代表性仅为 40.5%，同时由于数据标准差较大，中位数也不能很好地代表员工满意度的一般水平。相比之下，均值作为该公司员工满意度一般水平的代表更合适。由表 16－5 可知，该公司员工满意度的均值为 2.88，介于 2～3 之间，因此，该公司员工对企业的整体满意度并不高，只达到一般水平。

2. X 公司员工满意度的影响因素分析

本实验资料中影响员工满意度的原始变量有 23 个，且各变量之间也存在一定的相关性，为达到简化数据和方便分析，需要对原始数据进行降维处理。

Step❶打开数据文件 data16－3. sav，选择【分析（A）】→【降维】→【因子分析（F）】，进入因子分析主对话框，将 a2 至 a24 共 23 个变量移到“变量（V）”框。

Step❷单击主对话框中的【描述（D）】按钮，进入“因子分析：描述统计”子对话框。在相关矩阵中选择“KMO 和 Bartlett 的球形度检验（K）”。单击【继续】按钮，返回主对话框。

Step❸单击【抽取（E）】按钮，进入“因子分析：抽取”子对话框。在方法中选择“主成分”；在分析中选择“相关性矩阵（R）”；在抽取中选择“特征值大于（A）”并在其后的活动框内输入 1；在输出中选择全部选项。单击【继续】按钮，返回主对话框。

Step❹单击【旋转（T）】按钮，进入“因子分析：旋转”子对话框。在方法中选择“最大方差法（V）”；在输出中选择“旋转解（R）”。单击【继续】按钮，返回主对话框。

Step❺单击【得分（S）】按钮，进入“因子分析：因子得分”子对话框。选择“保存为变量（S）”和“显示因子得分系数矩阵（D）”。单击【继续】按钮，返回主对话框。

Step❻单击【选项（O）】按钮，进入如图 16－25 所示的“因子分析：选项”子对话框。在缺失值框中选择“使用均值替换（R）”，单击【继续】按钮，返回到主对话框。

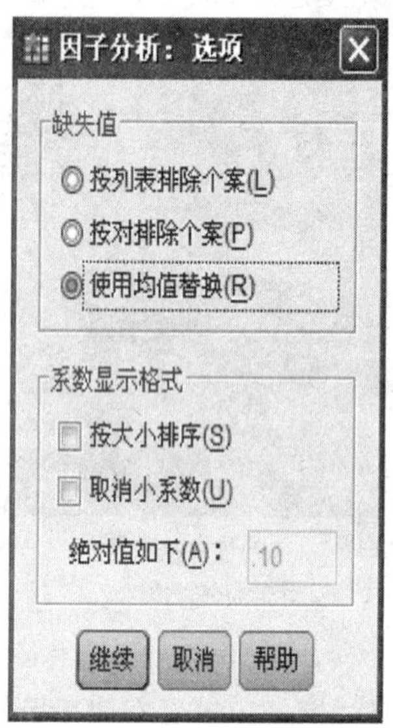

图 16－25　因子分析：选项对话框

Step❼单击【确定】按钮，系统输出的结果如表 16－7～表 16－9 和图 16－26。

表 16－7　KMO 和 Bartlett 的检验

取样足够度的 Kaiser－Meyer－Olkin 度量。		.896
Bartlett 的球形度检验	近似卡方	2588.816
	df	253
	Sig.	.000

从表 16－7 可以看出，KMO 的值为 0.896＞0.7，Bartlett 的球形度检验的显著性概率为 0.000，说明原始变量之间存在相关性，适合做因子分析。

表 16－8　解释的总方差

成分	初始特征值			提取平方和载入			旋转平方和载入		
	方差的 %	累积 %	合计	方差的 %	累积 %	合计	方差的 %	累积 %	合计
1	37.376	37.376	8.596	37.376	37.376	8.596	18.668	18.668	4.294
2	8.943	46.319	2.057	8.943	46.319	2.057	17.169	35.837	3.949
3	7.078	53.396	1.628	7.078	53.396	1.628	15.994	51.831	3.679
4	5.403	58.799	1.243	5.403	58.799	1.243	6.088	57.919	1.400
5	4.655	63.454	1.071	4.655	63.454	1.071	5.535	63.454	1.273
6	4.093	67.546	.941						

提取方法：主成分分析。

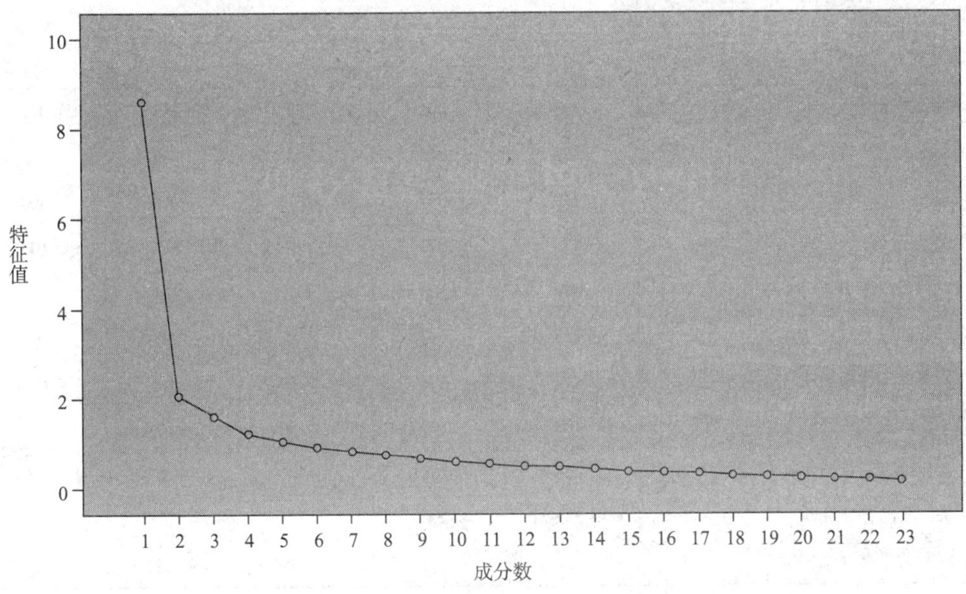

图 16－26 特征根碎石图

由表 16－8 可知，有 5 个因子的特征值大于 1，且碎石图在 5 个成分之后特征值变化越来越小。因此，可以用 5 个因子代替原来的 23 个变量。

根据旋转成分矩阵，可以把因子 1 命名为受重视程度、因子 2 命名为工作适应性、因子 3 命名为工作回报、因子 4 命名为工作的稳定性、因子 5 命名为工作独立性。

表 16－9 旋转成分矩阵[a]

	成分				
	1	2	3	4	5
工作职责的明确程度（a_2）	.568	.404	.118	.058	-.142
完成工作必须的设备与设施状况（a_3）	.050	.451	.487	-.031	-.213
工作环境（a_4）	.078	.511	.485	-.149	-.093
工作作息时间（a_5）	.177	.582	.231	.097	-.104
对工作本身感兴趣（a_6）	.225	.772	-.014	.077	.131
我的个性特征与目前工作的适合性（a_7）	.213	.798	.067	.062	.048
工作能够发挥我的专长（a_8）	.144	.672	.302	-.105	.084
工作给我学习新知识的机会（a_9）	.151	.712	.296	-.045	.181
独立工作机会（a_{10}）	.162	.080	.098	.003	.877
从工作中感到的成就感（a_{11}）	.229	.528	.179	.240	.440
工作提供的稳定就业方式（a_{12}）	.018	.002	.016	.891	.002
工作报酬（a_{13}）	.138	.385	.721	.253	.085

续表

	成分				
	1	2	3	4	5
考评制度的公平性（a_{14}）	.333	.201	.599	.353	.072
报酬制度的公平性（a_{15}）	.228	.243	.745	.249	.120
公司福利（a_{16}）	.240	.037	.782	-.156	.060
同事关系（a_{17}）	.425	.020	.197	.327	.100
上级对待员工的方式（a_{18}）	.627	.109	.401	.214	.097
上级对我的关心程度（a_{19}）	.723	.107	.396	.216	-.022
领导对我的工作指导性（a_{20}）	.747	.253	.235	-.037	.123
自己工作的重要性（a_{21}）	.780	.192	.015	-.079	.154
做好工作得到的赞扬（a_{22}）	.723	.268	.140	.026	-.064
对相关决策的参与（a_{23}）	.732	.090	.136	-.026	.207
别人对我的尊重（a_{24}）	.390	.226	.647	-.083	.176

提取方法：主成分。旋转法：具有 Kaiser 标准化的正交旋转法。

a. 旋转在 7 次迭代后收敛。

Step❽计算各因子与整体满意度之间的相关系数。选择【分析（A）】→【相关（C）】→【双变量（B）】，弹出“双变量相关”分析主对话框，如图 16－27 所示。将“a_1”和生成的五个因子变量选入变量框；在“相关系数”中选择“Pearson”复选框；在显著性检验中选择“双侧检验（T）”，并勾选“标记显著性相关（F）。

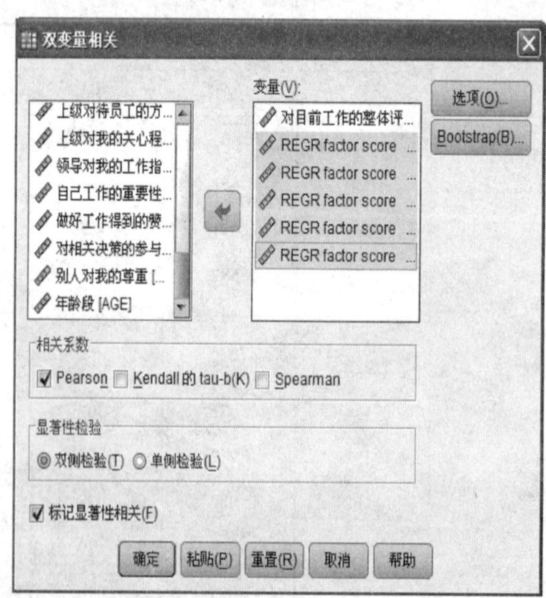

图 16－27　双变量相关对话框

Step❾单击【确定】按钮，系统输出相关系数矩阵。对相关系数矩阵表进行删减修饰，结果如表 16－10 所示。

表 16－10 相关性

	对目前工作的整体评价		
	Pearson 相关性	显著性（双侧）	N
REGR factor score 1 for analysis 1	.342**	.000	229
REGR factor score 2 for analysis 1	.480**	.000	229
REGR factor score 3 for analysis 1	.260**	.000	229
REGR factor score 4 for analysis 1	.236**	.000	229
REGR factor score 5 for analysis 1	.157*	.018	229

**. 在 .01 水平（双侧）上显著相关。

*. 在 0.05 水平（双侧）上显著相关。

由表 16－10 可以看出，五个因子均与员工对目前工作的整体满意度显著相关。其中最关键的因子是公因子 2——工作适应性，其次是公因子 1——被重视的程度，这表明了公司要提高员工的满意度，首先应该给员工安排匹配的工作，同时要给员工以足够的重视。对员工不仅在物质上要给予激励，还要在精神上给予满足。

16.3.5 问题思考

1. 在本实验中，因子分析的主要作用是什么？

2. 在计算员工满意度和各因子之间的相关系数时，为什们选择了 Pearson 相关系数而没有选择其他相关系数？

第 17 章　财务数据分析的 SPSS 应用

【学习提要与目标】财务数据分析是以财务报表数据及其他相关资料为依据，采用一系列专门的分析技术和方法，对企业等经济组织过去和现在有关筹资活动、投资活动、经营活动、分配活动的盈利能力、营运能力、偿债能力和成长能力等进行分析与评价的经济管理活动。SPSS 中的回归分析、聚类分析、判别分析、主成分分析、因子分析等多个统计功能都可以实现财务数据的分析。通过本章的学习，使学生能够运用 SPSS 软件进行财务评价指标的筛选、财务状况的综合评价、财务目标预测和财务预警分析，提高深入挖掘财务数据信息的能力。

17.1　财务评价指标筛选

17.1.1　实验目的

科学的财务综合评价指标体系是正确评价财务状况的基础，如何科学地选择评价指标、构建指标体系，是企业财务综合评价中必须首先解决的问题。通过本实验，使学生理解并掌握聚类分析的基本原理及其在 SPSS 中的相关操作，并能够运用 R 型聚类方法对上市公司财务评价指标进行筛选。

17.1.2　相关知识

1. 财务评价指标的筛选

（1）财务评价指标体系

财务评价指标体系一般由反映盈利能力、偿债能力、营运能力和成长能力等方面的评价指标所组成，如图 17 – 1 所示。

（2）财务评价指标筛选的方法

财务评价指标的筛选方法分为主观法和统计法两种，总体来看两种方法各有利弊。因此，指标的筛选应该采用主客观相结合的方式，在对财务评价指标充分认识的基础上，结合适当的统计方法来进行。

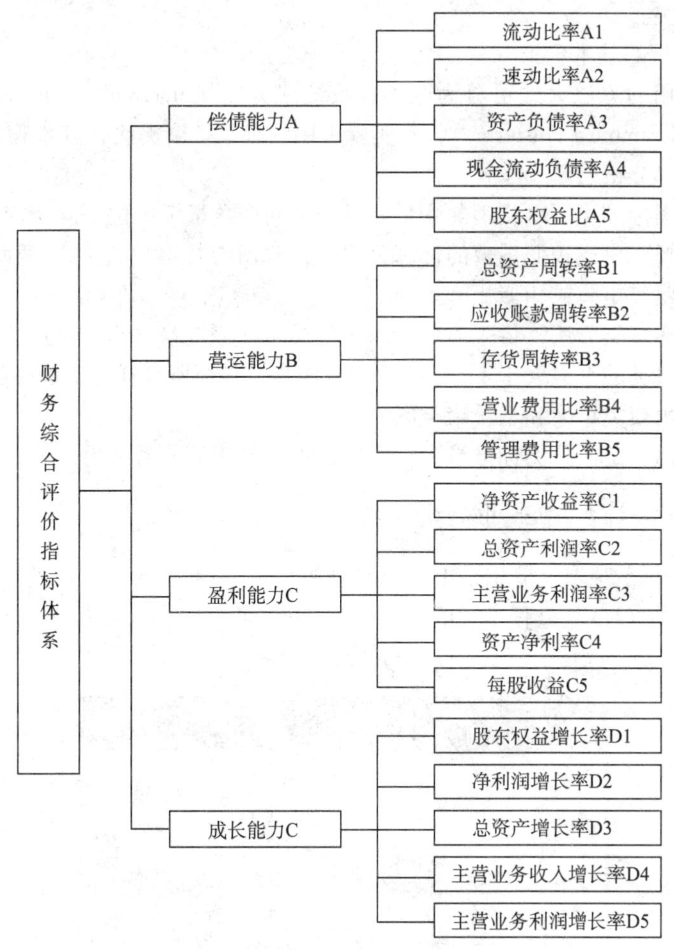

图 17－1　上市公司财务评价指标体系

(3) 财务评价指标的筛选步骤

首先，从企业财务状况的实际出发，根据主要综合评价指标的经济意义进行指标分类；其次，对每类中的指标再进行 R 型聚类分析，将其分为若干子类；第三步，在子类中计算该子类中各个指标与其他指标的复相关系数，选择代表性指标。

2. 聚类分析的基本思想与步骤

(1) 聚类分析的基本思想

聚类分析是根据事物本身的特性定量研究分类问题的一种多元统计分析方法，其基本思想是同一类中的个体有较大的相似性，不同类中的个体差异较大，根据一批样品的多个观测指标，找出能够度量样品（或变量）之间相似度的统计量，并以此为依据，采用一定的方法将所有的样品（或变量）分别聚合到不同的类中。

根据分类对象的不同，聚类分析可以分为样品（case）聚类和变量（variable）聚类两种。样品聚类又称为 Q 型聚类，是对样品进行的分类处理；变量聚类又称为 R 型聚类，是

对变量进行的聚类。

（2）聚类分析的基本步骤

聚类分析使用的方法大致可分为两类：系统聚类法（hierarchical clustering）和非系统聚类法（non - hierarchical clustering），本实验采用的是系统聚类法，其步骤如下：

第一步，选择分析变量。

第二步，数据标准化，以便消除变量间量纲不同或数量级单位不同所带来的问题。

第三步，选择距离或相似系数的计算公式，计算所有样品（变量）两两之间的距离或相似系数，生成距离矩阵或相似矩阵。

第四步，选择聚类方法，将距离最近的两个样品（或变量）合并成一类。

第五步，如果类的个数大于1，继续第三、四步，直至所有样品归为一类。

第六步，输出聚类结果和系统聚类图。

第七步，按照一定的分类标准或分类原则，得出最终的分类结果。

3. 系统聚类分析在SPSS中的实际操作

在SPSS中进行系统聚类分析是由菜单"分析（A）"下拉式菜单中的"分类（F）"功能中的"系统聚类（H）"过程实现的。

（1）聚类分析主对话框（见图17 - 2）

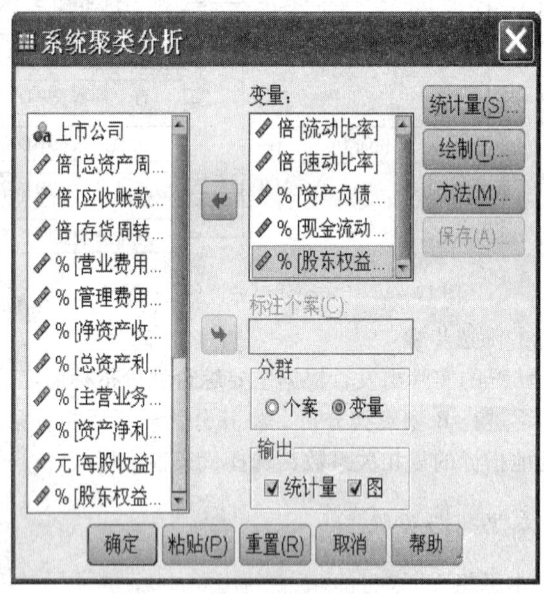

图17 - 2　聚类分析主对话框

"变量"框：用于选入进行聚类分析的变量。对于样品聚类，至少要1个以上的数据型变量；对于变量聚类，至少要3个数值型变量。

"标注个案（C）"框：标识变量。该框只在样品聚类时可用，系统默认用样品的编号作为标识变量。

"分群"框：用于选择聚类分析的类型。聚类分析有样品聚类和变量聚类两种，系统默认为样品（个案）聚类。

“输出”栏：用于选择希望输出的结果。选项有统计量和统计图，系统默认为两者都输出；

【统计量（S）…】：选择输出描述统计量的按钮，展开相应的子对话框可以选择输出距离矩阵或相似性矩阵等聚类结果。

【绘制（T）…】：选择输出统计图的按钮，展开相应的子对话框可以选择输出分类结果的树状图或冰柱图。

【方法（M）…】：选择聚类方法的按钮，展开相应的子对话框可以选择类间距离和样本距离的不同测量方法。

【保存（A）…】：设定保存层次聚类分析结果的按钮，展开相应的子对话框可以将SPSS层次聚类分析的最终结果以新变量的形式保存到SPSS数据编辑窗口中。

（2）统计量子对话框（见图17－3）

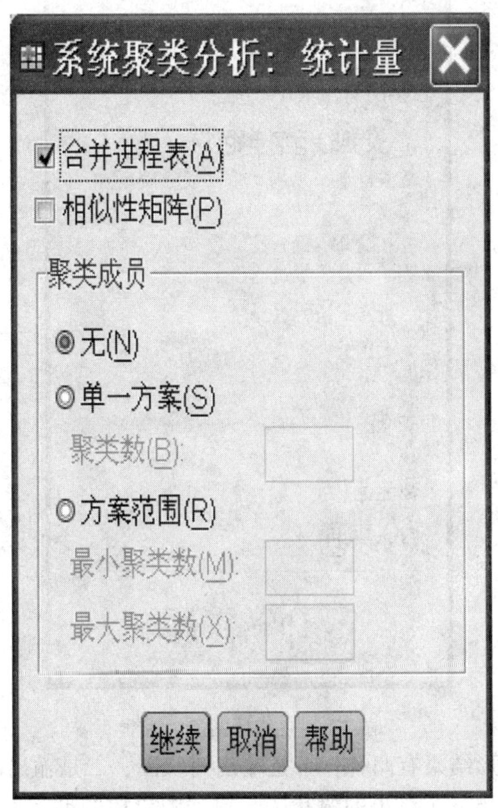

图17－3 统计量子对话框

☑合并进程表（A）：该选项为系统默认选项，用于输出层次聚类分析的凝聚状态表。

□相似性矩阵（P）：用于输出样品（或变量）之间的距离矩阵或相似性矩阵。

“聚类成员”框：指定输出层次聚类分析的所属类成员的情况，该选项为单选按钮。

所属类成员输出能够非常清楚地显示每个样品属于哪个类。由于层次聚类分析是探索性分析，SPSS会产生多个可能的聚类结果，每个类成员在聚类过程中都会不断变化，所以

聚类时必须首先确定聚类的类数。

⊙无（N）：表示不显示类成员构成，系统默认为该选项。

○单一方案（S）：表示只显示一个指定聚类数目的类成员构成。如在方框中输入2，则表示显示分为2类时，各个类的成员构成。

○方案范围（R）：表示只显示一个指定聚类数目范围的类成员构成。如在最小聚类数（M）方框中输入2，在最大聚类数（X）方框中输入4，则表示显示所有样品被分为2类、3类、4类时各个类的成员构成。

（3）统计图子对话框（见图17-4）

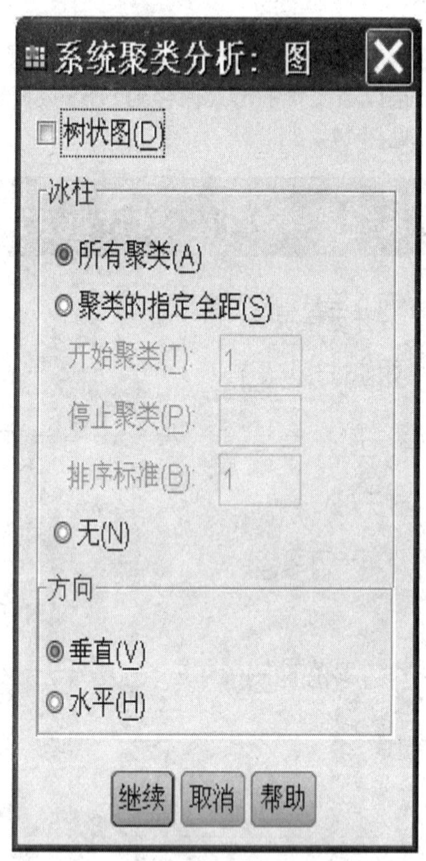

图17-4　统计图子对话框

SPSS层次聚类的图形结果有两种：一是输出树状图，二是输出冰柱图。

□树状图（D）：输出分类结果的树状图。树状图以树的形式展现聚类分析的每一次合并过程，当要分类的样品或变量数目较多时，树状图比冰柱图更清晰。

“冰柱”框：输出分类结果的冰柱图。系统默认输出全部聚类步骤的冰柱图，选择“聚类的指定全距（S）”项，并输入从第几类开始显示，到第几类结束显示，中间几个类，则可以指定显示聚类结果中某一段的冰柱图。如果选择“无（N）”，则不输出冰柱图。冰柱图显示方向系统默认为垂直（V）方向。

（4）方法子对话框（见图 17 - 5）

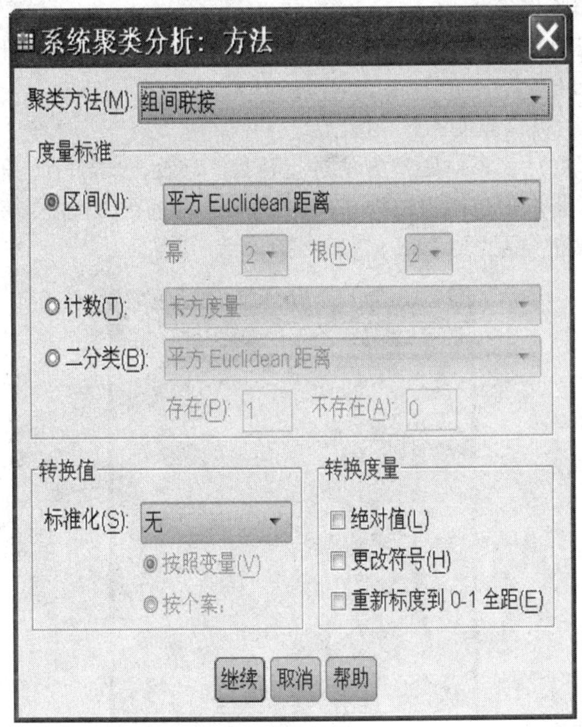

图 17 - 5 方法子对话框

在该对话框中指定了距离计算方法，其中“聚类方法（M）”下拉框中指定的是小类之间的距离计算方法，而“度量标准”框中则是选择计算样本距离的方法。

聚类方法（M）：该选项为下拉列表，用于选择聚类分析中不同的类间距离的测量方法。

SPSS 提供了组间联接法、组内联接法、最近邻元素法、最远邻元素法、质（重）心聚类法、中位数聚类法和离差平方和法（Ward 法）7 种方法，其中组间联接法是系统默认的方法。

“度量标准”框：根据变量类型选择距离或相似性的度量方法。SPSS 提供的测距方法如下。

⊙区间（N）：是连续变量可用的一些距离指标，有欧氏距离（Euclidean 距离）、欧氏距离平方、变量向量间的夹角余弦、皮尔逊相关系数、切比雪夫距离（Chebychev 距离）、区域块或曼哈顿距离和明考斯基距离。一般情况下，采用系统默认的欧氏距离平方法即可。

○计数（T）：是离散变量可用的一些距离指标，有卡方度量、Phi 方度量。

○二分类（B）：是二分类变量可用的一些距离指标，在 SPSS 中有十几种方法可供选择，常用的有：二值变量的欧氏距离、二值变量的欧氏距离平方、不对称指数、不相似性测度等，系统默认的是二值变量的欧氏距离平方法。

“转换值”框：提供数值标准化的转化方法。

SPSS 中提供了标准正态变换（Z 得分法）、全距从 - 1 ~ 1、全距从 0 ~ 1、最大值为 1、均值为 1 和标准差为 1 等数值标准化的方法。SPSS 默认不进行标准化处理，如果数据需要标准化，一般都采用 Z 得分法。

对每个变量值进行标准化变换，适用于 Q 型聚类分析，而对每个样品进行标准化变换，则适用于 R 型聚类分析。

“转换度量”框：提供测度的转换方法。

在距离计算完成之后，可对距离数值进行转换，转换的方法有：取距离的绝对值、变换后更改其正负号、将取值范围更改为 0 ~ 1 之间后，再进行变换。

（5）保存子对话框（见图 17 - 6）

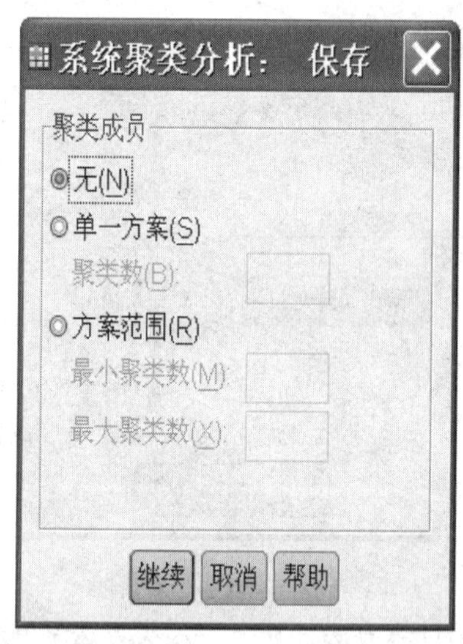

图 17 - 6　保存子对话框

“聚类成员”框：将层次聚类分析结果保存为新变量。

⊙无（N）：表示不保存到编辑窗口中，系统默认选择该选项。

○单一方案（S）：表示当聚类为一个指定聚类数目时，将各个样品的类归属情况保存到一个新的 SPSS 变量中。这个变量名为“cluN_ M”，其中 N 表示类数，M 表示尝试分析的次数。如在方框中输入 2，显示将样品分成 2 类时，各个样品的类归属情况，并保存为相应的新变量。

○方案范围（R）：表示当聚类为一个指定聚类数目范围时，将所有样品的类归属情况保存到 SPSS 变量中。这些变量名为“cluN_ 1”，其中 N 表示聚类数的取值范围。如在方框中分别输入 2 和 4，显示将所有样品被分为 2 类、3 类、4 类时所有样品的类归属情况，并保存到 SPSS 变量中。

17. 1. 3　实验内容

data17 - 1. sav 是 2006 年湖南省 35 家上市公司的财务评价指标数据集。具体包括：净资产收益率、总资产利润率、主营业务利润率、资产净利率、每股收益、流动比率、速动比率、资产负债率、现金流动负债比率、股东权益比、总资产周转率、应收账款周转率、存货周转率、营业费用比率、管理费用比率、股东权益增长率、净利润增长率、总资产增长率、主营业务收入增长率、主营业务利润增长率等 20 个变量。资料来源于张立军编写的《多元统计分析实验》。本实验采用 SPSS 软件的 R 型聚类方法对上述 35 家上市公司财务评价指标进行筛选。

17.1.4 实验步骤

1. 数据的预处理

Step❶构建上市公司财务评价指标体系。

根据金融界网站（www. jrj. com. cn）公布的财务分析指标、国有资本金绩效评价指标及“证星体系”评价指标，将湖南省 35 家上市公司的财务评价指标分为偿债能力、营运能力、盈利能力和成长能力四大类，如图 17－1 所示。

Step❷财务评价指标的无量纲化处理。

由于各项财务评价指标计量单位不尽相同，存在着量纲上的差异，无法进行综合汇总，因此，在进行财务综合评价时，首先要进行无量纲化处理。本实验采用 SPSS 提供的 Z 得分方法对湖南省 35 家上市公司的财务评价指标，进行无量纲化处理。

2. 指标聚类及其筛选

将 35 家上市公司的样本数据录入 SPSS，进行聚类分析。聚类分析过程的实际操作如下：

Step❶打开数据文件 data17－1. sav，如图 17－7 所示。

*data17-1.sav [数据集3] - PASW Statistics 数据编辑器

文件(F) 编辑(E) 视图(V) 数据(D) 转换(T) 分析(A) 直销(M) 图形(G) 实用程序(U) 窗口(W) 帮助

4：管理费用比率 31.62

	上市公司	流动比率	速动比率	资产负债比率	现金流动负债比率	股东权益比	总资产周转率	应收账款周转率	存货周转率	营业费用比率	管理费用	净资产收益率	总资产利
1	嘉瑞新材	.95	.74	49.42	7.94	45.48	.31	3.58	2.38	2.04	8.15	2.33	1.90
2	中联重科	1.34	.82	51.09	-2.52	47.61	.58	3.09	1.68	7.49	7.35	18.66	11.56
3	通程控股	.65	.40	50.32	20.81	45.05	.57	72.14	3.84	4.80	11.36	3.85	2.66
4	华天酒店	1.06	1.01	41.44	24.61	55.68	.36	25.16	11.39	.73	31.62	4.01	4.59
5	张家界	1.60	1.58	41.83	45.37	56.71	.21	18.34	6.21	5.35	22.98	7.26	4.92
6	湖南投资	1.73	1.52	24.83	14.79	68.88	.16	4.92	2.33	2.33	12.82	6.05	5.60
7	湘火炬A	1.07	.64	69.14	2.66	12.84	1.32	7.87	3.96	5.59	5.70	17.03	9.41
8	紫光古汉	.86	.60	62.18	-6.02	37.72	.34	1.37	1.22	17.10	25.81	-10.15	-4.66
9	岳阳恒立	1.03	.76	69.09	-4.47	27.42	.42	2.42	1.84	5.68	59.37	1.08	.84
10	金德发展	1.86	1.60	52.12	24.58	45.27	.60	5.33	6.66	2.52	9.14	10.17	8.00
11	正虹科技	1.22	.81	40.23	16.41	55.36	.98	27.26	5.93	5.70	3.93	1.81	2.24
12	金果实业	1.08	.56	49.63	-11.04	47.98	.24	4.10	1.23	5.33	11.03	.58	.66
13	南方摩托	1.54	1.31	40.06	-32.21	59.59	.41	1.29	4.05	3.66	5.38	.89	.56
14	湘计算机	2.64	1.97	25.53	1.13	70.55	.36	2.43	1.60	12.09	14.14	.27	.57
15	湘酒鬼	1.37	.84	48.20	-1.15	51.32	.16	1.51	.28	25.73	31.52	-9.29	-4.95
16	岳阳兴长	1.60	.83	42.76	-35.22	54.77	1.58	55.79	6.13	1.35	3.28	6.40	5.54
17	现代投资	.68	.68	43.16	94.70	56.60	.11	15.46	218.30	.13	34.97	2.13	1.79
18	南方建材	.69	.57	62.25	30.76	32.10	1.31	68.30	15.85	3.65	3.43	4.50	2.99

图 17－7 上市公司财务评价指标筛选实验数据导入图

Step❷选择菜单【分析（A）】→【分类（F）】→【系统聚类（H）】，打开系统聚类主对话框。在分群框中选择“变量”项，即选择进行变量聚类；然后将“流动比率”、“速动比率”、“资产负债率”、“现金流动负债比率”、“股东权益比”等5个指标变量选入“变量”框中，使其作为分析变量，如图17－8所示。

Step❸单击【统计量（S）】按钮，打开如图17－9所示的对话框，选择输出“相似性矩阵（P）”，以便研究变量之间的相关性。指定生成聚类解的个数，最小聚类数（M）为2，最大聚类数（X）为5，单击【继续】按钮，返回上一级系统聚类分析主对话框。

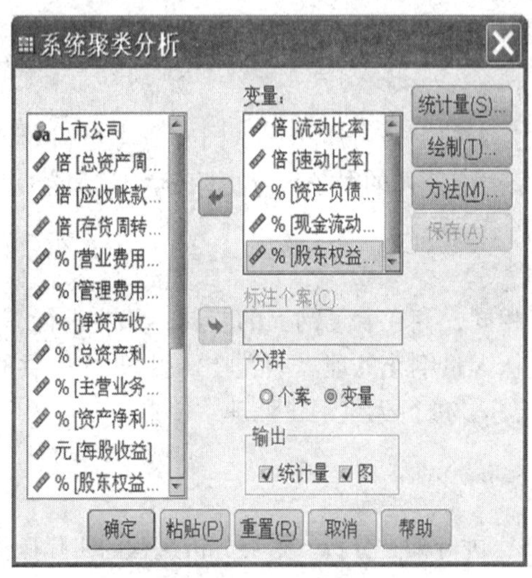

图17－8　系统聚类分析主对话框

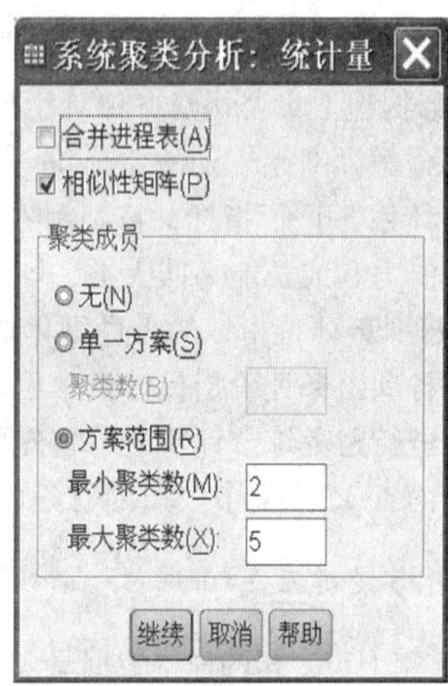

图17－9　选择输出项对话框

Step❹单击【绘制（T）】按钮，打开如图17－10所示的对话框，选择“树状图（D）”；在“冰柱”框中，选择“所有聚类（A）”项来显示全过程冰状图。单击【继续】按钮，回到主对话框。

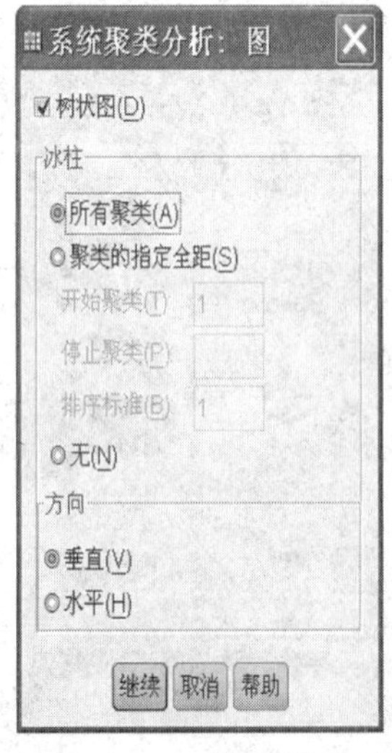

图17－10　选择统计图表对话框

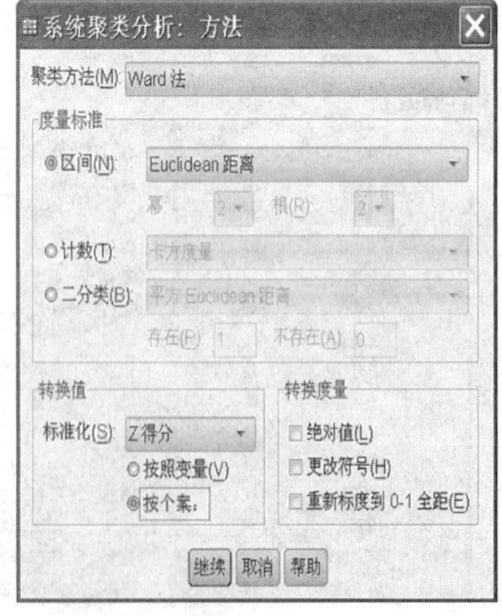

图17－11　聚类分析方法选择对话框

Step❺单击【方法（M）】按钮，打开如图 17－11 所示的对话框，选择数值标准化（S）法为“Z 得分”。由于是 R 型聚类，因此，应当选择“按个案”选项。聚类方法（M）中选择“Ward 法”；在距离度量标准中选择“Euclidean 距离”。单击【继续】按钮，回到主对话框。

Step❻单击【确定】按钮，在输出窗口中显示结果清单。对反映偿债能力的 5 项指标作聚类分析，其结果如图 17－12 所示。

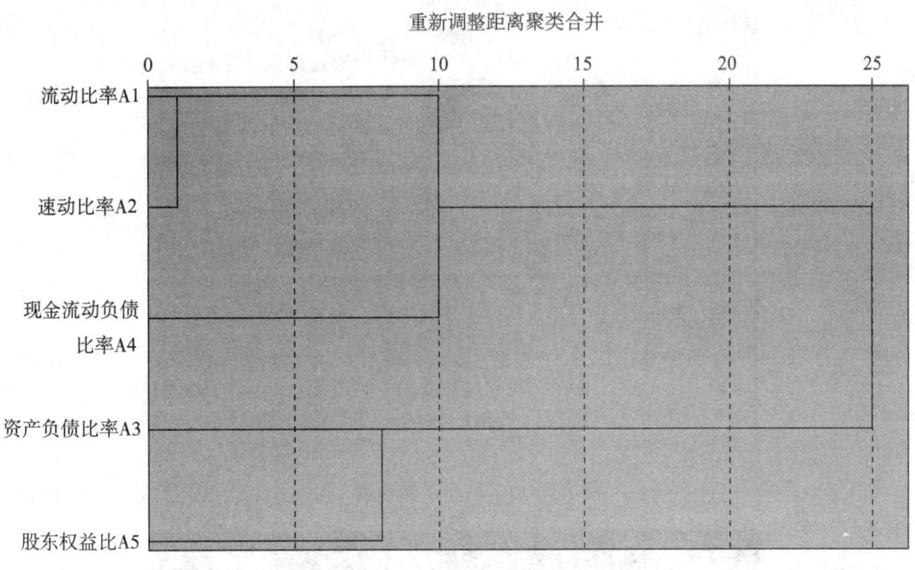

图 17－12 偿债能力指标的聚类结果

根据图 17－12 中的聚类分析结果，我们可以将偿债能力的 5 个指标分为两类，流动比率 A1、速动比率 A2 和现金流动负债率 A4 为一类，资产负债率 A3 和股东权益比 A5 为一类。

按照指标筛选方案，求出流动比率 A1 对其他四个指标的复相关系数 R_{A1}，SPSS 实现步骤如下。

Step❼单击【分析（A）】→【回归（R）】→【线性（L）】，其过程如图 17－13 所示。

Step❽在弹出的多元线性回归分析对话框中，将“流动比率”添加到“因变量（D）”框中，将“速动比率”、“资产负债率”、“现金流动负债比率”、“股东权益比”添加到“自变量（I）”框中，如图 17－14 所示。

Step❾单击【统计量（S）】按钮，打开“线性回归：统计量”对话框，选择输出描述性统计量，如图 17－15 所示。

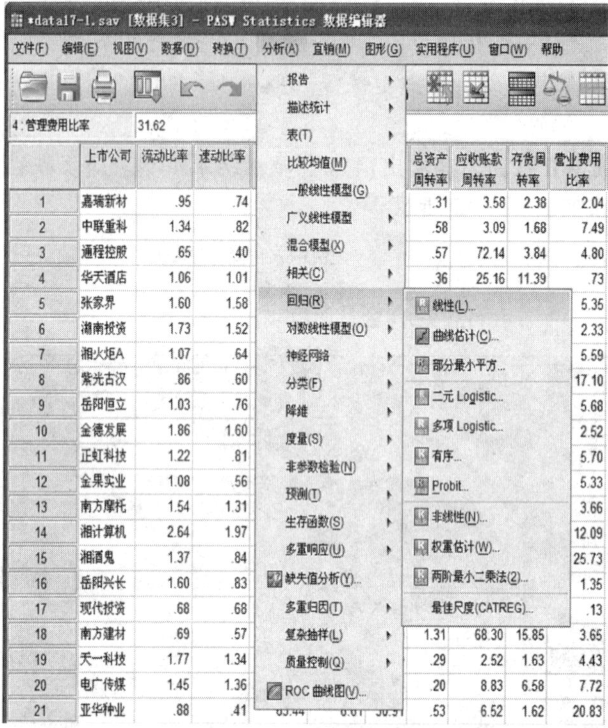

图 17－13　选择菜单

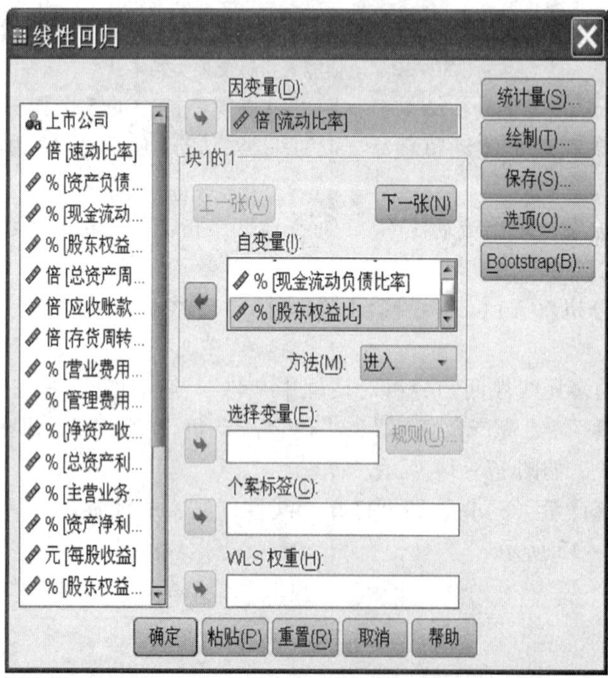

图 17－14　多元线性回归分析对话框

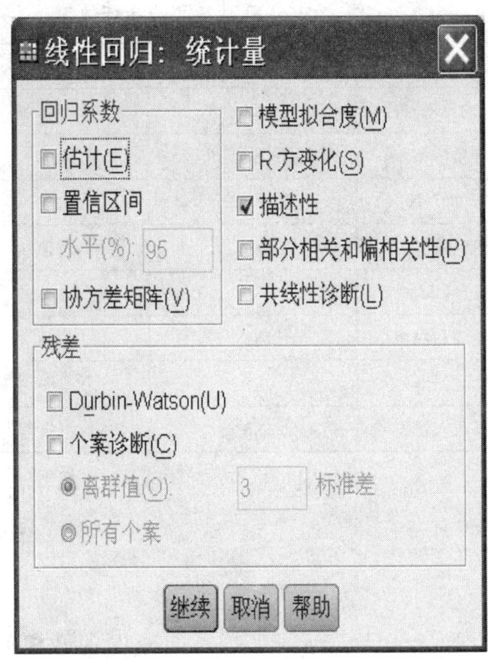

图 17－15 线性回归：统计量子对话框

Step⑩单击【继续】按钮，提交系统执行。在输出窗口中显示结果清单如表 17－1 所示。

表 17－1 模型汇总

模型	R	R 方	调整 R 方	标准估计的误差
1	.971[a]	.943	.936	.22738

a. 预测变量：(常量),%,%，倍,%。

从表 17－1 输出的结果看，流动比率 A1 与其他四个指标的复相关系数 R_{A1} 为 0.971。同样可以分别求得速动比率 A2、现金流动负债率 A4 与其他四个指标的复相关系数 R：

$R_{A1}=0.971$， $R_{A2}=0.968$ $R_{A4}=0.687$

流动比率 A1 对其他四个指标的复相关系数 R_{A1} 最大，流动比率 A1 入选。

按照指标筛选方案，分别求出资产负债率 A3 和股东权益比 A5 与其他四个指标的复相关系数 R：

$R_{A3}=0.976$ $R_{A5}=0.972$

资产负债率 A3 对其他四个指标的复相关系数 R_{A3} 最大，资产负债率 A3 入选。

在偿债能力指标中，通过筛选，将流动比率 A1、资产负债率 A3 两个指标作为偿债能力的代表性指标。

同理，在营运能力指标中，通过筛选，将总资产周转率 B1、管理费用比率 B5 两个指标作为营运能力的代表性指标。在获利能力指标中，通过筛选，将总资产利润率 C2、主营业务利润率 C3 两个指标作为获利能力的代表性指标。在成长能力指标中，通过筛选，将净利润增长率 D2、主营业务收入增长率 D4 两个指标作为成长能力的代表性指标，如表 17－2 所示。

表 17-2　上市公司财务评价指标体系

指标类型	指标名称	代码	计量单位	指标性质
偿债能力	流动比率	X1	倍	适度指标
	资产负债率	X2	%	适度指标
营运能力	总资产周转率	X3	倍	正指标
	管理费用比率	X4	倍	逆指标
盈利能力	总资产利润率	X5	%	正指标
	主营业务利润率	X6	%	正指标
成长能力	净利润增长率	X7	%	正指标
	主营业务收入增长率	X8	%	正指标

17.1.5　问题思考

1. 如果聚类方法采用系统默认的组间平均，选择皮尔逊相关系数（Pearson correlation），怎样进行财务评价指标的筛选？以 data17-1.sav 为例，完成偿债能力指标的筛选。

2. Q 型聚类与 R 型聚类在 SPSS 操作过程中的主要区别在哪里？

3. 层次聚类分析法与快速聚类分析法有什么不同？

17.2　企业财务状况综合评价

17.2.1　实验目的

财务综合评价是站在企业整体或企业外部的角度，依据企业的财务报表及其他有关的财务资料，运用一定的方法或模型，对企业的财务状况做出一个全面性总括性的判断，借以评价企业过去和当前的财务活动效果和财务运筹能力，并观察企业财务状况的整体发展趋势。通过本实验，使学生熟练掌握 SPSS 软件中因子分析法的基本操作技巧，能够运用主成分因子分析法对上市公司财务状况进行综合评价。

17.2.2　相关知识

目前，我国常用的财务综合评价方法，根据确定权重的方法不同，可以归结为两大类：一类是主观赋权法，另一类是客观赋权法。主观赋权法大多根据既有的经验采取综合咨询评分的定性方法确定权重，如杜邦财务分析方法、综合指数法、功效系数法等；而客观赋权法往往依据各指标变量之间的相互关系或者各指标变量的变异程度来确定权重，主要有主成分分析法、因子分析法等。

与主成分分析法相比，由于因子分析法可以使用旋转技术帮助解释因子，在解释方面更加有优势，因此，当需要寻找潜在因子，并对这些因子进行解释的时候，更加倾向于使用因子分析法，而如果想把现有的变量变成少数几个新的变量来进入后续的分析，则可以使用主成分分析法。

实际工作中，把用主成分分析法求解因子载荷矩阵的因子分析称为主成分因子分析法，SPSS 软件中默认的就是这种方法。本实验选择主成分因子分析法对上市公司的财务状况进行综合评价，有关因子分析法的基本思想与方法参见本书第 16 章。

17.2.3 实验内容

data17 – 2. sav 是 2009 年我国信息技术业 113 家上市公司的财务状况信息数据集，为避免异常数据对研究的影响，从样本中剔除了曾经或正处于 ST 状态的公司。财务评价指标包括：净资产收益率、资产报酬率、销售净利率、成本费用利润率、总资产周转率、流动资产周转率、存货周转率、资产负债率、产权比率、流动比率、速动比率、营业收入增长率和固定资产增长率 13 个变量，数据来源于国泰安数据库。本实验使用 SPSS 软件采用主成分因子分析法对上述 113 家信息技术上市公司的财务状况进行综合评价。

17.2.4 实验步骤

1. 样本数据的预处理

Step❶打开数据文件 data17 – 2sav，如图 17 – 16 所示。

Step❷对财务综合评价指标进行标准化处理，以保证分析数据的一致可比性。单击【分析（A）】→【描述性统计】→【描述（D）】，打开“描述性”对话框，将“净资产收益率”、“资产报酬率”、“销售净利率”、“成本费用利润率”、“总资产周转率”、“流动资产周转率”、“存货周转率”、“资产负债率”、“产权比率”、“流动比率”、“速动比率”、“营业收入增长率”和“固定资产增长率”13 个变量移到“变量（V）”栏；勾选“将标准化得分另存为（Z）”。单击【确定】按钮，具体操作如图 17 – 17 所示。

2. 对上市公司财务状况进行因子分析

Step❶选择菜单【分析（A）】→【降维】→【因子分析（F）】，打开因子分析主对话框，将“Z 净资产收益率”、“Z 资产报酬率”、“Z 销售净利率”、“Z 成本费用利润率”、“Z 总资产周转率”、“Z 流动资产周转率”、“Z 存货周转率”、“Z 资产负债率”、“Z 产权比率”、“Z 流动比率”、“Z 速动比率”、“Z 营业收入增长率”和“Z 固定资产增长率”13 个标准化变量选入“变量（V）”框中，如图 17 – 18 所示。

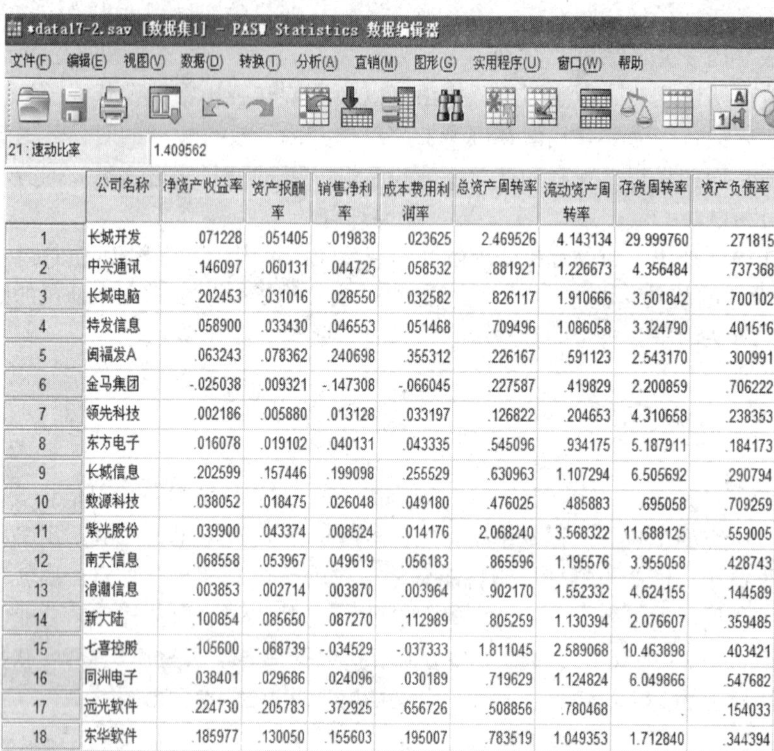

*data17-2.sav [数据集1] - PASW Statistics 数据编辑器

21：速动比率 1.409562

	公司名称	净资产收益率	资产报酬率	销售净利率	成本费用利润率	总资产周转率	流动资产周转率	存货周转率	资产负债率
1	长城开发	.071228	.051405	.019838	.023625	2.469526	4.143134	29.999760	.271815
2	中兴通讯	.146097	.060131	.044725	.058532	.881921	1.226673	4.356484	.737368
3	长城电脑	.202453	.031016	.028550	.032582	.826117	1.910666	3.501842	.700102
4	特发信息	.058900	.033430	.046553	.051468	.709496	1.086058	3.324790	.401516
5	闽福发A	.063243	.078362	.240698	.355312	.226167	.591123	2.543170	.300991
6	金马集团	-.025038	.009321	-.147308	-.066045	.227587	.419829	2.200859	.706222
7	领先科技	.002186	.005880	.013128	.033197	.126822	.204653	4.310658	.238353
8	东方电子	.016078	.019102	.040131	.043335	.545096	.934175	5.187911	.184173
9	长城信息	.202599	.157446	.199098	.255529	.630963	1.107294	6.505692	.290794
10	数源科技	.038052	.018475	.026048	.049180	.476025	.485883	.695058	.709259
11	紫光股份	.039900	.043374	.008524	.014176	2.068240	3.568322	11.688125	.559005
12	南天信息	.068558	.053967	.049619	.056183	.865596	1.195576	3.955058	.428743
13	浪潮信息	.003853	.002714	.003870	.003964	.902170	1.552332	4.624155	.144589
14	新大陆	.100854	.085650	.087270	.112989	.805259	1.130394	2.076607	.359485
15	七喜控股	-.105600	-.068739	-.034529	-.037333	1.811045	2.589068	10.463898	.403421
16	同洲电子	.038401	.029686	.024096	.030189	.719629	1.124824	6.049866	.547682
17	远光软件	.224730	.205783	.372925	.656726	.508856	.780468	.	.154033
18	东华软件	.185977	.130050	.155603	.195007	.783519	1.049353	1.712840	.344394

图 17－16　上市公司财务综合评价实验数据导入图

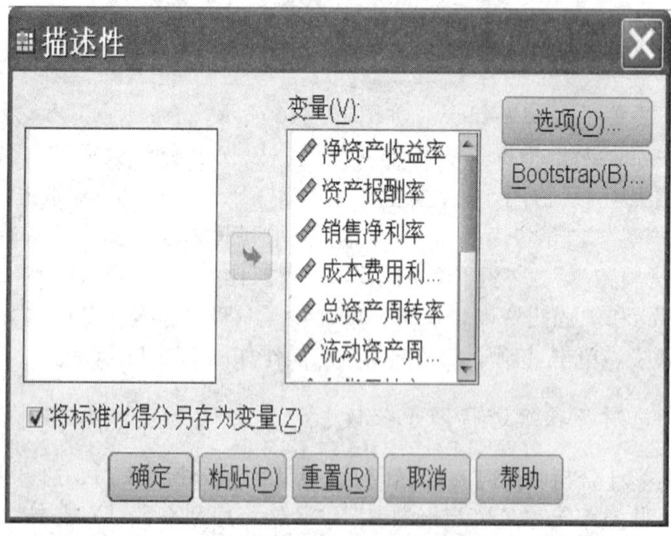

图 17－17　描述性对话框

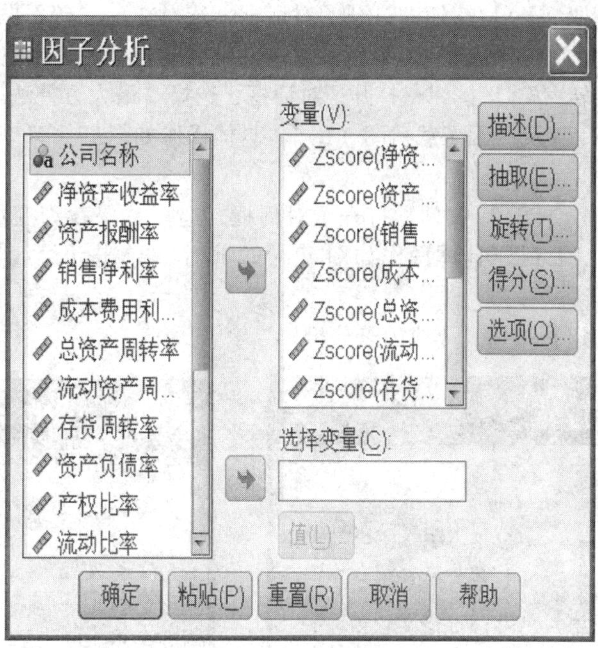

图 17－18　因子分析主对话框

Step❷单击【描述（D）】按钮，打开图 17－19 所示的对话框，选择输出“原始分析结果（I）”、原始变量的“相关系数矩阵”和“KMO 和 Bartlett 的球形度检验”结果，具体操作如图 17－19 所示。单击【继续】按钮，返回主对话框。

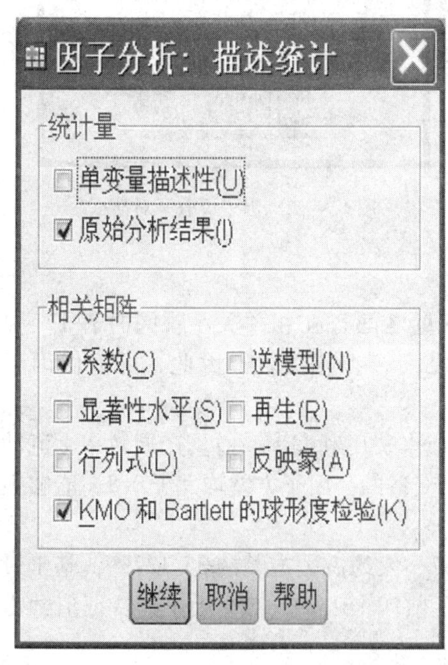

图 17－19　描述统计子对话框

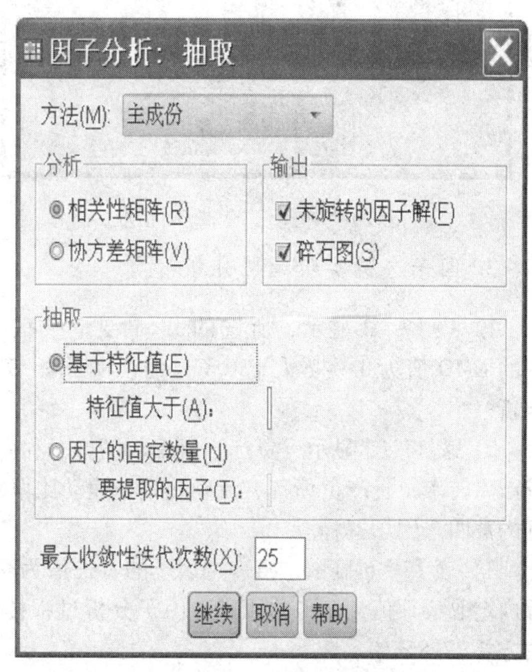

图 17－20　因子提取子对话框

Step❸单击【抽取（E）】按钮，打开子对话框，选择输出“碎石图（S）”，其余采用系统默认选项，具体操作如图 17 - 20 所示。单击【继续】按钮，返回主对话框。

Step❹单击【旋转（T）】按钮，打开子对话框，选择“最大方差法（V）”正交旋转并且输出“旋转解（R）”及“因子载荷图（L）”，具体操作如图 17 - 21 所示。单击【继续】按钮，返回主对话框。

Step❺单击【得分（S）】按钮，打开子对话框，选择“保存为变量（S）”并且输出“因子得分系数矩阵（D）”，具体操作如图 17 - 22 所示。单击【继续】按钮，返回主对话框。

Step❻单击【确定】按钮，完成因子分析。

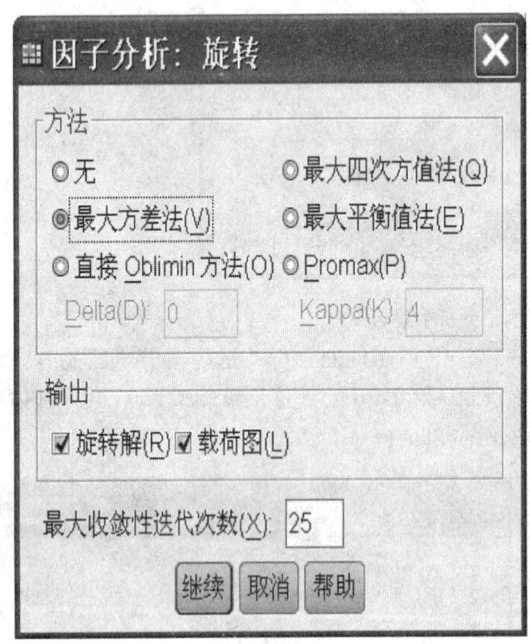

图 17 - 21　因子旋转子对话框

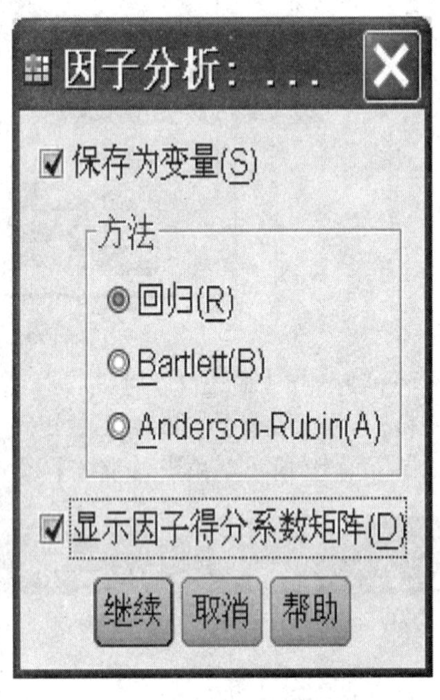

图 17 - 22　因子得分子对话框

3. 因子分析实验结果分析

1）表 17 - 3 显示，所选的 13 个变量中有些变量之间存在相关关系；同时表 17 - 4 中的 KMO 值为 0.647 大于 0.6，也说明原始变量之间存在相关性。因此，可以做因子分析。

2）表 17 - 5 显示，资产报酬率、销售净利率、成本费用利润率、总资产周转率、流动资产周转率、资产负债率、流动比率、速动比率 8 个变量的公因子方差均大于 0.8，能够很好的被四个因子解释。

3）表 17 - 6 显示，第一个因子的特征值为 4.567，大约占去方差的 35.129%，基于过程内定取特征值大于 1 的原则，因子分析过程提取了前四个因子，四个因子的特征值共占去方差 77.853%。

表 17－3 相关矩阵

		Z净资产收益率	Z资产报酬率	Z销售净利率	Z成本费用利润率	Z总资产周转率	Z流动资产周转率	Z存货周转率	Z资产负债率	Z产权比率	Z流动比率	Z速动比率	Z营业收入增长率	Z固定资产增长率
相关	Zscore(净资产收益率)	1.000	.765	.436	.402	.041	—.001	.062	.089	.194	—.048	—.053	.043	.122
	Zscore(资产报酬率)	.765	1.000	.661	.635	—.030	—.038	.199	—.253	—.223	.070	.074	—.011	.062
	Zscore(销售净利率)	.436	.661	1.000	.965	—.475	—.417	.250	—.548	—.415	.383	.382	.277	.118
	Zscore(成本费用利润率)	.402	.635	.965	1.000	—.440	—.389	.273	—.494	—.358	.352	.352	.277	.130
	Zscore(总资产周转率)	.041	—.030	—.475	—.440	1.000	.791	.015	.343	.220	—.300	—.298	—.156	.026
	Zscore(流动资产周转率)	—.001	—.038	—.417	—.389	.791	1.000	.088	.277	.147	—.291	—.282	—.138	.018
	Zscore(存货周转率)	.062	.199	.250	.273	.015	.088	1.000	—.285	—.210	.362	.376	—.040	—.039
	Zscore(资产负债率)	.089	—.253	—.548	—.494	.343	.277	—.285	1.000	.924	—.571	—.576	.163	.166
	Zscore(产权比率)	.194	—.223	—.415	—.358	.220	.147	—.210	.924	1.000	—.387	—.393	.215	.183
	Zscore(流动比率)	—.048	.070	.383	.352	—.300	—.291	.362	—.571	—.387	1.000	.999	—.012	—.042
	Zscore(速动比率)	—.053	.074	.382	.352	—.298	—.282	.376	—.576	—.393	.999	1.000	—.030	—.053
	Zscore(营业收入增长率)	.043	—.011	.277	.277	—.156	—.138	—.040	.163	.215	—.012	—.030	1.000	.492
	Zscore(固定资产增长率)	.122	.062	.118	.130	.026	.018	—.039	.166	.183	—.042	—.053	.492	1.000

表 17－4 KMO 和 Bartlett 的检验

取样足够度的 Kaiser－Meyer－Olkin 度量。		.647
Bartlett 的球形度检验	近似卡方	1292.116
	df	78
	Sig.	.000

表 17－5 因子方差

	初始	提取
Zscore（净资产收益率）	1.000	.757
Zscore（资产报酬率）	1.000	.902
Zscore（销售净利率）	1.000	.924
Zscore（成本费用利润率）	1.000	.869
Zscore（总资产周转率）	1.000	.830
Zscore（流动资产周转率）	1.000	.810
Zscore（存货周转率）	1.000	.509
Zscore（资产负债率）	1.000	.830
Zscore（产权比率）	1.000	.687
Zscore（流动比率）	1.000	.841
Zscore（速动比率）	1.000	.846
Zscore（营业收入增长率）	1.000	.710
Zscore（固定资产增长率）	1.000	.607

提取方法：主成分分析。

表 17－6 解释的总方差

成分	初始特征值			提取平方和载入			旋转平方和载入		
	方差的 %	累积 %	合计	方差的 %	累积 %	合计	方差的 %	累积 %	合计
1	35.129	35.129	4.567	35.129	35.129	4.567	24.375	24.375	3.169
2	18.431	53.560	2.396	18.431	53.560	2.396	21.561	45.936	2.803
3	13.810	67.370	1.795	13.810	67.370	1.795	18.351	64.288	2.386
4	10.484	77.853	1.363	10.484	77.853	1.363	13.566	77.853	1.764
5	7.692	85.546	1.000						
6	5.396	90.942	.701						
7	3.885	94.827	.505						
8	2.078	96.904	.270						
9	1.537	98.442	.200						
10	1.075	99.516	.140						
11	.277	99.793	.036						
12	.201	99.994	.026						
13	.006	100.000	.001						

提取方法：主成分分析。

4）图 17－23 显示，前四个因子特征值都大于 1，从第五个因子开始特征值比较低，可以认为前四个因子可以概括大部分信息。

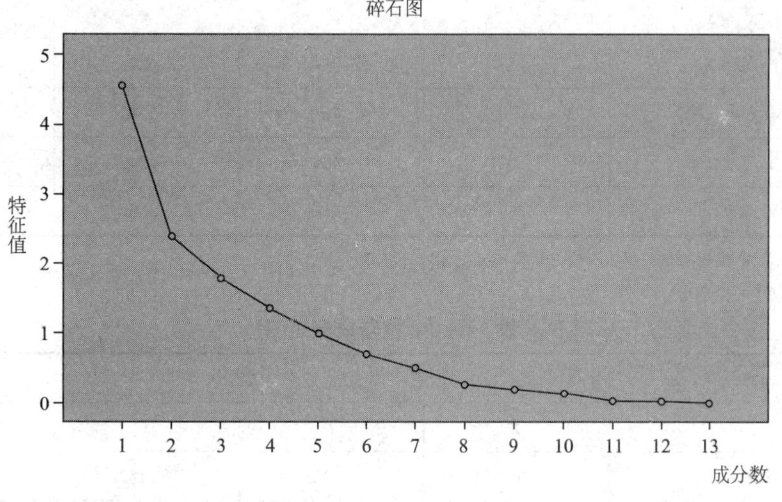

图 17－23　财务综合评价数据因子分析特征根碎石图

5）表 17－7 是初始成分矩阵，经过正交旋转后，得到表 17－8 旋转成分矩阵。在旋转成分矩阵中，主成分 F1 负荷系数绝对值较大的主要有速动比率、流动比率，它们主要反映企业的偿债能力，主成分 F2 负荷系数绝对值较大的主要有资产报酬率、净资产收益率，它们主要反映企业的盈利能力，主成分 F3 负荷系数绝对值较大的主要有流动资产周转率、总资产周转率，它们主要反映企业资产运营能力，主成分 F4 负荷系数绝对值较大的主要有营业收入增长率、固定资产增长率，它们主要反映企业成长能力。可见，经过正交旋转后，各公因子的经济意义更加明确并且解释结果与实际相符。

表 17－7　成分矩阵[a]

	成分			
	1	2	3	4
Zscore（销售净利率）	.869	.407	-.005	-.067
Zscore（成本费用利润率）	.831	.421	.006	-.038
Zscore（资产负债率）	-.795	.389	-.177	.119
Zscore（速动比率）	.708	-.418	-.018	.412
Zscore（流动比率）	.707	-.409	-.034	.415
Zscore（产权比率）	-.639	.422	-.248	.198
Zscore（净资产收益率）	.237	.748	.365	-.090
Zscore（资产报酬率）	.516	.613	.484	-.159
Zscore（流动资产周转率）	-.520	.009	.641	.358

续表

	成分			
	1	2	3	4
Zscore（总资产周转率）	-.572	.037	.622	.338
Zscore（营业收入增长率）	.090	.467	-.541	.437
Zscore（固定资产增长率）	-.011	.464	-.317	.539
Zscore（存货周转率）	.389	-.111	.376	.452

提取方法：主成分。

a. 已提取了 4 个成分。

表 17-8　旋转成分矩阵[a]

	成分			
	1	2	3	4
Zscore（速动比率）	.901	-.027	-.182	.028
Zscore（流动比率）	.895	-.029	-.191	.043
Zscore（资产负债率）	-.700	-.213	.333	.428
Zscore（存货周转率）	.620	.198	.290	.034
Zscore（产权比率）	-.575	-.156	.241	.524
Zscore（资产报酬率）	.077	.943	.036	-.078
Zscore（净资产收益率）	-.162	.837	.124	.120
Zscore（销售净利率）	.391	.742	-.457	.104
Zscore（成本费用利润率）	.373	.729	-.425	.135
Zscore（总资产周转率）	-.144	-.051	.898	-.026
Zscore（流动资产周转率）	-.082	-.041	.894	-.040
Zscore（营业收入增长率）	-.002	.076	-.221	.810
Zscore（固定资产增长率）	.017	.102	.040	.771

提取方法：主成分。

旋转法：具有 Kaiser 标准化的正交旋转法。

a. 旋转在 5 次迭代后收敛。

6）图 17-24 是旋转后的主成分散点图，可以看出 F1、F2、F3 与 13 个原始变量之间的关系。

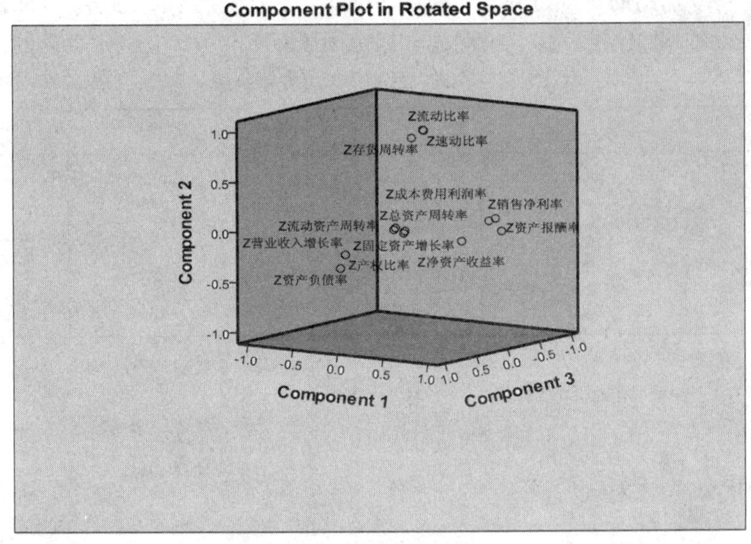

图 17-24　旋转后的主成分散点图

7）表 17-9 是输出的成分得分系数矩阵，可以通过成分得分系数和原始变量的标准化值计算各观测量的各成分的得分数。

表 17-9　成分得分系数矩阵

	成分			
	1	2	3	4
Zscore（净资产收益率）	-.108	.353	.099	.008
Zscore（资产报酬率）	-.056	.380	.092	-.094
Zscore（销售净利率）	.031	.227	-.116	.042
Zscore（成本费用利润率）	.033	.223	-.102	.060
Zscore（总资产周转率）	.089	.055	.432	.010
Zscore（流动资产周转率）	.112	.054	.440	.008
Zscore（存货周转率）	.288	.042	.265	.091
Zscore（资产负债率）	-.165	-.027	.060	.206
Zscore（产权比率）	-.123	-.027	.042	.271
Zscore（流动比率）	.343	-.108	.048	.120
Zscore（速动比率）	.345	-.106	.053	.112
Zscore（营业收入增长率）	.048	-.034	-.073	.473
Zscore（固定资产增长率）	.091	-.005	.064	.461

提取方法：主成分。

旋转法：具有 Kaiser 标准化的正交旋转法。

构成得分。

8）表17-10输出的是成分得分协方差矩阵，表中数据显示，旋转后的F1、F2、F3、F4四个因子之间的相关系数为0，说明提取四个因子互不相关，是科学合理的。

表17-10　成分得分协方差矩阵

成分	1	2	3	4
1	1.000	.000	.000	.000
2	.000	1.000	.000	.000
3	.000	.000	1.000	.000
4	.000	.000	.000	1.000

提取方法：主成分。

旋转法：具有 Kaiser 标准化的正交旋转法。

构成得分。

4. 对上市公司财务状况进行综合评价

Step❶打开数据文件 data17-2.sav，单击【转换（T）】→【计算变量（C）】，打开计算变量主对话框，在“目标变量（T）”栏中输入“企业财务评价综合得分F”，如图17-25所示。将数据文件中通过上述因子分析产生的四个新变量，即第一、二、三、四个成分得分和相应的成分方差贡献率组成表达式。在数学表达式栏中输入表达式：(24.375 * fac1_ 1 + 21.561 * fac2_ 1 + 18.351 * fac3_ 1 + 13.566 * fac4_ 1) /77.853

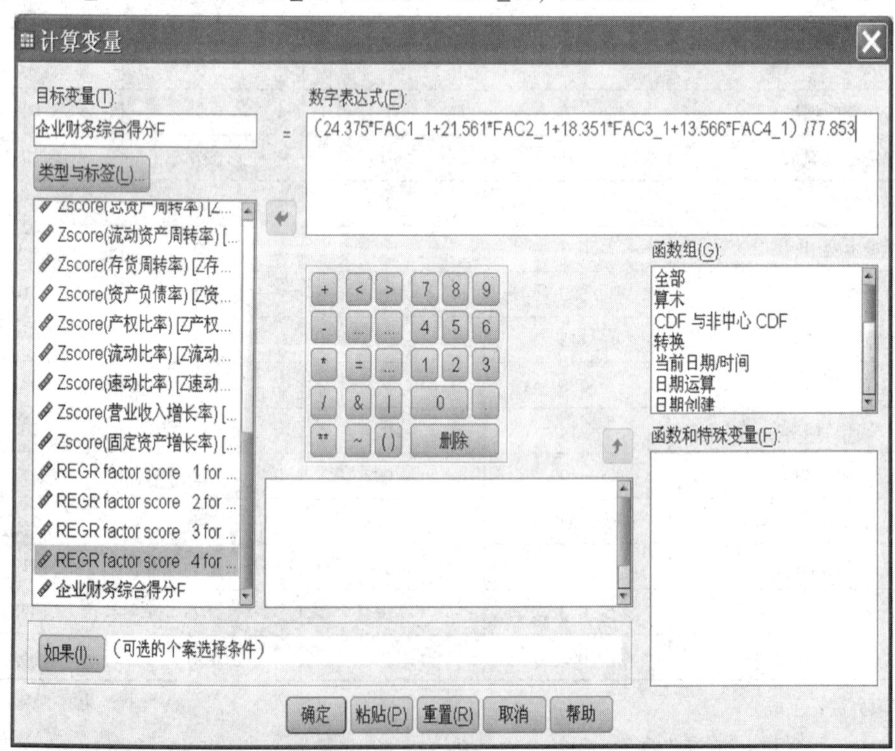

图17-25　综合得分计算对话框

Step❷单击【确定】按钮，输出如图 17－26 所示的结果。

	公司名称	净资	资产	销售	成本	总资	流动	存货	资产	产权	流动	速动	营业	固定	Z净	Z资	Z销	Z成	Z总	Z流	Z存	Z资	Z产	Z流	Z速	Z营	Z固	FAC1_1	FAC2_1	FAC3_1	FAC4_1	企业财务综合得分F
1	长城开发	...	...	...	...	...	...	...	...	...	...	...	...	...	...	...	...	...	...	...	...	...	...	...	...	...	...	.95705	-.12701	3.832...	-.35331	1.106259
2	中兴通讯	...	...	...	...	...	...	...	...	...	...	...	...	...	...	...	...	...	...	...	...	...	...	...	...	...	...	-1.16552	-.36119	.54510	.98683	-.164499
3	长城电脑	...	...	...	...	...	...	...	...	...	...	...	...	...	...	...	...	...	...	...	...	...	...	...	...	...	...	-.44305	-.37390	1.233...	3.809...	.712237
4	特发信息	...	...	...	...	...	...	...	...	...	...	...	...	...	...	...	...	...	...	...	...	...	...	...	...	...	...	-.38378	-.69885	-.07337	-.24617	-.373891
5	闽福发A	...	...	...	...	...	...	...	...	...	...	...	...	...	...	...	...	...	...	...	...	...	...	...	...	...	...	-.44275	.15937	-1.184...	-.45557	-.453094
6	金马集团	...	...	...	...	...	...	...	...	...	...	...	...	...	...	...	...	...	...	...	...	...	...	...	...	...	...	-1.28691	-1.752...	-.65654	.64339	-.930820
7	领先科技	...	...	...	...	...	...	...	...	...	...	...	...	...	...	...	...	...	...	...	...	...	...	...	...	...	...	-.27478	-1.228...	-1.284...	-.60836	-.835165
8	东方电子	...	...	...	...	...	...	...	...	...	...	...	...	...	...	...	...	...	...	...	...	...	...	...	...	...	...	.02580	-.94819	-.44062	-.65373	-.472292
9	长城信息	...	...	...	...	...	...	...	...	...	...	...	...	...	...	...	...	...	...	...	...	...	...	...	...	...	...	-.19192	.88325	-.05845	-.24806	.127521
10	数源科技	...	...	...	...	...	...	...	...	...	...	...	...	...	...	...	...	...	...	...	...	...	...	...	...	...	...	-1.25309	-1.047...	-.53422	.69561	-.687194
11	紫光股份	...	...	...	...	...	...	...	...	...	...	...	...	...	...	...	...	...	...	...	...	...	...	...	...	...	...	-.00776	-.46100	2.947...	-.02711	.559914
12	南天信息	...	...	...	...	...	...	...	...	...	...	...	...	...	...	...	...	...	...	...	...	...	...	...	...	...	...	-.42814	-.51214	.19548	-.20594	-.265689
13	浪潮信息	...	...	...	...	...	...	...	...	...	...	...	...	...	...	...	...	...	...	...	...	...	...	...	...	...	...	.24014	-1.081...	.28547	-.65649	-.271511
14	新大陆	...	...	...	...	...	...	...	...	...	...	...	...	...	...	...	...	...	...	...	...	...	...	...	...	...	...	-.38737	-.11955	.05505	-.36503	-.205021
15	七喜控股	...	...	...	...	...	...	...	...	...	...	...	...	...	...	...	...	...	...	...	...	...	...	...	...	...	...	.33893	-1.738...	1.839...	-.16400	.029763
16	同洲电子	...	...	...	...	...	...	...	...	...	...	...	...	...	...	...	...	...	...	...	...	...	...	...	...	...	...	-.61197	-.86345	.06881	.08809	-.399161
17	远光软件	...	...	...	...	...	...	...	...	...	...	...	...	...	...	...	...	...	...	...	...	...	...	...	...	...	...	.19612	1.855...	-.63729	-.53872	.331317

图 17－26　财务评价综合得分计算结果窗口

Step❸选定【企业财务评价综合得分 F】变量，按右键，在出现的下拉式菜单中选择“降序排列”得到如图 17－27 所示的结果。综合得分前 5 名的上市公司依次为中青宝、北纬通信、世纪鼎利、长城开发和宏图高科。

	公司名称	净资	资产	销售	成本	总资	流动	存货	资产	产权	流动	速动	营业	固定	Z净	Z资	Z销	Z成	Z总	Z流	Z存	Z资	Z产	Z流	Z速	Z营	Z固	FAC1_1	FAC2_1	FAC3_1	FAC4_1	企业财务综合得分F
1	中青宝	...	...	...	...	...	...	...	...	...	...	...	...	...	...	...	...	...	...	...	...	...	...	...	...	...	...	2.86634	2.942...	1.077...	.52351	2.057629
2	北纬通信	...	...	...	...	...	...	...	...	...	...	...	...	...	...	...	...	...	...	...	...	...	...	...	...	...	...	6.17526	-1.061...	.86915	1.166...	2.047538
3	世纪鼎利	...	...	...	...	...	...	...	...	...	...	...	...	...	...	...	...	...	...	...	...	...	...	...	...	...	...	-.37110	4.038...	1.164...	-.01278	1.274432
4	长城开发	...	...	...	...	...	...	...	...	...	...	...	...	...	...	...	...	...	...	...	...	...	...	...	...	...	...	.95705	-.12701	3.832...	-.35331	1.106259
5	宏图高科	...	...	...	...	...	...	...	...	...	...	...	...	...	...	...	...	...	...	...	...	...	...	...	...	...	...	-.18889	.55808	-2.169...	8.392...	1.046408
6	天源迪科	...	...	...	...	...	...	...	...	...	...	...	...	...	...	...	...	...	...	...	...	...	...	...	...	...	...	.87738	1.819...	1.120...	-.22812	1.002857
7	网宿科技	...	...	...	...	...	...	...	...	...	...	...	...	...	...	...	...	...	...	...	...	...	...	...	...	...	...	3.76653	-1.219...	.05473	.70809	.977785
8	三五互联	...	...	...	...	...	...	...	...	...	...	...	...	...	...	...	...	...	...	...	...	...	...	...	...	...	...	-.19896	2.699...	1.045...	-.65132	.818216
9	华胜天成	...	...	...	...	...	...	...	...	...	...	...	...	...	...	...	...	...	...	...	...	...	...	...	...	...	...	.25199	-.36323	1.581...	2.251...	.743495
10	长城电脑	...	...	...	...	...	...	...	...	...	...	...	...	...	...	...	...	...	...	...	...	...	...	...	...	...	...	-.44305	-.37390	1.233...	3.809...	.712237
11	华力创通	...	...	...	...	...	...	...	...	...	...	...	...	...	...	...	...	...	...	...	...	...	...	...	...	...	...	-.16003	1.962...	.99844	-.24162	.686655
12	启明信息	...	...	...	...	...	...	...	...	...	...	...	...	...	...	...	...	...	...	...	...	...	...	...	...	...	...	.34643	.26589	2.304...	-.23061	.685213
13	久其软件	...	...	...	...	...	...	...	...	...	...	...	...	...	...	...	...	...	...	...	...	...	...	...	...	...	...	2.93787	-.42237	-1.138...	.26854	.581189
14	东方财富	...	...	...	...	...	...	...	...	...	...	...	...	...	...	...	...	...	...	...	...	...	...	...	...	...	...	.28752	2.648...	-.86593	-.27011	.572366
15	神州泰岳	...	...	...	...	...	...	...	...	...	...	...	...	...	...	...	...	...	...	...	...	...	...	...	...	...	...	2.00350	.58488	-1.060...	.14940	.565208
16	紫光股份	...	...	...	...	...	...	...	...	...	...	...	...	...	...	...	...	...	...	...	...	...	...	...	...	...	...	-.00776	-.46100	2.947...	-.02711	.559914
17	中国联通	...	...	...	...	...	...	...	...	...	...	...	...	...	...	...	...	...	...	...	...	...	...	...	...	...	...	.27617	-.39649	2.044...	.18889	.491446

图 17－27　财务评价综合得分排序结果窗口

17.2.5 问题思考

1. 确定因子变量的方法除了主成分分析法外，还有未加权的最小平方法、综合最小平方法、最大似然法、主轴因子法、因子分解法、映像因子分解法等。运用本实验资料采用综合最小平方法确定的因子变量与主成分因子分析法有什么不同?

2. 如果本实验资料中的流动比率、资产负债率、总资产周转率、管理费用比率、总资产利润率、主营业务利润率、净利润增长率和主营业务收入增长率等8个变量的权数采用主观赋权法，分别是10%、15%、15%、10%、10%、15%、15%、10%，运用综合指数法对上市公司进行的财务综合评价与因子分析法有什么不同?

17.3 财务目标预测与分析

17.3.1 实验目的

财务目标预测是根据企业财务活动的历史资料，考虑现实的要求和条件，对企业未来的财务活动和财务成果做出科学的预计和测算。通过本实验，使学生理解财务目标预测的意义及内容，掌握回归分析的基本原理及其在SPSS中的相关操作，能够运用多元线性回归预测模型进行财务目标预测分析。

17.3.2 相关知识

1. 财务目标预测的内容

财务目标预测是财务管理的环节之一，其主要任务在于：测算各项生产经营方案的经济效益，为决策提供可靠的依据；预计财务收支的发展变化情况，以确定经营目标，测定各项定额和标准，为编制计划，分解计划指标服务。财务目标预测包括销售预测、成本预测、利润预测和资金预测等基本内容，SPSS中的预测模块可以完成财务目标预测工作。

2. 财务目标预测中自变量筛选的程序与方法

在建立多元回归模型中，一般所选取的自变量个数不宜过多，因为自变量过多，不仅计算过程繁复，也难以保证统计资料的可靠性。本实验采取以下程序与方法对自变量进行筛选。

(1) 经验判断法

经验判断法是根据自变量和因变量之间相互变动的性质（方向）来判断回归预测模型中所选取自变量的合理性。自变量与因变量之间的变动关系，可以归纳为两类，一类是随着自变量取值的增长而因变量相应上升的，如随着产品产量、小时工资率的增长而产品成本上升，这类自变量的回归系数应当大于零；另一类是随着自变量取值的增长而因变量相应下降的，如随着劳动生产率、生产能力利用率的增长而产品成本下降，这类自变量的回归系数应当小于零。如果在所建立的多元回归预测模型中，一个自变量回归系数的取值不符合该自变量与因变量之间变动性质，则认为该自变量的选取不当，应将该自变量从多元回归模型中剔除。

（2）相关系数法

相关系数是评价多元回归预测模型中，各个变量之间相关程度的指标。在多元回归预测模型中，一方面要求各个自变量与因变量之间保持高度线性相关关系，以保证所建立的预测模型与自变量的线性趋势是“显著”的；另一方面又要求各个自变量之间保持相对“独立”，只有满足上述条件，才能避免在预测模型中可能出现的多重共线性。因此，可以通过计算和分析各个变量的相关系数，按照上述要求对变量的合理性做出判断和筛选。

（3）标准回归系数法

按照回归系数的意义，回归系数的绝对值愈大，则影响因素的作用愈大。为了剔除各变量计量单位不同的影响，需要将模型中的回归系数转换为无量纲的“标准回归系数”进行比较和评价。标准回归系数的绝对值愈大，表明该影响因素在预测模型中所起的作用也愈为强烈；反之，则愈为弱小。通过对各个变量标准回归系数的比较，对于标准回归系数相对较小的影响因素，可以认为该因素较为次要而从预测模型中予以剔除。

有关回归预测模型建立的 SPSS 操作，已在第 10 章中有介绍，这里从略。

17.3.3 实验内容

某产品总成本（万元）与初步选取的影响因素总产量（万台）、单位材料消耗量（公斤/台）、单位产品生产工时（小时/台）和生产能力利用率（%）资料，见数据文件 data17 - 3. sav。本实验根据以上资料对成本预测中的自变量进行筛选，并建立成本预测回归模型。

17.3.4 实验步骤

1. 运用 SPSS 软件建立初步的多元线性成本预测回归模型

Step❶打开数据文件 data17 - 3. sav，将“总成本”设为因变量 Y，“总产量”、“单位材料消耗”、“单位产品生产工时”、“能源利用率”设为自变量 X1、X2、X3、X4。

Step❷单击【分析（A）】→【回归（R）】→【线性（L）】，打开多元线性回归分析主对话框，将“总成本”选入“因变量（D）”框，将“总产量 X1”、“单位材料消耗 X2”、“单位产品生产工时 X3”、“生产能力利用率 X4”选入“自变量（I）”框。该过程如图 17 - 28所示。

Step❸单击【统计量（S）】按钮，打开图 17－29 所示的对话框，选择输出“回归系数估计（E）”、“模型拟合度（M）”和“描述性”统计量。单击【继续】按钮，返回主对话框。

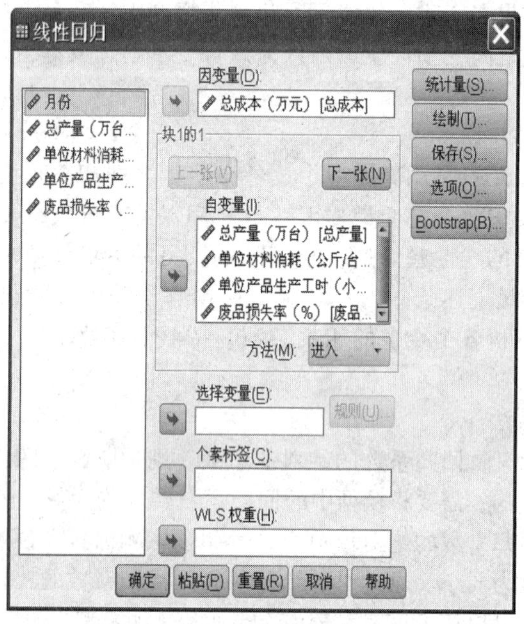

图 17－28　线性回归分析主对话框

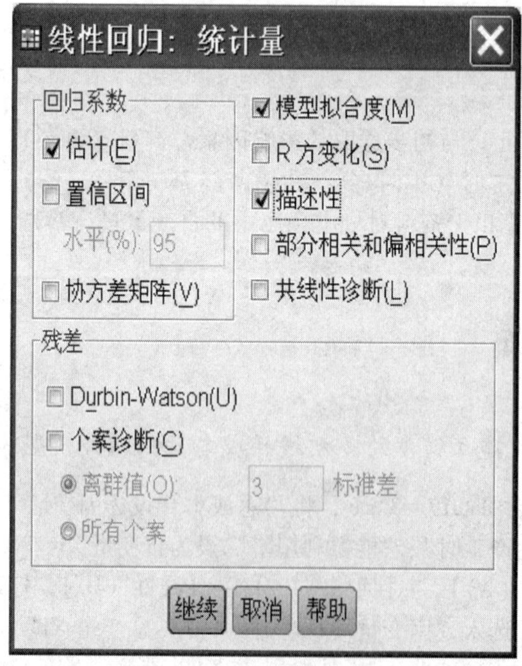

图 17－29　线性回归：统计量子对话框

Step❹单击【绘制（T)】按钮，打开图 17－30 所示的对话框，对残差序列做图形设置。选择“产生所有部分图（P)”输出回归因变量和每个自变量之间的关系散点图。单击【继续】按钮，返回主对话框。

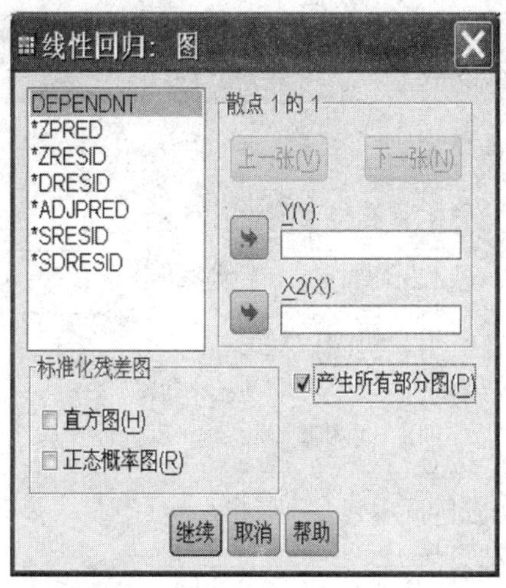

图 17－30　“线性回归：绘图”子对话框

Step❺单击【保存（S)】按钮，打开图 17－31 所示的对话框，保存回归分析结果。选择保存“标准化预测值（R)”，并选中距离框中的“Cook 距离（K)”和“杠杆值（G)”选项。单击【继续】按钮，返回主对话框。

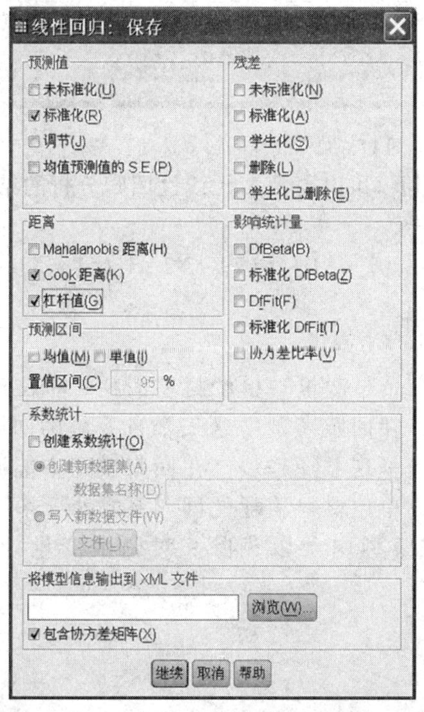

图 17－31　“线性回归：保存”子对话框

Step❻单击【选项（O）】按钮，打开图 17－32 所示的对话框，对多元线性回归分析中与自变量筛选有关的参数进行设定，这里采用 SPSS 系统默认选项。单击【继续】按钮，返回主对话框。

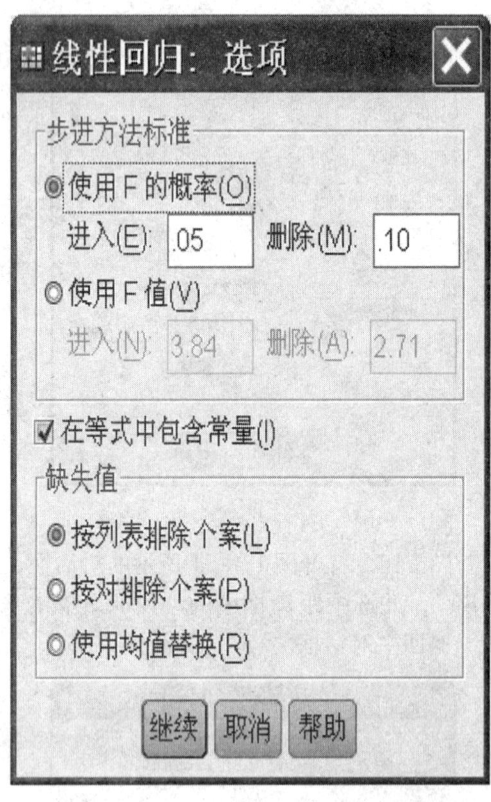

图 17－32　线性回归“选项”子对话框

Step❼单击【确定】按钮，可以得到多元线性回归分析的结果。建立的初始多元线性回归模型如下：

$$Y = 99.038 + 4.07 * X1 - 0.079 * X2 + 1.651 * X3 - 0.076 * X4$$

2. 对所选自变量进行筛选

根据经验判断，随着产品总产量、单位材料消耗、单位产品生产工时的增长，产品总成本应出现上升趋势，在回归模型中这三个自变量的回归系数应大于零；而能源利用率提高时，产品成本应呈现下降趋势，在回归模型中能源利用率的回归系数应小于零。在初始回归模型中，单位材料消耗的回归系数小于零，不符合该因素与产品成本的变动关系，应从回归模型中予以剔除。对剩余变量计算相关系数，其结果如表 17－11所示。

表 17－11 相关系数

		总成本	总产量	单位产品生产工时	能源利用率
Pearson 相关性	总成本	1.000	.998	.903	-.774
	总产量	.998	1.000	.896	-.771
	单位产品生产工时	.903	.896	1.000	-.612
	能源利用率	-.774	-.771	-.612	1.000
Sig.（单侧）	总成本	.	.000	.001	.012
	总产量	.000	.	.001	.013
	单位产品生产工时	.001	.001	.	.053
	能源利用率	.012	.013	.053	.

从表 17－11 的相关系数来看，总产量 X1、单位产品生产工时 X3 与总成本高度相关，相关系数分别为 0.998 和 0.903，且相关系数检验的显著性概率均小于 0.05，应予以保留。能源利用率与总成本的样本相关系数虽呈中度负相关（$r = -0.774$），但相关系数检验的显著性概率大于 0.05，说明总体上能源利用率对总成本影响并不显著。因此，可从回归模型中进一步剔除能源利用率自变量。根据剩余变量建立总成本回归模型，其回归系数如表 17－12所示。

表 17－12 回归系数[a]

模型	非标准化系数		标准系数	t	Sig.
	B	标准误差	试用版		
1 （常量）	90.293	7.875		11.466	.000
总产量	4.146	.261	.955	15.913	.000
单位产品生产工时	1.413	1.771	.048	.798	.461

a. 因变量：总成本。

从表 17－12 可以看出，单位产品生产工时 X3 的回归系数 t 检验显著性概率为 0.461，远远大于 0.05，说明单位产品生产工时总体上对总成本影响不显著，也应剔除。根据实验资料最终建立的总成本预测模型为

$$Y = 95.861 + 4.332 * X1$$

根据以上回归方程，代入预测期的总产量便可对总成本进行预测。

17.3.5 问题思考

1. 为什么要对自变量进行筛选？
2. 在筛选自变量时，怎样才能将相关系数法与标准回归系数法有机结合起来？

17.4 财务预警分析

17.4.1 实验目的

财务预警是企业经营预警的一个重要内容，可以为企业纠正经营方向、改进经营决策和有效配置资源提供可靠依据。通过本实验，使学生掌握财务预警分析的基本方法和运用SPSS 完成财务预警判别分析的操作技巧。

17.4.2 相关知识

企业财务预警，即财务失败预警，是指借助企业提供的财务报表、经营计划及其他相关会计资料，利用财会、统计、金融、企业管理、市场营销理论，采用比率分析、比较分析、因素分析等多种分析方法，对企业的经营活动、财务活动进行分析预测，以发现企业在经营管理活动中潜在的经营风险和财务风险，并在危机发生之前向企业经营者发出警告，督促企业管理当局采取有效措施，避免潜在的风险演变成损失，起到未雨绸缪的作用。财务预警的方法主要有：单变量模型、多变量模型、多元逻辑回归模型和人工神经网络模型等。本实验采用 SPSS 中的判别分析建立多变量模型进行财务预警分析。

1. 判别分析的基本思想

判别分析是在研究对象分类已知的情况下，根据样品数据推导出一个或一组判别函数，并按照一定的判别规则，确定新样品属于已知类别的哪一种的多元统计方法。判别分析的特点是根据已掌握的、历史上每个类别的若干样品的数据信息，总结出客观事物分类的规律性，建立判别公式和判别准则。当遇到新的样品点时，只要根据总结出来的判别公式和判别准则，就能判别该样品点所属的类别。

（1）建立判别函数的方法

建立判别函数的方法一般有四种：全模型法、向前选择法、向后选择法和逐步选择法。但是 SPSS 只提供了全模型法和逐步选择法两种建立判别函数的方法。

全模型法是指将用户指定的全部变量作为判别函数的自变量的一种方法，是 SPSS 默认的方法，适用于对研究对象的各变量已有全面认识的情况。

逐步选择法是一种选择最能反映类间差异的变量子集，建立判别函数的方法。它是从模型中没有任何变量开始，每一步都对模型进行检验，将模型外对模型的判别贡献最大的变量加入到模型中，同时将模型中由于新变量的引入而对判别贡献变得不太显著的变量再剔除出去，以此类推，直到模型中的所有变量都符合引入模型的条件，而模型外的所有变量都不符合引入模型的条件为止。

（2）判别函数效果的验证

常用的效果验证方法：一是自身验证，将样品依次代入判别函数，观察错判情况是否严重。二是外部数据验证，在判别函数建立后，再重新收集部分样品数据，用判别函数进行判别分析，观察错判情况是否严重。三是样品二分法，采用随机函数将所有样品分为两部分，一般是按2：1的比例拆分，多的部分用于建立判别函数，剩下的用于验证。四是交互验证法，在建立判别函数时依次去掉一例，然后用建立起来的判别函数对该例进行判别。SPSS提供的就是交互验证法来验证判别函数效果的。五是Bootstrap法，它是交互验证法的进一步提升，用这种方法可以充分利用样品信息。

（3）判别分析的步骤

第一步，选择自变量及组变量；

第二步，计算各组单变量描述统计量，包括组内均值、组内标准差、总均值、总标准差、各组协方差矩阵、组间相关矩阵，并对组间均值相等及协方差矩阵相等的零假设进行检验；

第三步，推导判别系数，给出标准化和非标准化的典型判别函数，并对函数显著性进行检验；

第四步，建立Fisher线性判别模型；

第五步，进行判别分组，根据Bayes规则或Fisher规则进行判别分组；

第六步，进行样品回判分析，计算错判率；

第七步，输出结果；

第八步，结合研究对象的实际情况分析输出结果，做出结论。

2. 判别分析在SPSS中的实际操作

在SPSS中进行判别分析是由菜单“分析（A）”下拉式菜单中的“分类（F）”功能中的“判别（D）”过程实现的。

（1）判别分析主对话框（见图17－33）

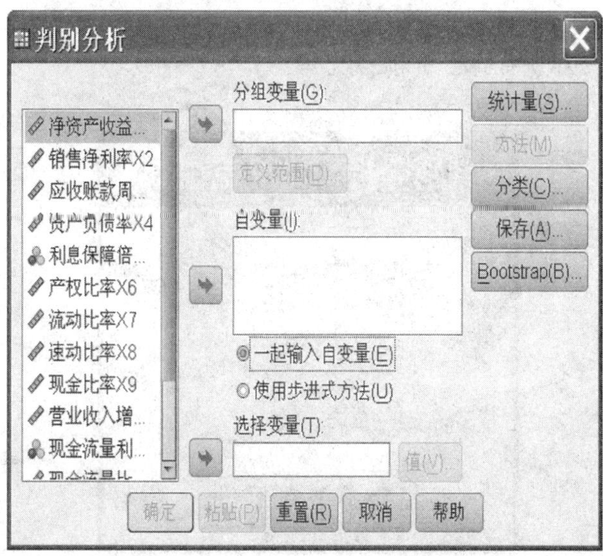

图17－33 判断分析主对话框

“分组变量（G）”框：选入分组变量或分类变量。分组变量必须是数值型变量，取值为离散的整数值，最少有两个水平值。

【定义范围（D）…】：定义分组变量的取值范围。

“自变量（I）”框：放置建立判别函数的变量，必须是数值型变量。

“一起输入自变量（E）：”即全模型法，它使用所选择的全部自变量来建立判别模型。当认为所有自变量都能对样品特性提供丰富的信息时，使用该选择项。

“使用步进式方法（U）：”即逐步选择法。当不认为所有自变量都能对样品特性提供丰富的信息时，需要根据自变量对判别贡献的大小选择变量建立判别模型，因此使用该选择项。

“选择变量（T）”框：放置可标识被选择样品的变量，该选项用于选择样品。

【值（V）…】：定义选择变量的值。

【统计量（S）…】：选择描述统计量的按钮，展开相应的子对话框可以选择输出描述统计量和函数系数。

【方法（M）…】：选择判别分析方法的按钮，展开相应的子对话框可以选择逐步判别分析的方法。

【分类（C）…】：定义判别分组参数和选择输出结果的按钮，展开相应的子对话框可以定义先验概率、分组使用的协方差矩阵，可以选择输出判别结果、错判率和统计图。

【保存（A）…】：定义保存判别分组结果和判别分组新变量的按钮，展开相应的子对话框可以选择存放判别样品所属组别、判别分数的数值等。

（2）定义范围子对话框（见图17－34）

当选择某个变量作为分组变量后，单击【定义范围（D）…】按钮，可以打开定义范围子对话框。

最小值：最小组号。

最大值：最大组号。

如输入1和3，表示所有样品分为三组。

组变量的取值为1、2、3。

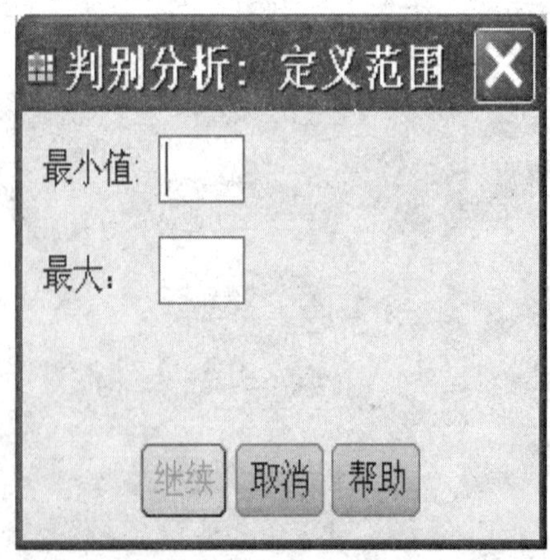

图17－34　定义范围子对话框

(3) 统计量子对话框（见图 17－35）

“描述性”复选框：提供输出分析中的一些常用的描述统计量。

□均值（M）：该选项用于输出参与分析的各自变量总均值、总标准差、组内均值、组内标准差。

□单变量ANOVA（A）：该选项用于输出每个自变量组间均值相等的单因子方差分析。

□Box's M（B）：该选项用于输出总体协方差矩阵相等的 Box's M 检验。如果样品足够大，表明差异不显著的 P 值，表明矩阵差异不明显。

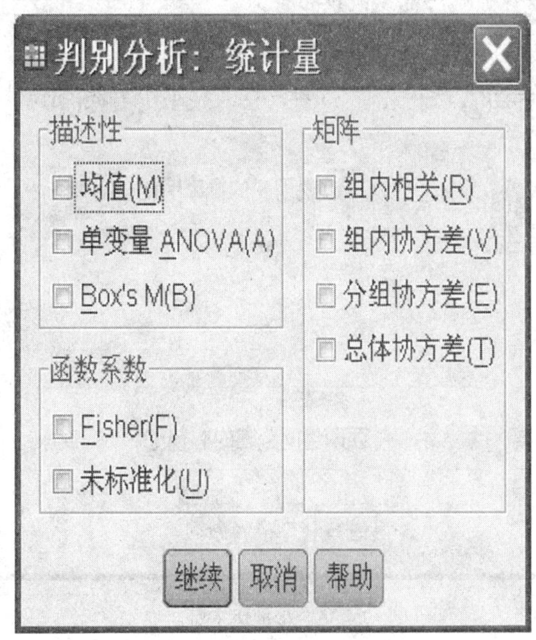

图 17－35 统计量子对话框

“函数系数”复选框：提供输出不同的判别函数系数。

□Fisher（F）：输出线性判别函数系数，可直接用于对新样品进行判别。对每一类给出一组系数，并给出该组中判别分数最大的样品。

□未标准化（U）：输出未标准化处理的典则判别函数系数，用于计算判别分数。

矩阵复选框：提供输出不同的自变量系数矩阵。

□组内相关（R）：输出组内相关矩阵，它是根据在计算相关矩阵之前将各组协方差矩阵平均后计算组内相关矩阵。

□组内协方差（V）：输出组内协方差矩阵，它是将各组协方差矩阵平均后计算的，区别于总协方差阵；

□分组协方差（E）：对每组输出一个协方差矩阵。

□总体协方差（T）：输出总样品的协方差矩阵。

(4) 方法子对话框（见图 17－36）

如果在图 17－33 的主对话框中选择“使用步进式方法（U）”，单击【方法（M）…】按钮，打开如图 17－36 所示的对话框。

“方法”复选框：选择逐步判别的方法。

SPSS 提供的逐步判别分析方法共有五种：即Wilks’ lambda（W）、未解释方差（U）、Mahalanobis 距离（M）、最小 F 值（S）和 Rao’s V(R)。其中，Wilks’ lambda（W）是系统默认的选项，在每一步，将具有最小的 Wilks’ λ 值的变量选入模型。

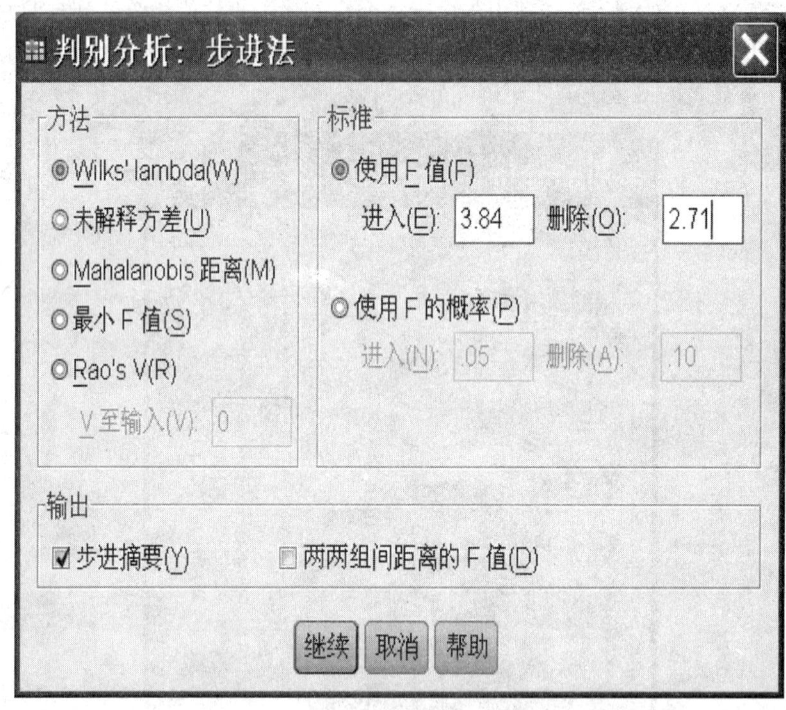

图 17－36　步进法子对话框

“标准”复选框：确定逐步判别停止判别的条件。

⊙使用F 值（F）：系统默认为该选项。通常可以用 F 值的大小作为变量计入模型的标准，即一个变量是否能进入模型主要取决于协方差分析的 F 检验的显著性水平。

进入（E）：3. 84　删除（O）：2. 71：系统默认当变量的 F 值≥3. 84 时将变量加入到判别模型中，否则不能加入；或者当变量的 F 值≤2. 71 时，才将变量从判别模型中删除，否则保留变量。

○使用 F 值的概率（P）

进入（N）：. 05　删除（A）：. 10：系统默认加入变量的 F 值概率的默认值是 5%；删除变量的 F 值概率的默认值是 10%；

“输出”复选框：选择输出显示的内容。

☑步进摘要（Y）：显示逐步选择变量过程中每一步各变量的统计量及显著性水平，包括 Wilks’ λ 值、F－to－Remove（移出变量的 F 值）、F－to－Enter（移入变量的 F 值）、DF（自由度）、Sig.（P 值）、Tolerance（容许度）等。

□两两组间距离的 F 值（D）：显示组间的 F 比值矩阵。

(5) 分类子对话框(见图 17-37)

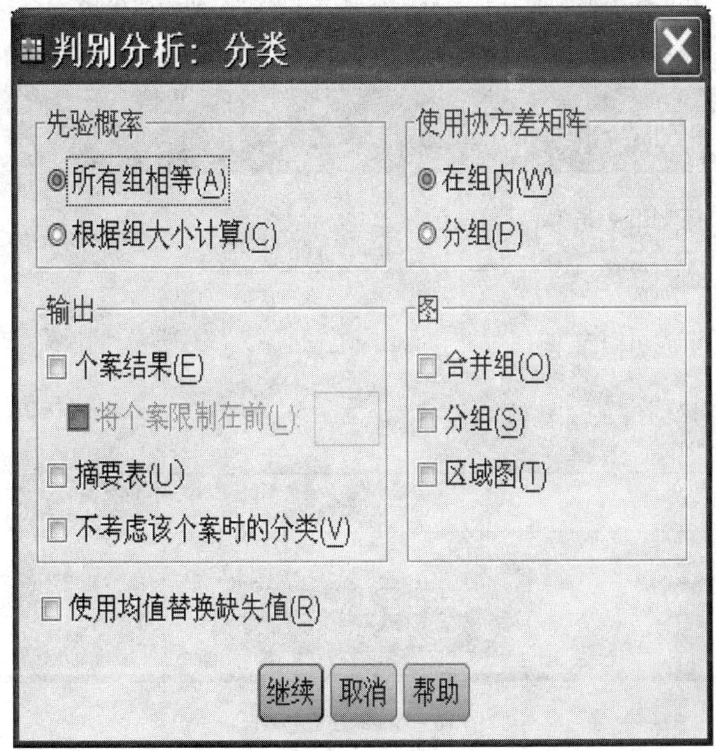

图 17-37 "判别分析：分类"子对话框

"先验概率"复选框。

⊙所有组相等(A)：各组的先验概率相等，系统默认使用该选项。

○根据组大小计算(C)：各组的先验概率等于各组样品数除以总样品数。

"使用协方差矩阵"复选框。

⊙在组内(W)：系统默认使用组内协方差矩阵。

○分组(P)：使用独立组协方差矩阵。

"输出"复选框：输出分析结果。

□个案结果(E)：输出每个样品的判别结果，包括判别系数、后验概率、实际组和预测组的编号等；

□摘要表(U)：输出判别结果汇总表，给出各组的错判率。

□不考虑该个案时的分类(V)：输出判别结果及逐一判别结果汇总表。

"统计图"复选框。

□合并组(O)：根据前两个典则判别函数，对所有组生成一张综合散点图。如果只有一个判别函数，则显示条形图。

□分组(S)：根据前两个典则判别函数，对每组生成一张散点图。如果只有一个判别函数，则显示条图。

□区域图(T)：分类区域散点图，即将平面图划分为与组数相同的区域，每一组占据一个区域，在图中显示分组的组心与组界，如果只有一个判别函数时不显示。

“使用均值替换缺失值”复选框：缺失值是否用该变量的均值代替。

（6）保存子对话框（见图 17－38）

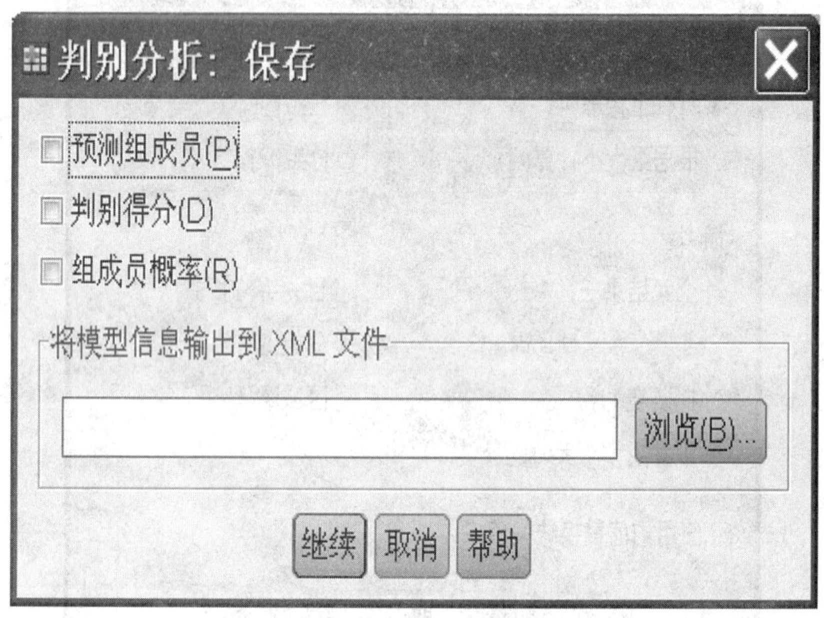

图 17－38　保存子对话框

□预测组成员（P）：建立新变量，存放判别样品所属组别的值，系统默认第一次运行建立的变量为 dis_ 1，以后运行的依次为 dis_ 2，dis_ 3 等。

□判别得分（D）：建立新变量，存放判别分数的值。有几个典则判别函数就有几个判别分数变量，系统默认为 dis1_ 1、dis2_ 1…分别代表将样品各变量值代入第一个判别函数、第二个判别函数……所得的判别分数。

□组成员概率（R）：建立新变量，存放样品属于各组的概率值。如果有 m 个判别组，就建立 m 个变量，变量名依次为 dis1_ 2、dis2_ 2…dism_ 2。

17.4.3　实验内容

data17－4.sav 是 2009 年我国信息技术业部分上市公司的经营业绩资料。其中包括的财务预警指标有净资产收益率、销售净利率、应收账款周转率、资产负债率、利息保障倍数、产权比率、流动比率、速动比率、现金比率、营业收入增长率、现金流量利息保障倍数、现金流量比率、债务保障率和市盈率 14 个自变量，分组变量为财务风险，数据来源于国泰安数据库。本实验根据以上资料运用判别分析法建立财务预警分析模型，对所选公司的财务前景进行判断。

17.4.4 实验步骤

1. 建立财务预警模型，进行判别分析

该实验搜集整理了净资产收益率、销售净利率、应收账款周转率、资产负债率、利息保障倍数、产权比率、流动比率、速动比率、现金比率、营业收入增长率、现金流量利息保障倍数、现金流量比率、债务保障率和市盈率 14 个指标来反映上市公司的财务状况。由于这 14 个指标对判别函数的贡献大小无法确定，所以决定采用 Wilks' lambda 方法进行逐步判别分析，使用 F 值作为判别统计量。SPSS 实际操作如下：

Step❶打开数据文件 data17－4. sav。

Step❷依次选择【分析（A）】→【分类（F）】→【判别（D）】，弹出判别分析主对话框。将变量“财务风险”选入“分组变量（G）”框中，单击【定义范围（D）】按钮，在打开的对话框中，输入最小值 0，最大值 1，单击【继续】按钮，返回主对话框。将“净资产收益率”、“销售净利率”、“应收账款周转率”、“资产负债率”、“利息保障倍数”、“产权比率”、“流动比率”、“速动比率”、“现金比率”、“营业收入增长率”、“现金流量利息保障倍数”、“现金流量比率”、“债务保障率”和“市盈率”14 个变量选入“自变量（I）”框中。该过程如图 17－39 所示。判别分析方法选择逐步判别法，选择“使用步进式方法（U）”选项。

Step❸单击【统计量（S）】按钮，打开图 17－40 所示的对话框，选择输出全部的统计量。单击【继续】按钮，返回判别分析主对话框。

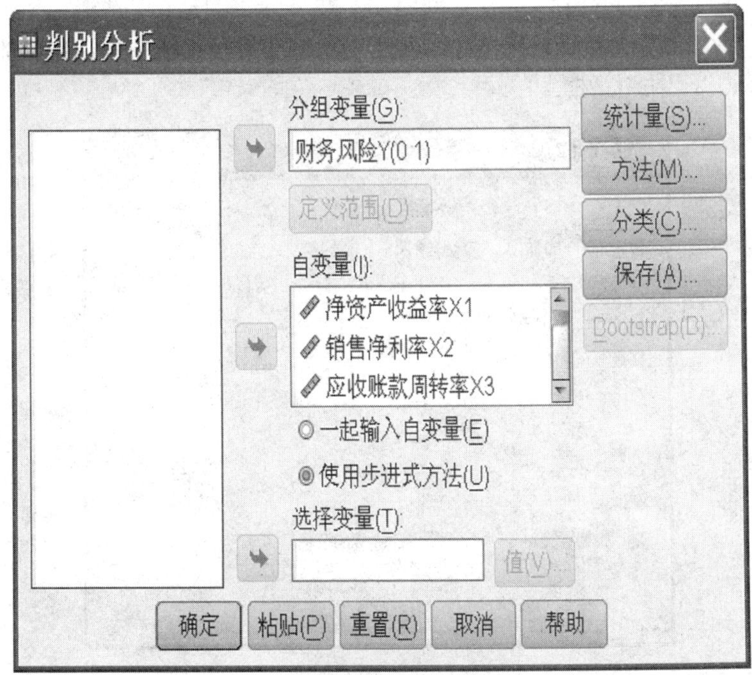

图 17－39 判别分析主对话框

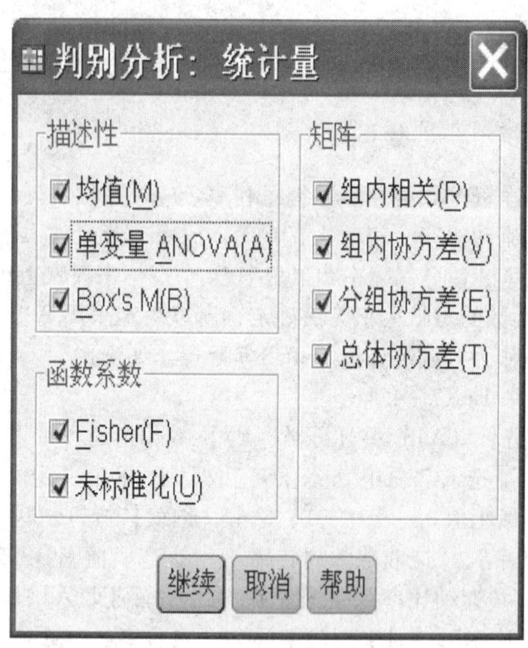

图 17－40　统计量选项子对话框

Step❹单击【方法（M）】选项，打开图 17－41 所示的对话框，选择默认的 Wilks' lambda（W）法，选择“使用F 值（F）”选项，进入（E）：选 1.92，删除（O）：选 1.35，其他选项默认。单击【继续】按钮，返回主对话框。

Step❺单击【分类（C）】选项，打开图 17－42 所示的对话框，先验概率选择“所有组相等（A）”；使用协方差矩阵选择“在组内（W）”，并将输出框中的选项全部选定。单击【继续】按钮，返回主对话框。

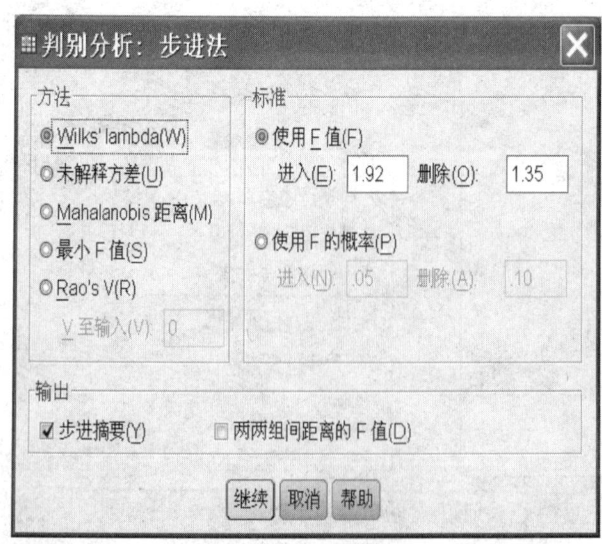

图 17－41　方法选项子对话框

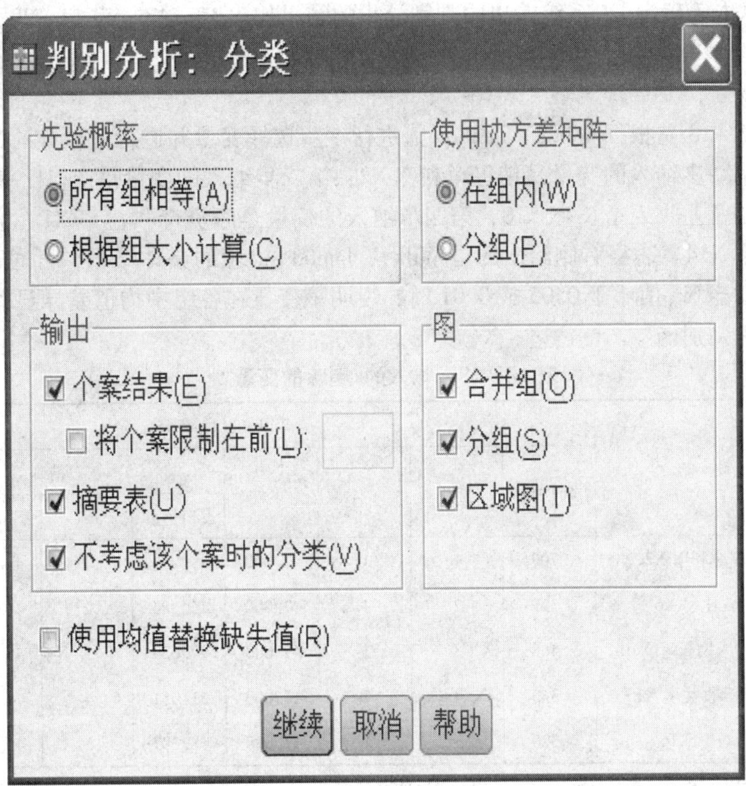

图 17－42　分类选项子对话框

Step❻单击【保存（A)】按钮，打开图 17－43 所示的对话框，选定全部选项。单击【继续】按钮，返回主对话框。

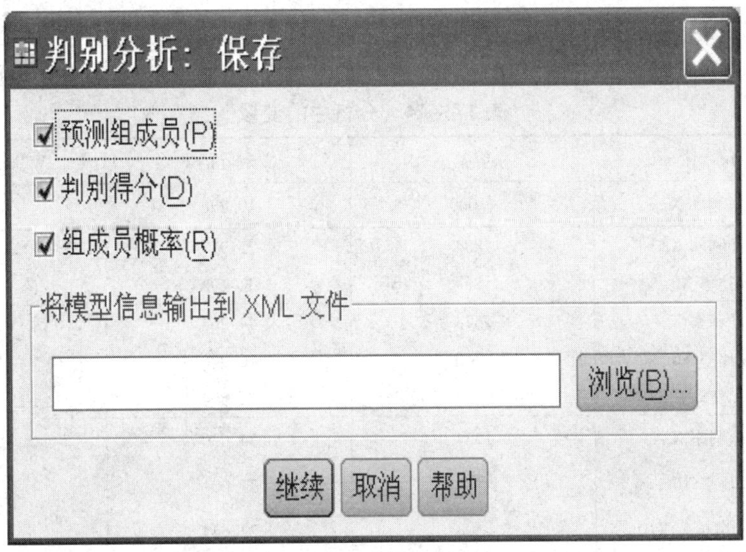

图 17－43　保存选项子对话框

Step❼单击【确定】，系统输出的判别分析的结果如表 17-13～表 17-20 所示。

2. 主要实验结果分析

1）表 17-13 是根据 Wilks' lambda 值进行逐步选择变量并进行 F 检验的过程数据。

可见，第一步纳入的变量是销售净利率 X2，第二步纳入的变量是产权比率 X6，第三步纳入的变量是营业收入增长率 X10，第四步纳入的变量是净资产收益率 X1，第五步纳入的变量是市盈率 X14。表格右侧给出的是 Wilks' lambda 检验的具体结果，可通过观察 Sig 值来判断：通常当 Sig 值小于 0.05 或 0.01 时，说明该变量在各组中均值差异显著，因此该值最大的先进入判别函数。

表 17-13　输入的/删除的变量[a,b,c,d]

步骤	输入的	Wilks 的 Lambda							
		统计量	df1	df2	df3	精确 F			
						统计量	df1	df2	Sig.
1	销售净利率 X2	.709	1	1	47.000	19.278	1	47.000	.000
2	产权比率 X6	.599	2	1	47.000	15.384	2	46.000	.000
3	营业收入增长率 X10	.468	3	1	47.000	17.039	3	45.000	.000
4	净资产收益率 X1	.343	4	1	47.000	21.051	4	44.000	.000
5	市盈率 X14	.320	5	1	47.000	18.287	5	43.000	.000

在每个步骤中，输入了最小化整体 Wilk 的 Lambda 的变量。

a. 步骤的最大数目是 28。

b. 要输入的最小偏 F 是 1.92。

c. 要删除的最大偏 F 是 1.35。

d. F 级、容差或 VIN 不足以进行进一步计算。

2）表 17-14 显示逐步分析过程中对变量的选择过程。系统使用变量销售净利率 X2、产权比率 X6、营业收入增长率 X10、净资产收益率 X1、市盈率 X14 来建立判别模型。

表 17-14　分析中的变量

步骤		容差	要删除的 F	Wilks 的 Lambda
1	销售净利率 X2	1.000	19.278	
2	销售净利率 X2	.884	25.917	.937
	产权比率 X6	.884	8.438	.709
3	销售净利率 X2	.578	44.264	.929
	产权比率 X6	.700	16.946	.644
	营业收入增长率 X10	.622	12.594	.599
4	销售净利率 X2	.374	74.030	.921
	产权比率 X6	.406	37.001	.632
	营业收入增长率 X10	.508	22.644	.520
	净资产收益率 X1	.539	16.023	.468

续表

步骤		容差	要删除的 F	Wilks 的 Lambda
5	销售净利率 X2	.340	80.631	.920
	产权比率 X6	.381	40.541	.621
	营业收入增长率 X10	.491	24.257	.500
	净资产收益率 X1	.539	14.110	.425
	市盈率 X14	.843	3.138	.343

3）表 17－15 显示，自变量选择后，模型内的方差分析结果。可以看出五个变量的 Sig 值（检验概率 *P* 值）均小于 0.05，说明这五个自变量对分组均是有效的变量。

表 17－15　Wilks 的 Lambda（模型自变量的显著性检验）

步骤	变量数目	Lambda	df1	df2	df3	精确 F			
						统计量	df1	df2	Sig.
1	1	.709	1	1	47	19.278	1	47.000	.000
2	2	.599	2	1	47	15.384	2	46.000	.000
3	3	.468	3	1	47	17.039	3	45.000	.000
4	4	.343	4	1	47	21.051	4	44.000	.000
5	5	.320	5	1	47	18.287	5	43.000	.000

4）表 17－16 是函数的显著性检验表，可以判断函数是显著的。

表 17－16　Wilks 的 Lambda（函数的显著性检验）

函数检验	Wilks 的 Lambda	卡方	df	Sig.
1	.320	50.724	5	.000

5）表 17－17 给出的是标准化的典型判别函数系数，如果样本的变量值是标准化值（Z 分数），可以直接代入下面函数来计算其判别分数：

$$F = (-0.821)X1 + 1.679X2 + 1.368X6 + (-1.039)X10 + 0.345X14$$

表 17－17　标准化的典型判别式函数系数

	函　数
	1
净资产收益率 X1	-.821
销售净利率 X2	1.679
产权比率 X6	1.368
营业收入增长率 X10	-1.039
市盈率 X14	.345

6）表 17－18 给出的是未标准化的典型判别函数系数，可建立如下函数：

$$F = (-2.630) + (-6.345)X1 + 13.916X2 + 1.680X6 + (-0.016)X10 + 0.001X14$$

将各样品的原始数据值（未标准化）代入函数可计算得到判别分数，作为画区域图和散点图的依据。

表 17－18　典型判别式函数系数

	函数
	1
净资产收益率 X1	－6. 345
销售净利率 X2	13. 916
产权比率 X6	1. 680
营业收入增长率 X10	－. 016
市盈率 X14	. 001
（常量）	－2. 630

非标准化系数。

7）表 17－19 给出了线性判别函数系数，可建立线性判别模型，如下：

$$Y_0 = (-4.023) + (-8.598)X1 + 29.380X2 + 4.502X6 + (-0.032)X10 + 0.004X14$$

$$Y_1 = (-35.262) + (-46.396)X1 + 112.278X2 + 14.507X6 + (-0.124)X10 + 0.010X14$$

对于待判样品，可以将样品的各变量值分别代入 Y_0、Y_1 进行计算，比较结果大小，将样品分入结果值最大的组中去。

表 17－19　分类函数系数

	财务风险 Y	
	0	1
净资产收益率 X1	－8. 598	－46. 396
销售净利率 X2	29. 380	112. 278
产权比率 X6	4. 502	14. 507
营业收入增长率 X10	－. 032	－. 124
市盈率 X14	. 004	. 010
（常量）	－4. 023	－35. 262

Fisher 的线性判别式函数。

8）表 17－20 显示逐步判别分析的分类结果。根据建立的判别模型分组，利用该表上面一半来判断，则第一组的正确率为 100%，错判率为 0%；则第二组的正确率为 60%，错判率为 40%。

表 17－20　分类结果[b,c]

		财务风险 Y	预测组成员		合计
			0	1	
初始	计数	0	82	0	82
		1	2	3	5
	%	0	100.0	.0	100.0
		1	40.0	60.0	100.0
交叉验证[a]	计数	0	81	1	82
		1	1	4	5
	%	0	98.8	1.2	100.0
		1	20.0	80.0	100.0

a. 仅对分析中的案例进行交叉验证。在交叉验证中，每个案例都是按照从该案例以外的所有其他案例派生的函数来分类的。

b. 已对初始分组案例中的 97.7% 个进行了正确分类。

c. 已对交叉验证分组案例中的 97.7% 个进行了正确分类。

17.4.5　问题思考

1. 判别分析与聚类分析都是将相似的事物进行归类的方法，两者有什么不同？

2. 全模型法与逐步选择法有什么不同？以 data17－4.sav 为例，采用全模型法建立财务预警模型。

第18章　企业生产经营管理数据分析的SPSS应用

【学习提要与目标】企业现代化管理的一个突出特征是一切用数据说话。准确可靠的计量数据信息既是企业科学有效地组织生产，严格实行成本目标考核的基本前提，也是企业做出科学决策的重要依据。企业经营管理涉及的内容很多，有关市场营销、财务管理、人力资源管理等数据分析的SPSS应用已专门列章作了介绍，所以，本章主要对生产质量控制以及企业经营诊断等方面的基本内容和相应的SPSS操作进行介绍。通过本章的学习，使学生掌握运用SPSS软件进行产品质量控制和企业经营诊断的基本方法和操作技巧。

18.1　产品质量管理分析

18.1.1　实验目的

质量是企业的生命，质量管理是企业管理的主要组成部分，统计方法又是质量管理活动的重要方法，运用统计方法完成质量管理又必须以SPSS等相关软件为工具。通过本实验，使学生掌握运用统计方法和SPSS软件进行产品质量管理分析的基本方法和操作步骤。

18.1.2　相关知识

1. 产品质量管理中常用的统计分析方法

质量管理中常用的统计分析方法归纳起来有：质量分析图法、质量控制图法和工序能力指数分析法、产品质量检验法四类。其中质量分析图是通过有关图形来分析产品质量状况的方法，主要有直方图、排列图和因果图三种。质量控制图又称管理图，它是用于分析和控制生产过程质量的一种统计方法。工序能力指数法是用于判断某种工序是否满足产品质量要求的统计方法。产品质量检验主要是利用样本信息采用假设检验的方法对产品生产质量进行检验。这里主要对比较常用且可以通过SPSS完成的分析方法进行介绍。

（1）控制图

控制图按照统计量可分为计量值控制图和计数值控制图，每一类又根据绘图依据的不同分为多种。每种控制图都是由纵、横坐标轴，中心线（CL），控制上限（UCL），控制下限（LCL）和质量数据波动曲线组成。纵坐标表示产品质量数据，横坐标表示样本号或取样时间。将产品质量数据按样本号或取样时间在图上描点并连线，就形成质量数据波动曲线。控制图的上下限是判断生产过程是否出现质量问题的基本界限，它是根据概率统计的 3σ 原则按照一定公式计算出来的。如果数据点落在控制界限内，且排列无异常，表明生产过程稳定和正常，不会产生废品；如果数据点越过了控制界限或虽未越过控制界限，但排列异常，则表明条件发生了变化，会出现废品，应立即采取措施，使生产恢复正常，控制废品发生。质量控制图如图 18－1 所示。

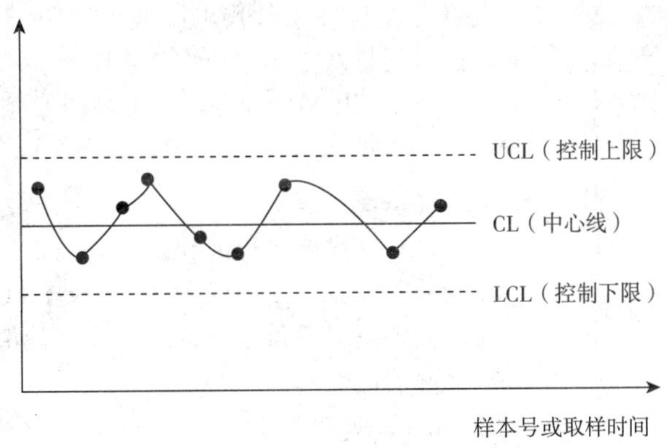

图 18－1　控制图

（2）排列图

排列图，又称帕累托（Pareto）图，全称为主次因素排列图。排列图主要是通过对产品质量数据进行分类和排序，寻找造成产品质量的主要原因或关键因素。图形由原因（因素）条形图和相应的累计百分比折线图组成，如图 18－2 所示。分析过程中，通常把原因或因素按累计百分比分成三类：对应于 0%～80% 之间的原因为 A 类，即主要原因或因素；对应于 80%～90% 之间的原因为 B 类，即次要原因或因素；对应于 90%～100% 之间的原因为 C 类，即一般原因或因素。

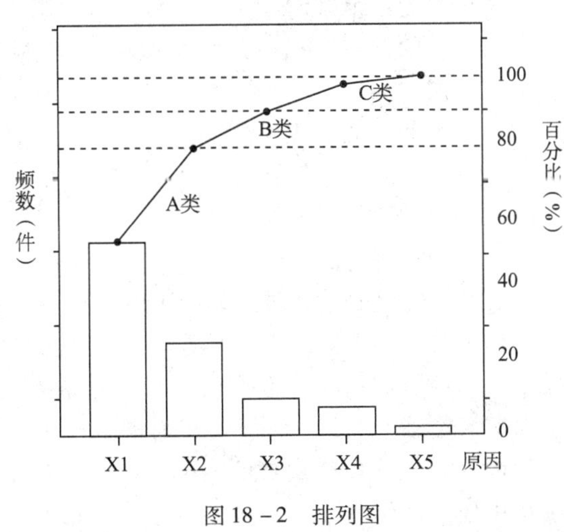

图 18－2　排列图

2. SPSS 质量控制模块

SPSS 提供了绘制产品质量管理分析图的专用质量控制模块，内容包括控制图和排列图。

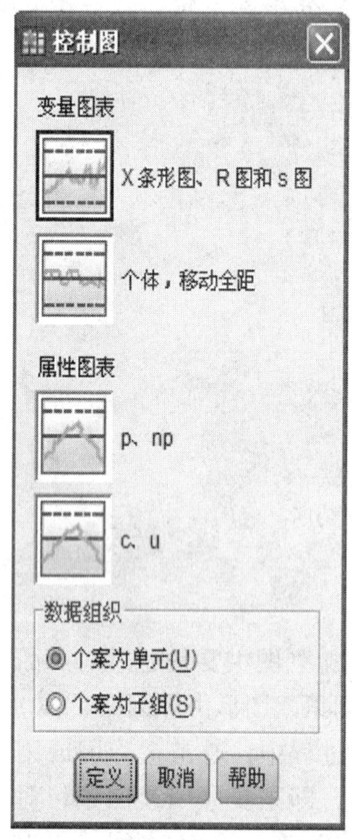

图 18－3　控制图主界对话框

(1) 控制图的基本操作

在数据编辑窗口依次单击【分析（A）】→【质量控制（Q）】→【控制图（T）】。进入如图 18－3 所示的控制图主对话框。该对话框从上向下依次为：图形类型和数据组织方式。

X 条形图、R 图和 S 图：均值和极差或标准差组合控制图。在图中显示每个分组测量值的均值，上下控制线显示每个分组的极差或标准差。

个体，移动全距：单值和移动极差组合控制图。在图中显示个体的波动情况，图中个体值的顺序与数据记录号顺序一样。移动极差图显示每个所选间隔段里数值极差，用于反映数据波动情况的改变。

p、np：不合格频率（不合格品数）控制图。

P 图显示每个分组中不合格品占分组总体的比例。

nP 图显示的是每个分组内不合格品数。

c、u：缺陷数（或单位缺陷数）控制图。c 图是用来控制每单位产品中有多少个缺陷数的图。u 图适用于当 c 图的缺陷数很少时。

个案为单位（U）：以观测量为单位作图，适用于观测值为未分组数据的情况。选择这种模式，x 轴上以变量的不同观测值绘制控制图。

个案为子组（S）：以观测量作为分组作图，适用于观测值为分组数据的情况。选择这种模式，x 轴上以变量的每个分组值来绘制控制图。

以上类型和数据组织方式组合搭配，共计可以生成 7 种不同的控制图。本实验仅介绍常用的四种。

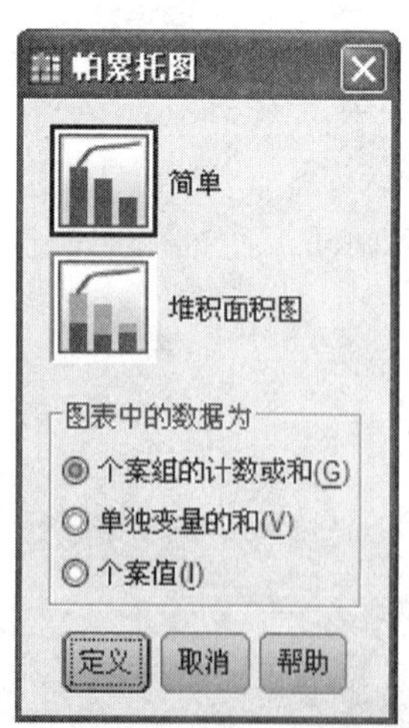

图 18－4　排列图主对话框

(2) 排列图的基本操作

在数据编辑窗口依次单击【分析（A）】→【质量控制（Q）】→【排列图（R）】，进入如图 18－4 所示的排列图主对话框。该对话框从上向下依次为：图形类型和图表中的数据。

简单图：是以若干平行等宽的棒条来表现数量对比关系的，对应分类轴上的每一种原因（因素）产生一个直条，并按照各种原因（因素）发生次数的多少，从左到右顺序排列。产品质量分析中较为常用。

堆积面积图：以条形棒的全长代表某个变量的整体，棒条内部的各分段长短代表各组成部分在整体中所占的比例。可用于表现每个棒条中某个因素各水平的构成情况。

个案组的计数或和（G）：以各组的频数或变量值总和为依据绘制图形。需要设置分组（分类）变量。

单独变量的和（V）：以不同变量的汇总为依据绘制图形。对应每个变量生成一个棒条，至少需要两个或两个以上变量才能生成图形。

个案值（I）：以个体观察值为依据绘制图形。对应分类轴变量中每一观测值生成一个棒条。

18.1.3 实验内容

1）某工厂为了控制排放污水中的有害成分 z，设置了一台连续工作的测试装置，该装置每隔 30 分钟抽取 4 个污水样品来测定其中有害成分 z 的含量，从早晨 8：00 开始到下午 17：30 为止监测了 20 次，测得的有害成分 z 含量（单位：ppm）数据建立的 SPSS 数据文件命名为 data18－1. sav。根据该数据文件绘制均值与极值或标准差组合控制图。

2）数据文件 data18－2. sav 是某轴承厂的一条流水线生产出的 30 个轴承的直径数据资料。根据该数据文件绘制单值与移动极差组合控制图。

3）从某制造过程中抽样 20 组，每组 50 个产品，测得的各组废品数数据建立成名为 data18－3. sav的 SPSS 数据文件。根据该组数据绘制废品率控制图。

4）某纺织厂生产的棉布单位面积（$10m^2$）上的疵点数数据已形成 data18－4. sav 所示的 SPSS 数据文件。根据该数据文件绘制缺陷数（疵点数）控制图。

5）某企业 4 月份在产品质量检验中发现有质量问题的产品多达 486 件，该结果立即引起了厂领导的高度重视，随后安排人力对每件产品的不合格原因进行了调查，调查结果形成名为 data18－5. sav 的 SPSS 数据文件。根据该数据文件绘制排列图，并分析出现大量不合格品的主要原因。

18.1.4 实验步骤

实验 1 步骤

Step❶打开数据文件“data18－1. sav”，在如图 18－3 所示的控制图主界面选择“X 条形图、R 图和 S 图”图标，并在下方的数据组织区域选择“个案为子组（S）”方式，单击【定义】按钮，进入如图 18－5 所示的作图对话框。

Step❷指定作图变量。在变量列表中选中样品 1 至样品 4 四个变量，单击从上至下第一个 ➡ 按钮，将其作为分析变量选入“样本（M）”框；在变量列表中单击选中“序号”变量，将其作为分组变量移入“标注子组（L）”框。

Step❸选择图表类型。在“X 条形图、R 图和 S 图”图表栏中有两个选项。

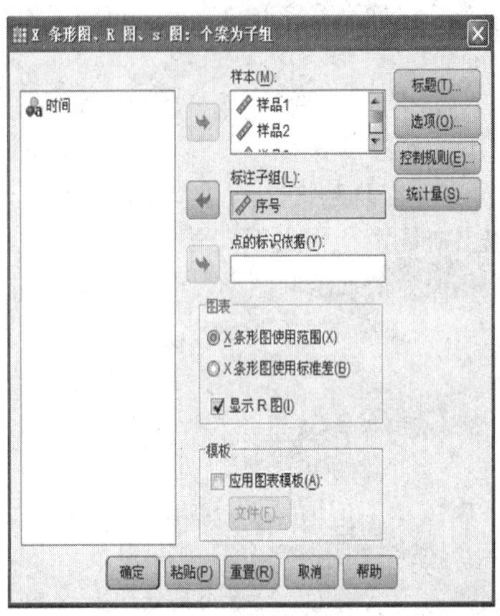

图 18－5　X 条形图、R 图和 S 图定义对话框

1）X 条形图使用范围（X）单选项，表示输出均值－极值控制图，用于子组样本数少于 10 的情况。本实验每组只有 4 个样品，因此，选择此项。

2）X 条形图使用标准差（B）单选项，表示输出均值－标准差控制图，用于子组样本数大于 10 的情况。

Step❹选项设置。在图 18－5 中单击【选项（O）】按钮，弹出如图 18－6 所示的选项设置子对话框。

1）“Sigma 的数目（S）”输入框：指定偏离均值的标准差范围，系统默认值为 3。

2）“最小子样本大小（M）”输入框：指定子组样本单位数，要求最小值为 2。

如果有缺失值，则需要勾选“显示由缺失值定义的子组（D）”复选框，以便把缺失值作为一个子组显示在图中。

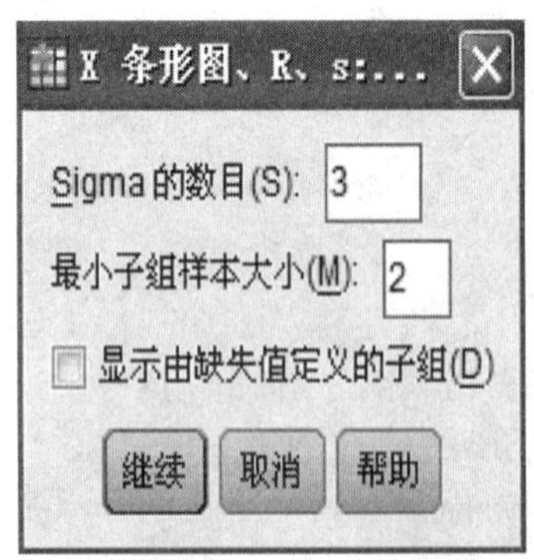

图 18－6　选项设置对话框

Step❺控制规则设置。在图 18－5 中单击【控制规则（E）】按钮，弹出如图 18－7 所示的“控制规则”子对话框。如果某个点违背了此处所指定的规则，将在图中用区别于其他点的形状和颜色表示。

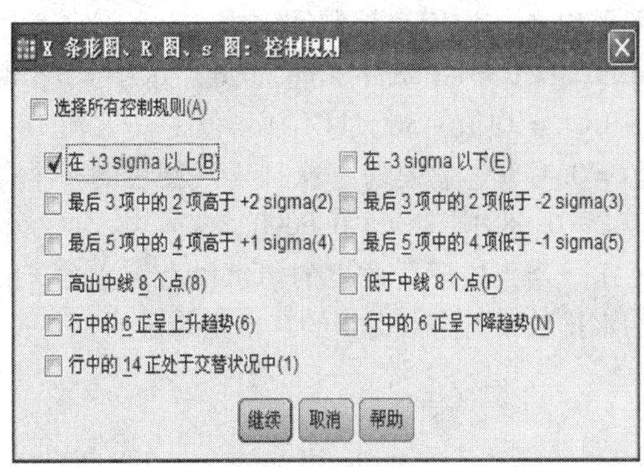

图 18－7　控制规则对话框

Step❻其他选项采用系统默认设置。单击【确定】按钮，生成如图 18－8 所示的控制图。

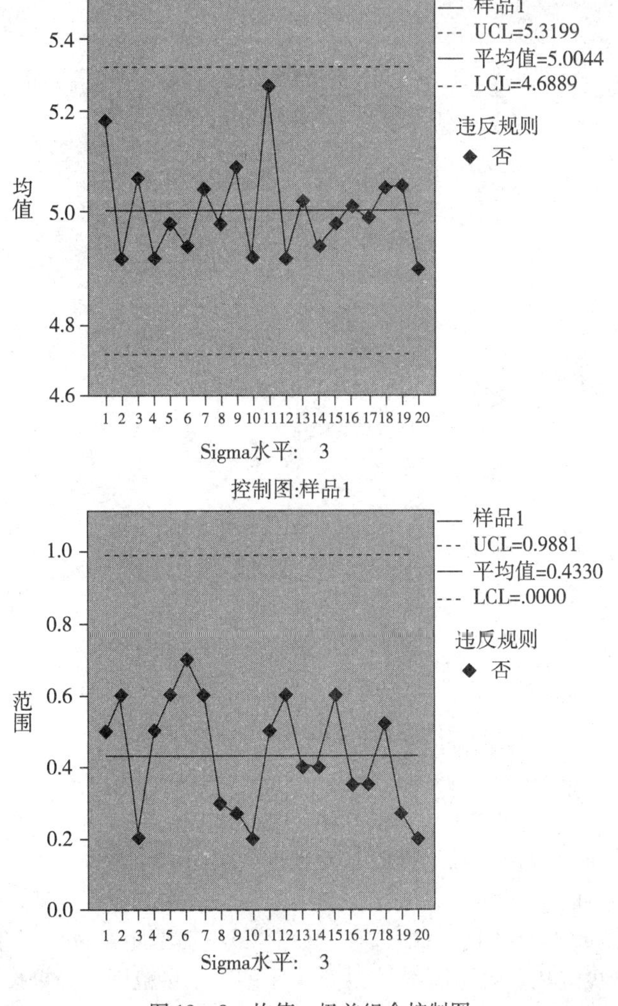

图 18－8　均值－极差组合控制图

图 18－8 中的上图形平均数（均值）控制图，中心线均值＝5.0044，它是全部观测值的总平均数；UCL＝5.3199，LCL＝4.6889；Sigma（σ）水平＝3，说明控制线是根据均值和 3 个标准差确定的，即 UCL＝均值＋3σ，LCL＝均值－3σ。图 18－8 中下图为极差（范围）控制图，中心线均值＝0.4330，它是每一次抽样观测量的 4 个样本值中最大值与最小值之差的算术平均数。UCL＝0.9881，LCL＝0.0000。

从以上控制图不难看出，当天该厂排放出的污水中有害成分 z 的含量均在控制限范围内，因此可以认为当天污水排放中有害成分 z 的含量是稳定的。

实验 2 步骤

Step❶打开数据文件“data18－2.sav”，在控制图主对话框选择“个体，移动全距”图标，并在下方的数据组织区域选择“个案为单位（U）”方式。单击【定义】按钮，进入如图 18－9 所示的对话框。

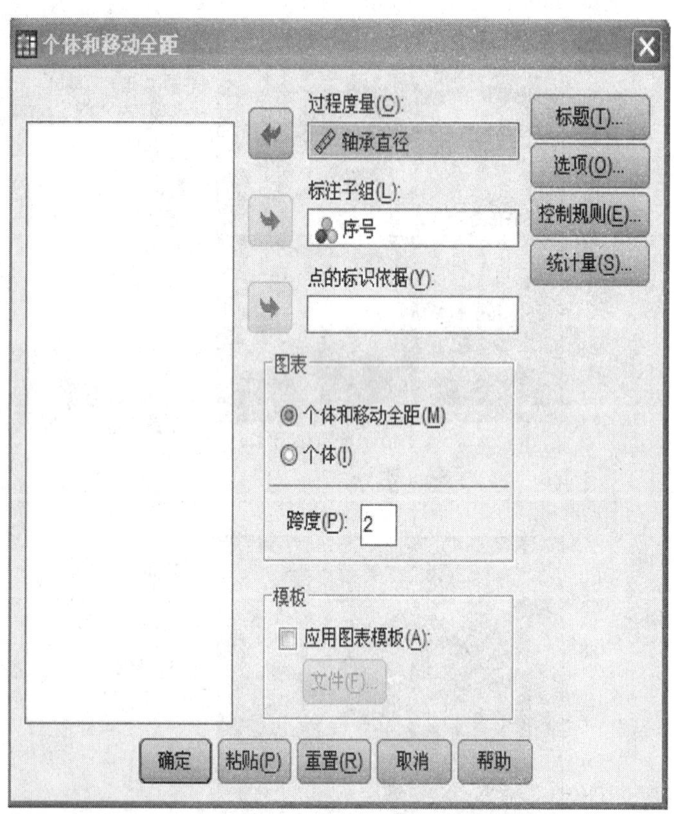

图 18－9　个体和移动全距控制图对话框

Step❷指定作图变量。选“轴承直径”变量进入“过程度量（C）”框；选“序号”进入“标注子组（L）”框。

Step❸选择图表类型。在图表栏中选择“个体和移动全距（M）”，生成个体—移动全距组合控制图。“跨度（P）”框用于输入计算全距的观察量范围，如果设其值为 3，则从第一个观测量开始计算前三个观测量的全距，以后均以 3 为间隔，依次计算第二到第四个观测量的全距等。系统默认值为2。其余选项和按钮设置与前面相同。

Step❹单击【确定】按钮，生成如图18－10所示的控制图。

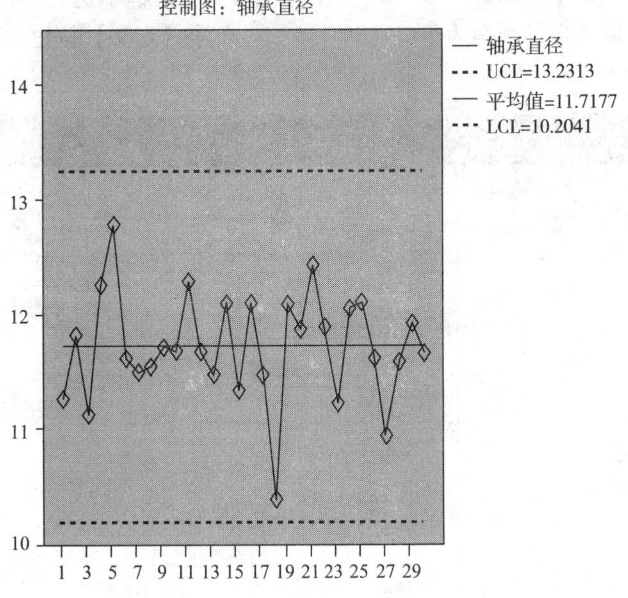

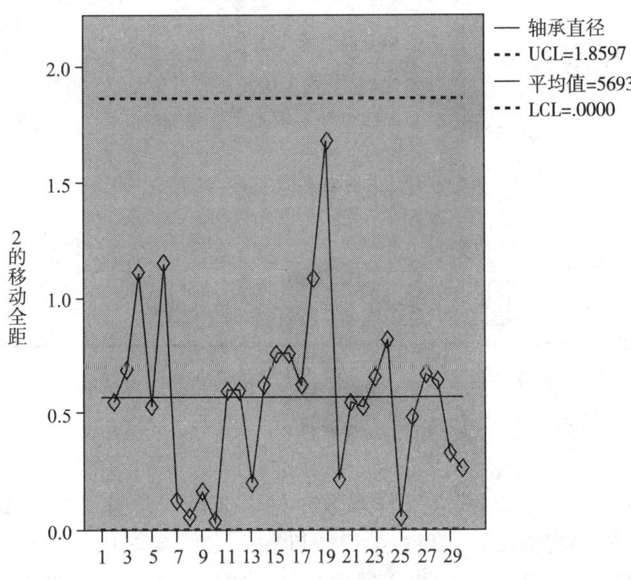

图18－10 单个值和移动全距控制图

由控制图18－10中的散点分布状况可以看出，这一段时间内该轴承的生产直径均处于控制上下限范围，说明生产基本处于稳定工作状态，没有出现异常。

实验 3 步骤

Step❶打开数据文件“data18 - 3. sav”，在控制图主对话框中选择“p、np”图标，并在下方的数据组织区域选择“个案为子组（S）”方式。单击【定义】按钮，进入如图 18 - 11 所示的对话框。

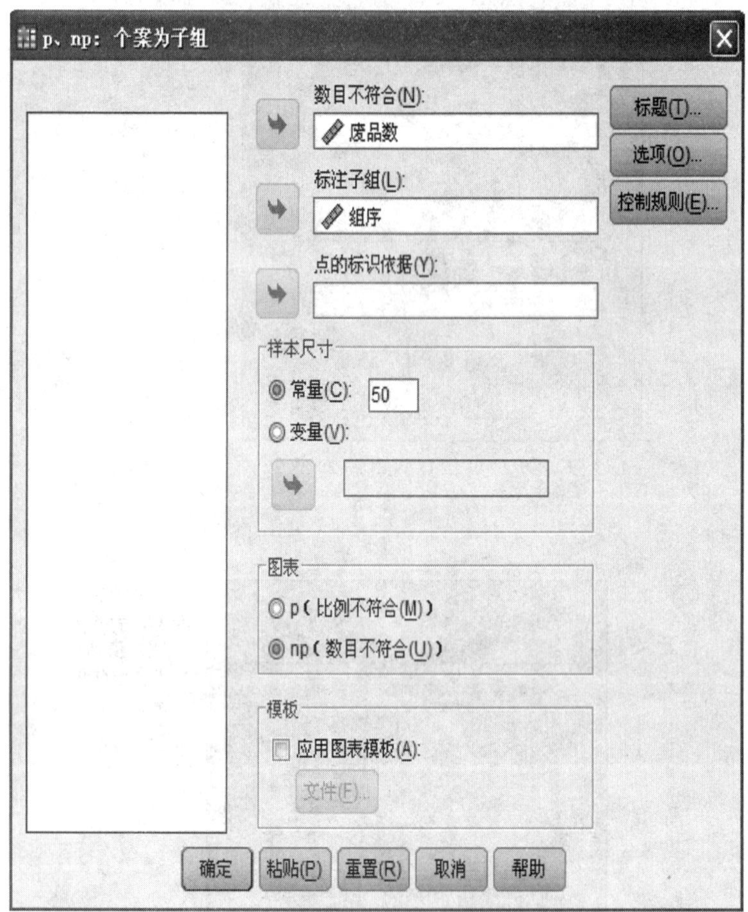

图 18 - 11　“P、np：个案为子组”控制图对话框

Step❷指定作图变量。选“废品数”变量进入“数目不符合（N）”框；选“组序”进入“标注子组（L）”框。

Step❸输入样本数。在样本尺寸（样本数）栏中选择“常量（C）”选项，并在其后的框内输入 50。因为根据实验资料，每次抽样数目均为 50。实际中，如果每次抽样的数目不同应选择“变量（V）”选项，并将指定样本数量的变量选入后面的框内。

Step❹选择图标输出。在图标栏中选定“p 比例不符合（M）”。

Step❺单击【确定】按钮，生成如图 18 - 12 所示的不合格品率控制图。如果在图标栏中选择了“np 数目不符合（U）”选项，则输出不合品数量控制图，如图 18 - 13 所示。

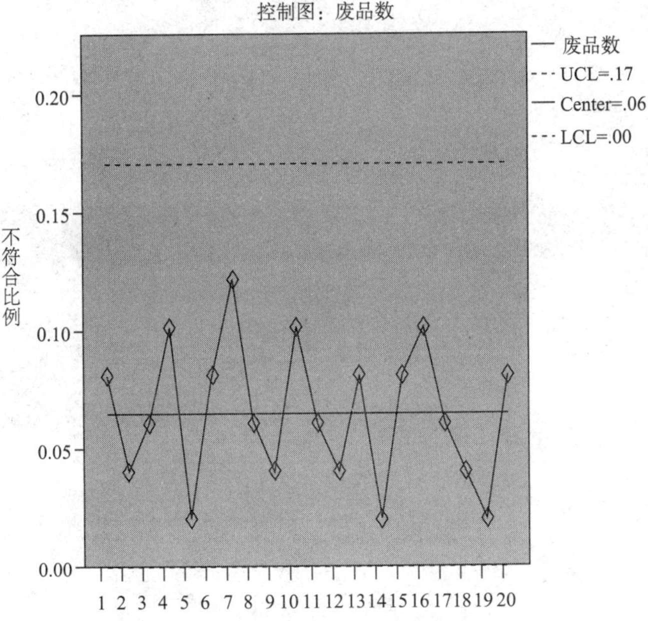

图 18－12　不合格品率控制图

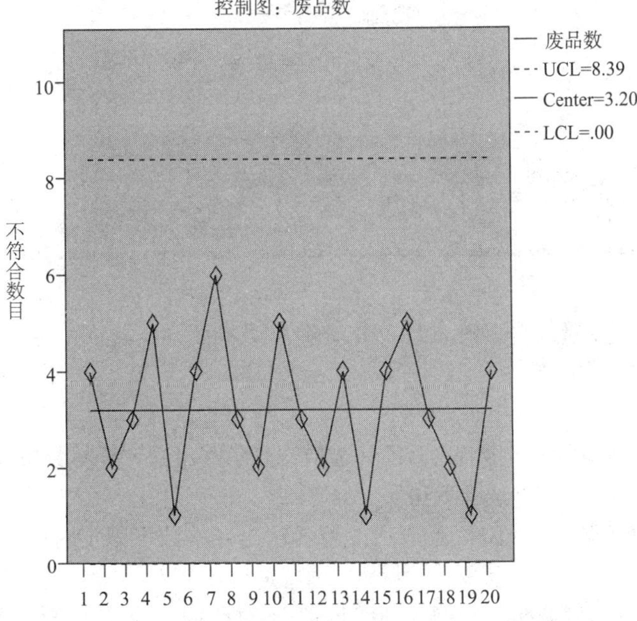

图 18－13　不合格品数控制图

实验 4 步骤

Step❶打开数据文件“data18 - 4. sav”。在控制图主对话框选择“c、u”图标，并在下方的数据组织区域选择“个案为单位（U）”方式。单击【定义】按钮，进入如图 18 - 14 所示的作图对话框。

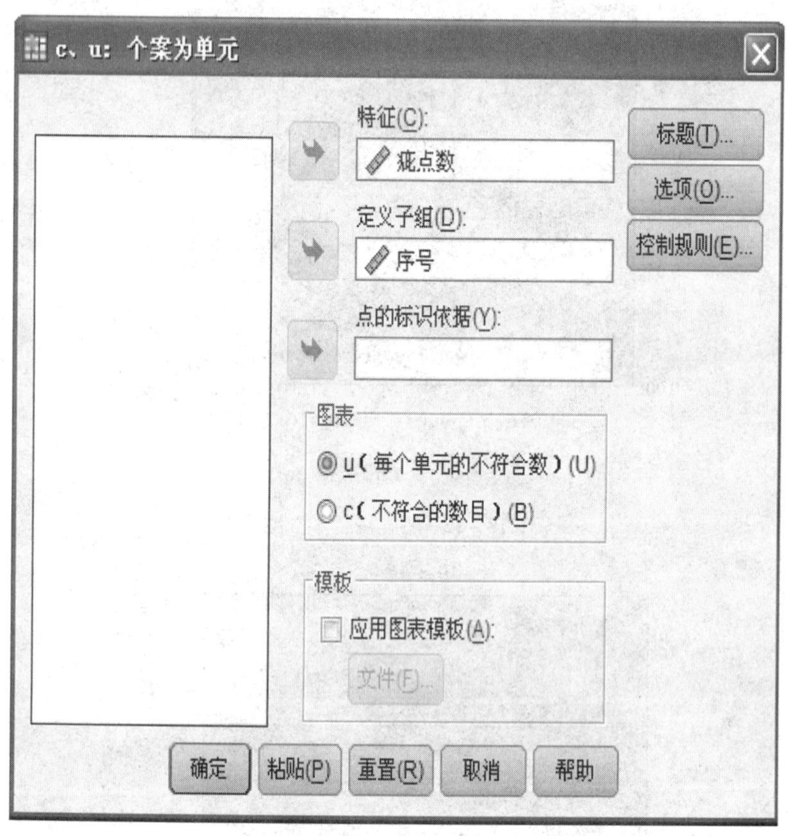

图 18 - 14　“c、u”控制图对话框

Step❷指定作图变量。选“疵点数”变量进入“特征（C）”框；选“序号”进入“定义子组（D）框。

Step❸选择图表输出。

1）u（每个单元的不符合数）（U）单选项，表示输出固定样本数情况下的单位缺陷数（或缺陷率）控制图。本实验选择此项。

2）c（不符合的数目）（B）单选项，表示输出样本数不固定时的单位缺陷数（缺陷率）控制图。

Step❹控制规则设置。在“控制规则（E）”子对话框，选择“在 + 3Sigma 以上（B）”复选框。

Step❺单击【确定】按钮，生成如图 18 - 15 所示的控制图。

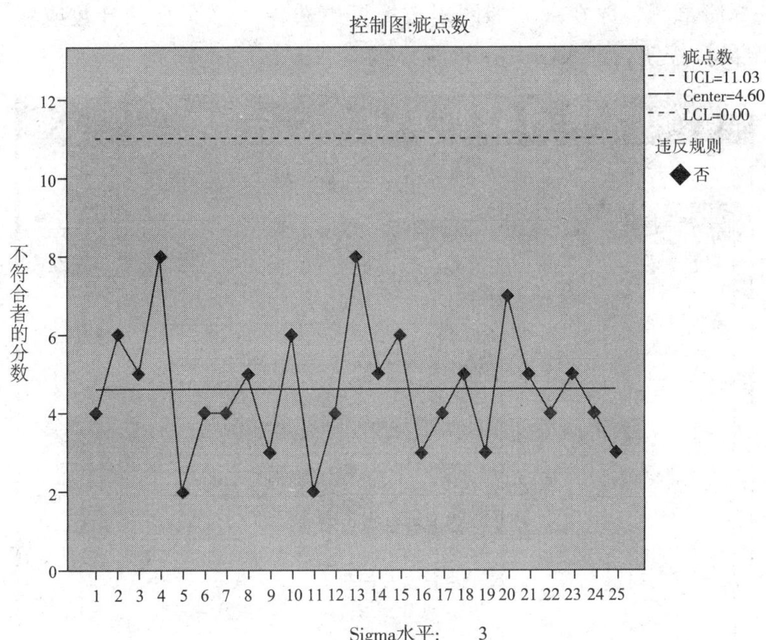

图 18－15 疵点数控制图

由图 18－15 所示的疵点数控制图可以判断，该纺织厂生产的棉布单位面积上的疵点数属于正常范围，无违反规则的情况，因此，整个生产线工作状态稳定。

实验 5 步骤

Step❶打开数据文件 data18－5. sav，依次单击【分析（A）】→【质量控制（Q）】→【排列图（R）】，进入图 18－16 所示的排列图主对话框。

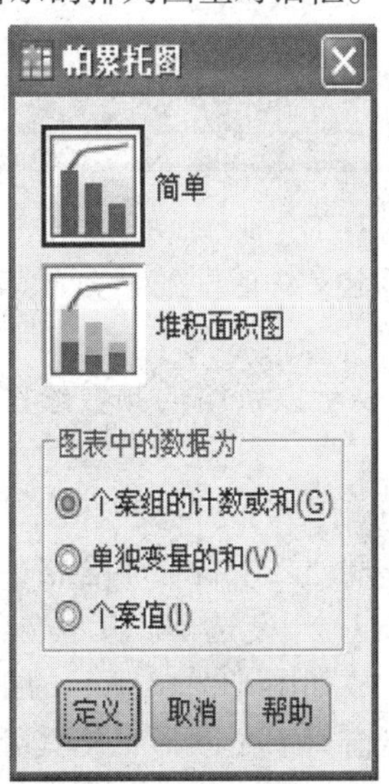

图 18－16 排列图主对话框

Step❷选择简单图，并在下方的图表数据框中选择“个案组的计数或和（G）”单选项。单击【定义】按钮，进入图 18－17 所示的对话框。

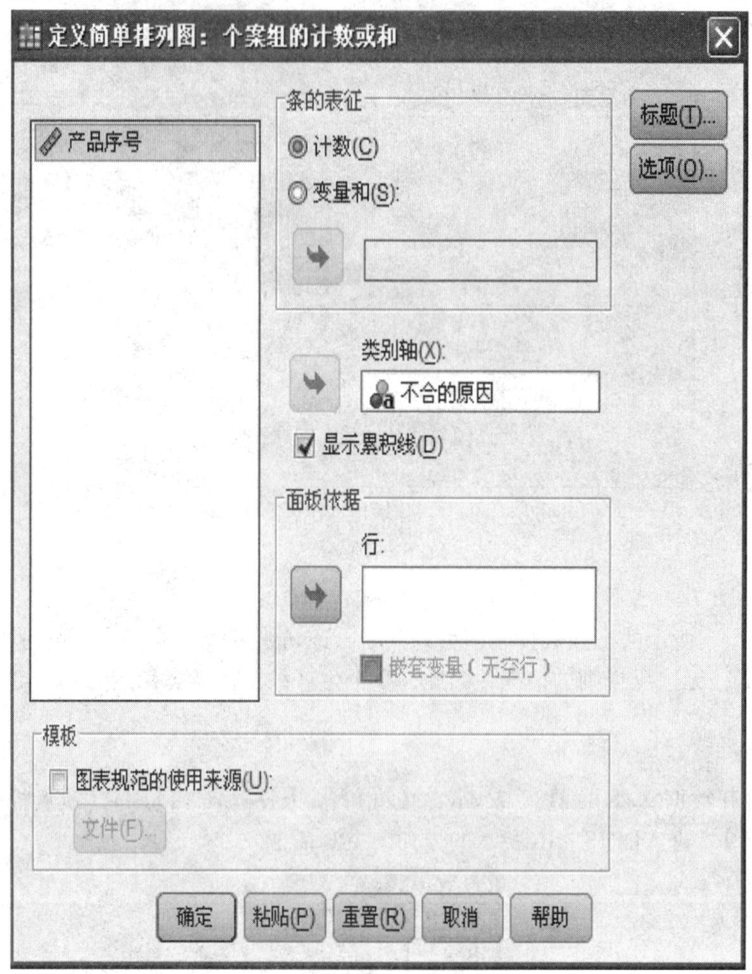

图 18－17　简单排列图定义对话框

Step❸指定绘图依据。在图形定义对话框的“条的表征”框中有两个选项，用于指定绘制图形的数据对象。

1）“计数（C）”单选项：表示以每组的频数绘图，为系统默认选项。本实验选择此项。

2）“变量和（S）”单选项：表示以每组的变量值总和绘图。

Step❹指定分类轴变量。从变量列表中将“不合格的原因”变量移入“类别轴（X）”框，并勾选下方的“显示累计线（D）”复选框。其他选项均采用系统默认设置。

Step❺单击【确定】按钮，生成如图 18－18 所示的排列图。

Step❻图形修饰。在图形输出窗口双击图形，使其处于编辑状态，并对排列图做如下修饰。

1）按右键在展开的下拉式菜单中选择添加标记；

2）添加累计百分比的 80%、90%、100% 三条参考线。方法是：激活图形后，按右键，在展开的下拉式菜单中选择添加参考线；然后选定参考线，打开其属性窗口，并单击【参考线】按钮，在“刻度轴”区域的位置框内调整其在图形中的位置；将第一条刻度线调至累计百分比 80% 的位置，单击【应用】按钮，使其生效；同理可设置 90% 和 100% 的参考线。修饰后的排列图如图 18－19 所示。

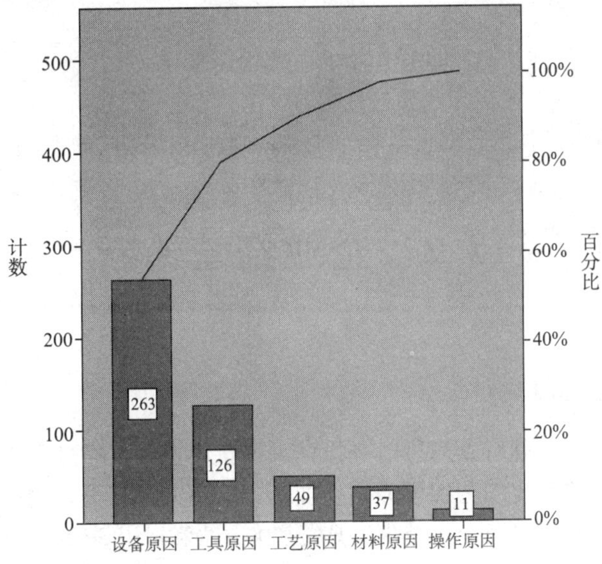

图 18－18 初始排列图

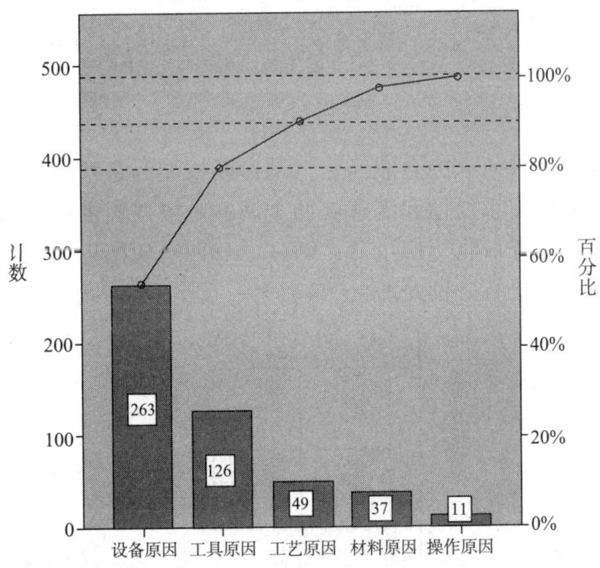

图 18－19 经过修饰的排列图

由经过修饰的排列图可以清楚看出，设备原因和工具原因所对应的累计百分比线处于80%参考线以内，属于产生不合格品的主要原因；工艺原因所对应的累计百分比线处于80% ~90%的参考线之间，属于产生不合格品的次要原因；材料原因和操作原因所对应的累计百分比线处于90% ~100%的参考线之间，是产生不合格品的一般原因。

18.1.5 问题思考

1. 排列图与控制图在产品质量管理中的主要用途是什么？
2. 不同形式的控制图在实际中如何选用？
3. 排列图可以依据不同的数据内容来绘制，哪种数据组织模式的排列图在实际中应用较多？

18.2 企业经营诊断

18.2.1 实验目的

企业经营状况的好坏既可以通过财务指标来衡量，也可以通过客户满意度来反映。本实验将通过建立客户满意度四分图模型对企业的经营绩效进行分析判断。通过本实验，使学生掌握运用四分图模型诊断企业经营状况的基本方法和运用SPSS软件绘制四分图的基本操作技巧。

18.2.2 相关知识

1. 四分图模型

四分图是一种偏于定性研究的企业经营活动诊断模型。它列出企业产品或服务的所有绩效指标，每个绩效指标有重要性和满意度两个属性。根据顾客对该绩效指标的重要程度和满意程度打分，将所有绩效指标归进A、B、C、D四个象限内（见图18－20），然后对归入不同象限的绩效指标进行分别处理。

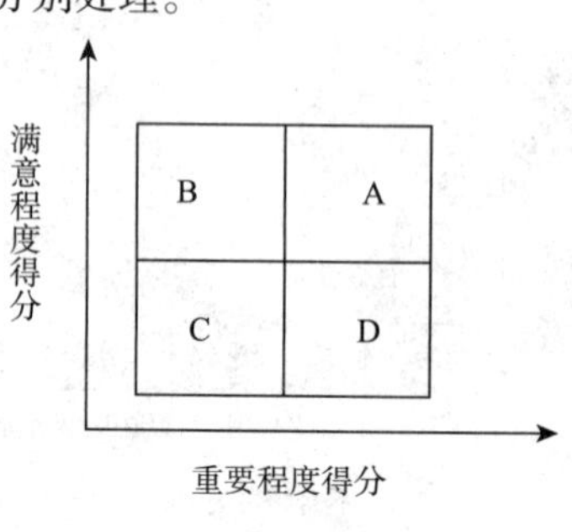

图18－20　四分图模型

各象限指标的特征分别是：

A 区——优势区：该区域的指标对顾客来说，是重要的关键性因素，顾客目前对这些因素的满意度评价也较高，应继续保持。

B 区——维持区：顾客对该区域指标的满意度评价较高，但相对来讲不是最重要的因素，属于次要优势（又称锦上添花因素），对企业实际意义不大。

C 区——机会区：该区域的指标表示顾客的满意度评价较低，但不是最重要的。如果企业有余力的话，可对其进行改进。

D 区——修补区：该区域的指标对顾客来说是重要的，但当前企业在这些方面的表现比较差，客户满意度评价较低，所以该区为重点改进区。

2. 四分图绘制的 SPSS 操作

四分图模型虽然应用广泛，但是专门绘制该图的应用软件很少见到，本实验将借助 SPSS 软件通过绘制散点图的办法来制作四分图。

18. 2. 3　实验内容

某移动公司为了分析用户对本公司服务的满意程度，通过问卷形式访问了 800 名用户，调查结果经过整理，得到了 14 个服务项目的用户满意度和重要程度得分，如表 18－1 所示。该数据所建立的 SPSS 数据文件命名为 data18－6. sav。本实验运用四分图模型对该移动公司的经营管理状况进行分析，明确其服务的优劣势。

表 18－1　某移动公司主要服务项目客户满意及指标重要性测评数据

指标项目	服务满意度得分	服务重要程度得分
114 服务电话	3. 83	3. 72
服务人员服务态度	3. 72	4. 07
服务人员技术专业性	3. 67	3. 69
营业厅服务	3. 83	3. 79
汇线通运行	3. 56	3. 58
一线通办事效率	3. 56	3. 57
电话申请服务	3. 49	3. 34
1860 客户服务	3. 62	3. 66
服务计费	3. 44	3. 72
故障处理	3. 37	3. 57
安装时间	3. 36	3. 32
促销活动	3. 28	3. 21
故障发生	3. 56	3. 66
投诉处理	3. 11	3. 71

18.2.4 实验步骤

Step❶数据标准化处理。打开数据文件 data18－6. sav，单击【分析（A）】→【描述统计】→【描述（D）】，进入如图 18－21 所示的“描述统计”主对话框。将“服务满意度得分”和“服务重要程度得分”两个变量移入“变量（V）”框，勾选“将标准化得分另存为变量（Z）”复选框，单击【确定】按钮，标准化值自动出现在数据编辑窗口。

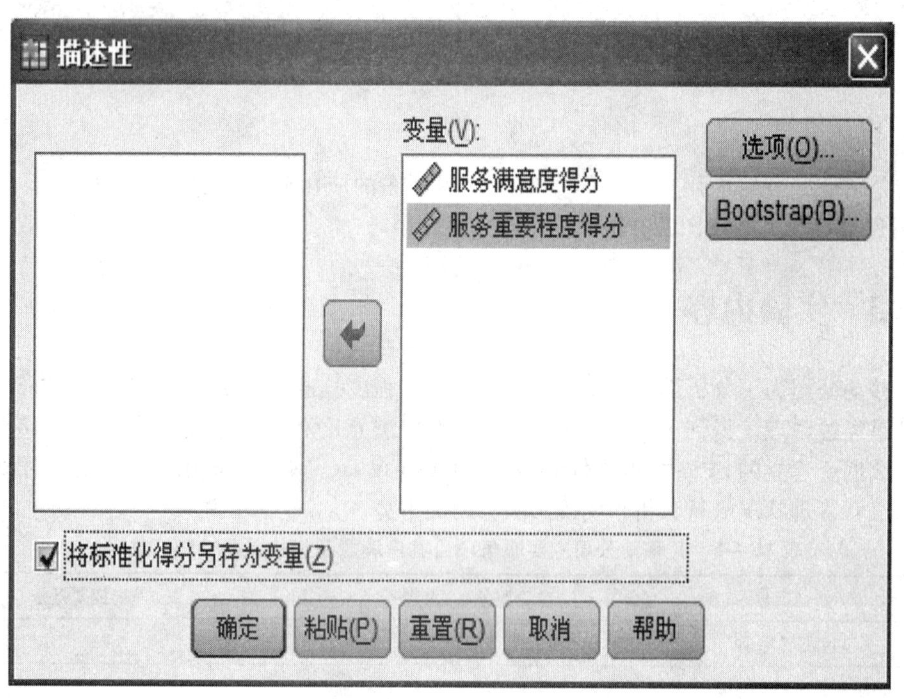

图 18－21　数据标准化设置对话框

Step❷单击【图形（G）】→【旧对话框（L）】→【散点/点状（S）】，进入散点图主对话框。选择“简单分布”图标，单击【定义】按钮，弹出如图 18－22 所示的简单散点图定义对话框。

Step❸指定作图变量。将变量“zscore（服务满意度得分）”移入“Y 轴（Y）”框，变量“zscore（服务重要程度得分）”移入“X 轴（X）”框，变量“指标项目”移入“标注个案（C）”框。

Step❹单击【确定】按钮，完成基本操作。

Step❺加工处理图形。首先，双击图形，使其处于编辑状态。然后完成以下操作：

1）坐标轴处理。选定 X 轴或 Y 轴，在自动打开的坐标轴属性窗口，首先单击【刻度】按钮，在弹出的刻度对话框中，将坐标轴的最小值和最大值设置为对称。然后，单击【标签和刻度】按钮，在弹出的对话框中取掉“显示标签”和“显示刻度标记”复选项前的“√”，如图 18－23 所示。最后，选择坐标轴标题，将 X 轴标题改为“重要程度”，Y 轴标题改为“满意程度”。

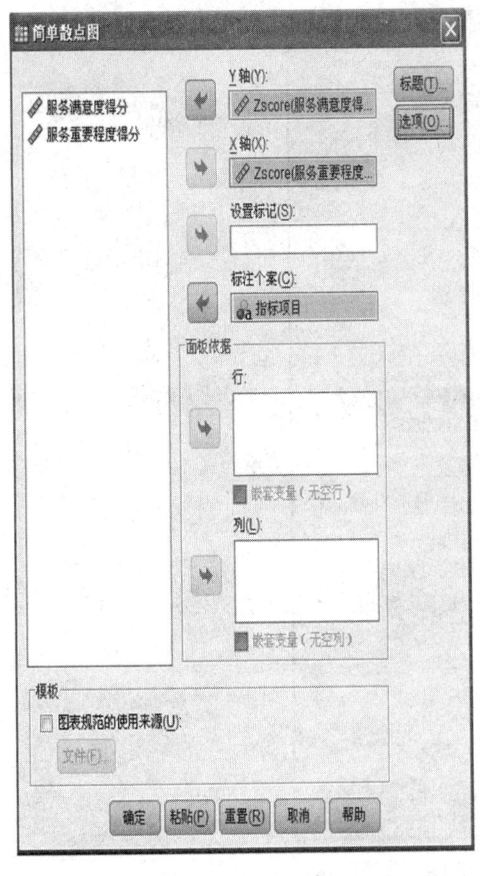

图 18－22 简单散点图定义对话框

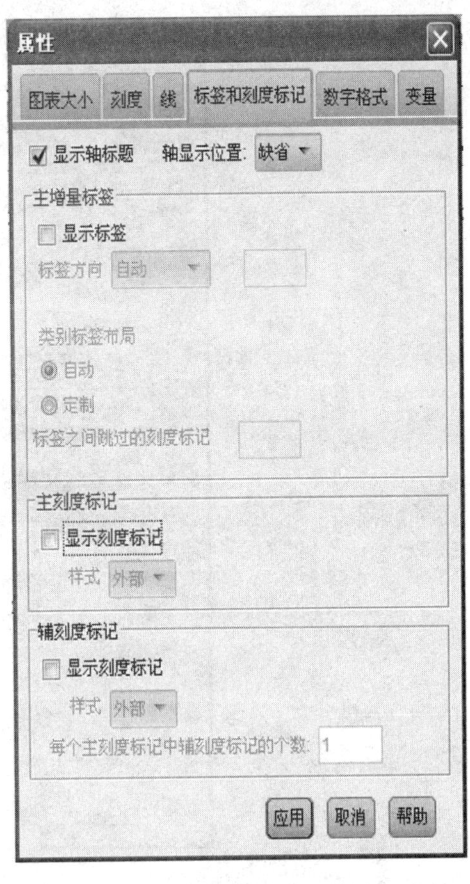

图 18－23 坐标轴标签和刻度标签设置对话框

2）添加 X、Y 轴均值参考线。以添加 X 轴参考线为例，单击坐标右键，在展开的下拉式菜单中选择“添加 X 轴参考线”，并在同时打开的参考线属性对话框中选择参考线，将其位置设置为均值（0），单击【应用】按钮，使其生效。

3）图形及其标签设置。双击数据点，并在弹出的属性窗口，将图形标记设置为实心菱形图案。然后，单击鼠标右键，在展开的下拉式菜单中选择“显示数据标签”选项，并在打开的属性窗口，单击【数据值标签】按钮，在弹出的数据值标签对话框，按照图 18－24 所示的设置，设定标签位置和相关选项，最后，单击【应用】按钮，完成的最终图形如图 18－25 所示。

由输出的四分图可以看出，该移动公司服务态度、114 服务电话和营业厅服务等指标落在四分图的 A 区，属于该移动公司的优势服务项目，需要保持和发展这些优势；汇线通、一线通办事效率指标落在了 B 区，这些项目的满意度较高，但对顾客的重要性较低，是该公司的维持区，不需要花太大的功夫去改变；电话申请服务、安装时间和优惠促销活动等指标落在 C 区，这些项目的客户满意度较低，但对顾客的重要性也较低，属于该公司的机会区，在能力允许的情况下，应予以改善；计费准确性和客户投诉落在 D 区。这些指标客户满意度较低，同时又是顾客很在意的指标，属于该移动公司的修补区，是该公司急需调整的地方，需要重点完善和改进。

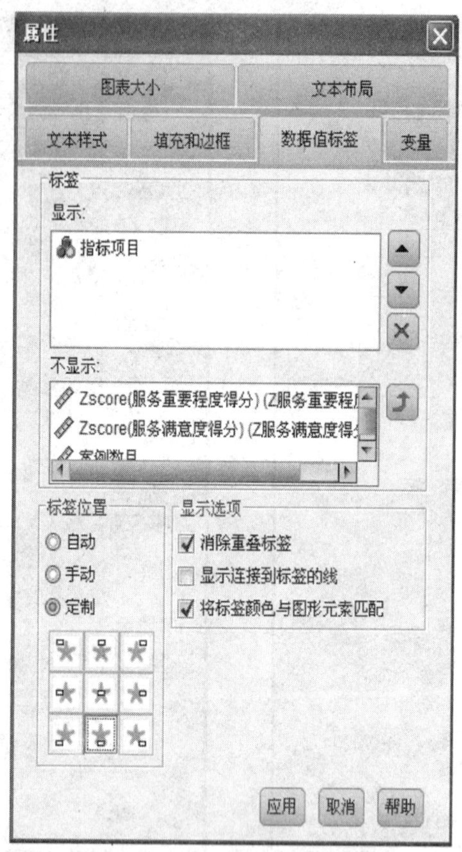

图 18－24　数据值标签对话框

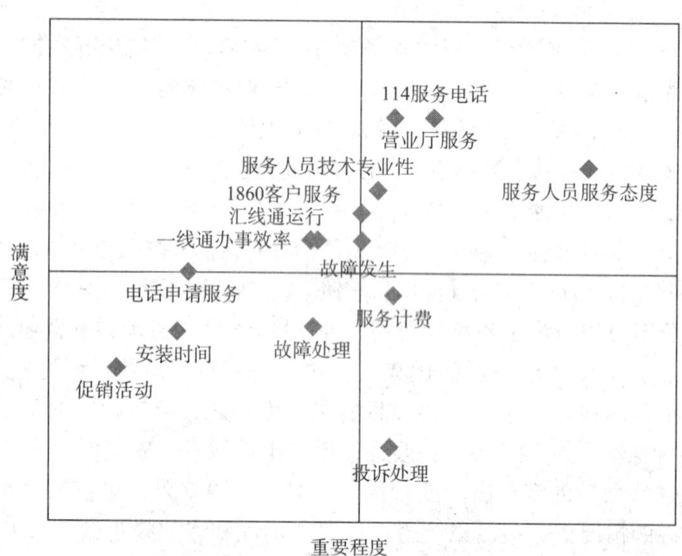

图 18－25　某移动公司服务状况四分图

18.2.5 问题思考

1. 企业经营状况的评价方法有哪些？用四分图分析企业经营状况的主要优点是什么？

2. 用 Excel 和 SPSS 绘制四分图的主要差异有哪些？

3. 根据四分图，对实验中涉及的绩效指标进行归类，并遵循企业资源利用效率的最大化原则提出相应的产品或服务改进措施。

第 19 章　经济数据分析的 SPSS 应用

【学习提要与目标】在经济分析中，离不开各种数据，它将各种抽象的概念变成具体化的数值，便于形成精确的认识。消费是影响经济发展的一个重要因素，本章以分析中国居民消费为例，说明经济数据分析的一般内容和常用方法。通过本章的学习，使学生掌握经济数据分析的一般思路和基本方法，并能运用 SPSS 软件对宏观经济数据的变动趋势和影响因素等进行综合性的深层次分析。

19.1　居民消费发展趋势分析

19.1.1　实验目的

在经济数据变动分析中，可以将其变动因素分为长期趋势、季节变动、循环变动和不规则变动，而其中最主要的因素是长期趋势。本实验给出我国 1978 ~ 2008 年城镇居民的人均消费支出数据，并通过绘制趋势图和拟合曲线模型的方法对其变动特征和发展趋势进行分析。通过本实验，使学生对时间序列的趋势分析有一个全面的认识，同时熟练掌握运用 SPSS 进行长期趋势分析的基本方法和操作技巧。

19.1.2　相关知识

1. 长期趋势及其测定

长期趋势指的是时间序列在较长时期内发展变化的一般规律，其分析方法主要有移动平均法、指数平滑法和趋势模型法。移动平均法是测定时间序列长期趋势的最基本方法，是将时间序列的数据逐项移动，依次计算包含一定时期数的序时平均数，形成一个新的时间序列。这种方法简单易行，但是也有缺陷，一是只对若干期数据进行移动平均，没有充分利用时间序列的全部数据信息；二是对所计算的数据进行简单算术平均，而没有对近期数据采用更大的权重。因此，人们提出用指数平滑法对移动平均法进行改进。指数平滑方法对时间序列中离现在越近的时间赋予更大的权重，离现在越远的时间赋予更小的权重，由近及远逐步衰减进行加权算术平均。人们对时间序列进行长期趋势分析的主要目的是为了对它的发展趋势进行预测，但是移动平均法和指数平滑法并不能进行较长时期的预测，在实践中更常用的方法是建立趋势模型进行分析，通过观察数据的变动趋势，用适当的函数拟合它的变动规律。如果长期趋势近似于一条直线，可以用线性函数来拟合；否则，可以选择适当的曲线函数来拟合。

2. SPSS 中的长期趋势分析功能

使用 SPSS 进行趋势分析，可以通过绘制时间序列图、计算移动平均值和建立趋势模型等来实现。绘制时间序列图主要使用 SPSS 图形菜单中的“线图（L）”工具完成。计算移动平均值需要使用 SPSS“转换（T）”菜单中的“创建时间数列（M）”工具完成。建立趋势方程则要借用分析菜单中的“预测（T）”功能完成。

19.1.3 实验内容

数据文件 data19－1.sav 是我国城镇居民 1978～2008 年的消费支出资料（单位：元），资料来源于《2009 中国统计年鉴》。本实验根据以上资料绘制居民消费支出长期趋势图，并根据图形特征拟合适当的趋势模型对改革开放以来我国城镇居民消费支出的变动情况进行分析。

19.1.4 实验步骤

1. 绘制长期趋势图

Step❶打开数据文件 data19－1.sav，依次选择【图形（G）】→【旧对话框（L）】→【线图（L）】，弹出如图 19－1 所示的“线图”主对话框。

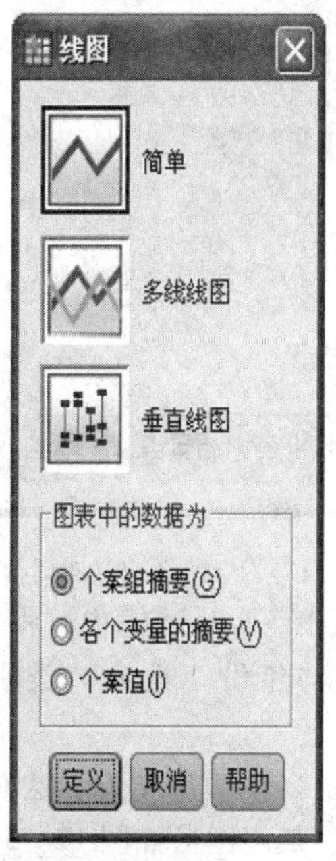

图 19－1 线图对话框

Step❷在“线图”主对话框中，选择“简单”线图图标和“个案值”数据模式，然后单击【定义】按钮，进入如图 19－2 所示的对话框。

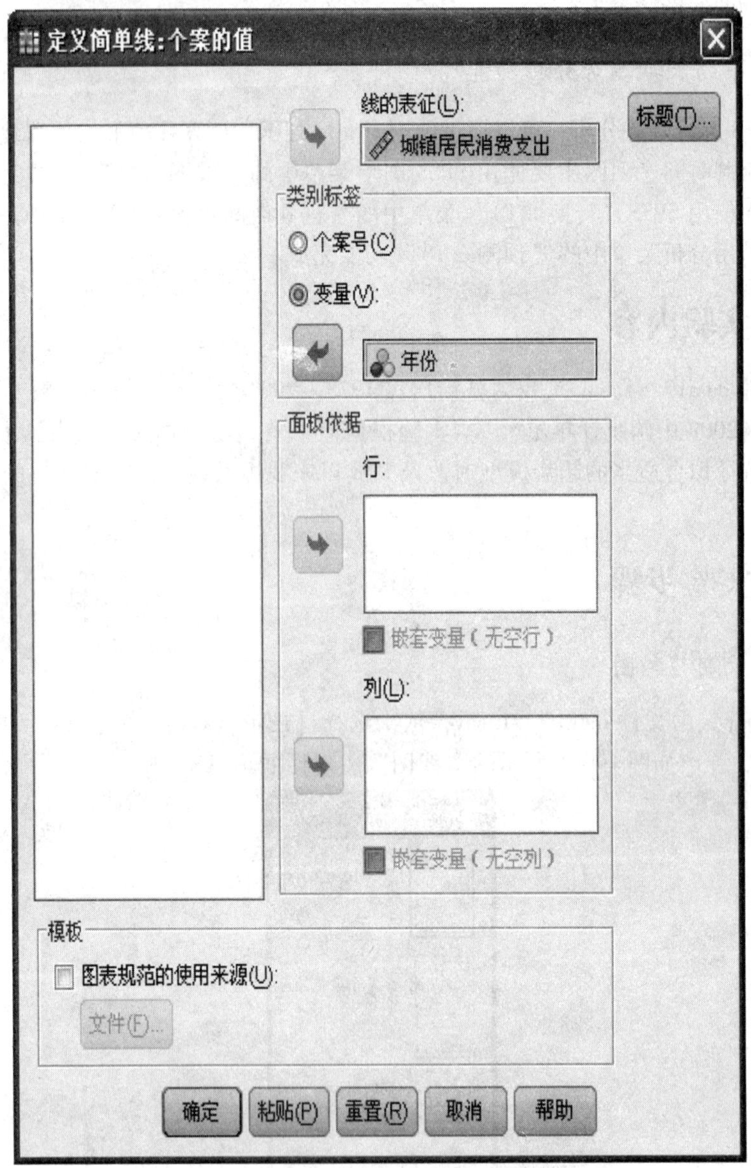

图 19－2　线图定义对话框

Step❸在“定义简单线：个案的值”对话框中，将变量“城镇居民消费支出”选入“线的表征（L）”框，将时间变量“年份”选入“类别标签”栏中的“变量（V）”选项框。

Step❹单击【确定】按钮，系统自动输出图形，这时可以对图形进行适当的修饰，如将图形的背景填充颜色改为白色等。最终图形如图 19－3 所示。

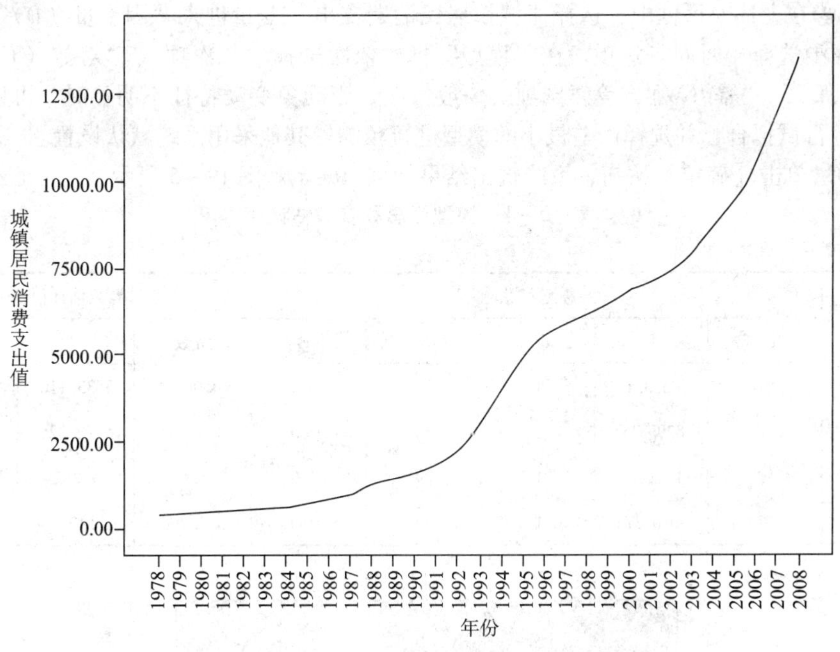

图 19－3　1978～2008 年我国城镇居民消费支出变动趋势图

2. 拟合趋势模型

Step❶从图 19－3 可以看出，1978～2008 年我国城镇居民消费支出变动趋势是一条曲线。因此，在数据编辑窗框，依次选择【分析（A）】→【回归（R）】→【曲线估计（C）】，弹出如图 19－4 所示的曲线估计对话框。

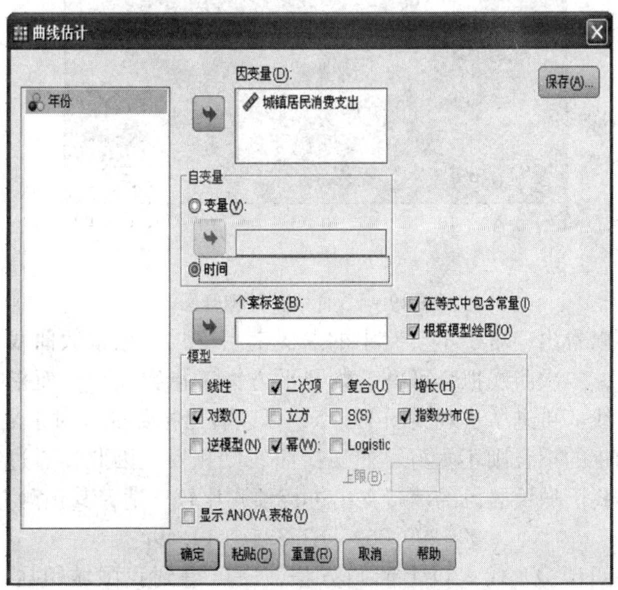

图 19－4　曲线估计对话框

Step❷在上述对话框中，选择“城镇居民消费支出”变量进入“因变量（D）”框，在自变量框中选择“时间”选项。在“模型”框中依次选择“二次项”、“对数（T）”、“指数分布（E）”、“幂（W）”等复选项。一般情况，当现象变动特征不明显时，可以选择多个模型进行试拟合，并选择误差最小的模型进行预测。其他采用系统默认设置。

Step❸单击【确定】按钮，系统输出结果如表19－1和图19－5所示。

表19－1　模型汇总和参数估计值

因变量：城镇居民消费支出

方程	模型汇总					参数估计值		
	R方	F	df1	df2	Sig.	常数	b1	b2
对数	.610	45.331	1	29	.000	－4596.061	3533.116	
二次	.983	829.318	2	28	.000	399.062	－62.325	14.590
幂	.839	151.101	1	29	.000	103.611	1.262	
指数	.972	1010.374	1	29	.000	323.766	.127	

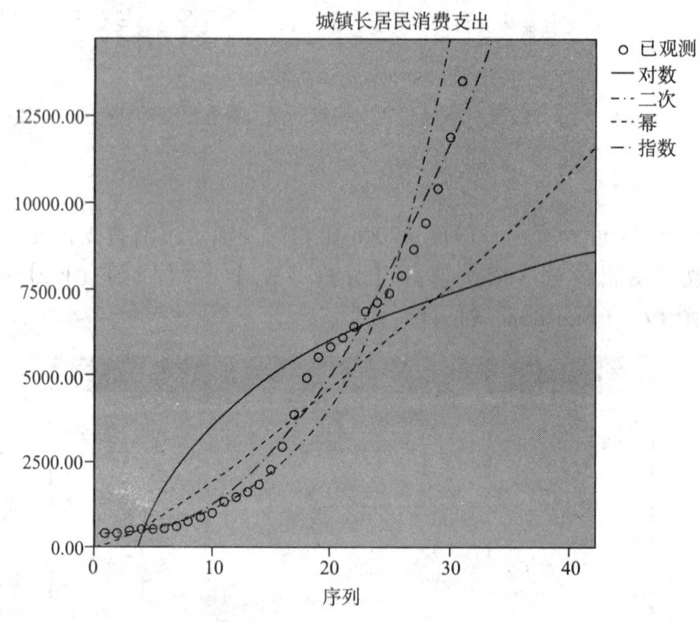

图19－5　曲线估计拟合图

从以上结果可以看出，对于本实验中的居民消费支出，用指数曲线和二次曲线进行拟合，效果都比较好，二次曲线拟合可决系数R平方大于指数曲线，而指数曲线的F统计量的值又大于二次曲线。再进一步观察图19－5，可以看出指数曲线对于最开始的数据拟合得非常好，而在近几年的拟合则不太好，而二次曲线则相反。因此，通过综合比较，配合二次曲线函数模型对我国城镇居民的消费支出进行预测比较合适，其预测方程形式如下：

$$Y = 399.062 - 62.325t + 14.59t^2$$

将预测期的时间项数t代入以上回归方程，便可得到我国城镇居民的消费支出的预测值。

19.1.5 问题思考

1. 时间数列分析中，有时需要先对数据取对数，再进行分析。如果对以上数据要取对数，在 SPSS 中如何操作？

2. 在一组数据中，如果既有长期趋势，又有循环波动，如何进行分解？

19.2 居民消费影响因素分析

19.2.1 实验目的

在经济活动分析中，除了需要分析其变动趋势和特征外，另一个重要的任务就是对经济现象的变动影响因素进行分析，为经济结构的调整和政策的制定提供依据。本实验给出 2008 年我国各省市的居民消费支出、居民可支配收入、社会总抚养比等数据，并通过建立回归模型分析居民可支配收入、总抚养比对各省市居民消费支出的影响。通过本实验，使学生掌握经济现象影响因素分析的一般思路、基本方法和使用 SPSS 完成此分析的操作步骤。

19.2.2 相关知识

1. 经济现象影响因素分析的基本方法

在现实中，各种现象之间往往不是相互孤立，而是相互之间存在一定的联系。一种现象的变动可能要受到许多因素的影响，因此就有必要分析这些影响因素对某种现象的影响程度如何。在具体分析时，如果某现象可以分解成不同的因素，并且这些因素和现象之间存在数量对等关系时，可以用指数体系来进行分析。但实际中大量的现象并不满足指数体系分析的条件，这就需要采用回归分析的方法来研究变量之间的相互关系。回归分析只需要以所研究的现象作为因变量，其他影响因素作为自变量，并通过建立回归模型就可以分析自变量和因变量之间的数量变动关系。因此，对于经济现象影响因素的分析更多的是应用回归分析法进行。

2. 居民消费的主要影响因素

关于消费的影响因素，是经济学理论研究的一个比较古老的话题，不同时代的经济学家提出了不同的理论来解释人们的消费行为。不同国家的居民消费支出的影响因素也不完全相同。对于我国居民来说，影响消费支出的因素主要有以下几个方面：一是居民的收入。根据经济学理论，居民的可支配收入，主要是用于储蓄和消费。如果将消费支出与居民收入建立回归方程，则可以得到消费边际倾向。二是居民的年龄。按照持久收入假说，不同年龄阶段的人的消费行为是不完全一样的。三是利率的变化。利率的变化会对人们的储蓄和消费的选择产生直接的影响。在利率提高的时期，人们可能更倾向于储蓄和投资，而在利率下降时期，人们可能更倾向于消费。四是其他因素。如不同人的消费习惯、消费心理和意愿可能会有所差异。

在经济分析中，理论上的一些变量无法具体量化，这就给定量分析带来不便。因此人们通常选择一些可以量化的指标来代替理论上的变量。当以各国或各地区的居民消费支出作为因变量时，则居民的年龄就是一个比较抽象的概念，而不是单个居民的年龄，这时可以用总抚养比这个指标来代替。总抚养比是指人口总体中，非劳动年龄人口与劳动年龄人口数之比（总抚养比 = （0 ~ 14 岁人口数 + 65 岁以上人口数）/15 ~ 64 岁劳动年龄人口数），这个指标用来说明每 100 名劳动年龄人口大致要负担多少名非劳动年龄人口。该指标越大，则说明人口中非劳动年龄人口的比重越大，而这些人口的消费支出是小的。所以总抚养比与消费支出之间的关系应该成反比。

我国目前利率还没有实现市场化，并且利率可能会在一定时期内保持稳定，因此在某一时期内，无法观察利率的变化对消费支出的影响，而消费习惯等变量的值可能难于在国家或地区层面观察得到。

结合以上分析，我们这里用 2008 年我国各省市的居民消费支出作为因变量，以各省市的居民可支配收入和总抚养比作为自变量，建立回归模型分析我国各地区居民消费支出的影响因素。为了降低变量波动的影响，对居民可支配收入和居民消费支出分别取自然对数。

3. 经济现象影响因素分析的 SPSS 操作

经济现象影响因素分析的主要方法是建立回归模型进行分析。回归分析在 SPSS 的“回归”（Regression）模块中。该模块中又有许多不同的选项，既可建立线性回归模型，也可建立曲线回归模型，还可建立 Logit 回归模型或 Probit 回归模型等，甚至可以建立两阶段最小二乘法（2LSL）等高级回归模型。

19.2.3 实验内容

数据文件 data19 - 2. sav 是 2008 年我国各省市居民消费支出及其影响因素资料，包括：lnY—人均消费支出对数、lnX1—人均可支配收入对数、X2—总抚养比三个变量。其中：lnY 为因变量，ln（X1）和 X2 为自变量。资料来源于《2009 中国统计年鉴》。

19.2.4 实验步骤

Step❶打开数据文件“data19 - 2. sav”，依次选择【分析（A）】→【相关（C）】→【双变量（B）】，进入如图 19 - 6 所示的对话框。

Step❷从双变量相关对话框左边的变量列表中，将“人均消费支出对数［lnY］”、“人

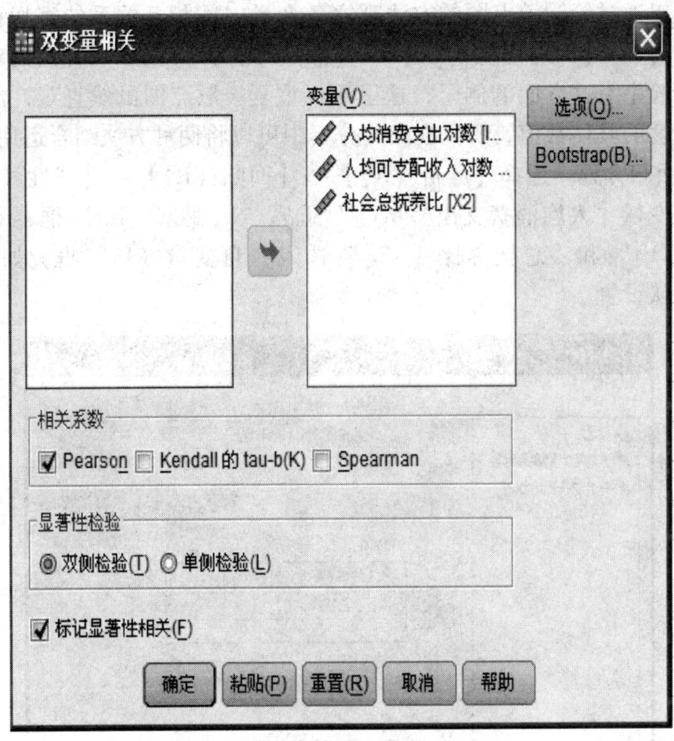

图 19－6 双变量相关对话框

均可支配收入对数［lnX1］”和“总抚养比［X2］”移入“变量（V）”框中。并选择“Pearson”系数和“双侧检验（T）”，勾选“标记显著性相关（F）”，最后单击【确定】按钮，得到如表 19－2 所示的结果。

表 19－2 相关性

		人均消费支出对数	人均可支配收入对数	社会总抚养比
人均消费支出对数	Pearson 相关性	1	.920**	－.642**
	显著性（双侧）		.000	.000
	N	31	31	31
人均可支配收入对数	Pearson 相关性	.920**	1	－.530**
	显著性（双侧）	.000		.002
	N	31	31	31
社会总抚养比	Pearson 相关性	－.642**	－.530**	1
	显著性（双侧）	－.000	－.002	
	N	31	31	31

**. 在 .01 水平（双侧）上显著相关。

由表 19－2 可以看出，消费支出、可支配收入、总抚养比两两之间都有一定的相关性，特别是可支配收入与消费支出之间是高度相关的。

当然，还可以通过绘制散点图的方法观察各变量之间相互关系的密切程度。其方法是选择【图形（G）】→【旧对话框（L）】→【散点/点状（S）】，从弹出的对话框中选择变量。前面其他实验中有这方面的例子，这里不再重复。散点图虽然直观，但无法给出变量之间关系密切程度的具体数值，所以在相关分析中可以将两种方法结合运用。

Step❸建立回归方程。选择【分析（A）】→【回归（R）】→【线性（L）】，进入线性回归对话框，将变量“人均消费支出［lnY］”选入“因变量（D）”框，变量“人均可支配收入对数［lnX1］”和“总抚养比［X2］”选入“自变量（I）”框，如图 19－7 所示。其他选项采用默认设置。

图 19－7　线性回归对话框设置

Step❹单击【确定】按钮，系统输出的结果如表 19－3～表 19－5 所示。

表 19－3　模型汇总

模型	R	R 方	调整 R 方	标准估计的误差
1	.938[a]	.880	.872	.16136

a. 预测变量：（常量），社会总抚养比，人均可支配收入对数。

表 19－4　Anova[b]

模型		平方和	df	均方	F	Sig.
1	回归	5.354	2	2.677	102.807	.000[a]
	残差	.729	28	.026		
	总计	6.083	30			

a. 预测变量：（常量），抚养系数，可支配收入。

b. 因变量：消费支出。

表 19－5　系数[a]

模型	非标准化系数		标准系数	t	Sig.
	B	标准误差	试用版		
1 （常量）	－5.510	1.549		－3.558	.001
人均可支配收入对数	1.566	.150	.807	10.457	.000
社会总抚养比	－.015	.005	－.214	－2.774	.010

a. 因变量：人均消费支出对数。

从以上结果可以看出，以 2008 年我国各省市人均消费支出对数为因变量，人均可支配收入对数和总抚养比为自变量建立线性回归方程，得到的可决系数为 0.88。所建立的回归方程中，常数项与人均可支配收入对数总抚养比的回归系数显著性检验 P 都小于 0.05，说明三者对因变量均影响显著。由此，可以得到如下回归方程：

$$\ln l = -5.51 + 1.5666\ln X1 - 0.015X2$$

从回归方程可以看出，居民可支配收入对消费的影响是正的，随着居民可支配收入的增加，居民消费也会随之增加。而总抚养比对居民消费的影响系数是负的，即随着各省市总抚养比的提高，居民消费支出会随之减少。

19.2.5　问题思考

1. 直接根据我国 1978～2008 年的居民消费支出、居民可支配收入和总抚养比建立线性回归方程进行估计。结合线性回归方程的前提条件分析这种做法的不当之处。

2. 比较运用指数体系和回归分析研究变量之间相互关系的异同点。

19.3　居民消费预测

19.3.1　实验目的

对居民消费进行预测和研究，有利于政府居民消费政策的合理制定与贯彻落实。用于居民消费预测的方法很多，这里主要介绍常用的博克斯—詹金斯方法。通过本实验，使学生掌握运用 SPSS 软件建立居民消费 ARMA 预测模型的基本方法和操作技巧。

19.3.2　相关知识

ARMA 模型是博克斯—詹金斯于 20 世纪 70 年代提出的时间序列预测模型。该模型是以“让数据自己说话”为哲理，着重分析经济时间序列本身的概率或随机性质为依据所建立的预测模型。运用此模型进行预测，有以下几个步骤：

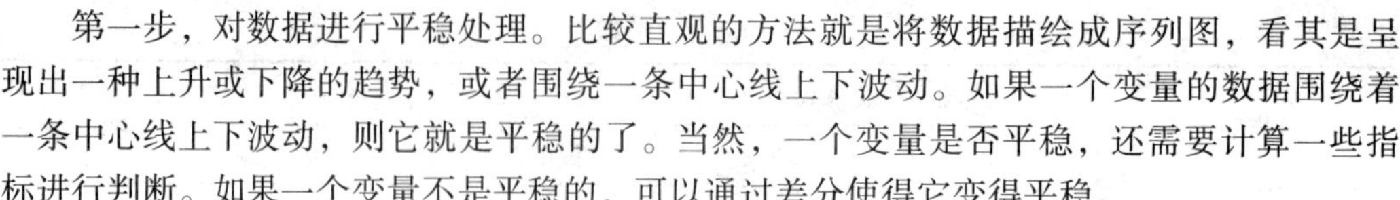

第一步，对数据进行平稳处理。比较直观的方法就是将数据描绘成序列图，看其是呈现出一种上升或下降的趋势，或者围绕一条中心线上下波动。如果一个变量的数据围绕着一条中心线上下波动，则它就是平稳的了。当然，一个变量是否平稳，还需要计算一些指标进行判断。如果一个变量不是平稳的，可以通过差分使得它变得平稳。

第二步，识别并估计模型。这主要通过观察自相关系数和偏自相关系数来进行。

第三步，应用。主要是运用所建模型进行预测。

19.3.3 实验内容

本实验以数据文件 data19－1. sav 为依据，建立城镇居民消费支出 ARMA 预测模型。

19.3.4 实验步骤

Step❶打开数据文件“data19－1. sav”，选择【分析（A）】→【预测（T）】→【序列图】，进入“序列图”分析对话框。选择“城镇居民消费支出”作为变量，绘制其图形。

原始数据具有明显的上升趋势，因此是非平稳的。返回主对话框，选择该对话框“转换”栏中的“自然对数转换”和“差分（1 阶）”，再绘制序列图，设置结果如图 19－8所示。单击【确定】按钮，得到如图 19－9 所示的城镇居民消费支出平稳化后的序列图。

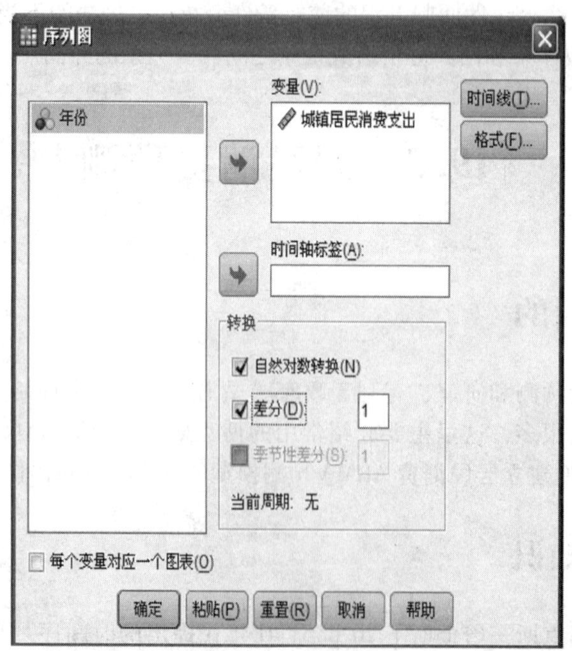

图 19－8　序列图对话框

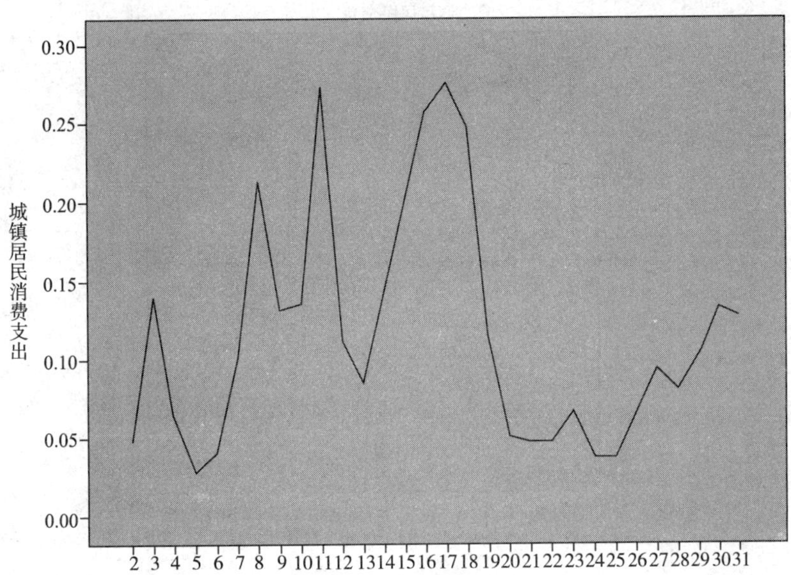

图 19－9　经过平稳化处理的序列图

由图 19－9 可以看出，由于居民消费支出是一个非平稳的变量，当对原始数据进行自然对数转换，并取一阶差分以后，变化趋于平稳。

Step❷选择【分析（A）】→【预测（T）】→【自相关（O）】，打开“自相关分析”对话框，对变量进行自然对数转换，并取一阶差分，并在输出框中选择“自相关（A）”和“偏自相关（T）”复选项，如图 19－10 所示。

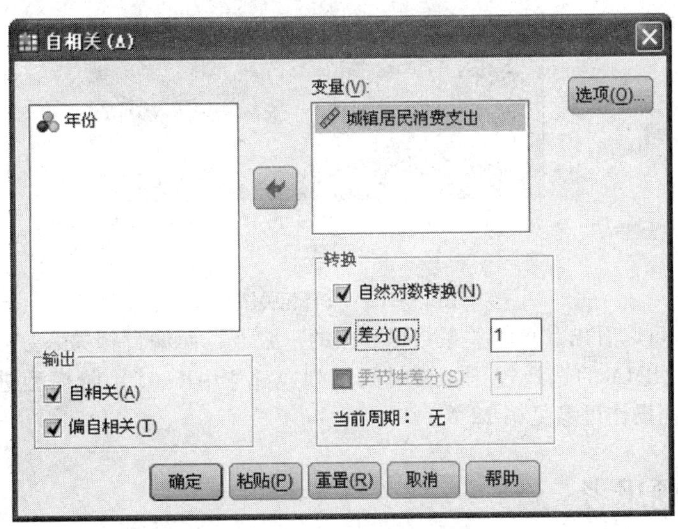

图 19－10　自相关分析对话框

Step❸单击【确定】按钮，得到如图 19－11、图 19－12 所示的自相关和偏自相关图。

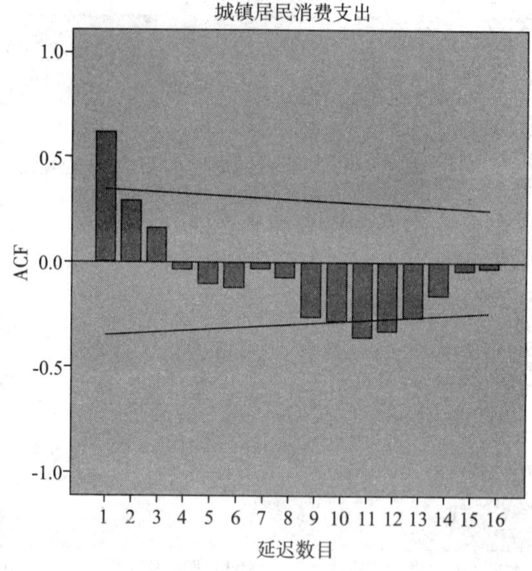

图 19－11　自相关图

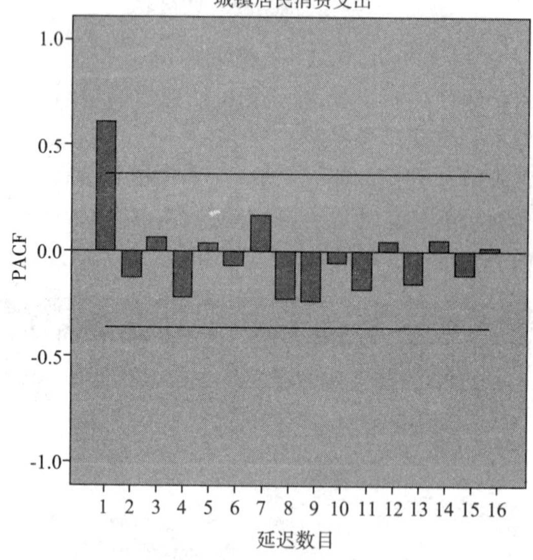

图 19－12　偏自相关图

从图 19－11 可以看出，自相关系数呈衰减的正弦波，而偏自相关系数在 1 阶之后突然截断为 0。根据 ARMA 的选择规则，该时间序列应建立 AR（1）阶模型进行预测。关于 ARMA 模型的预测操作可参见第 12 章。

19.3.5　问题思考

1. 对本实验资料进行指数平滑和回归分析预测，并比较其结果。
2. 在对时间序列进行分析时，如果两阶差分后仍不平稳，如何进行处理？

参 考 文 献

暴奉贤，陈宏立．1998. 经济预测与决策方法．广州：暨南大学出版社

杜强，贾丽艳．2009. SPSS 统计分析从入门到精通．北京：人民邮电出版社

冯力．2008. 统计学实验．大连：东北财经大学出版社

黄本春，李国柱．2010. 统计学实验教程．北京：中国经济出版社

胡平，崔文田，徐青川．2007. 应用统计分析教学实践案例集．北京：清华大学出版社

贾俊平，何晓群，金勇进．2006. 统计学（第三版）．北京：中国人民大学出版社

李红．2008. 统计分析软件及应用实验．北京：经济科学出版社

李洪成．2010. SPSS18 数据分析基础与实践．北京：电子工业出版社

李金林，马宝龙．2007. 管理统计学应用与实践．北京：清华大学出版社

林杰斌，林川雄，刘明德，飞捷工作室．2005. SPSS 12 统计建模与应用实务．北京：中国铁道出版社

梁彦冰，崔雪松．2010. SPSS15. 0 统计分析与实践应用宝典．北京：中国铁道出版社

刘严萍，何全秀．2006. SPSS 预测模型在汽车市场分析中的应用．河南理工大学学报（社会科学出版）

王文博，赵昌昌等．2005. 统计学—经济社会统计．西安：西安交通大学出版社

薛薇．2007. SPSS 统计分析方法及应用．北京：电子工业出版社

余建英，何旭宏．2003. 数据统计分析与 SPSS 应用．北京：人民邮电出版社

张立军，任英华．2009. 多元统计分析实验．北京：中国统计出版社

张文彤．2002. SPSS11 统计分析教程．北京：北京希望电子出版社

智敏．2010. 抽样调查与 SPSS 应用．北京：电子工业出版社